国家出版基金资助项目
"十四五"时期国家重点出版物出版专项规划项目
湖北省公益学术著作出版专项资金资助项目
工 业 互 联 网 前 沿 技 术 丛 书

高金吉 鲁春丛 ◎ 丛书主编
中国工业互联网研究院 ◎ 组编

5G工业互联网体系：
核心技术、平台架构与行业应用

李骏 朱洪波 黄罡 管海兵 ◎ 著

5G INDUSTRIAL INTERNET ARCHITECTURE:
FUNDAMENTAL TECHNOLOGIES, PLATFORM HIERARCHIES, AND VERTICAL APPLICATIONS

华中科技大学出版社
http://press.hust.edu.cn
中国·武汉

内容简介

本书共 7 章,包括工业互联网发展概述、基于 5G 技术的工业无线网络、工业区块链架构与智能合约引擎系统、面向工业大数据的智能架构与技术、企业级工业边缘云管理平台、产业级工业互联网公共服务平台、典型行业解决方案与应用案例,分别从核心技术、平台架构和行业应用三个维度系统阐述了典型行业的"5G+边缘计算"工业互联网体系的建设与应用。

本书既可以作为高等院校相关专业课程的教材,也可以作为工业互联网领域的 IT/OT 技术人员、垂直行业解决方案架构师以及寻求企业数字化转型方案的管理决策人员的参考用书。

图书在版编目(CIP)数据

5G 工业互联网体系:核心技术、平台构架与行业应用/李骏等著. —武汉:华中科技大学出版社,2023.5
(工业互联网前沿技术丛书)
ISBN 978-7-5680-9407-8

Ⅰ.①5… Ⅱ.①李… Ⅲ.①互联网络-应用-工业发展 Ⅳ.①F403-39

中国国家版本馆 CIP 数据核字(2023)第 071708 号

5G 工业互联网体系:核心技术、平台架构与行业应用   李 骏 朱洪波 著
5G GONGYE HULIANWANG TIXI:HEXIN JISHU、PINGTAI   黄 罡 管海兵
JIAGOU YU HANGYE YINGYONG

出 版 人:阮海洪

策划编辑:俞道凯 张少奇
责任编辑:杨赛君
封面设计:蓝畅设计
责任监印:周治超

出版发行:华中科技大学出版社(中国•武汉)   电话:(027)81321913
         武汉市东湖新技术开发区华工科技园   邮编:430223
录   排:武汉市洪山区佳年华文印部
印   刷:湖北新华印务有限公司
开   本:710mm×1000mm 1/16
印   张:23.25
字   数:425 千字
版   次:2023 年 5 月第 1 版第 1 次印刷
定   价:198.00 元

本书若有印装质量问题,请向出版社营销中心调换
全国免费服务热线:400-6679-118   竭诚为您服务
版权所有 侵权必究

工业互联网前沿技术丛书

顾　问

李培根（华中科技大学）　　黄　维（西北工业大学）　　唐立新（东北大学）

编委会

主任委员： 高金吉（北京化工大学）　　鲁春丛（中国工业互联网研究院）

委　员：

朱洪波（南京邮电大学）　　　　刘　驰（北京理工大学）

江志农（北京化工大学）　　　　孙建国（西安电子科技大学）

李　骏（南京理工大学）　　　　李军旗（富士康工业互联网股份有限公司）

邱才明（华中科技大学）　　　　佟为明（哈尔滨工业大学）

沈卫明（华中科技大学）　　　　张　俊（武汉大学）

明新国（上海交通大学）　　　　郑　英（华中科技大学）

郑泽宇（中国科学院沈阳自动化研究所）　贾云健（重庆大学）

黄　罡（北京大学）　　　　　　黄　韬（北京邮电大学）

彭木根（北京邮电大学）　　　　蔡　亮（浙江大学）

蔡鸿明（上海交通大学）　　　　管海兵（上海交通大学）

工业互联网前沿技术丛书

组编工作委员会

组编单位： 中国工业互联网研究院

主任委员： 罗俊章　　王宝友

委　　员： 张　昂　　孙楚原　　郭　菲　　许大涛　　李卓然　　李紫阳　　姚午厚

作者简介

▶ **李骏** 南京理工大学教授,博士生导师,国家特聘青年专家,工业和信息化部工业互联网项目首席科学家,江苏特聘教授。长期致力于通信、计算融合的分布式人工智能架构、网络多智能体博弈与优化等领域的研究,取得了系统性的创新研究成果。在美国国家科学院院刊(PNAS)、IEEE系列权威期刊上发表论文180余篇,曾获IEEE信号处理学会最佳论文奖。以第一发明人发表专利,获多国授权,并提交国际标准化组织。担任IEEE智能制造标准委员会/技术咨询委员会委员、*IEEE Transactions on Wireless Communications* 副编辑、中国电子学会高级会员、工业互联网标识战略推进专家委员会委员、中国信息通信研究院5G产业应用方阵专家。

朱洪波 教授,博士生导师,南京邮电大学原副校长、物联网研究院院长,国务院政府特殊津贴获得者。江苏省高校优秀科技创新团队带头人,首届江苏省创新争先团队带头人,国际电信联盟无线电通信局(ITU-R)第三研究组(SG3)副主席,国际电信联盟150周年"持续杰出贡献奖"获得者,中国电子学会常务理事、会士、通信分会主任、物联网专家委员会副主任、组织工作委员会副主任,中国通信学会常务理事、会士、物联网委员会主任、学术工作委员会副主任,教育部科技委信息学部委员,《物联网学报》执行主编,国家重点研发计划"物联网与智慧城市"重点专项专家委员会委员,教育部泛在网络健康服务系统工程研究中心主任,国家无线通信技术协同创新中心分中心主任,江苏省无线通信重点实验室主任,江苏省物联网技术与应用协同创新中心主任。

作者简介

▶ **黄罡** 北京大学教授，博士生导师，北京大学人工智能研究院副院长，北京大数据先进技术研究院首席科学家，国家杰出青年科学基金获得者。长期从事系统软件领域工作，研制的自适应软件技术与系统在云计算、大数据和数联网等领域得到广泛应用。发表学术论文100余篇，获国际期刊/会议优秀论文荣誉10余次。曾获国家技术发明奖一等奖和二等奖、国家自然科学奖二等奖、国家"万人计划"科技创新领军人才、中国青年科技奖、全国优秀博士学位论文、中国计算机学会青年科学家奖、科学探索奖等荣誉。

管海兵 上海交通大学特聘教授、CERNET上海核心节点主任，上海市可扩展计算与系统重点实验室主任，国家杰出青年科学基金获得者，曾获得长江学者特聘教授、国家"万人计划"科技创新领军人才等荣誉。主要学术研究方向是云计算、大数据和系统软件。先后主持了近10项重大/重点科研任务，在云计算和大数据领域取得了一系列重要进展，曾获国家科学技术进步奖二等奖、教育部科学技术进步奖一等奖、教育部/上海市技术发明奖一等奖。

总序一

工业互联网是新一代信息通信技术与工业经济深度融合的全新工业生态、关键基础设施和新型应用模式。它以网络为基础、平台为中枢、数据为要素、安全为保障,通过对人、机、物全面连接,变革传统制造模式、生产组织方式和产业形态,构建起全要素、全产业链、全价值链全面连接的新型工业生产制造和服务体系,对提升产业链现代化水平、促进数字经济和实体经济深度融合、引领经济高质量发展具有重要作用。

"工业互联网前沿技术丛书"是中国工业互联网研究院与华中科技大学出版社共同发起,为服务"工业互联网创新发展"国家重大战略,贯彻落实深化"互联网+先进制造业""第十四个五年规划和 2035 年远景目标"等国家政策,面向世界科技前沿、面向国家经济主战场和国防建设重大需求,精准策划汇集中国工业互联网先进技术的一套原创科技著作。

丛书立足国际视野,聚焦工业互联网国际学术前沿和技术难点,助力我国制造业发展和高端人才培养,展现了我国工业互联网前沿科技领域取得的自主创新研究成果,充分体现了权威性、原创性、先进性、国际性、实用性等特点。为此,向为丛书出版付出聪明才智和辛勤劳动的所有科技和工作人员表示崇高的敬意!

中国正处在举世瞩目的经济空前高速发展时期,应用工业互联网前沿技术振兴我国制造业天地广阔,大有可为!丛书主要汇集高校和科研院所的科研成果及企业的工程应用成果。热切希望我国 IT 人员与企业工程技术人员密切合作，促进工业互联网平台落地生根。期望丛书绚丽的科技之花在祖国大地上结出丰硕的工程应用之果，为"制造强国、网络强国"建设作出新的、更大的贡献。

中国工程院院士

中国工业互联网研究院技术专家委员会主任

北京化工大学教授

2023 年 5 月

总序二

工业互联网作为新一代信息通信技术与工业经济深度融合的全新工业生态、关键基础设施和新型应用模式，是抢抓新一轮工业革命的重要路径，是加快数字经济和实体经济深度融合的驱动力量，是新型工业化的战略支撑。习近平总书记高度重视发展工业互联网，作出深入实施工业互联网创新发展战略、持续提升工业互联网创新能力等重大决策部署和发展要求。党的二十大报告强调，推进新型工业化，加快建设制造强国、网络强国，加快发展数字经济，促进数字经济和实体经济深度融合。这为加快推动工业互联网创新发展指明了前进方向、提供了根本遵循。

实施工业互联网创新发展战略以来，我国工业互联网从无到有、从小到大，走出了一条具有中国特色的工业互联网创新发展之路，取得了一系列标志性、阶段性成果。新型基础设施广泛覆盖。工业企业积极运用新型工业网络改造产线车间，工业互联网标识解析体系建设不断深化。国家工业互联网大数据中心体系加快构建，区域和行业分中心建设有序推进。综合型、特色型、专业型的多层次工业互联网平台体系基本形成。国家、省、企业三级协同的工业互联网安全技术监测服务体系初步建成。产业创新能力稳步提升。端边云计算、人工智能、区块链等新技术在制造业的应用不断深化。时间敏感网络芯片、工业5G芯片/模组/网关的研发和产业化进程加快，在大数据分析专业工具软件、工业机理模型、仿真引擎等方向突破了一批平台发展瓶颈。行业融合应用空前活跃。应用范围逐步拓展至钢铁、机械、能源等45个国民经济重点行业，催生出平台化设计、智能化制造、网络化协同、个性化定制、服务化延伸、数字化管理等典型应用模式,有力促进提质、降本、增效、绿色、安全发展。5G 与工业互联网深度融合,远程设备操控、设备协同作业、机器视觉质检等典型场景加速普及。

征途回望千山远,前路放眼万木春。面向全面建设社会主义现代化国家新征程,工业互联网创新发展前景光明、空间广阔、任重道远。为进一步凝聚发展共识,展现我国工业互联网理论研究和实践探索成果,中国工业互联网研究院联合华中科技大学出版社启动"工业互联网前沿技术丛书"编撰工作。丛书聚焦工业互联网网络、标识、平台、数据、安全等重点领域,系统介绍网络通信、数据集成、边缘计算、控制系统、工业软件等关键核心技术和产品,服务工业互联网技术创新与融合应用。

丛书主要汇集了高校和科研院所的研究成果,以及企业一线的工程化应用案例和实践经验。囿于工业互联网相关技术应用仍在探索、更迭进程中,书中难免存在疏漏和不足之处,诚请广大专家和读者朋友批评指正。

是为序。

中国工业互联网研究院院长

2023 年 5 月

前言

近年来,在企业数字化转型的大背景下,我国工业互联网技术发展迅速,有力提升了产业融合创新水平,加快了制造业数字化转型步伐,推动了实体经济高质量发展。在制造业、电力能源行业等重要领域,工业互联网已充分发挥其产业带动效应,为各行业企业创造了巨大价值。从工业经济发展角度看,工业互联网为制造强国建设提供关键支撑;从网络设施发展角度看,工业互联网是网络强国建设的重要内容。

随着云计算、物联网、大数据、人工智能等信息技术与制造技术的不断集成和创新,工业制造由数字化、网络化向智能化发展,工业互联网蕴藏着巨大的价值。许多企业意识到必须将新兴技术的应用作为自身长期发展战略,加快构建工业互联网数字中台以及各种智能应用。不过我们仍需清醒认识到工业互联网构建的困境,如前期的投入成本巨大,短期效益不明显,预期商业价值难以评估。尤其对于中小企业而言,工业互联网涉及的技术难度过大,使得众多企业难以参与到工业互联网的建设中。工业互联网的发展迫切需要大批对 IT 和 OT 两个方向均有深刻理解、拥有全局观的复合型人才,而这方面人才相对稀缺,因此笔者团队产生了写这本书的想法,以助力该类人才的培养。

笔者团队拥有丰富的工业互联网平台项目建设和工程开发经验,先后开发了基于 5G 网络的企业级工业边缘云管理平台和产业级工业互联网公共服务平台,完成了工业互联网整体方案架构设计和产品功能定义,并使之在多家垂直企业落地应用,实现了行业级工业大数据的可信融合分析,取得了显著成效。

本书凝结了笔者团队多年积累的工业互联网技术理论成果与工程项目经验,从核心技术、平台架构和行业应用三个维度,系统阐述了5G工业互联网体系架构的建设与应用。本书主要内容包括:工业互联网发展概述、基于5G技术的工业无线网络、工业区块链与智能合约引擎系统、面向工业大数据的智能架构与技术、企业级工业边缘云管理平台、产业级工业互联网公共服务平台,以及典型行业解决方案与应用案例。

本书共7章。第1章介绍了工业互联网的发展背景,阐述了工业互联网的内涵与本质,并重点分析当前知名的大型工业互联网平台。

第2至4章为工业互联网核心技术篇,分别重点阐述了5G网络、区块链、人工智能等技术领域的最新进展及其在工业互联网中的创新应用。

第5至6章为云边协同平台架构篇,清晰地阐述了可信工业智能平台的功能和技术架构,深入讲解了架构各个层级的技术原理、技术路线,并融合了笔者团队多年积累的工业互联网项目建设经验。

第7章为工业互联网创新应用篇,重点阐述了工业互联网关键技术与平台在典型行业的创新应用案例。

本书依托2020年工业和信息化部工业互联网创新发展工程"面向典型行业的工业互联网'5G+边缘计算'服务平台"项目,旨在将该项目实施过程中的理论创新与开发成果,以技术、平台及应用的方式展现给读者。该项目由南京理工大学牵头,联合中国联通有限公司江苏分公司、浙江大学、中国科学院计算技术研究所、中国电子技术标准化研究院、北京中科晶上科技股份有限公司、北京计算机技术及应用研究所、中化岩土集团股份有限公司、天津新松机器人自动化股份有限公司、南京音飞储存设备(集团)股份有限公司等高校、企业以及研究院所,旨在建立健全5G工业互联网标准体系,以支持典型行业开展企业内网与公共平台的融合应用,培育相关解决方案与应用模板。

本书的出版得到了项目联合体成员单位的大力支持,同时也得到了业内专家们的无私帮助,他们是中国联通有限公司江苏分公司工业互联网事业部蒋海涛、浙江大学冯冬芹、中国科学院计算技术研究所石晶林、中国信息通信研究院刘阳与韦莎、天津新松机器人自动化股份有限公司王金涛、南京音飞储存设备

(集团)股份有限公司金跃跃、北京中科晶上科技股份有限公司马英矫、北京大学蔡华谦、北京大数据先进技术研究院姜海鸥、中国电子技术标准化研究院胡琳。专家们提供了许多宝贵的素材和建设性的意见,帮助笔者完善书稿内容,在此一并表示感谢。同时,也感谢南京理工大学夏鹏程、王诚、褚顺风、宋菲、殷子炎、代雅娇、张世颖等对本书的辛勤付出。

"十四五"期间实行工业互联网推广工程,在中央和地方相关规划、设施建设、示范试点都在有条不紊推进的同时,工业互联网行业的广大从业者们也在拼尽全力为平台建设贡献自己的力量。在众多有利因素的刺激下,工业互联网迎来广阔的发展空间,即将进入百家争鸣、百花齐放的新局面。笔者团队愿意继续努力,为工业互联网行业的发展贡献更多力量。

李骏　朱洪波　黄罡　管海兵

2022 年 10 月

目录

第1章 工业互联网发展概述 /1

1.1 工业互联网的发展背景 /1
1.1.1 工业互联网的意义 /1
1.1.2 工业互联网产业的全球发展 /1
1.1.3 中国工业互联网产业的进展与应用趋势 /3

1.2 工业互联网的内涵与本质 /11
1.2.1 工业互联网的定义 /11
1.2.2 工业互联网的内涵 /12
1.2.3 工业互联网的主要特点 /13
1.2.4 工业互联网的主流体系架构 /16

1.3 工业互联网平台 /25
1.3.1 工业互联网平台概述 /25
1.3.2 工业互联网平台的技术体系 /28
1.3.3 工业互联网平台的产业生态和应用场景 /32
1.3.4 典型工业互联网平台介绍 /38

1.4 工业互联网未来展望 /45
1.4.1 工业互联网发展趋势 /45
1.4.2 工业区块链为工业互联网发展带来新机遇 /49
1.4.3 工业互联网发展面临的问题 /51
1.4.4 工业互联网进一步发展建议 /53
1.4.5 工业数联网：下一代工业互联网 /56

本章参考文献 /58

第2章 基于5G技术的工业无线网络 /62
2.1 5G技术概述 /62
- 2.1.1 5G商业发展 /62
- 2.1.2 5G+工业互联网 /65

2.2 5G空口关键技术 /67
- 2.2.1 无线传输技术 /68
- 2.2.2 无线接入技术 /74

2.3 5G网络架构 /79
- 2.3.1 5G网络整体架构 /79
- 2.3.2 超密集无线异构网络 /82

2.4 5G网络虚拟化技术 /88
- 2.4.1 NFV技术与SDN技术 /88
- 2.4.2 5G网络切片整体架构 /93
- 2.4.3 端到端网络切片技术要求 /94

2.5 面向典型行业的5G专网部署实施 /98
- 2.5.1 5G企业专网概述 /98
- 2.5.2 5G专网方案 /100
- 2.5.3 5G专网安全 /102

本章参考文献 /105

第3章 工业区块链架构与智能合约引擎系统 /109
3.1 区块链技术 /109
- 3.1.1 区块链的整体架构 /110
- 3.1.2 基于区块链的智能合约 /120
- 3.1.3 区块链技术的应用 /125

3.2 面向工业场景的区块链架构设计 /127
- 3.2.1 工业场景与特点 /127
- 3.2.2 可信图式账本 /130
- 3.2.3 智能合约引擎 /133
- 3.2.4 访问控制技术 /141

3.3 工业区块链技术应用方法 /155
- 3.3.1 基于工业区块链的设备管理 /155
- 3.3.2 基于工业区块链的产业链协同 /158

3.3.3　基于工业区块链的标识解析体系　/160
　　　3.3.4　区块链与隐私计算融合的工业安全多方计算　/164
　3.4　工业区块链技术展望　/166
　本章参考文献　/167

第4章　面向工业大数据的智能架构与技术　/170
　4.1　概述　/170
　　　4.1.1　工业大数据发展背景　/170
　　　4.1.2　工业大数据的内涵　/170
　　　4.1.3　工业大数据的应用价值　/171
　4.2　云边协同与大数据智能融合技术　/171
　　　4.2.1　工业大数据智能架构　/171
　　　4.2.2　工业大数据智能处理与融合分析　/177
　　　4.2.3　工业数据安全隐私与流通管理　/190
　4.3　工业大数据智能应用　/204
　　　4.3.1　数据驱动研发能力提升　/204
　　　4.3.2　数据促进设备故障智能分析　/205
　　　4.3.3　数据助力网络化协同制造　/206
　　　4.3.4　数据支持智能化服务　/206
　　　4.3.5　数据支撑个性化定制　/207
　　　4.3.6　工业大数据智能应用案例　/207
　4.4　工业大数据与智能技术展望　/210
　　　4.4.1　当前发展面临的挑战　/210
　　　4.4.2　未来发展展望　/211
　本章参考文献　/213

第5章　企业级工业边缘云管理平台　/216
　5.1　工业边缘云管理平台功能架构　/216
　　　5.1.1　工业边缘云管理平台接入层　/217
　　　5.1.2　工业边缘云管理平台汇聚层　/222
　　　5.1.3　工业边缘云管理平台资源管理层　/227
　　　5.1.4　工业边缘云管理平台企业应用层　/232
　5.2　工业边缘云管理平台关键技术　/233
　　　5.2.1　平台接入层关键技术　/234

5.2.2　平台汇聚层关键技术　/244

　　　5.2.3　平台资源管理层和企业应用层关键技术　/249

　5.3　工业边缘云管理平台软件技术架构与实现　/260

　　　5.3.1　工业边缘云管理平台的软件技术架构　/260

　　　5.3.2　工业边缘云管理平台的软件实现　/261

　5.4　未来挑战与展望　/271

　　　5.4.1　未来工业网络的发展趋势　/271

　　　5.4.2　工业边缘云管理平台的发展方向　/272

　　　5.4.3　边缘云应用的未来技术挑战与展望　/274

　本章参考文献　/275

第6章　产业级工业互联网公共服务平台　/279

　6.1　工业互联网公共服务平台功能架构　/279

　　　6.1.1　工业互联网公共服务平台基础支撑层　/280

　　　6.1.2　工业互联网公共服务平台核心功能层　/283

　　　6.1.3　工业互联网公共服务平台交互服务层　/288

　6.2　工业互联网公共服务平台关键技术　/289

　　　6.2.1　以模型为核心的工业应用构建技术　/289

　　　6.2.2　基于云原生的云边协同软件技术架构　/293

　6.3　工业互联网公共服务平台软件技术架构与实现　/299

　　　6.3.1　工业互联网公共服务平台的软件技术架构　/300

　　　6.3.2　工业互联网公共服务平台的软件实现　/300

　6.4　未来挑战与展望　/313

　　　6.4.1　基于跨链机制和标识解析体系的工业联盟链

　　　　　　多链体系架构　/313

　　　6.4.2　面向产业集群协同智能的工业资源可信流通平台　/314

　　　6.4.3　工业软件低代码快速开发服务　/315

　本章参考文献　/316

第7章　典型行业解决方案与应用案例　/318

　7.1　智慧仓储　/318

　　　7.1.1　行业背景　/318

　　　7.1.2　痛点　/320

　　　7.1.3　解决方案　/321

　　　　7.1.4　应用成效　/325
7.2　智慧能源　/326
　　　　7.2.1　行业背景　/326
　　　　7.2.2　痛点　/328
　　　　7.2.3　解决方案　/329
　　　　7.2.4　应用成效　/337
7.3　设备智能运维　/338
　　　　7.3.1　行业背景　/338
　　　　7.3.2　痛点　/339
　　　　7.3.3　解决方案　/340
　　　　7.3.4　应用成效　/348

本章参考文献　/350

第 1 章
工业互联网发展概述

1.1 工业互联网的发展背景

1.1.1 工业互联网的意义

近年来,随着产业的快速发展和科技形式的变革,工业经济由数字化向网络化、智能化深度拓展,新一代工业革命与互联网创新发展并发生历史性的交汇,工业互联网随之诞生。先进的信息技术与工业的深度融合,是产业的发展趋势,是加快制造强国、网络强国建设的关键抓手,是促进实体经济转型升级和持续推进可持续发展的客观要求,也是实现"碳达峰""碳中和"目标的重要途径。

在网络设施发展方面,工业互联网是网络强国建设的重要内容。一是能演进升级网络。工业互联网促进物与物相互连接的物联网向人、机、物全面互联拓展,网络设施的支撑服务能力得到大幅提升。二是能拓展数字经济空间。较强的渗透性是工业互联网的特点,它可以深度融合交通、医疗、物流、农业、能源等实体经济各领域,实现产业上下链、跨领域的广泛的互通互联,各种网络应用从虚拟到实体、从生活到生产实现跨越,极大拓展了数字经济的发展空间。

在工业经济发展方面,工业互联网是制造强国建设的关键支撑。一是转型升级传统工业。基于设备、系统、厂区、地区的全面的互联互通,在更大范围内,更高效率、更加精准地优化配置各种生产和服务资源,工业经济发展质量和效益得以大幅提升。二是加快培育新兴产业。工业互联网由单点的数字化向全面集成演进,深刻变革创新方式、生产模式、组织形式和商业范式,催生出诸多新模式和新业态。

1.1.2 工业互联网产业的全球发展

2008 年金融危机以后,美国、德国等全球主要工业化国家纷纷重新思考制造业在其国民经济发展中的重要作用。在新一代信息通信技术迅猛发展及其与制造业加速融合的背景下,工业互联网作为实现海量工业数据感知、传输、集成与分析的载体,是实现制造业智能化发展的关键基础。当前全球主要工业化国家均积极围绕工业互联网开展战略布局和实践探索,以确保其在未来全球制造业中的竞争优势[1]。

1. 欧美国家引领全球工业互联网发展

美国和德国选定工业互联网作为先进制造业的重要抓手,以资金资助、战略指导等方式给予相关支持。美国于2012年推出"先进制造发展战略",聚焦于信息技术、材料技术和制造技术相结合的先进制造业,将工业互联网作为该战略的重要创新方向,并于2014年宣布成立工业互联网联盟(Industrial Internet Consortium,IIC)。美国商务部计划拨款19.3亿美元以完成45家先进制造创新中心建设,从而打造先进制造技术变革商业的枢纽。美国工业互联网在各产业的横向覆盖面广,依托信息技术优势着力推动,范围涉及制造业、能源、交通、运输、医疗、城市建设各领域。

德国"高科技战略2020"中,十大"未来项目"之一为工业4.0,随之德国出台《数字化行动议程(2014—2017)》,提出以工业4.0为前提,以信息技术与制造技术的深度融合为目标,全面提高企业生产率并开拓更多的发展机遇。目前,德国已经批准了超过120亿欧元的资金,支持多达63个项目,面向强化本国高端制造优势,推进工业互联网在智能制造领域的纵向延伸。

2. 行业平台推动研究与实践

美国、德国部署工业互联网研究和实践的共同做法是搭建行业发展平台,依托技术、安全、测试床、战略与解决方案、市场以及联络函六大工作组,以生态建设、技术与安全、测试床、标准需求、商业战略及解决方案为工作核心,加速工业互联网的落地和产业化[2]。目前,已有来自33个国家的260余家成员单位,由GE(通用电气)、IBM(国际商业机器)、Intel(英特尔)等国际企业巨头牵头,汇集成员单位力量开展协同研究,发布了包括《工业互联网参考架构1.8版本》《工业互联网安全参考架构1.0版本》等技术性文件,形成22个试验验证平台,成为目前全球推动工业互联网发展最具影响力的产业联盟之一。德国也围绕架构、标准、安全、测试床等加速产业协作,联合BITKOM(德国信息技术、电信和新媒体协会)、VDMA(德国机械设备制造业联合会)、ZVEI(德国电气和电子行业协会)等六大协会,搭建了工业4.0平台。

3. 企业巨头加快形成产业生态

企业巨头以工业互联网平台为核心,依托各自优势积极展开布局。GE、西门子、博世、施耐德等各大工业巨头纷纷在全球布局,打造可实现工业设备设施连接、工业大数据分析和工业应用开发与部署服务等强大功能的工业互联网平台,力图在既有高端产品、装备全球垄断地位的基础上,形成"云+端""制造+服务"和物理与数字融为一体的平台新优势,建立实体行业对其高端产品和服务的高度依赖关系,形成全球生产要素和资源配置的掌控能力[3]。而思科、SAP(思爱普)、微软、IBM 等 ICT(information and communications technology,信息与通信技术)巨头也意图在新型网络空间抢占发展主动权,加大对工业互联网平台布局的投入,依托线上线下高度融合的工业互联网平台,主导全球数字新工业体系。

1.1.3 中国工业互联网产业的进展与应用趋势

多元化金融信息提供商 IHS 数据显示,2010 年中国占世界制造业产出的比值第一次略高于美国,迅速发展成为全球最大制造国。如图 1-1 所示,2004—2022 年中国制造业增加值占全球制造业增加值的比重不断提升,但中国制造业的综合实力与发达国家相比仍有较大差距,目前以劳动密集型的低端制造为主的现状在一定程度上限制了中国制造业的长期发展,高端制造能力不足、创新能力和制造能力不强、发达国家制造业回流、低端制造业产能向东南亚等国家转移和国内人口红利下降给中国制造业发展带来巨大挑战。

图 1-1 2004—2022 年中国制造业增加值占全球制造业增加值的比重变化

中国工业互联网产业正处于发展初期,产业规模在快速稳步扩大,初步形成一定的支撑体系,还具有较大增长与发展空间。经中国信息通信研究院综合统计测算,2021年,我国工业互联网产业名义增速已达到15.69%,产业增加值规模已达4.13万亿元。随着"中国制造2025"和"互联网+"融合发展的不断深化,工业互联网市场需求持续增长,发展步入快车道,即将进入产业快速发展阶段。

1. 我国工业互联网产业链特点

如图1-2所示,工业互联网产业链可分为设备层、网络层、平台层、软件层、应用层和安全体系六大部分,从产业链划分来看,设备层、网络层属于产业链上游,应用层属于产业链下游,其余部分均归入产业链中游[4]。

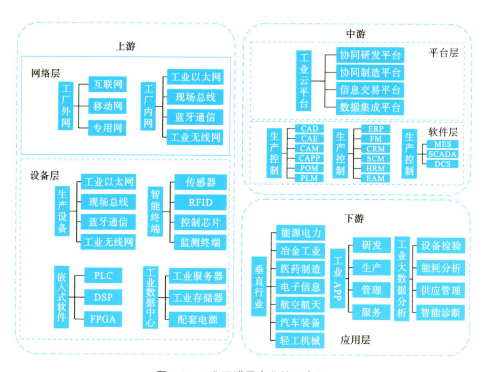

图1-2　工业互联网产业链示意图

1) 传感器

传感器是工业互联网最重要的数据采集入口,麦肯锡报告指出到2025年,由物联网带来的经济效益将在2.7万亿到6.2万亿美元之间,其中传感器市场将迎来广阔的发展空间。

第1章 工业互联网发展概述

如图1-3所示,根据中国电子信息产业发展研究院数据,近年来我国传感器市场规模呈现逐年增长态势,2021年我国传感器市场规模约为2951.8亿元,同比增长17.6%。随着各项传感技术、通信技术、计算技术的成熟,工业互联网在各行业将产生越来越多的应用需求,并具有未来10年最受瞩目的长期增长趋势。

图1-3 2015—2021年我国传感器市场规模

2) 工业机器人

经过20多年的发展,我国工业机器人已经初具规模,目前我国已独立自主生产部分机器人的关键元器件,开发出弧焊、点焊、码垛、装配、搬运等工业机器人。如图1-4所示,根据国际机器人联合会(International Federation of Robotics,IFR)及国家统计局数据,2013—2022年中国工业机器人产量不断上升。2022年中国工业机器人产量达到443055套,增速达21.04%。

3) 人工智能芯片

长期以来我国在芯片设计上一直处于追赶状态,缺乏自主创新能力,绝大多数产品依靠国外的IP核进行设计,自主创新发展受到了极大的限制。而如今我国对人工智能芯片产业相当重视,并且国内人工智能产业的快速发展,为中国在处理器领域实现弯道超车提供了绝佳的机遇。如图1-5所示,据艾媒数据中心统计,近年来我国人工智能芯片市场规模保持高速增长,2021年我国人工智能芯片市场规模达360.8亿元。由于人工智能芯片是人工智能产业的核心硬件,全球人工智能芯片发展还在起步阶段,我国凭借诸多利好因素有望领

图 1-4 近年来我国工业机器人产量

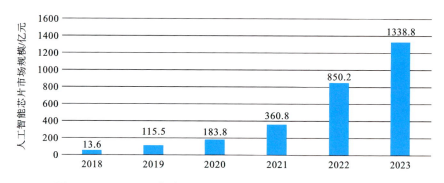

图 1-5 2018—2023 年我国人工智能芯片市场规模统计及预测情况

先全球,具有巨大发展潜力,预计 2023 年我国人工智能芯片市场规模将超过 1300 亿元。

我国工业互联网产业覆盖范围大,地区分布广泛。就整体产业而言,东部地区及北京、深圳等大城市涵盖工业互联网重点领域,上海、江苏等地政府通过资金支持等多项举措积极推动工业互联网产业落地。领域方面,工业互联网网络领域涉及网络基础建设和服务,在全国各地区均有分布;工业传感与控制领域的工业企业主要分布在长三角、珠三角和京津冀地区;工业互联网软件与信息服务领域集中度较高,超过80%的企业聚集于东部地区;工业互联网平台领域的企业集中在互联网与信息技术较发达的大城市,包括北京、上海、广州、深圳、杭州;安全保障领域的企业集中在北京等大城市。随着新一轮工业革命及工业转型升级的不断推进,目前我国已经形成了完整涵盖六大重点领域的工业互联网产业体系[5]。

2. 我国工业互联网产业实践

1) 工业互联网平台稳步发展

工业和信息化部于2022年5月发布了国内十大跨行业、跨领域工业互联网平台名单,确立了行业标杆,如表1-1所示,各大行业领先平台在设备连接数、数字模型数、工业APP数、活跃用户数、活跃开发者数等指标方面比往年均大幅提升。

表1-1 我国十大工业互联网平台及指标情况

企业	工业互联网平台	连接设备数	数字模型数	工业APP数	活跃用户数	活跃开发者数	技术研发与创新能力	应用实现能力	发展潜力	总分/分
海尔集团	海尔COSMOPlat	71万	1536	2379	6.3万	5336	34.5	35	28.5	98
航天云网	航天云网INDICS	79万	39万	2072	35.2万	2030	35	34	28.5	97.5
徐工信息	徐工信息汉云	70万	474	1542	13.5万	3113	34.5	34	28.5	97
东方国信	东方国信Cloudiip	75万	1450	2329	22万	6500	34	34	28.5	96.5
树根互联	树根互联根云	40万					34	34	28	96
浪潮集团	浪潮云In-Cloud	145万	2445	3528	75万	8.8万	34	34	27.5	95.5
用友网络	用友精智	57万	1050	1949	46万	5112	35	33	27	95
忽米网络	忽米H-IIp	140万	3551	9573		27万	34.5	33	27	94.5
阿里云	阿里supET	14万	40	450	1000	19000	34.5	32.5	27	94
蓝卓信息	蓝卓supOS						34	32.5	27	93.5

2) 机械、能源行业应用领先

我国工业互联网平台应用范围十分广泛,但主要集中在机械、能源行业,如图1-6所示。根据《全球工业互联网平台应用案例分析报告》的数据,工业互联网平台的应用案例主要在机械行业,占比36%,因为重型机械行业进入门槛较高且市场饱和度逐年增长,所以该类企业面临的服务化转型需求最强烈;其次

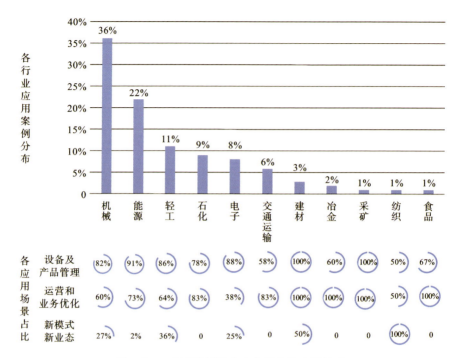

图 1-6 工业互联网平台在各行业的应用情况

是能源行业,占比 22%,该行业应用集中资源配置优化的潜力巨大,产品同质化程度较高,所以其过程控制优化的成效明显[6];然后是轻工行业,占比 11%。

3) 各企业竞争层次分明,各有优劣

我国工业互联网相关企业竞争层次较为分明,涵盖软件企业、传统制造企业、互联网企业、系统解决方案服务商与初创企业。

从软件企业来看,工业互联网主要代表企业有用友、东方电信等,以 SaaS 转型为战略目标。在制造企业中,以三一重工、海尔等为代表企业,其优势是熟悉生产制造流程,但云计算技术较为薄弱;在互联网企业中,以 BAT(即百度、阿里巴巴、腾讯)为代表,其虽然云计算技术领先但是缺乏专业和全面的工业知识;在系统解决方案服务商中,华为和宝信软件等可为制造企业提供基础设施、平台、应用服务等整体信息化服务,但云计算技术稍弱。此外,初创企业以昆仑数据、树根互联等为代表,其领域专注度高,创始团队通常来自头部信息科技公司和工业企业,但资金实力较弱。图 1-7 展示了目前国内工业互联网企业竞争格局。

4) 产业生命周期

如图 1-8 所示,工业互联网产业的生命周期分为起步、成长、成熟和衰退四

第1章 工业互联网发展概述

图 1-7 我国工业互联网企业竞争格局分析

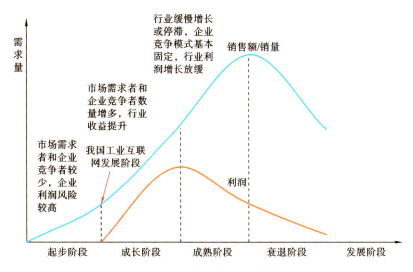

图 1-8 工业互联网产业生命周期分析

个阶段。我国工业互联网产业的发展仅有几年时间,市场需求者和企业竞争者数量逐年增多,并且工业企业数字化转型带来的利润也逐渐开始显现。因此从整体上来看,我国工业互联网产业仍处于起步阶段与成长阶段的交界处。随着以互联网、物联网、云计算、大数据和人工智能为代表的新一代信息技术与传统产业的加速融合,我国新一轮科技革命和产业革命必将蓬勃兴起,一系列新的生产方式、组织方式和商业模式不断涌现,将有力地推动我国工业体系的智能化变革。

5）初步发展成果

我国积极推进工业互联网的应用,工业界和互联网界已将融合应用与发展作为基本共识。华为、吉利、三一重工、潍柴等一批行业骨干企业依托工业互联网建立了全球多地协同研发体系,有力支撑了企业的国际化转型。在行业应用方面,航天、机械、汽车、轨道交通装备等行业数字化设计工具普及率超过85％,钢铁、石化、煤炭、医药、纺织等行业关键工艺流程数控化率超过65％,企业资源规划(enterprise resource planning,ERP)系统使用率超过70％,大幅提高了敏捷制造、精准制造、极端制造的能力。

以九江石化、潍柴动力、海尔等为代表的企业,通过射频识别(radio frequency identification,RFID)等标识技术自动识别工厂内各种零部件、在制品、生产装备及工序,基于网络以各类有线和无线通信技术实现生产装备、传感器、控制系统与管理系统等的广泛互联,大幅提高工业数据获取能力,并在此基础上进行数据集成与分析,形成生产效率优化、排产灵活、制造柔性、库存优化与智能物流、质量控制与溯源、产线预测性维护等一系列智能化应用。如九江石化通过75个工艺位号设置数据采集装置,在161台主要设备上实时进行数据采集和阈值展示,及时了解生产线设备的状态信息,实现智能化巡检和运维。

三一重工、东方电气、陕鼓、伊利等企业基于工业互联网进行产品大数据分析和优化,并形成一系列智能化服务。航天科工、沈阳机床、中国商飞等企业基于工业互联网开展协同设计、协同制造与供应链协作等应用,通过在工业互联网、企业间专网、制造云平台等关键领域部署高性能网络解决方案,实现制造装备与生产能力的远程监控与配置,提高企业间供应链采购物流与销售、设计与制造等环节的精确实时协作能力,促进了企业间资源的开放共享,实现高效集聚与优化配置[7]。

3. 我国工业互联网产业生态

我国工业互联网生态化发展的特征日益突出,不同行业和领域的企业跨界合作不断增加,如阿里云为徐工集团、协鑫集团、吉利等多家制造企业提供工业互联网、工业大数据服务,形成由线上向线下渗透的应用生态;华为通过构建eLTE产业联盟、边缘计算联盟、NB-IoT论坛、OceanConnect四大生态积极推进工业互联网产业发展;三一集团聚焦工业互联网组建树根互联公司,与星邦重工、华为、腾讯、中国移动等来自制造业、信息通信业等领域多家企业开展战略合作,形成由线下拉动线上的融合共进。

我国工业互联网产业处于起步阶段与成长阶段的交界处,虽然产业规模在快速增长,但仍面临着许多挑战。目前,我国工业互联网的推进尚缺少顶层设计,总体上还处于探索阶段,缺乏从国家层面到产业层面的明确发展路径;出台的产业发展政策不够聚焦且力度不大,导致各行业发展很难形成合力;在智能设备、控制系统、数据应用、支撑服务等核心领域,存在企业规模小而散的现象,缺乏类似GE、西门子等具备整体综合解决方案和覆盖能力的龙头企业。以上因素制约了我国工业互联网的良性生态化发展。

此外,我国工业互联网制造支撑产业技术薄弱,核心关键技术基本被国外企业垄断,如关键工业软件、底层操作系统、嵌入式芯片、开发工具等基础技术。国内自主技术标准因市场应用不足而处于竞争劣势地位,专利多为外围应用类,在关键技术领域缺少核心专利布局。实现智能制造的重要载体是工业互联网,其中涉及多个学科、领域和部门,亟须加强顶层设计,实现工业互联网的系统性建设与发展[8]。

1.2 工业互联网的内涵与本质

1.2.1 工业互联网的定义

自工业物联网的概念被提出以来,随着时间的推移,工业互联网的含义也在不断变化,目前还没有一个统一的定义。2012年美国GE公司最先提出工业互联网的概念,它认为工业互联网的主要含义为在现实世界中,机器、人和网络能更深层次地与信息世界的大数据联系在一起,从而带动工业革命和网络革命这两大革命性的变革。随后,GE公司于2013年提出"工业互联网革命"。时任GE公司董事长兼首席执行官的杰夫·伊梅尔特称,工业互联网是一个开放的、全球化的网络,它将人、数据和机器连接起来,其目标是升级关键的工业领域。

美国工业互联网联盟(IIC)给工业互联网的定义是一种物品、机器、计算机和人的互联网,它利用先进的数据分析法,辅助提供智能工业操作,改变商业产出。它是全球工业生态系统、先进计算和制造、普适感知、泛在网络连接的融合[9]。随着我国新一代信息技术与制造技术的深度融合,在工业数字化、网络化、智能化转型需求的带动下,我国工业互联网应运而生。

《工业物联网白皮书(2017版)》将工业物联网定义为通过工业资源的网络互联、数据互通和系统互操作,实现制造原料的灵活配置、制造过程的按需执行、制造工艺的合理优化和制造环境的快速适应,达到资源的高效利用,从而构建服务驱动的新工业体系。

中国工业互联网研究院将工业互联网定义为新一代信息通信技术与工业经济深度融合的新型基础设施、应用模式和工业生态,通过对人、机、物、系统等的全面连接,构建起覆盖全产业链、全价值链的全新制造和服务体系,为工业乃至产业数字化、网络化、智能化提供了实现途径,是第四次工业革命的重要基石。

尽管不同组织对工业互联网的定义不尽相同,但工业互联网的本质是通过开放的、全球化的工业级网络把设备、生产线、工厂、供应商、产品和客户紧密地连接和融合起来,高效共享工业经济中的各种要素资源,从而通过自动化、智能化的生产方式降低成本、增加效率,帮助制造业延长产业链,推动制造业转型发展。工业互联网通过智能机器间的连接以及人机连接,结合软件和大数据分析,重构全球工业,激发生产力,让工业的发展更快速、更安全、更清洁且更经济。

工业互联网作为全新工业生态、关键基础设施和新型应用模式,通过新一代的信息通信技术建立起连接工业全要素、全产业链的网络;凭借人、机、物的全面互联,实现海量工业数据的实时采集、自由传输、精准分析和智能反馈,从而支撑业务的科学决策、制造资源的高效配置,并推动制造业的转型升级和融合发展[10]。

1.2.2 工业互联网的内涵

工业互联网是"中国制造"迈向"中国智造"的催化剂,对实现工业化和信息化深度融合起着至关重要的作用[11]。2017年11月27日国务院发布的《关于深化"互联网+先进制造业"发展工业互联网的指导意见》明确指出:"工业互联网是以数字化、网络化、智能化为主要特征的新工业革命的关键基础设施,加快其发展有利于加速智能制造发展,更大范围、更高效率、更加精准地优化生产和服务资源配置,促进传统产业转型升级,催生新技术、新业态、新模式,为制造强国建设提供新动能。"

在此背景下,工业互联网作为传统工业数字化转型的关键路径之一,已成为各国改造和提升传统工业、塑造未来产业竞争力的战略选择[12]。工业互联网通过人、机、物的互联,实现要素、产业链、价值链的全面连接,对各类数据进行采集、传输、分析并形成智能反锁,推动形成全新的生产制造和服务体系,优化资源要素配置效率。工业互联网将人、智能设备、高级分析系统通过网络连接在一起,基于数据、硬软件和智能分析的交互,实现创新能力的提高、资产运营的优化、生产效率的提升、成本的降低,进而带动整个工业经济的发展。

工业互联网的两个突出特征是基础性和渗透性。工业互联网利用泛在感知技术对多源设备、异构系统等要素信息进行精准、实时、高效采集,实现人、机、物和知识的智能化连接,支撑工业数据的全面感知、动态传输、实时分析,从而形成决策与控制,为工业智能化升级提供关键基础设施。同时,工业互联网还具有较强的渗透性,可从制造业扩展成为能源、交通等领域网络化、智能化升级必不可少的基础设施,实现产业上下游、跨领域的广泛互联互通,打破信息孤岛,促进集成共享,并为保障和改善民生提供重要依托。

数字化、网络化、智能化是建设和发展工业互联网的重点。数字化是网络化和智能化的基础,强调对数据的收集、聚合、分析、应用与反馈,并传递给人和设备,以提高制造资源配置效率;网络化为信息传播提供物理载体,强调各生产要素的互联,实现人、机、物和知识的连接,网络化的目的是工业数据端到端流通与信息实时传输交换,从而实现设备之间以及人与设备间的连通;智能化是方向,强调通过全面感知、可靠传输、智能处理、精准决策,实现对各类主体的"赋能"。此外,工业互联网还通过融合消费互联网与工业界、重塑生产过程和价值体系,实现制造产品的精准营销和个性化服务,推动制造业的服务化发展。

1.2.3 工业互联网的主要特点

工业互联网不是互联网在工业领域的简单应用,它是新一轮科技革命和产业变革快速发展的产物,具有更为丰富的内涵。随着互联网由消费领域向生产领域快速延伸,工业经济由数字化向网络化、智能化深度拓展,创新发展的互联网与新工业革命发生历史性交汇,从而催生了这一新兴领域。

工业互联网以网络为基础,以平台为中枢,以数据为要素,以安全为保障,既是工业数字化、网络化、智能化转型的基础设施,也是互联网、大数据、人工智能与实体经济深度融合的应用模式,同时也是一种新业态、新产业。工业互联网是支撑智能制造的一套使能技术体系,包含如下六大典型特征。

1. 智能感知

智能感知是工业互联网的基础。面对工业生产、物流、销售等产业链环节产生的海量数据,工业互联网利用传感器、射频识别等感知手段获取工业全生命周期的不同维度的信息数据,具体包括人员、机器、原料、工艺流程和环境等工业资源状态信息。感知层面有三个信息来源渠道,具体如下。

1) 传统信息系统

传统信息系统采集的信息通常具有较高的价值。一方面原因是传统信息系统采集的是结构化数据,易于统计和分析;另一方面原因是传统信息系统采集的数据一般是比较重要的数据,对后续的数据分析有重要的参考价值。

2) Web 平台

信息来源的另一个重要渠道是各种 Web 平台。随着 Web 应用的普及,尤其是 Web 2.0 应用的普及,整个 Web 系统产生了大量的数据,这也是大数据系统的重要数据来源之一。

3) 物联网系统

与传统信息系统和 Web 系统不同,来自物联网系统的数据大部分都是非结构化数据和半结构化数据,要想对其进行分析需要采用特定的处理方式,比较常见的处理方式包括批处理和流处理。

2. 泛在连接

泛在连接是工业互联网的前提,即具备对设备、软件、人员等各类生产要素数据的全面采集能力。信息通信技术的发展正在拉开万物互联时代的序幕,工业资源通过有线或无线的方式彼此连接,形成便捷、高效的工业互联网信息通道,工业现场总线、工业以太网、工业无线网络和异构网络集成等技术,连接工业生产系统和工业生产各要素,实现工厂内各类装备、控制系统和信息系统的互联互通,工业互联网呈现出扁平化、无线化、灵活组网的发展趋势。

固定网络和蜂窝移动网络等技术为万物互联提供了基础保障,支撑工业数据的采集、交换、处理、建模和分析,是实现从单个生产线、车间到整个工业系统互联互通的基础工具,进一步拓展了资源优化配置的广度、深度和精度。物联网依托有线、无线等介质进行数据传输。

3. 数字孪生

数字孪生是工业互联网的方法。数字孪生基于物理实体的基本状态,以动态实时的方式对建立的模型、收集的数据做出高度写实的分析,用于物理实体的监测、预测和优化。它在虚拟的世界里模拟工业生产流程,借助数字空间强大的信息处理能力,实现对工业生产过程全要素的抽象建模,为工业互联网实体产业链运行提供有效的决策依据。

另外,数字孪生作为边缘侧技术,可以有效连接设备层和网络层,成为工业互联网平台的知识萃取工具,不断将工业系统中的碎片化知识传输到工业互联网平台中。

未来,工业互联网的创新应用将进一步打通数字孪生和迭代优化的实现路径[13],延长数字孪生的价值链条和生命周期,凸显数字孪生基于模型、数据、服务方面的优势和能力。

4. 实时分析预测

实时分析是工业互联网的手段。它就是针对所感知的工业资源数据,通过技术分析手段,在数字空间中进行实时处理,获取工业资源状态在虚拟空间和现实空间的内在联系,将抽象的数据进一步直观化和可视化,完成对外部物理实体的实时响应。

预测性分析可以有效减少机器故障和计划外停机次数,优化物流和改进产品设计,不仅有助于企业降低生产成本,提高生产效率,还能够在风险评估以及业务决策环节发挥重要作用。有效的预测性分析模型既能提升企业在数据处理环节的效率,又能够将数据的价值放大到极致。

5. 精准控制

精准控制是工业互联网的目的。基于工业资源的状态感知、信息互联、数字建模和实时分析等,将在虚拟空间形成的决策转换成可以理解的控制命令,进行实际操作,实现精准的信息交互和无间隙协作。

早期的工业网络大都采用专线(如现场总线)的方式来保障特定业务流的传输要求。但随着新一轮科技革命和产业革命的快速发展,工业互联网成为未来工业制造智能化和信息化的关键技术。在工业互联网中,IT(information technology)网络与OT(operational technology)网络(用于连接现场生产设备与系统)相互融合,在同一个网络中,可以同时满足互联网与信息化数据所需的大带宽,以及工业控制数据的实时性与确定性要求。

6. 迭代优化

迭代优化是工业互联网的优势。工业互联网体系能够不断地自我学习与提升,通过工业资源数据存储、处理与分析,形成有效的、可继承的知识库、模型库和资源库,构成完整的工业数据服务链;汇聚各类传统专业处理方法与前沿智能分析工具,帮助用户方便快捷地实现工业数据的集成管理和价值挖掘,同时面向工业资源制造原料、制造过程、制造工艺和制造环境,不断进行迭代优化,达到最优目标。

此外,安全是工业互联网的核心,工业互联网既要保护所有的工业终端免受外部网络攻击,又要应对源自组织内部的潜在恶意行为。事实上,信息系统的安全问题原本就十分突出。工业互联网安全问题随着其使用规模的扩大日益凸显,但本质上没有发生变化,即存在产品成本与安全性之间的矛盾。

首先,对于数据接入安全,在边缘侧数据出口处利用工业防火墙、工业网闸等技术保障数据源的安全,同时,在数据传输过程中采用加密隧道传输技术,防止数据泄露、被侦听或篡改;其次,对于平台本身安全,利用平台入侵实时检测、网络安全防御系统、恶意代码防护、网站威胁防护、网页防篡改等技术实现工业互联网平台的应用安全、数据安全、代码安全、网站安全;最后,对于访问安全,根据不同的用户及所属类别来限制用户的访问权限和所能使用的计算机资源与网络资源,建立统一的访问机制,防止非法访问,提供统一身份认证机制,实现对云平台重要资源的访问控制和管理,禁止未授权使用资源和未授权公开或修改数据。

工业互联网安全体系涉及设备、控制、网络、平台、工业 APP 与数据等多方面安全问题,其核心任务就是要通过监测预警、应急响应、检测评估、功能测试等手段确保工业互联网健康、有序发展。与传统互联网安全相比,工业互联网安全具有三大特点:一是涉及范围广。工业互联网打破了传统工业网络相对封闭的可信的环境,联网设备的爆发式增长和工业互联网平台的广泛应用使网络攻击面持续扩大,网络攻击可直达生产一线。二是造成影响大。工业互联网覆盖制造业、能源等实体经济领域,一旦发生网络攻击、破坏行为,对实体经济影响严重。三是企业防护基础弱。目前我国工业企业安全意识、防护能力仍然薄弱,整体安全保障能力有待进一步提升。

1.2.4　工业互联网的主流体系架构

随着物联网、大数据、边缘计算、云计算等先进技术的不断发展,制造业的智能化已成为工业互联网发展的重要方向。工业互联网将工业系统与先进计算技术、智能分析、感应技术以及互联网连接融合,为企业、产业和经济发展提供新的增长机遇。国内外工业互联网机构在推动信息技术与制造技术的深度融合,以及促进工业数字化、网络化、智能化的发展进程中起到重要作用。

从全球来看,美国先进制造发展战略、德国"工业 4.0"发展战略聚焦于推动工业互联网发展,产业联盟是其重要抓手。我国工业和信息化部在解读《中国制造 2025》时明确指出,我国的工业互联网就是"互联网+工业",其内涵不仅包含利用工业设施物联网和大数据实现生产环节的数字化、网络化和智能化,还

第1章 工业互联网发展概述

包括利用消费互联网与工业融合创新,实现制造产品的精准营销和个性化定制,通过重塑生产过程和价值体系,推动制造业的服务化发展。

目前,各国根据其政策分别设计了相应的工业互联网参考架构:美国工业互联网参考架构、德国工业4.0参考架构、中国工业互联网体系架构1.0/2.0。其目标是以参考架构为基础,结合产业共识与各方力量,以技术创新和产品解决方案研发引导制造企业开展工业互联网的应用探索与部署实施,从而组织标准体系建设与标准制定。

1. 美国工业互联网参考架构

为了指导企业开发部署工业互联网解决方案,美国工业互联网联盟于2019年6月发布了最新的1.9版工业互联网参考架构(industrial internet reference architecture,IIRA)[14]。IIRA注重跨行业的通用性和互操作性,以业务价值推动系统设计,把数据分析作为核心,驱动工业互联网系统从设备到业务信息系统的端到端的全面优化。

美国工业互联网参考架构从系统要实现的目标出发,由业务视角、用法视角、功能视角和执行视角四个层级构成。美国工业互联网参考架构的总体框架如图1-9所示。

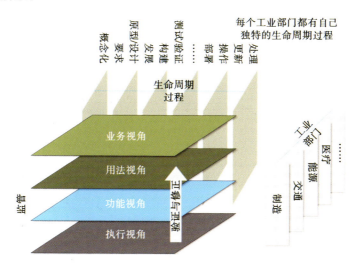

图1-9 美国工业互联网参考架构的总体框架

业务视角关注工业互联网系统的利益相关方,明确系统的商业愿景、价值和目标。企业决策者和系统工程师需要以业务为导向,并评估企业开发系统的基础能力,进而指导企业开发系统的具体任务和要求。

用法视角描述了工业互联网系统的基本能力和操作使用流程。工业互联网系统的运行、授权、分工及目标分解是其关注点,体现了系统操作导向下各系统组件、各单元的协同活动内容,指导系统的实施、部署和操作。

功能视角由控制、操作、信息、应用和商业五个功能领域组成。控制域是系统执行的集合;操作域则主要负责控制域内系统的功能供给、管理,是监测及优化的集合;信息域是指从不同功能域收集数据、转换和分析数据的集合;应用域是指实现特定商业功能应用逻辑的集合;商业域是指支持商业过程和流程活动所需的商业功能。

执行视角描述了各功能模块的实现要素。工业互联网系统架构包含边缘层、平台层和企业层这三层。从数据流向来看,边缘层从工业控制系统收集数据,传输给平台层;平台层中的信息模块是核心驱动和关键要素,其本质是通过数据实现工业系统的智能化;企业层接收平台层转发的边缘层数据,并向平台层发送控制指令。

2. 德国工业 4.0 参考架构

2015 年 4 月,德国电工电子与信息技术标准化委员会发布了"工业 4.0 参考架构模型"(reference architecture model industry 4.0, RAMI 4.0)[15],如图 1-10 所示。工业 4.0 参考架构模型聚焦于制造过程和生产价值链的生命周期,从而建立三维架构模型。工业 4.0 参考架构模型针对制造环境里不同环节

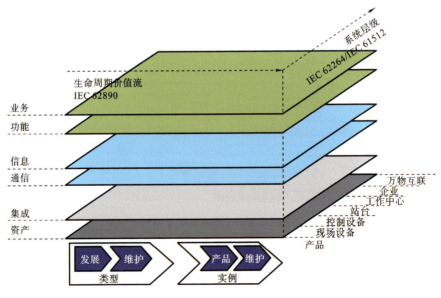

图 1-10 RAMI 4.0

单元的功能进行分析,并根据它们之间互操作性的需求,制定并采用相应的标准。德国工业4.0参考架构的总体视图由功能维度、价值链维度和工业系统维度三个维度组成。该架构结合已有的工业标准,在产品全生命周期价值链和全层级工业系统中映射以"信息物理系统"为核心的智能化功能。

功能维度是信息物理系统的核心功能,包括资产层、集成层、通信层、信息层、功能层和业务层六个层级。其中,资产层是指机器、设备、零部件及人等生产环节的各个单元;集成层是指传感器和控制实体等;通信层包括专业的网络架构等;信息层是指对数据的处理与分析过程;功能层是企业运营管理的集成化平台;业务层涉及各类商业模式、业务流程、任务下发等。RAMI 4.0功能层级划分及主要作用如图1-11所示。

图1-11　RAMI 4.0功能层级划分及主要作用

价值链维度以产品生命周期视角为基础,描述了以零部件、机器和工厂为典型代表的业务价值链,同时强调了虚拟仿真技术在工业4.0中的重要作用,将需求、规划、开发、生产、上市、退市等过程划分为模拟原型和实物制造两个阶段;另外,突出零部件、机器和工厂这类工业生产要素中虚拟和现实的两个过程,体现全要素"数字孪生"的特征。

工业系统维度则是基于企业系统层级架构,考虑产品本身及工厂外部的跨企业协同(包括质量链、价值链等协同)制造关系,加入"产品"和"连接世界"两个层级,从而构建更为全面的工业生态系统。"现场设备层—感知和控制层—工段层—车间层—企业层"五层架构体系体现了对"产品"和"连接世界"的拓

3. 中国工业互联网参考架构

1）工业互联网体系架构 1.0

面对数字化浪潮与第四次工业革命，为了推进工业互联网发展，我国工业互联网产业联盟于 2016 年 8 月发布了《工业互联网体系架构（版本 1.0）》。如图 1-12 所示，工业互联网体系架构 1.0 提出工业互联网网络、数据、安全三大体系，其中，网络支撑着工业数据传输与交换和工业互联网发展，数据驱动工业智能化，安全则保障了网络与数据在工业中的安全应用。基于这三大体系，工业互联网构建三大优化闭环，即针对机器设备运行优化的闭环，针对生产运营决

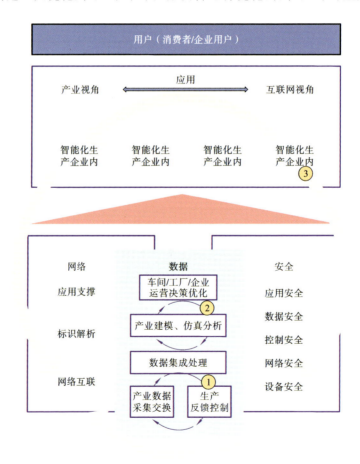

图 1-12 工业互联网体系架构 1.0

策优化的闭环,以及针对企业协同、用户交互与产品服务优化的全产业链、全价值链的闭环,形成了智能化、网络化、个性化、服务化四大模式。

2）工业互联网体系架构 2.0

随着工业互联网体系架构 1.0 的推广,其发展也由发展理念与技术验证走向规模化应用。因此,为强化工业互联网体系架构 1.0 在技术解决方案开发与行业应用推广的实操指导性,以支撑我国工业互联网下一阶段的发展,我国工业互联网产业联盟于 2020 年 4 月对工业互联网体系架构 1.0 进行升级,提出了工业互联网体系架构 2.0,如图 1-13 所示。

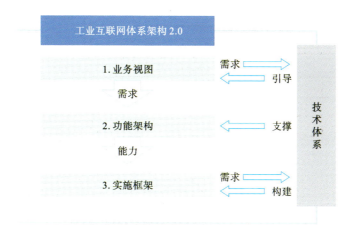

图 1-13　工业互联网体系架构 2.0

工业互联网体系架构 2.0 由业务视图、功能架构、实施框架三大板块组成,以商业目标和业务需求为牵引,明确系统功能定义与实施部署方式的设计思路。其中,业务视图指明了企业应用工业互联网实现数字化转型的目标和相应的数字化能力;功能架构指明了企业支撑业务实现所需的核心功能和关键要素;实施框架描述了各项功能在企业落地实施的层级结构和部署方式。

相比工业互联网体系架构 1.0,工业互联网体系架构 2.0 在继承工业互联网体系架构 1.0 核心思想的基础上,为企业开展实践提供了一套方法论[16],从战略层面为企业开展工业互联网实践指明方向,并结合规模化应用需求对功能架构进行升级完善,提出更易于企业应用部署的实施框架,以构建一套更全面、更系统、更具体的总体指导性框架。工业互联网体系架构 2.0 仍突出强调将数据作为核心要素,并强调数据智能化闭环的核心驱动及其在生产管理优化与组织模式变革方面的作用。

(1) 业务视图。

如图 1-14 所示,工业互联网业务视图由产业层、商业层、应用层、能力层四个层次组成,其中产业层作为行业整体数字化转型的宏观视角,商业层、应用层和能力层作为企业数字化转型的微观视角。具体而言,产业层主要定义了工业

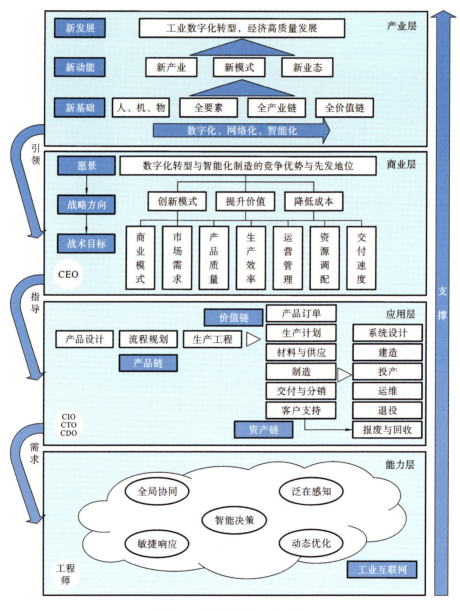

图 1-14 工业互联网业务视图

互联网在促进产业发展方面的主要目标与支撑基础;商业层主要定义了企业应用工业互联网构建数字化转型竞争力的愿景和战略方向;应用层主要定义了工业互联网赋能企业业务转型的重点领域和具体场景;能力层主要定义了企业必须发展的基本数字技能,以利用工业互联网实现其业务发展目标。工业互联网以数据为核心要素,实现全面连接,构建全新的制造系统和产业生态,跨越整个产业链和价值链,是数字化转型的关键支撑和重要途径。

（2）功能架构。

工业互联网的核心功能原理是基于数据驱动,实现物理系统与数字空间的全面互联与深度协作,以及在此过程中的智能分析与决策优化。为了全面打通设备资产、生产系统、管理系统和供应链条,工业互联网通过构建网络、平台、安全三大功能体系,实现IT与OT的融合和三大体系的贯通。工业互联网以数据为核心,数据功能体系主要包括感知控制、数字模型、决策优化三个基本层次,以及一个由自下而上的信息流和自上而下的决策流构成的工业数字化应用优化闭环。工业互联网功能架构如图1-15所示。

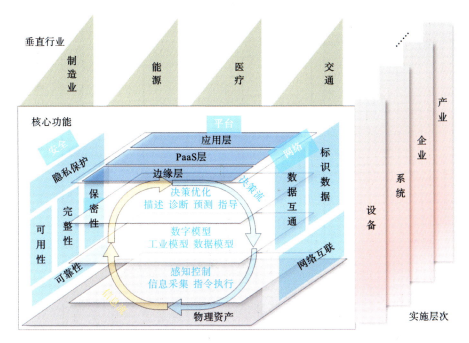

图1-15 工业互联网功能架构

（3）实施框架。

如图1-16所示,当前阶段工业互联网的实施以传统制造体系的层级划分为

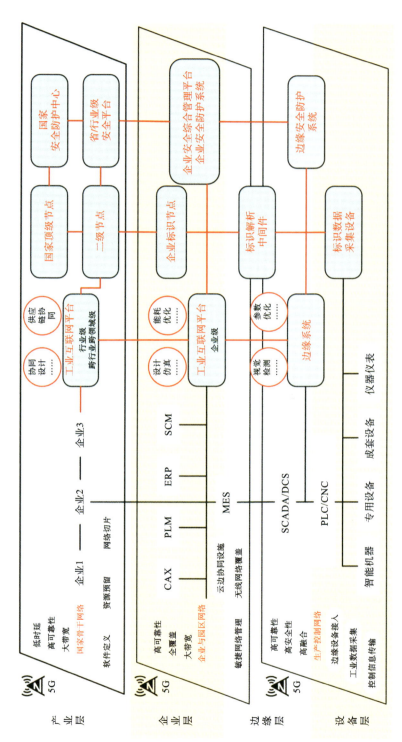

图 1-16 工业互联网实施框架总体视图

基础，考虑未来基于行业的协同组织，从工厂内部向企业外部延伸，覆盖制造体系四大层次：设备层、边缘层、企业层、产业层。工业互联网的实施重点关注工业互联网在制造系统中的核心功能，从各个层次进行功能分配、系统设计和部署。网络、标识、平台、安全四大支撑要素贯穿产业链、价值链的每一个环节和层次。

1.3 工业互联网平台

1.3.1 工业互联网平台概述

1. 工业互联网平台发展背景

1）制造业变革与数字经济发展的交汇

金融危机后，全球新一轮产业变革蓬勃兴起，其中就包括重新成为全球经济发展焦点的制造业。世界主要发达国家采取了一系列重大举措推动制造业转型升级，自动化基础厚实的德国推出了工业4.0模式，还有许多其他国家也推出了制造业振兴计划。各国新型制造战略的核心都是通过构建新型生产方式与发展模式来推动传统制造业转型升级，重塑制造强国新优势。与此同时，数字经济在全球掀起大浪潮，传统产业正在加速变革。特别是现代信息通信技术中的互联网技术，它的发展在很大程度上改变了人们的生活方式，构筑了新的产业体系，并通过技术和模式创新来影响实体经济领域，为传统产业变革带来巨大机遇。此次制造业变革和数字经济发展的交汇，给云计算、物联网、大数据等信息技术与制造技术、工业知识的集成指明了新方向，工业互联网平台应运而生。

2）平台工具在制造业智能化中的新需求

目前，制造业正在由数字化、网络化向智能化发展，其核心是对海量工业数据进行全面感知，通过端到端的数据深度集成与建模分析，实现智能化的决策与指令控制，形成智能化生产、网络化协同、个性化定制、服务化延伸等新型制造模式，而传统数字化工具已经满足不了现在的需求。

一是传统数据管理工具无法匹配增长极快的工业数据。工业系统从以前的物理空间、可见世界转变成信息空间、不可见世界，在工业数据采集范围扩大的同时，数据的类型和规模也呈指数级增长，此时需要一个成本低、存储和管理可靠性高的全新数据管理工具。

二是企业智能化决策需要新的应用创新载体。制造企业需要对丰富的数据进行更加精细化和精准化的管理,由于工业场景高度复杂,行业知识千差万别,传统的应用创新模式已经无法满足不同企业的差异化需求。目前,企业急需一个开放的应用创新载体,对工业数据、知识与平台功能进行开放调用从而降低应用创新门槛,实现智能化应用的爆发式增长。

三是新型制造模式需要新的业务交互工具。由于市场变化快,制造企业在设计、生产等环节的并行组织与资源协同变得更加频繁,故要求企业设计、生产和管理系统都能更好地支持与其他企业间的业务交互,这就需要一个新的交互工具,将不同主体与系统进行集成,将海量数据管理、工业应用创新与深度业务进行协同,创造驱动工业互联网平台发展的主要力量。

3) 信息技术对制造业发展模式的影响

新信息技术奠定了制造业数字化的新基础。云计算使制造企业的数据存储和软件运行环境变得更灵活、更经济、更可靠,物联网帮助制造企业有效收集设备、产线和生产现场不同类型的海量数据,人工智能强化了制造企业的数据洞察能力,实现智能化的管理和控制,这些都是推动制造企业数字化转型的新基础。网络化平台组织生产经营活动使制造企业能够快速整合和利用资源,低成本快速响应市场需求,从而催生个性化定制、网络化协同等新模式、新业态。信息技术与制造技术的融合将带动信息经济、知识经济、分享经济等新经济模式加速向工业领域渗透,培育增长新动能。互联网技术、理念和商业模式成为构建工业互联网平台的重要方式[17]。

2. 工业互联网平台体系架构

工业互联网平台是面向制造业数字化、网络化与智能化需求,支撑制造资源泛在连接、弹性供给和高效配置的工业云平台,其体系是基于海量数据的采集、汇聚以及分析构建的,包括边缘、平台、应用三大核心层级。工业互联网平台是传统工业云平台的延伸与发展,其本质是在传统工业云平台的基础上融合物联网、大数据、人工智能等新兴技术,使数据采集体系变得更加精准、实时、高效,建设包含存储、集成、访问、分析、管理功能的使能平台,实现工业技术、经验、知识模型化、软件化、复用化,将制造企业的各类创新应用以工业 APP 的形式呈现,最终形成资源富集、多方参与、合作共赢和协同演进的制造业生态。

工业互联网平台功能架构如图 1-17 所示,自下向上主要分为三层。

第一层是边缘层,通过大范围、深层次的数据采集,以及异构数据的协议转换与边缘处理,构建工业互联网平台的数据基础。第二层是平台层,基于通用

PaaS(platform as a service,平台即服务)叠加大数据处理、工业数据建模分析、工业微服务组件等创新功能,构建可扩展的开放式云操作系统。第三层是应用层,构建满足不同行业、不同场景的工业 SaaS(software as a service,软件即服务)和工业 APP,涵盖整个工业系统的安全管理体系,形成工业互联网平台的最终价值。应用层提供设计、生产、管理、服务等一系列创新性业务应用以及良好的工业 APP 创新环境,使开发者基于平台数据及微服务功能就能实现应用创新,这些都体现了工业互联网平台的四大特征——泛在连接、云化服务、知识积累和应用创新。

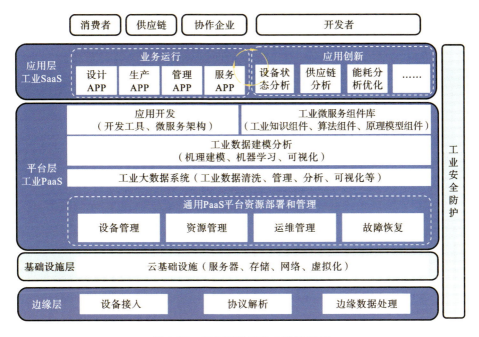

图 1-17　工业互联网平台功能架构

3. 工业互联网平台核心作用

工业互联网平台集成海量工业设备与系统数据,实现业务与资源的智能管理,促进知识和经验的积累与传承,驱动应用和服务的开放创新,是新型制造系统的数字化神经中枢,在制造企业转型中发挥着重要的作用。

工业互联网平台已成为企业智能化转型的重要抓手。一是它能帮助企业实现智能化生产和管理。对生产现场各类数据进行全面采集和深度分析,发现导致生产瓶颈与产品缺陷的深层次原因,从而提高生产效率及产品质量。将现场数据与企业计划资源、运营管理等数据进行综合分析，使供应链管理和财务管理变得更精准，从而降低企业运营成本。二是它能帮助企业实现生产方式和商业模式的创新。企业通过平台获取产品售后使用环节的数据，提供设备健康管理、产品增值服务等新型业务，实现从卖产品到卖服务的转变，最终实现价值提升。

基于工业互联网平台，企业还可以深入了解用户个性化需求，通过组织生产资源，依靠个性化产品实现更高利润。不同企业也能基于工业互联网平台开展信息交互，实现跨企业、跨区域、跨行业的资源和能力集聚，打造更高效的协同设计、协同制造和协同服务体系[18]。未来，工业互联网平台会衍生出新的产业体系，促进形成大众创业、万众创新的多层次发展环境，真正实现"互联网＋先进制造业"。

1.3.2 工业互联网平台的技术体系

1. 工业互联网平台七大关键技术

工业互联网平台需要解决多类工业设备接入、多源工业数据集成、海量数据管理与处理、工业数据建模分析、工业应用创新与集成、工业知识积累迭代等一系列问题，涉及七大关键技术，分别为数据集成和边缘处理技术、IaaS（infrastructure as a service，基础设施即服务）技术、平台使能技术、数据管理技术、应用开发和微服务技术、工业数据建模和分析技术、安全技术，总体体系如图 1-18 所示。

边缘层使用了数据集成和边缘处理技术，包括设备接入、协议转换和边缘数据处理，基于通用协议和无线协议将工业现场设备接入边缘层，通过协议解析、中间件等技术实现数据格式的转换和统一，基于高性能计算芯片、边缘分析算法等技术的支撑，在网络边缘侧对数据进行预处理。

基础设施层基于虚拟化、分布式存储、并行计算、负载调度等 IaaS 技术，实现网络、计算、存储等计算机资源的池化管理，为用户提供完善的云基础设施服务。

平台层使用了平台使能技术、数据管理技术、应用开发和微服务技术、工业数据建模和分析技术。其中，平台使能技术包括资源调度和多租户管理，在监控资源指标的同时保护用户的隐私与安全；数据管理技术包括数据处理框架、数据预处理、数据存储与管理，使用分布式架构满足计算需求的同时对数据进行处理与存储；应用开发和微服务技术包括多语言与工具支持、微服务架构、图

第 1 章
工业互联网发展概述

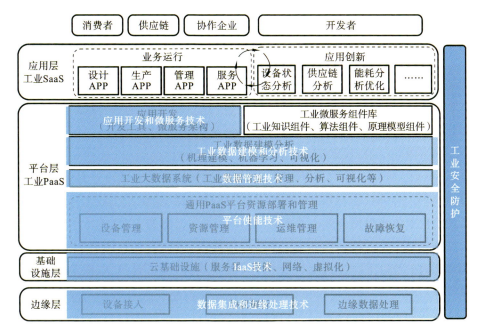

图 1-18 工业互联网平台关键技术体系

形化编程,支持多种语言编译环境,给用户提供简易的操作环境;工业数据建模和分析技术包括数据分析算法、机理建模,运用人工智能算法对数据进行预测分析,利用各领域的专业知识构建各类模型,实现分析应用。

安全技术包括数据接入安全技术、平台安全技术、访问安全技术,利用工业防火墙技术、工业网闸技术、平台入侵实时检测以及建立统一的访问机制等保障平台的安全。

在上述七大关键技术中,平台使能技术、工业数据建模和分析技术、数据集成和边缘处理技术、应用开发和微服务技术正快速发展,对工业互联网平台有深厚的影响。在平台层,PaaS 技术、新型集成技术和容器技术正加速改变信息系统的构建和组织方式。在边缘层,边缘计算技术在很大程度上拓宽和提升了平台收集和管理数据的范围和能力。在应用层,微服务等新型开发框架驱动工业软件开发方式不断变革,而工业机理与数据科学的深度融合则正在引发工业应用的创新浪潮[19]。

2. 平台架构

1)工业 PaaS 主要构建方式——通用 PaaS 的二次开发

PaaS 技术能够降低设备连接、软件集成与部署、计算资源调度的复杂性,大部分平台都会使用 PaaS 技术。例如，GE Predix 基于对 Cloud Foundry 的二次开发以支持 Spring、.NET 等开发框架，提供 PostgreSQL、SQL Server、Redis 以及来自第三方和开源社区的应用服务，它还有 GitHub 代码库、Node.js、Bower 包管理器、GULP、SASS、Web Component Tester 等多种开发工具，以便开发人员快速实现应用的开发与部署。

2）平台能力开放的重要手段——新型集成技术

通过 Web API 技术，大部分工业互联网平台中的设备、软件和服务通过 JSON、XML 等统一格式实现不同业务系统的信息交互和调度管理，为企业内外协同、云端协同、能力开放和知识共享奠定基础。新型 API 技术为多源异构系统的快速集成提供有效支撑，包括边缘设备与云端的集成、传统工业软件与云端的集成、平台内部不同软件和功能的集成。目前，Ayla、Intel IoT、Zatar、Xively 等平台以 REST 协议为核心手段实现设备、应用程序、后端系统的全要素集成。此外，Predix、ThingWorx、Watson 等大部分平台也都集成了 REST API 技术。

3）容器技术支撑平台及应用的灵活部署

引入容器和无服务器计算等新型架构，能够实现平台和工业应用的灵活部署和快速迭代，以适应工业场景中海量个性化的开发需求。容器技术降低了硬件资源配置的复杂性，一方面实现了平台中服务和应用的灵活部署，例如 IBM 将 Watson IoT 平台中的采集服务和 Watson Service 平台中的分析服务以容器形式封装后，实现了图形化的快速应用构建；另一方面实现了平台自身的快速部署，例如 PTC 在 2017 年 6 月发布的 ThingWorx 8.0 版本增加了基于 Docker 的部署方式，支持平台在不同公有云、私有云、混合云上的快速构建和灵活迁移。

3. 应用创新

1）工业数据分析重要前提——工业机理的深入理解

在工业发展过程中，工业企业面向不同行业、不同场景和不同学科积累了大量经验与知识，对生产现象有更精准的描述和分析，对传统工业生产和管理的优化起着重要作用。随着新型数据科学的兴起，这些工业机理又能有效指导数据分析过程中的参数选择和算法选择，使其更适合工业生产。因此，GE、西门子、博世等工业巨头均将自身工业经验与知识进行提炼和封装，以提高其工业互联网平台的核心能力与竞争优势。

2）大数据、机器学习技术驱动工业数据分析能力

工业互联网带来工业数据的爆发式增长，传统数学统计与拟合方法难以满足海量数据的深度挖掘,大数据与机器学习技术正在成为众多工业互联网平台的标准配置。Spark、Hadoop、Storm等大数据框架被广泛应用于海量数据的批处理和流处理,决策树、贝叶斯、支持向量机等各类机器学习算法,尤其是以深度学习、迁移学习、强化学习为代表的人工智能算法,正成为工业互联网平台解决各领域诊断、预测与优化问题的得力工具。

3) 数据科学与工业机理的结合有效支撑复杂数据分析,驱动数字孪生发展

基于工业互联网平台,数据分析方法与工业机理知识正在加速融合,从而实现对复杂工业数据的深度挖掘和优化决策。随着融合的不断深化,基于精确建模、高效分析和实时优化的数字孪生快速发展,实现对工业对象和工业流程的全面洞察。东方国信基于非稳态、多相和多物理场的数值模拟仿真技术、热力学和动力学模型以及工业大数据分析技术等,建立虚实映射、实时监控、智能诊断、协同优化的数字孪生,实现对工业实体设计和工艺流程的仿真及优化,在炼铁、工业锅炉、水电、空压机、能源等多个行业或领域落地。

4) 工业知识在平台中快速积累、高效传播与复用

通过数据积累、算法优化和模型迭代,工业互联网平台将形成覆盖面广的各类知识库、工具库和模型库,在旧知识复用的同时新知识也随之产生。借助这种方式,分散于不同企业、不同系统和不同个体的传统工业经验将获得有效沉淀并被汇聚起来,基于平台功能的开放和可调用等特点被更多企业共享。

4. 功能下沉

1) 基于边缘的多协议转换强化平台数据接入能力

大部分平台均提出了协议转换和云端协同技术方案,实现设备、传感器、可编程逻辑控制器(programmable logic controller,PLC)、控制系统、管理软件中的海量数据在云端的集成与汇聚。基于网关的多协议转换正获得普遍应用,GE公司将数据采集转换模块 Predix Machine 部署在现场传感器、控制器和网关,利用 OPC UA 技术实现工业以太网、工业总线等不同协议的转换。Oracle IoT Cloud Service 面向设备远程管理业务,通过"软件网关"实现对行业通信协议的支持。西门子通过在设备端部署数据采集模块 MindConnect Nano,实现通用协议兼容和私有协议转换。基于操作系统和芯片的原生集成正成为重要创新方向。

2) 边缘数据处理和缓存技术有效提升平台承载能力

工业生产过程在高频数据采集、网络传输、平台存储与计算处理等方面需要考虑成本和性能的问题。在边缘层进行数据的预处理和缓存,逐渐成为解决

这些问题的主要方法。一是在边缘层进行数据预处理，剔除冗余数据，减轻平台负载压力。例如，SAP Leonardo Edge Platform 与 Dell 边缘网关集成，实现边缘数据的实时预处理。二是利用边缘缓存保留工业现场全量数据，并通过缓存设备直接导入数据中心，降低网络使用成本。例如，亚马逊推出的 AWS Snowball Edge 以 100 TB 级别的容量支持现场数据临时存储，通过异步传输将数据上传到数据中心，简化数据传输过程并尽可能减少设置与集成工作。

3）边缘分析技术显著增强平台实时分析能力

为了更好地满足工业用户的实时性、可靠性要求，越来越多的平台运营企业开始将计算能力下放到网络边缘侧。一是边缘层直接运行实时分析算法，例如 2017 年 5 月微软更新 Azure IoT Edge 服务，新增了机器学习、认知服务、流数据分析等功能，支持在嵌入式边缘设备上运行复杂分析和人工智能算法。二是边缘与平台协同，实现模型不断成长和优化。例如，PTC 在 ThingWorx 平台中集成能够实时发现边缘设备异常的 ThingWatcher 模块，并与云端分析交互共享，实现模型迭代成长。

5. 开发框架

1）微服务架构大幅提升工业 APP 开发效率

基于微服务的开发方式支持多种开发工具和编程语言，它通过将通用功能进行模块化封装和复用，加快应用部署速度，降低应用维护成本。例如 GE Predix 平台提供资产绩效管理、运营优化、资产建模、数据获取等 180 多种微服务以供开发者调用，降低了应用程序开发、部署与运维的复杂性。

2）基于图形拖曳的开发方式有效降低工业 APP 开发门槛

基于图形拖曳的开发方式降低了对开发人员编程基础、开发经验的要求，使其专注于功能设计，从而降低工业 APP 开发门槛。SAP Cloud Platform 提供 Fiori、Build、WebIDE 等预制开发工具，支持基于图形拖曳的开发方式，用户使用这些工具可进行轻量级云端开发，实现应用快速上线，将开发时间从几个月缩短到几周[20]。

1.3.3　工业互联网平台的产业生态和应用场景

1. 工业互联网平台的产业生态

在产业生态方面，工业互联网平台由五大支撑、四大主体、两类用户构成，来自工业、信息技术、软件、互联网等各领域企业结合自身优势从不同路径开展平台产业布局。基于平台提供的开发环境、工业知识积累、微服务组件与大数据分析引擎,企业与第三方开发者共同构建起工业互联网平台的产业生态。

1)工业互联网平台产业体系

在工业互联网平台产业体系中,核心部分有连接设备、边缘计算平台、云服务平台、工业数据分析与可视化平台以及工业 PaaS 平台五类平台主体。工业互联网平台产业体系如图 1-19 所示。

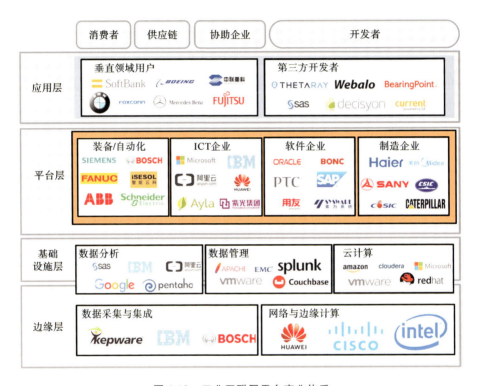

图 1-19 工业互联网平台产业体系

在产业链上游,平台构建由微服务、容器等开源技术从云计算、数据采集、集成、管理、分析、边缘计算等维度提供基础技术支撑。在产业链下游,垂直领域用户和第三方开发者通过应用部署与创新不断为平台打造新价值,促进平台生态发展,而系统集成商打通平台解决方案在用户现场部署的"最后一公里"。整个平台产业的市场格局具有明显的中间集聚、两端分散的特点。

(1)信息技术企业提供关键技术,构成平台搭建的基础。

信息技术企业通过"被集成"的方式提供关键技术参与平台构建。其主要包括五类:第一类是云计算企业,提供云计算基础资源能力及关键技术支持,典型企业如亚马逊、微软、VMware 等;第二类是数据管理企业,提供数据管理和存储工具,包括面向工业场景的对象存储、关系型数据库、NoSQL 数据库等,典型企业如 Oracle、Apache、Splunk 等;第三类是数据分析企业,提供数据挖掘方法与工具,典型企业如 SAS、IBM、PFN 等;第四类是数据采集与集成企业,完成设备连接、多源异构数据的集成,典型企业如 NI、博世、IBM 等;第五类是网络与边缘计算企业,提供边缘层的数据预处理与轻量级数据分析工具,典型企业如华为、Intel 等。

(2) 平台企业调配资源,发挥产业主导作用。

平台企业的主要运作模式是集成创新,基于应用创新生态构建的目标,实现各类产业和技术要素的整合,从而完成平台构建。目前,平台企业主要有以下四类:第一类是装备与自动化企业,其平台构建是基于自身核心产品能力的;第二类是生产制造企业,它将自身数字化转型经验以平台为载体对外提供服务;第三类是工业软件企业,其平台在数据集成与处理等方面具有优势,可以提升软件性能,拓展服务边界;第四类是信息技术企业,它发挥其 IT 技术优势,将已有平台向制造领域延伸。

(3) 应用主体依托平台进行应用创新,提升平台价值。

通过功能开放和资源配置,工业互联网平台可以大幅降低工业应用的创新门槛。应用主体分为两类:第一类是垂直领域用户,结合本领域工业知识和经验开展平台的应用创新,加大数字化转型步伐;第二类是第三方开发者,依托平台快速创建应用服务,形成面向不同行业不同场景的海量工业 APP,提升平台面向更多工业领域提供服务的能力。

2) 工业互联网平台布局

2013 年以来,业界越来越认可工业互联网平台的理念和重要性,工业互联网平台早已进入全面发展的阶段。从国内外平台企业布局策略来看,目前主要有四种路径。

(1) 装备制造和自动化企业依托工业设备与经验形成创新服务模式。

装备制造和自动化企业拥有大量生产设备与工业系统,具备丰富的工业知识、经验和模型,这些企业正借助平台布局,收集和汇总底层设备数据,结合相关工业知识和经验,并加以数据分析,形成创新型的服务模式。目前,这些企业在平台构建中主要有两种方式:第一种方式将现有工业应用向云端迁移,构建应用服务平台,实现应用的灵活部署与调用;第二种方式则直接采用 PaaS、微服务等新型架构搭建平台,为应用开发提供更好的功能支持,在提供自身平台服务的同时,着力打造繁荣的第三方应用创新生态。

(2) 领先制造企业依托自身转型经验提供平台化服务。

领先制造企业凭借自身数字化转型的成功经验，围绕生产优化、用户定制、资源整合等方面提供平台化服务，形成了多种创新模式。基于差异化需求的生产模式，部分消费品生产企业构建工业互联网平台，全面实现了用户需求、设计资源与生产能力的优化配置。部分集团型制造企业凭借其资源整合经验，通过平台汇聚产业上下游各环节资源，为企业提供供需对接、协同设计、制造协同等智能化应用。

(3) 软件企业依托平台实现能力拓展。

依托工业互联网平台，软件企业可以全面获取生产现场数据和远程设备运行数据，并通过对这些数据的分析，不断丰富和改进软件功能，提供更精准的决策支持。其中，管理软件企业依托平台弥补了生产层数据集成欠缺的短板，提升了软件的智能精准分析能力；设计软件企业借助平台获取全生命周期数据，提升软件性能，进而形成基于数字孪生的创新应用。

(4) 信息技术企业依托技术优势丰富面向工业场景的应用服务。

信息技术企业在其现有通用技术平台基础上，不断丰富面向工业场景的应用服务，同时加强与制造企业的合作，实现平台的定制化集成和应用部署。云计算、大数据企业凭借运营及数据服务能力，通过强化工业连接及工业分析构建平台。通信企业构建的物联管理平台，具有数据采集与网络互联的优势，提升了工业数据处理能力。

3）工业互联网平台构建

(1) 搭建平台基础架构——开源通用IT技术。

开源 PaaS 已成为平台厂商构建平台使能框架的共同选择，开源大数据技术成为平台数据架构的关键支撑，并且有多种开源的开发工具有助于平台快速构建开发环境。

(2) 丰富平台功能——并购与合作。

并购方式能够获取平台关键技术功能，包括海量设备数据接入、数据分析融合、平台环境安全等功能。合作方式可以实现资源汇聚，不断丰富平台功能。两种方式的作用：一是实现更大范围的现场数据采集；二是实现平台灵活部署；三是强化数据分析能力。

(3) 凝结平台核心竞争力——工业知识积累与封装。

工业领域核心竞争力正是其在长期探索中形成的大量工业知识和积累的经验。工业巨头正将物理世界的工业机理转化为数字世界的算法和模型，再将其进行封装,开发者可以使用,但无法获取其中的工业机理。

4) 工业互联网平台应用创新生态

(1) 平台企业自主开发多元化应用。

现阶段应用创新的主力军仍是平台企业,通过将传统工业软件云化和开发新型工业 APP,不断为平台赋予更多元的功能。

(2) 合作拓宽行业应用创新服务领域。

跨领域合作的方式有利于平台企业整合各行业的资源,开展平台的应用创新,将平台服务拓展到更多的领域。

(3) 开发者社区驱动应用创新。

平台生态形成的关键驱动力是海量开发者,他们是应用创新的主力。当前主要平台企业为了吸引开发者入驻平台参与应用创新,利用技术开源、工具提供、利益共享等方式,积极打造开发者社区,为应用创新提供良好的发展环境。

2. 工业互联网平台的应用场景

工业互联网平台当前总体应用于四大场景:面向工业现场的生产过程优化、面向企业运营的管理决策优化、面向社会化生产的资源匹配协同和面向产品的全生命周期管理。

1) 面向工业现场的生产过程优化

工业互联网平台能够有效采集和汇聚设备运行数据、工艺参数、质量检测数据、物料配送数据和进度管理数据等生产现场数据,通过数据分析和反馈,在制造工艺、生产流程、质量管理、设备维护和能耗管理等具体场景中实现优化应用。

(1) 制造工艺。

工业互联网平台可对工艺参数、设备运行数据等进行综合分析,找出生产过程中的最优参数,从而提升制造品质。

(2) 生产流程。

工业互联网平台通过对生产进度、物料管理、企业管理等数据进行分析来提升排产、进度、物料、人员等方面管理的准确性。

(3) 质量管理。

工业互联网平台基于对产品检验数据和"人、机、料、法、环"等过程数据的关联性分析,实现在线质量监测和异常分析,降低产品不良率。

(4) 设备维护。

工业互联网平台结合设备历史数据与实时运行数据,构建数字孪生,及时监控设备运行状态,并实现设备预测性维护。

(5)能耗管理。

工业互联网平台基于现场能耗数据的采集与分析,对设备、产线、场景能效使用进行合理规划,提高能源使用效率,实现节能减排。

2)面向企业运营的管理决策优化

工业互联网平台可获得生产现场数据、企业管理数据和供应链数据,以提升企业决策效率,实现更加精准与透明的企业管理,其具体应用场景包括供应链管理、生产管控一体化、企业决策管理等。

(1)供应链管理。

工业互联网平台可实时跟踪现场物料消耗情况,结合库存情况安排供应商进行精准配货,实现零库存管理,有效降低库存成本。

(2)生产管控一体化。

工业互联网平台集成业务管理系统和生产执行系统,实现企业管理和现场生产的协同优化。

(3)企业决策管理。

工业互联网平台通过对企业内部数据的全面感知和综合分析,有效支撑企业智能决策。

3)面向社会化生产的资源匹配协同

工业互联网平台可实现制造企业与外部用户需求、创新资源、生产能力的全面对接,推动设计、制造、供应和服务环节的并行组织和协同优化。其具体应用场景包括协同制造、制造能力交易、个性化定制与产融结合等。

(1)协同制造。

工业互联网平台通过有效集成不同设计企业、生产企业及供应链企业的业务系统,实现设计、生产的并行实施,大幅缩短产品研发设计与生产周期,降低成本。

(2)制造能力交易。

工业企业通过工业互联网平台对外开放空闲制造能力,实现制造能力的在线租用和利益分配。

(3)个性化定制。

工业互联网平台实现企业与用户的无缝对接,形成满足用户需求的个性化定制方案,提升产品价值,增强用户黏性。

(4)产融结合。

工业互联网平台通过工业数据的汇聚分析,为金融行业提供评估支撑,为银行放贷、股权投资、企业保险等金融业务提供量化依据。

4）面向产品的全生命周期管理

工业互联网平台可以将产品设计、生产、运行和服务数据进行全面集成,以全生命周期可追溯为基础,在设计环节实现可制造性预测,在使用环节实现健康管理,并通过反馈的生产与使用数据改进产品设计。当前其具体应用场景主要有产品溯源、产品/装备远程预测性维护、产品设计反馈优化等。

（1）产品溯源。

工业互联网平台借助标识技术记录产品生产、物流、服务等各类信息,综合形成产品档案,为产品全生命周期管理应用提供支撑。

（2）产品/装备远程预测性维护。

工业互联网平台将产品/装备的实时运行数据与其设计数据、制造数据以及历史维护数据进行融合,提供运行决策和维护建议,实现设备故障的提前预警、远程维护等设备健康管理。

（3）产品设计反馈优化。

工业互联网平台可以反馈产品运行和用户使用行为数据,使企业能在设计和制造阶段改进设计方案,加速创新迭代。

1.3.4　典型工业互联网平台介绍

1. 国外典型工业互联网平台

工业互联网平台作为工业互联网的核心要素和关键组成,主导行业发展的重要布局领域。GE、西门子等国际企业巨头相继推出 Predix、MindSphere 等工业互联网平台,推动生产和服务资源优化配置,促进制造体系和服务体系再造。

1）GE Predix

（1）平台简介。

Predix 是 GE 在 2013 年推出的全球第一个专门为工业数据及其分析开发的云服务平台,为工业企业实现技术和业务转型提供支撑,负责将各种工业资产设备和供应商相互连接并接入云端,并提供资产性能管理和运营优化服务。

（2）平台核心能力。

Predix 平台以航空发动机、医疗设备等领域的管理为基础[21],为工业数据分析提供了一个可扩展和可复用的框架,支持历史数据分析和运行数据分析,提供描述性、预测性和规范性分析,挖掘数据关系。

在安全方面,Predix 平台利用治理和认证、平台强化、工业应用程序安全保障和持续监控等措施,建立端到端安全信任机制。

(3) 平台架构。

GE Predix 平台主要包括边缘服务、云平台和应用服务,其架构如图 1-20 所示。

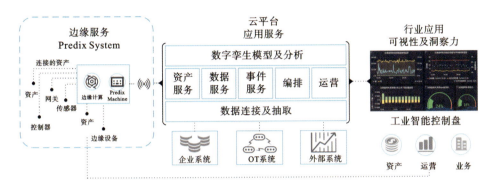

图 1-20　GE Predix 平台架构

① 边缘服务。

边缘服务包括 Predix 机器软件、Predix 连接和 Predix 边缘管理器,负责对工厂或现场边缘设备的装置、数据和应用程序逻辑进行统一、可靠的管理,连接至云服务器。

② 云平台。

GE Predix 的云平台包括基础设施,以及基于 Cloud Foundry 的 PaaS 平台,利用 Cloud Foundry 的微服务架构帮助应用开发者快速完成应用程序的构建、测试和部署。Predix 的数据服务包括数据采集、数据提取、数据存储和处理、数据分析和使用四个关键部分。

③ 应用服务。

工业客户需要的是解决问题的能力,而不是解决问题的工具。GE 推出 Predix 的主要目的是更高效、更简单地开发各类工业应用,分析各类工业问题。Predix 应用针对各类工业设备,提供完备的设备健康和故障预测、生产效率优化、能耗管理、排程优化等应用场景,采用数据驱动和工业机理相结合的方式,旨在解决传统工业几十年来都未能解决的质量、效率、能耗等问题,帮助工业企业实现绿色化、服务化、高端化、智能化转型升级。

2）西门子 MindSphere

（1）平台简介。

MindSphere 是西门子于 2016 年推出的、基于 Cloud Foundry 构建的开放式物联网操作系统，它可将产品、工厂、系统和机器设备连接在一起，并通过高级分析功能来驾驭物联网产生的海量数据，驱动业务流程的优化、资源利用率和生产效率的提高、新业务模式的创新，减少运营和维护成本。

（2）平台核心能力。

MindSphere 平台已经应用于数字工厂、能源管理、风电、智慧城市、石油、天然气、建筑和健康等行业，它使企业能够集中连接物理系统、Web 系统和业务系统。通过同时支持多个协议，MindSphere 以独特方式精简了大多数行业面临的连接挑战，让每家公司都有可能成为数字化企业。MindSphere 还支持强大的数据分析和可视化功能，使用户可以深入了解如何进行更改，对生产效率产生实质性的影响。

在安全方面，MindSphere 作为连接物理世界和数字世界的纽带，采用最高标准保障信息安全：在数据传输过程中使用安全传输协议 HTTPS，以最高标准建设云数据中心来存储数据，确保端到端的数据安全[22]。

（3）平台架构。

为了让 MindSphere 操作系统正常运行并提高可用性，西门子创建了一个多层联合架构，它包括应用层、开放式 PaaS 层和连接层。MindSphere 平台架构如图 1-21 所示。

① 应用层。

西门子以 MindSphere 为支撑，与来自全球的各行业领域专家以及第三方开发人员共同开发强大的工业应用程序。西门子搭建了一个多元化合作伙伴生态系统，该系统由经验极其丰富的知名独立软件供应商组成，其目的也是开发应用程序。

② 开放式 PaaS 层。

MindSphere 平台是一种 PaaS，托管于全球知名云提供商（如 AWS、Azure 等）的安全数据中心。它提供完整的生产、运营和开发者环境，加快解决方案的开发速度和全球化的规模部署。

③ 连接层。

MindSphere 平台采用 MindConnect 解决方案，即企业可以将所有物理资产（包括西门子的和非西门子企业的）网络和企业信息技术系统连接到 Mind-

第1章 工业互联网发展概述

图 1-21 MindSphere 平台架构

Sphere 平台。

2. 国内典型工业互联网平台

近年来,我国工业互联网平台蓬勃发展,平台数量激增,各个领域均涌现出众多不同类型的平台。下面挑选两个综合性平台代表,展示各平台差异化的优势和特点。

1) 海尔 COSMOPlat

(1) 平台简介。

海尔 COSMOPlat 创建于 2017 年 4 月,是海尔集团基于 30 多年的制造经验打造的国家级跨行业跨领域工业互联网平台。平台定位为引入用户全流程参与体验的工业互联网平台,用户通过参与需求交互、产品设计、产品生产和服务的全流程,实现大规模定制模式。COSMOPlat 平台架构如图 1-22 所示。

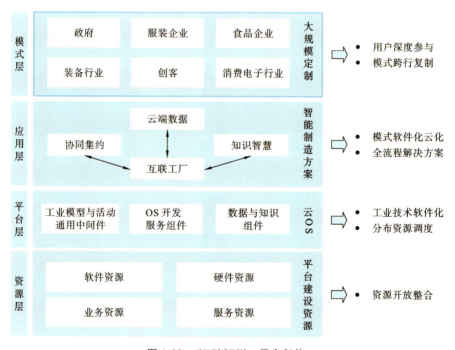

图 1-22 COSMOPlat 平台架构

COSMOPlat 覆盖工业互联网平台建设和运营、工业智能技术研究和应用、工业软件及工业 APP 开发、智能工厂建设及软硬件集成服务、采供销数字化资源配置等板块。COSMOPlat 解决方案已成功复制到电子、装备、汽车等行业,并为产业园区、区域政府提供数字化管理及综合服务平台建设、产业咨询规划等服务[23]。

（2）平台核心能力。

① 资源汇聚。

COSMOPlat 收集了用户大量的有效需求，以及设备商、物流商、设计师、模块商等资源，具有强大的用户和资源优势。

② 知识积累。

海尔 30 多年的制造业实践涉及整个生产销售流程，将用户需求小数据与智造大数据沉淀为可复用的数字化模型、微服务模块和工业 APP，助力企业智能化转型。

③ 平台服务。

一是用户驱动的智造能力，平台具备标准化、模块化、自动化、信息化及智能化整套升级能力，使人、机、料互联互通。二是产业链整合能力，通过联合企业上下游的设计、制造、服务等资源，形成从定制产品到定制服务的生态能力。

（3）平台架构。

COSMOPlat 平台共分为四层：第一层是资源层，资源开放整合，针对软件、硬件、业务、服务等各类资源提供最优调度；第二层是平台层，通过由各种组件组成的云操作系统实现工业技术软件化；第三层是应用层，为企业提供具体互联工厂应用服务，形成全流程的应用解决方案；第四层是模式层，通过大规模定制各行各业解决方案实现模式跨行复制和提高用户参与度。

2）航天云网 INDICS

（1）平台简介。

2017 年 6 月 15 日，航天科工依托底蕴深厚的航天工业体系，发布具有自主知识产权的工业互联网开放平台——航天云网 INDICS。该平台以云制造为核心，依托航空航天高端复杂产品研制、复杂系统集成等方面优势，可接入多种工业设备和服务，实现物、机、数、人的全面互联互通和资源共享，目前已经覆盖通用设备、3C 电子、汽车与零部件等制造行业和领域[24]。INDICS 平台架构如图 1-23 所示。

（2）平台核心能力。

① 工业 PaaS 服务。

基于 Cloud Foundry 提供容器化应用运行环境、微服务架构支持，面向工业领域，提供微服务引擎、面向软件定义制造的流程引擎、大数据分析引擎、仿真引擎和人工智能引擎等工业 PaaS 服务。同时，提供第三方工业互联网平台

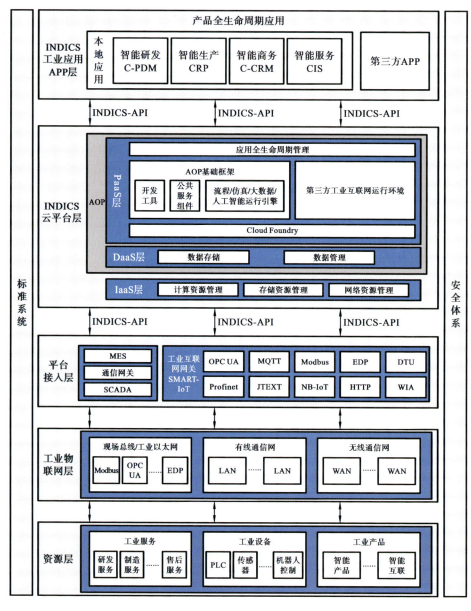

图 1-23　INDICS 平台架构

运行环境,用于实现各行业工业互联网平台向主平台的接入。

② 平台接入。

基于标准开放的工业物联网协议,提供海量多源设备接入和管理能力、异构制造服务接入和协同管理能力、基于边缘计算的异构资源接入能力以及工业APP接入能力,帮助企业实现设备、产线和业务上云,助力企业转型升级。

③ 数据处理分析。

以数据全生命周期服务(数据采集、存储管理、分析挖掘、应用开发支撑工具)的数据架构为核心,提供基于数据驱动的 APP 快速开发技术、虚实结合的数字化建模与优化技术,以及大数据/人工智能与工业知识相结合的模型构建技术,立足航空航天领域,面向电子信息、工程机械、汽车制造等十大行业提供应用服务。

(3) 平台架构。

INDICS 平台在 IaaS 层自建数据中心;在 DaaS(data as a service,数据即服务)层提供丰富的大数据存储和分析产品与服务;在 PaaS 层提供工业服务引擎、面向软件定义制造的流程引擎、大数据分析引擎、仿真引擎和人工智能引擎等工业 PaaS 服务,支持各类工业应用快速开发与迭代。

1.4 工业互联网未来展望

1.4.1 工业互联网发展趋势

工业互联网平台是基于云计算的具有开放和扩展特性的工业操作系统,向下接入海量设备,向上支撑工业 APP 的开发和部署。工业互联网平台的应用范围基于各类设备展开并不断扩大,未来将开拓更多的应用场景,由单点智能向全局智能、由状态监测向复杂分析演进。

1. 工业互联网发展必要性

工业互联网发展面临的最大挑战是普通工业系统如何从飞速发展的 ICT 技术向信息物理系统转变,而信息物理系统中对象之间异构信息的交互是需要解决的首要问题[25]。随着信息时代的到来,传统的高科技制造商业模式已不适应现代经济发展,逐渐向数字化、智能化转变,带来了工业互联网的快速崛起和高速发展。以互联网为代表的新一代信息技术与制造业,加速工业制造的信息融合,推动两化融合进入新阶段,打造以数据为驱动、以制造能力为中心的工业互联网平台成为发展趋势。

工业互联网作为新一代信息通信技术与工业经济深度融合的新型基础设施与应用模式,通过对人、机、物、系统的连接,构建起覆盖全产业链、全价值链的全新制造体系,为产业数字化、网络化、智能化提供发展路径。习近平指出,当前,全球新一轮科技革命和产业变革深入推进,信息技术日新月异。5G与工业互联网的融合将加速数字中国、智慧社会建设,加速中国新型工业化进程,为中国经济发展注入新动能,为疫情阴霾笼罩下的世界经济创造新的发展机遇。①

2. 国家政策支持工业互联网的发展

党中央高度重视发展工业互联网,习近平总书记多次强调,要"深入实施工业互联网创新发展战略",加快发展先进制造业,推动互联网、大数据、人工智能同实体经济深度融合,"做好信息化和工业化深度融合",推动制造业加速向数字化、网络化、智能化发展[26]。如图1-24所示,未来将实现包括工厂内外网的新型信息基础设施,以平台为核心,支撑整个产业系统进行数据的无缝收集和分析,支持智能决策、灵活控制、优化运用、生产协作和商业创新等功能的新兴模式与应用。

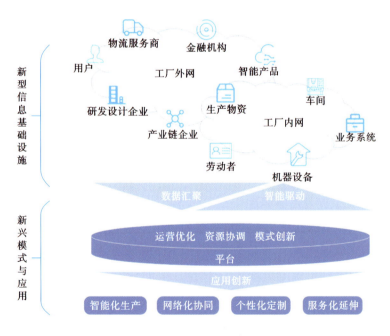

图1-24 工业互联网概念全景图

---

① 来源:央广网,《习近平向2020中国5G+工业互联网大会致贺信》,网址:http://china.cnr.cn/news/20201121/t20201121_525337433.shtml。

第 1 章 工业互联网发展概述

未来国家在政策上将继续支持工业互联网发展,"十四五"规划明确指出,要在"十四五"期间实行工业互联网平台推广工程,要实施制造业数字化转型行动计划,要大力拓展工业数据应用的场景。中央和地方政府相关规划、基础设施的建设和示范试点都在有条不紊地推进,各种工业互联网平台也加速涌现,数量上已经超过了全球其他国家的总和[27]。

3. 工业互联网带来的新局面

1）工业互联网拥有广阔的前景

"十四五"规划提出后,众多企业纷纷参与进来,不断对传统行业进行产业升级。在众多有利因素的支持下,工业互联网迎来广阔的发展空间。各级政府的标杆示范举措也到了复盘总结阶段,特别是数字经济所蕴含的巨大工业数字化转型需求即将爆发。这需要政府恰到好处的引导,让社会的闲置资本运转起来,投入工业互联网的发展中。

新产业孕育新龙头,龙头企业加速布局工业互联网产业。目前,钢铁、石油、汽车等传统产业依托自己的市场、技术和产业链优势,加速对产业进行数字化改造。如图 1-25 所示,原工业互联网用户在有利政策的刺激下,蜕变为工业

图 1-25 工业互联网产业图谱

互联网构建者,它们逐步培育出众多具有前沿代表性的工业互联网平台,催生了新的一流企业。工业互联网进入百家争鸣、百花齐放的新局面。

2) 帮助企业降本增效和服务转型

如图 1-26 所示,工业互联网平台在推动企业降本增效、增强企业生产能力、帮助企业服务转型和搭建产业体系等方面发挥了重要的作用,已经成为我国工业企业不可或缺的硬件和软件设施。互联网的发展打破了原有的产业边界,使得产业与产业之间在技术、业务与运作等方面和市场方面都发生了深度融合[28]。

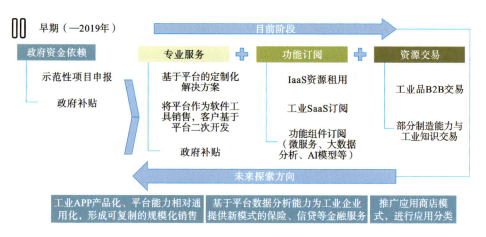

图 1-26　工业互联网平台商业模式

我国工业互联网的相关技术人员经过几年的调查和实践之后,都对所在行业有了更明确、更全面与更深刻的了解。但对比既有共通性又有交叉关系的电子信息产业和消费互联网行业,工业互联网才刚刚走过萌芽期步入成长期,行业在发展过程中必然会面临各种各样的困难与挑战。进入成长期后,业界面临的困难和挑战也更加严峻。在下一个阶段,工业互联网服务提供商的关注点必须集中在相应的产业领域,结合企业的实际业务需求,在不断提高服务供应能力的同时,加强自身商业模式的探索,了解自身业务上的问题,敢于动手,修正路径,解决问题,并改善过程机制。

3) 加速构建系统化的平台体系

经过几年的发展,工业互联网形成了系统化的平台体系框架。到目前为止,我国已有 100 多个具有特定产业或区域影响力的平台,注册的工业模式数量超过 60 万个,工业微服务数量 20 多万个,工业 APP 连接的工业机器数量超过 9000 万套。工业互联网解决方案持续出现,加速显现平台的赋能效果。以业界的生产特性和企业问题为焦点,钢铁、汽车、电子、家电产品等垂直领域出现了针对性的工业互联网系统解决方案。

产业园区是各类生产要素聚集的空间形态,在设备上云、新模式培育、产业链协同等领域,具有共性需求量大、应用场景丰富等特点。随着工业互联网融合应用将加速向资源集聚、创新活跃和信息化基础好的产业园区下沉,"平台+园区"将成为加速工业互联网规模化落地、培育区域经济发展新动能的加速器。

4) 工业互联网以场景切入为应用重点

场景作为业务流程的基本组成单元,在不同企业间存在大量共性需求。从小规模开始切入问题,以大规模、价值高的应用方案为焦点,加快工业互联网解决方案的反复优化和升级迭代。2022年,随着场景数字化的大幅进步,工业互联网应用加速从辅助链接向核心生产链接转移。业界工业互联网平台数量大幅增加,例如主要产业和原材料、机器、消费品、电子信息、能源、医疗等主要领域的工业互联网平台。未来,随着我国《"十四五"信息化和工业化深度融合发展规划》的实施,以及工业互联网与安全生产的持续深化,更多的平台将扎根于石油化学、冶金等主要产业。

5) 定制专有、个性化的产品

工业互联网必须面对产业内不同子领域企业的需求,大部分服务提供商都采用为产业企业提供定制化服务的方式,但产品的低可复制性和低移植性却大大降低了服务提供商的服务效率和商业回报。针对这一问题,工业互联网进一步分离工业软件和硬件,形成以功能模块和微服务组件为功能单元的平台构建基础,适用范围逐渐从大企业扩大到中小企业,且个性化、针对性开发将成为主流。

1.4.2 工业区块链为工业互联网发展带来新机遇

随着我国将"中国制造2025"提到国家战略高度,作为实现这一宏伟目标的主要方向,工业互联网开始受到越来越多的关注。在工业互联网的应用方案中,利用智能设备将数据上传至云数据库,实现数据的收集、共享和分析,促进了各种系统和设备之间的合作,为决策者提供解决方案。

1. 工业互联网和区块链技术相结合

区块链技术由于其不可篡改、安全等特性,使交易更加透明,使数据更加安全,如图1-27所示。这不仅是行业领域上的一个进步,也是互联网基础上的一次逻辑革新。区块链技术可以应用于工业,也适用于其他行业,未来更有望使

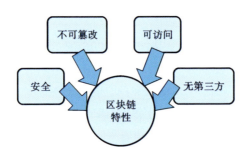

图 1-27 区块链的特性

工业互联网从以通信为核心转变为以数据存储为核心。

工业互联网发展至今,已经不仅仅停留在生产制造层面,以后更多的是如何精准地控制成本,如何快速地完成需求,如何安全地管理生产线,从而实现管理模式、营销渠道的变革。工业互联网和区块链技术相结合的工业应用,反映在网络化、智能化、数字化这三个方面。

1)实现信息网络化

由于大规模的设备访问,ID 认证和设备管理成为产业领域被网络攻击的突破口之一。这些设备的识别、ID 管理和设备访问控制是实现合作的基础,也是在工业互联网上实现信息安全交换的关键。在将区块链应用于工业互联网的情况下,为了处理海量的数据,需要对设备进行监管,从而为设备和数据绑定关系,实现可信的溯源查询。

2)实现智能化合作

根据区块链的特性,在复杂的供应链中实现工业互联网与区块链的智能化合作尤为重要。智能化合作有助于解决需求和供应的对接、快速生产、减少库存、跟踪物流、质量管理等问题。

3)实现数字化升级

随着工业互联网的改善,企业对规格的要求越来越高,标准化的生产成为开发的趋势。区块链由于其独特的特性,基于诸如共识机制等技术优势,广泛渗透于创新的工业互联网中的各个领域。它能够提高协作效率,降低成本,真正实现资源共享,实现数字标准化的全过程管理。

2. 区块链应用于工业互联网的独特优势

1)提高数据的安全性

区块链技术可以有效防止传输中的数据丢失、泄露和篡改,提高数据的安全性。通过提高信息安全性,工业互联网可以实现智能信息管理,无须人为手动干预。

同时,由于区块链使用多个节点实时同步数据信息,故即使区块链内的部分节点发生问题,其他节点也有备份,可以最大限度地确保数据安全。区块链不仅确保了网络内数据传输的安全性,还确保了数据访问的安全性。数据上链后,将难以篡改,只需按照事先商定的规则达成协议,将所有参与者的信息汇总保存即可。

2)提升行业的运作效率

区块链技术可以为工业互联网提供点对点计算。与通过中央服务器的传统集成处理模式相比,点对点模式可以减轻中央服务器的运行压力,最大限度地利用空闲设备,减少成本损失。每个节点都可以使用事先建立的规则进行自我维护,通过使用时间戳技术来识别和记录各事件,将责任追溯到源头。

目前,我国的区块链技术已被应用于供应链融资、信用报告、产品交易、版权保护、数字ID、政府数据流等领域。加快区块链与工业互联网的紧密结合,将有助于在实体经济中构建"降低成本""提高效率"和"完善的产业环境"的新局面,并促进我国经济系统中技术、组织的发展和效率的提升。

3)兼容性、移植性强

区块链与工业互联网平台的融合应该是兼容、调和,而非替代。区块链本质上是一种融合性技术,是加密学、分布式共识、点对点通信、链式数据结构、博弈论等基础技术或理论的融合,并可在网络、平台、操作系统间灵活部署。

1.4.3 工业互联网发展面临的问题

工业互联网创新发展是一个长期的过程,其长期性是由数字化发展规律所决定的,也是由我国工业发展国情所决定的。工业互联网需要与行业特有的技术、知识、经验紧密结合,复杂性高、难度大[8]。工业互联网的核心是要连接各种需要监控的设备和产品,实现过程追溯和设备状态的远程监控、故障预警等,在此基础上实现智能工厂和智能服务。但与此同时也要认识到,当前我国工业互联网建设仍处于发展初期,需要在充分总结现有经验的基础上掌握发展规律,明确发展路径[29]。

1. 缺乏开放合作的生态

某些封闭性强的行业,采用私有的信息采集标准,与外部网络的互联互通性差。而有的行业不愿开放内部资源,无法纳入工业互联网框架。同时在搭建产业链的过程中,传统平台缺乏互联网基因,在形成垂直产业链和跨行业协作方面乏善可陈。因此,工业互联网需要制定各行业统一的标准规范,在不涉及行业机密和信息安全的范围内实现有效的互联互通。

"连而不互"和"互联不网"形容行业缺少纵向和横向产业的信息共享和交互。工业互联网平台的建设很容易成为各个平台企业独自为战的"信息孤岛"[30]。一旦个别工业互联网平台形成规模优势后,海量的数据、应用、合作伙伴资源和逐渐摊薄的建设推广成本将对同领域内的竞争平台形成降维打击。

2. 数据安全问题突出

工业互联网的发展意味着工业控制系统将更加 IT 化和通用化,不同工业控制系统内部将越来越多地采用通用的软件、硬件和协议,这将增加信息安全隐患。工业生产数据如果上传到云端,势必涉及数据隐私安全,内部协议安全问题将变得错综复杂。企业对于数据安全的顾虑,严重影响了它们上云的积极性。

在工业应用中,利用设备连接、数据收集、存储分析和设计来提高产业链中所有节点的安全性,建立设备、企业和人之间的可靠关系。然而现如今的生产、制造及供应链等多个场景,往往涉及多家企业和工厂,需要不同的角色协作完成。正因如此,不同的角色之间存在着不信任和数据安全隐患。我国虽然工业规模庞大,但是在嵌入式操作系统、嵌入式软件等核心技术方面仍受制于国外公司。如果国外公司为了自身利益,拒绝授权核心技术,那么数据安全也就无从谈起,意味着高端自主知识产权的技术和产品不能自主可控。

3. 需要探索共赢的商业模式

传统制造业模式是以产品研发驱动的商业模式,产品研发、制造、销售、售后过程被阻隔为相对独立的环节。因此,有必要解决产业链上下游价值合理传递、各环节产生的价值合理分配的问题。工业互联网尚处于发展中,有必要促使产业链的上游和下游进一步整合,实现产业链的数字化、网络化、智能化转型。

工业互联网的目的是实现人与机器、机器与机器的连接,那么如何结合大数据进行数据挖掘和分析,如何使得生产与消费对接,如何发展基于互联网的按需制造和定制化生产,如何创造更多更新的商业模式,需要技术的支撑,更需要业务模式的创新。在这个过程中,企业应本着明确的发展愿景,与工业互联网服务提供商保持紧密的沟通与合作,协调与企业各部门的合作。面对困难和失败,从失败中优化解决方案,根据企业自身数字和智能需求找到适合的工业互联网商业模式。

1.4.4 工业互联网进一步发展建议

1. 推进 5G 等新技术与工业互联网的融合

研发应该从外围辅助应用逐渐渗透到核心生产环节。"5G＋工业互联网"的融合，对传统产业的变革和升级起着重要作用。通过改善 5G 等相关软件及硬件基础设施，"5G＋工业互联网"将从制造周边链接加速至内部关键链接。边缘云计算、区块链、数字孪生等新技术也将与工业互联网融合。

工业互联网的开发需要新技术的支持，推动标识解析与区块链、大数据等技术融合创新，提升数据综合服务能力。提升综合性的数据服务功能，加快网络、身份、平台、安全方面的主要技术和产品的研发，推动边缘计算、数字孪生、区块链等与工业互联网的融合技术研究，加强融合产品及其解决方案的商业化推广。

2. 推动平台向智能化、数字化发展

传统供应链中产品供应、制造、流通和销售虽然实现了价值交换但并未实现价值传递。而工业互联网新模式由需求和订单驱动，普遍认为利用互联网技术构建产品供给侧与消费侧的融通，是未来产业升级的新模式。智能化制造、网络化协同、个性化定制、数字化管理等场景，则被认为是工业互联网新模式的重点发展方向。工业互联网系统将整合整个行业，是未来发展的必然方向。随着工业互联网的持续和快速发展，中国制造企业对工业互联网重要性的理解越来越深刻，对工业互联网的需求急剧增加，工业互联网产品的市场不断扩大。制造业将持续收集工业大数据并挖掘其价值，加快实现生产全流程互联互通，助力传统行业数字化升级转型。

工业互联网平台从需求预测到资源调度、从产品设计到产品服务、从生产优化到运营管理，在各种各样的情况下逐渐应用到整个产业链，并且实现了数据资源积蓄、金融服务、制造能力交易等新的交易模型。

为了提供更适合产业场景需求的数据分析和应用开发服务，需要不断提高分析结果的精度，持续深化机构模型和数据模型的积累，支持满足商务需求的综合性工业应用的形成。由于数据管理、分析和显示工具的功能集成在平台上，因此有可能产生以产业数据为焦点的服务系统。随着技术的成熟和普及，与产业场景紧密结合的数据分析和视觉化平台，逐步向商业 PaaS 平台和产业 SaaS 进化。

3. 带动中小企业合作创新

2021年《政府工作报告》指出,发展工业互联网,促进产业链和创新链融合,搭建更多共性技术研发平台,提升中小微企业创新能力和专业化水平。工业互联网的开发,不仅应该促进大企业更高水平的发展,也应该考虑到中小企业的信息化和数字化转型。只有促进了中小企业的发展,才能够真正引领我国工业互联网产业的繁荣,形成图1-28所示的合作共赢新局面。

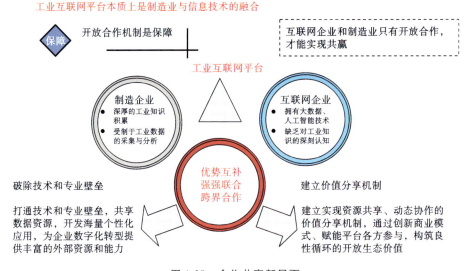

图1-28 合作共赢新局面

国家制定工业互联网平台扶持政策,培植工业互联网发展的土壤,维护良好的市场竞争环境,推动新型创新联合体突破共性技术,促进平台和大中小企业融合创新,同时也提出了"新基建"来拉动数字经济的增长。新华网对此刊文称:"新基建"已成为发展共识,既代表着经济高质量发展的未来方向,也成为数字经济发展的新引擎,会像水和空气一样成为社会的基本生产工具。

中小企业缺乏低成本资金来源,对高端设备投资不足。国家可以制定政策鼓励企业聚焦特定的方案,根据企业的多种需求,开发适宜的平台解决方案。虽然没有无法克服的技术障碍,但是要为中小企业提供低成本、高灵活性的平台应用服务仍然是平台技术系统中的一大难题。

面对这些挑战,我国企业应该通过开放的全球通信网络平台,共享整个工业生产过程的各种要素和资源,通过数字化、网络化、智能化变革,提高运行效率,降低运作成本。现在,国外有诸如西门子等高质量的解决方案提供商已经建立了自己的工业互联网平台。在国内,海尔、中国航天科技集团、阿里巴巴、腾讯等也相应建立了自己的工业互联网平台。

4. 健全完善工业互联网平台安全体系

面对工业数据这一重要的战略资产,平台供需双方之间、不同参与主体之间的数据交互将不断增多,数据安全将成为平台治理的关键环节。确保建立好数据分级管理体系,避免产生数据模糊、缺失和来源不明等问题。

比起传统工业领域的数据安全,工业互联网的信息安全问题更为凸显。互联网上的黑客攻击、数据操纵等都有可能成为工业互联网的潜在威胁,如果出现数据安全问题,工业网络信息的保密性、可用性将遭到破坏,并将造成不可估量的损失。因此,建议健全完善工业互联网信息安全体系,从工业互联网基本结构、系统特点、面临的主要安全威胁进行分析,设立工业互联网信息安全专项管理,提出在工业互联网实际应用中的管理控制、运行控制以及技术控制等的安全控制方法和要求,保障工业互联网的安全发展。

提高安全防护能力,加大安全技术研发的投入,加深成果转化支持力度,强化网络安全和数据安全是现在仍需解决的问题。对工业互联网平台的相关应用业务、互联互通、功能安全、性能适配等开展测试验证,发挥标准、安全体系对各产业的引导支撑作用。

5. 鼓励资本进入工业互联网领域

制定政策鼓励资本进入工业互联网领域,可以活跃工业互联网的资本市场。新基础设施开发以来,由于政策的鼓励和支持以及对产业开发的热诚需求,工业互联网得到了资本市场的青睐和支持。在过去的两年时间里,工业互联网领域融资屡创新高,动辄都是上亿元资本投入,推动着行业快速发展。工业互联网的开发是产业变革的必要出发点,今后将有更多资本涌入工业互联网,工业互联网企业即将迎来一波"上市潮"。

随着资本市场对工业互联网的热捧,工业互联网平台也从概念实证加速到应用,围绕平台的创新和竞争变得更加活跃。另外,随着工业应用程序方案的增加,各种企业从实际需求开始,通过不断重复"反馈—改善"来促进平台的基本技术和商业模式的持续创新。工业互联网平台将为市场带来更多潜在价值,让更多的产业企业、互联网企业、金融机构、独立的开发者参与平台领域,在健全的竞争中促进平台行业整体的繁荣和发展。

面对工业互联网平台行业的不确定性和复杂性,需要更多的企业齐心协力,通过紧密协调的集体行动构建生态系统,共同促进工业互联网产业的开发。

一些企业希望通过协作来加强平台业务功能的互补性,并形成更加牢固的生态学合作关系。

1.4.5 工业数联网:下一代工业互联网

1. 数联网推动工业互联网数字化转型

工业互联网的智能化制造、网络化协同、个性化定制、数字化管理等新模式的一个共性需求是数据互联互通与智能应用。例如,智能化制造需要打通产业链上下游企业之间、企业各部门之间、各个工厂生产设备间的数据,以支撑生产制造全流程的精准监测、高效控制,进而支撑智能生产制造;数字化管理需要连接从需求预测到资源调度、从产品设计到产品服务、从生产优化到运营管理各个环节的生产数据,以实现在纵向上覆盖产品制造全生命周期与在横向上覆盖全产业链的数字化管理。国内外现有的工业互联网平台,通过在现有物联网、无线网络、互联网等各种网络之上搭建一套软件平台,基于统一的架构、标准、协议对数据进行管控,使平台内部各参与方可以实现可信、可管、可控的数据互联互通,进而形成更多工业创新应用。

然而,不同平台之间的数据仍然存在难理解、难访问、难管控等问题,形成了一个个更大的信息孤岛,无法有效支撑跨全行业、全产业链的全部主体、异构系统之间的数据互联互通,极大限制了工业应用创新和场景创新。

针对跨平台数据互联互通的问题,数联网应运而生。数联网是基于软件定义,通过以数据为中心的开放式软件体系结构和标准化互操作协议,将各种异构数据平台和系统连接起来,在"物理/机器"互联网之上形成的"虚拟/数据"网络[31]。数联网解决了现有以机器和设备为中心的网络协议栈及技术架构对数据互联互通的新需求不再适用与好用的问题,通过以数据为中心的数联网协议栈及技术架构,推动形成工业互联网的数字空间基础设施,促进工业互联网向工业数联网发展。

2. 工业数联网发展现状及趋势

当前最有影响力的数联网技术路线是互联网发明人、图灵奖得主Robert Kahn提出的数字对象架构(digital object architecture,DOA),它将数据抽象为包含标识、元数据和实体三要素的数字对象,使用标识解析系统(the identifier/resolution system)、注册系统(the registry system)、仓库系统(the repository system)三个构件对数字对象三要素分别进行存储和管理,使用数字对象标识解析协议(digital object identifier resolution protocol,DO-IRP)和数字对象接口协议(digital object interface protocol,DOIP)两个基础协议进行数字对象创建、获取、更新和删除等操作,实现了跨平台数据的互联互通。DOA 已广泛并成功地应用在数字图书馆领域的 DOI 系统、金融领域的衍生品交易记录管理发现系统等领域和系统中。

我国从 2014 年就开展了工业数联网的相关探索实践,工业和信息化部国家工业信息安全发展研究中心于 2014 年开始参与 DOA 技术标准开放基金会 DONA(数字对象规范命名机构)的创建,与多国平等共建并运营 DOA 全球节点。中国信息通信研究院从 2018 年开始建设国家工业互联网标识解析系统,目前已建成北京、广州、上海、武汉、重庆五大国家顶级节点,超过 180 个二级节点,覆盖 27 个省(区、市)34 个行业,接入超过 9 万家企业节点,标识注册量总量超千亿,日解析量超过 9000 万次;统一了制造业企业的标识体系,解决了由标识编码规则和标识数据模型不统一带来的信息孤岛问题,支撑了全产业链信息资源的共享与开放。

中国工业互联网研究院于 2022 年 7 月建设工业互联网数据要素登记(确权)平台,基于跨域标识解析互通、数据要素离线可信登记、目录跨域分级可控检索以及数据不出机房的透明可控计算等技术,实现全域工业数据可信流通,目前已经完成五家试点企业共计 2707 万 DRs(DRs 为数据要素计量单位)的工业互联网数据要素登记(确权),并即将在全国范围内推广示范。

1) 需要探索建立一套完整的面向工业数联网的基础软件理论、系统软件架构、关键技术体系

我国在数联网相关的云计算与大数据、软件定义技术、系统软件等领域有众多的研究与实践。北京大学提出了基于数字对象的软件定义方法等数联网基础理论[32],突破了数字对象数据实体高效封装、数字对象微服务故障诊断、数字对象状态可信存证、数字对象自然属性可信提取等一系列基于数字对象架构的数联网关键技术,建立了数联网中国云方案的核心技术体系;面向人机物融合应用场景,研制了数联网中国云方案的系统原型,并在智慧城市和智能助手等典型领域开展了应用示范,验证了数联网中国云方案的可行性。北京大学与 Robert Kahn 及其领导的 DOA 团队开展合作,于 2020 年在北京大学成立 DOA 应用技术与标准促进(Application Technology & Standardization Development,ATSD)组织全球秘书处,并牵头成立 DOIP 标准开发和应用工作组,制定了 DOIP 新版标准,并实现了 DOA 基础协议与核心系统的开源软件栈,标志着我国初步掌握了数联网领域主流技术标准的重要话语权。

北京大数据先进技术研究院面向典型领域与应用,研制了一体化大数据互操作系统,实现了标识、元数据和实体等数据三要素的互联互通与可信管控,解决了数据全域寻址、元数据按需调度和数据使用全网监管等问题。北京邮电大学与中国移动合作提出数联网层次体系架构,纳入中国移动 PB 级数据处理能力的大数据平台体系规范中,成为全球运营商中最大规模的大数据平台。北京航空航天大学提出数据活化技术,形成城市数联网,支撑智慧城市应用。

需要面向工业领域,构建一套完整的工业数联网基础软件理论、系统软件架构、关键技术体系,具体内容如下:研究工业数联网软件的基本模型、组成结构和运行机理;构建工业数联网系统软件的体系架构、系统架构、运行支撑环境;形成工业数联网关键技术体系,包括覆盖全产业链的资源管理方法,实现面向产业场景需求的数据分析和应用开发过程的全领域、跨平台的资源配置、动态智能调度,覆盖产品全生命周期安全保障体系与关键技术。

2)开展广泛工业数联网应用实践,做优做强做大场景创新

目前对工业数联网的探索实践仍处于初级阶段,需要在进行各种理论、技术、系统研究的同时,在不同行业和区域开展基于工业数联网基础设施的运营,促进形成泛在、互信、共用、共治的工业数字空间,并探索应用创新和场景创新,形成企业联合创新、智能化合作、行业间协同的产业生态,打破国外垄断,提升我国工业产业国际竞争力。

3)推动全行业技术标准制定和基础软件开源

标准规范是行业统一的基石,开源是应用不断创新和繁荣的助力,技术标准制定与基础软件开源将成为工业数联网发展的战略制高点。我国已经在数联网系统软件方面取得了国际先进的成果,并已成功地在典型领域开展了应用实践。目前急需面向工业领域,开展标准规范体系建设、开源生态构建,促进工业数联网健康、持续、快速发展。

本章参考文献

[1] 刘默,张田. 工业互联网产业发展综述[J]. 电信网技术,2017(11):26-29.
[2] 伊梅尔特. 迎接工业互联网革命[N]. 21 世纪经济报道,2012-12-01.
[3] BERBON P, WATKINS J N. The industrial internet: robotics, automation, and the future of manufacturing[R]. Team Finland Future Watch Report,2014.
[4] EVANS P C, ANNUNZIATA M. Industrial internet: pushing the boun

daries of minds and machines[J]. General Electric,2013:488-508.

[5] 中国信息通信研究院. 中国工业经济发展形势展望[R/OL]. (2021-12-16)[2022-09-06]. http://www.caict.ac.cn/kxyj/qwfb/bps/202112/P020211216415439987359.pdf.

[6] 国家工业信息安全发展研究中心. 2020年我国大型互联网企业发展态势研究[R/OL]. (2020-12-21)[2022-09-06]. http://www.cics-cert.org.cn/web_root/webpage/articlecontent_103001_1340943097386766337.html.

[7] 国家工业信息安全发展研究中心. 2019—2020年中国工业互联网产融合作发展报告[R/OL]. (2020-03-26)[2022-09-06]. http://www.cics-cert.org.cn/web_root/webpage/articlecontent_103001_2930.html.

[8] 张杰斐. 我国工业互联网创新发展的趋势、挑战及建议[J]. 通信世界,2022(6):36-38.

[9] MURPHY B,LIN S W,MARTIN R,et al. Industrial internet reference architecture(IIRA)[EB/OL]. (2015-06-30)[2022-09-06]. https://hub.iiconsortium.org/iira.

[10] 工业互联网产业联盟. 工业互联网构筑第四次工业革命的基石——国际工业互联网发展跟踪研究[J]. 中国电信业,2022(3):19-23.

[11] 尹超. 工业互联网的内涵及其发展[J]. 电信工程技术与标准化,2017,30(6):1-6.

[12] 亓晋,王微,陈孟玺,等. 工业互联网的概念、体系架构及关键技术[J]. 物联网学报,2022,6(2):38-49.

[13] 刘青,刘滨,王冠,等. 数字孪生的模型、问题与进展研究[J]. 河北科技大学学报,2019,40(1):67-78.

[14] Industrial Internet Consortium. The industrial internet of things Volume G1:reference architecture[R/OL]. (2019-06-19)[2022-09-06]. https://www.iiconsortium.org/pdf/IIRA-v1.9.pdf.

[15] ZVEI. Industrie 4.0:the reference architectural model industrie 4.0 (RAMI 4.0)[R/OL]. (2015-04-01)[2022-09-06]. https://www.zvei.org/fileadmin/user_upload/Presse_und_Medien/Publikationen/2015/april/Das_Referenzarchitekturmodell_Industrie_4.0__RAMI_4.0_/ZVEI-Industrie-40-RAMI-40-English.pdf.

[16] 工业互联网产业联盟. 工业互联网体系架构(版本2.0)[R/OL]. (2020-04-

23)[2022-09-06]. http://www.aii-alliance.org/index/c315/n45.html.

[17] 刘帅,黄洁,王睿哲,等.我国工业互联网平台发展核心内涵、应用价值与产业现状[J].中国信息化,2020(6):91-94.

[18] 汪进.工业互联网的内涵与发展分析[J].现代工业经济和信息化,2019,9(4):10-11.

[19] 王佳,邵枝华,徐砚.工业互联网技术体系研究与应用分析[J].通信技术,2020,53(3):625-633.

[20] 张影强.打造我国自主可控的工业互联网体系[J].世界社会主义研究,2017,2(5):91-92.

[21] 杨涛.Predix:工业互联网的阶段性界碑[J].中国工业评论,2015(10):76-81.

[22] 曹仰锋.世界三大"产业互联网平台"的战略与功能[J].清华管理评论,2019(4):44-51.

[23] 陈录城.卡奥斯COSMOPlat:全球工业互联网引领者[J].数字经济,2021(3):74-79.

[24] 国家工业信息安全发展研究中心,两化融合服务联盟,中国产业互联网发展联盟.2018工业互联网平台创新发展白皮书[R/OL].[2022-09-06]. https://v1.cecdn.yun300.cn/site_1801180113/2018工业互联网平台创新发展白皮书1551747738535.pdf.

[25] 余思聪,黄颖,刘阳,等.工业互联网信息模型发展现状及趋势研究[J].信息通信技术与政策,2020(6):36-41.

[26] 袁洁.着力发挥工业互联网在构建新发展格局中的重要作用[J].卫星与网络,2021(10):24-27.

[27] 王钦.如何把握工业互联网发展趋势?[J].创新世界周刊,2021(4):22-23.

[28] 徐佳宾,孙晓谛.互联网与服务型制造:理论探索与中国经验[J].科学学与科学技术管理,2022,43(2):87-112.

[29] 吴凯林.发挥工业互联网支撑引领作用 构建"产业大脑+未来工厂"新生态[J].网信军民融合,2021(9):35.

[30] 李燕.工业互联网平台发展的制约因素与推进策略[J].改革,2019(10):35-44.

[31] 黄罡.数联网:数字空间基础设施[J].中国计算机学会通讯,2021,17

(12):58-60.

[32] HUANG G,LUO C R,WU K D,et al. Software-defined infrastructure for decentralized data lifecycle governance: principled design and open challenges[C]// Proceedings of 2019 IEEE 39th International Conference on Distributed Computing Systems (ICDCS). New York: IEEE,2019.

第 2 章
基于 5G 技术的工业无线网络

2.1 5G 技术概述

2.1.1 5G 商业发展

从 20 世纪 70 年代至今,无线通信技术已从模拟语音通信发展成为能够提供高质量的移动宽带服务技术,移动数据速率已经达到每秒数兆比特,用户的体验得到极大提升[1]。然而,随着新型移动设备数量的不断增加,通信业务和网络流量也随之不断上升,现有无线通信技术已难以满足日趋增长的无线通信需求[2]。据统计,2010 年到 2020 年全球移动通信数据流量增幅已超过 200 倍,2010 年到 2030 年的增幅预计将接近 2 万倍。中国移动通信的发展也正处于快速上升阶段,2010 年到 2020 年我国移动通信数据流量增幅已达到 300 倍以上,2010 年到 2030 年我国移动通信数据流量增幅预计将超过惊人的 4 万倍。在部分发达城市以及热点地区,移动通信数据流量的增速则更加突出,例如 2010 年到 2020 年上海移动通信数据流量增幅就达到了 600 倍,而北京部分热点地区的移动通信数据流量增长幅度甚至达到了惊人的 1000 倍[2]。

与前几代移动通信技术相比,第五代移动通信技术(5th generation mobile communication technology,5G)具有更为丰富的业务提供能力,且它在面对多样化场景和差异化的服务需求时,不再像以往一样以某种单一的技术为基础形成针对各种场景的解决方案[3]。5G 作为新一代信息技术,已经成为全世界高度关注的热点话题[4]。5G 可以提供超强移动性、超高流量密度、超高连接数密度以及低时延、高可靠性的通信服务,为用户提供高质量视频、增强现实、虚拟现实、在线游戏等极致服务体验,并能够提供更快捷、灵活的用户感知优化。同时,5G 还将在物联网等重要领域进一步拓展应用空间,面向"万物互联"的目标,与医疗卫生、工业制造、交通运输等行业进行深度融合,进而提供全新、高效的信息化解决方案。此外,5G 能更大限度地降低网络建设和运营成本,提高网络服务的创新能力,开拓移动通信相关产业的空间,进而实现"信息随心至,万物触手及"的目标愿景。

5G 基站是 5G 通信网络的核心设备,提供无线覆盖功能,实现有线通信网络与无线终端之间的无线信号传输。基站的架构与形态往往直接影响 5G 通信网络的部署。由于通信频率较高,信号在传输过程中的衰减也较大,因此 5G 通信网络的基站密度将更高。我国正逐年加快 5G 网络基础设施的建设,使得 5G 在各个行业的转型升级和融合发展过程中都能发挥提质增效的积极作用。工业和信息化部统计显示,2021 年我国 5G 基站已经开通 142.5 万个,5G 网络已覆盖全部地级市城区、超过 98% 的县城城区和 80% 的乡镇镇区,5G 手机终端连接数达到 5.18 亿户。2022 年一季度,新建 5G 基站达到 13.4 万个。参考《"十四五"信息通信行业发展规划》,预计 2023 年和 2025 年国内 5G 基站数量将分别达到 252 万个和 364 万个。工业和信息化部预测,未来 2~3 年,国内 5G 基站将保持年均 60 万个以上的建设节奏。北京、上海、广州、杭州等城市已经实现了 5G 网络在城区的连片覆盖,提前完成全年的既定目标,并保持适度超前的建设态势。

各大运营商也积极加大了 5G 基础设施的建设投资。按照中国移动、中国电信和中国联通三大运营商的 5G 基站建设计划推算,5G 基站的需求量将由 2019 年的 13 万个增长至 2025 年的 816 万个,复合年均增长率约为 80.6%,迎高速增长。当前,我国 5G 基础设施建设依旧保持着适度超前的态势。业界普遍认为当前适度超前的建设态势是符合公共基础设施的普遍特点,尤其是从第二代移动通信技术(2G)、第三代移动通信技术(3G)、第四代移动通信技术(4G)的发展规律来看,它们都实现了支持产业升级的目的。截至目前,5G 应用已覆盖国民经济 40 个大类,在全国 200 余家智慧矿山、1000 余家智慧工厂、180 余个智慧电网、89 个港口、超过 600 个三甲医院项目中得到广泛应用。此外,国家和地方都大力支持 5G 基础设施建设,2022 年 5G 基站建设更是达到了 5G 建设的高潮[3]。表 2-1 为部分省市 2020 年至 2022 年 5G 基站建设情况。

表 2-1 我国部分省市 2020 年至 2022 年 5G 基站建设情况

省　　市	2020 年	2021 年	2022 年
天津	2 万个	3.3 万个	4 万个
上海	3 万个 5G 宏基站	3.8 万个 5G 室外基站	5 万个 5G 室外基站
重庆	3 万个	2.1 万个	10 万个

续表

省　　市	2020 年	2021 年	2022 年
河北	1.5 万个	4.1 万个	7 万个
山西	1.3 万个	1.5 万个	3 万个
浙江	5 万个	—	12 万个
安徽	1.5 万个	2.5 万个	4.5 万个
福建	2 万个	3 万个	5 万个
江西	2 万个	3 万个	3 万个
山东	4 万个	4 万个	11.2 万个
河南	1.696 万个	5.2 万个	16.8 万个
湖北	2 万个	3.3 万个	6 万个
湖南	3 万个	—	10 万个
广东	6 万个	—	22 万个
四川	4 万个	—	12 万个
贵州	1 万个	4 万个	3.2 万个
云南	1.8 万个	3.2 万个	8 万个
广西	2 万个	2 万个	5 万个

与此同时，海外各个运营商也纷纷向着 5G 商业化逐步推进[5]。其中，Sprint 公司计划在 2019 年初采用非独立（non-stand alone，NSA）模式组网，实现 5G 商用，其使用的频段为 2.5 GHz；作为美国的头部基础电子运营商，Verizon 公司无可争议地成为美国首个 5G 商业运营公司；而后，AT&T 公司也展开了 5G 的部署工作，从前期 7 个城市拓展到了现今的 19 个城市。此外，美国的其他运营商也陆续推出了各自的 5G 商用计划。韩国电信运营商 KT 公司在 2018 年冬奥会举办期间，为实现对冬奥会的通信支持，在韩国首都和冬奥会举办地都进行了 5G 商用部署，并取得了良好的商业化效果，为公司进军 5G 商用领域提供了强大动力。截至目前，韩国已经有三家主要的电信运营商正式推出了 5G 商用服务。鉴于 5G 通信的社会价值和经济价值，韩国政府专门举办了战略发布会，宣布将建设 5G 通信网络作为国家发展战略[6]。日本基础电信运营商也积极进军 5G 商用领域，目前正积极进行应用研究以保证商业化的顺利推进。作为瑞士大型基础电信运营商，瑞士电信早在 2019 年 4 月 11 日就正式

推出了本国的 5G 商用服务。目前,瑞士已经实现了 5G 网络的全国覆盖。

总体而言,目前全球超过 70 多个国家的 169 个运营商发布了 5G 商用服务,再加上目前正在进行投资的 5G 运营商,其总体数量已经超过了 400 个。欧洲、亚太、北美属于 5G 的先发地区,5G 网络商用已经基本完成。而南亚、北非、中南美洲等地区也紧随其后,正进行 5G 网络的部署和预商用[7]。

2.1.2　5G+工业互联网

5G 通信是当前移动通信技术发展的重要阶段,它不仅可以提供更加快速、便捷的数据连接,还可以为新兴工业应用开辟道路,5G 将会是万物互联的开始[3]。5G 可以提供 10 倍于 4G 的峰值传输速率、数百万的连接数量以及超低空口时延。5G 通信不仅仅是以用户为中心、全方位的信息生态系统,更能做到从线上到线下、从消费端到生产端、从平台到生态,有效支撑各个垂直行业融合发展。

5G 的蓬勃发展也进一步推动了云计算、网络、大数据等新技术的快速发展。其中,云计算是重要的基础设施,网络是万物互联的载体,而大数据则通过汇聚海量的数据并挖掘其内在价值来实现服务的智能化。同时,工业制造系统具有高度的网络化和智能化,这就要求通信网络具备高带宽、高速率和高可靠性等特性,从而保证精准的工业生产。5G 网络的高速率、高带宽和高品质等特性可助力工业互联网与传统互联网的深度融合。运营商将利用 5G、云计算、网络、大数据等资源,如同消费互联网时代一样为产业互联网经济全面赋能。

与 4G 网络相比,5G 网络可提供更高的速率(至少是 4G 网络的 10 倍)、更低的时延(毫秒级)、更多的连接数(千亿级)、更高的安全性以及更灵活的业务部署能力,将实现增强移动宽带(enhanced mobile broadband,eMBB)、高可靠低时延通信(ultra-reliable low-latency communication,uRLLC)和海量机器类通信(massive machine type communication,mMTC)3 大场景。虽然 5G 发展的前期仍将主要面向消费互联网,但是面向行业用户的 5G 工业互联网业务已然开始布局并落地。5G 网络的精益化、智能化运营以及开放的生态是未来支撑工业互联网快速发展的基础。

我国一直以来高度重视 5G 与工业互联网的相互融合,各省市(地区)政府、运营商也纷纷制定政策、计划推进"5G+工业互联网"的应用示范落地,如表 2-2 所示[8-11]。2019 年我国工业互联网融合带动的经济增加值规模为 1.60 万亿元,2020 年增加值规模更是达到了 2.49 万亿元。

表 2-2　我国相关部门出台的 5G＋工业互联网相关政策

发 布 时 间	部　　　门	相 关 政 策
2015 年 5 月	国务院	《中国制造 2025》
2016 年 5 月	国务院	《关于深化制造业与互联网融合发展的指导意见》
2016 年 12 月	工业和信息化部、财政部	《智能制造发展规划(2016—2020 年)》
2016 年 12 月	工业和信息化部、国家发展改革委	《信息产业发展指南》
2017 年 1 月	国家发展改革委	《战略性新兴产业重点产品和服务指导目录(2016 版)》
2017 年 4 月	科技部	《"十三五"先进制造技术领域科技创新专项规划》
2017 年 11 月	国务院	《关于深化"互联网＋先进制造业"发展工业互联网的指导意见》
2018 年 4 月	工业和信息化部	《工业互联网 APP 培育工程实施方案(2018—2020 年)》
2018 年 5 月	工业和信息化部	《工业互联网发展行动计划(2018—2020 年)》
2018 年 5 月	工业和信息化部	《工业互联网专项工作组 2018 年工作计划》
2018 年 12 月	工业和信息化部	《工业互联网网络建设及推广指南》
2020 年 3 月	工业和信息化部办公厅	《工业和信息化部办公厅关于推动工业互联网加快发展的通知》
2020 年 12 月	工业和信息化部	《工业互联网创新发展行动计划(2021—2023 年)》
2020 年 12 月	工业和信息化部	《工业互联网标识管理办法》
2021 年 6 月	工业和信息化部	《工业互联网专项工作组 2021 年工作计划》
2022 年 4 月	工业和信息化部	《工业互联网专项工作组 2022 年工作计划》

自 2015 年以来,我国政府为推动工业互联网发展,先后出台了一系列政策。2015 年国务院发布了《关于积极推进"互联网＋"行动的指导意见》,提出推动互联网与制造业的融合[12]。2016 年国务院出台了《关于深化制造业与互联网融合发展的指导意见》,加快推动"中国制造"提质增效升级,实现从工业大国向工业强国迈进[13]。2017 年,国务院正式发布《关于深化"互联网＋先进制造业"发展工业互联网的指导意见》,提出增强工业互联网产业供给能力,持续提升我国的工业互联网发展水平[14]。在 2019 年全国两会上,"5G"与"工业互联

网"成为"热词"并写入 2019 年《政府工作报告》，提出围绕推动制造业高质量发展，强化工业基础和技术创新能力，促进先进制造业和现代服务业融合发展，加快建设制造强国。打造工业互联网平台，拓展"智能＋"，为制造业转型升级赋能。2020 年，李克强总理在政府工作报告中强调，发展工业互联网，推进智能制造，进一步明确工业互联网在制造业转型发展中的推动作用，为制造业向数字化、网络化、智能化迈进注入了一针"强心剂"[9]。为深入实施工业互联网创新发展战略，促进工业互联网融合应用，工业和信息化部于 2020 年底发布了《工业互联网创新发展行动计划（2021—2023 年）》。该行动计划指出，2021—2023 年是我国工业互联网的快速成长期。要求到 2023 年，工业互联网新型基础设施建设量质并进，新模式、新业态大范围推广，产业综合实力显著提升。此外，为了持续完善国家工业互联网大数据中心建设，统筹推进区域和行业分中心建设，工业和信息化部又于 2022 年印发了《工业互联网专项工作组 2022 年工作计划》。

各省（市、区）也因地制宜，相继出台地方产业政策，北京、上海、广东、浙江、福建等 10 余个省（市）地区都将 5G 与工业互联网的融合应用视为产业规划的重点。近 20 个地方出台政策要求引导"5G＋工业互联网"发展，其中北京、山西、辽宁、江西、湖北、湖南、重庆、四川、宁夏 9 个地区在政策文件中明确了"5G＋工业互联网"专栏政策。北京积极推进设立"北京 5G 工业互联网产业投资基金"；上海统筹 5G 基金、工业互联网基金等相关基金，对"5G＋工业互联网"给予更大的支持；山西、天津、安徽、湖南、广东、重庆等地区利用现有工业互联网、重大技术装备、技术改造、智能制造等对政策进行支持、引导。

尽管当前我国"5G＋工业互联网"的融合发展已经取得了初步成效，但仍面临着跨界融合不充分、工业应用场景较为细碎、商业模式尚不清晰等挑战。下一步，需围绕 5G 与工业互联网的创新应用及解决方案展开研究，进一步加强运营商与工业互联网企业的沟通融合和跨界合作，同时在能源、仓储、高端制造等重点领域率先开展"5G＋工业互联网"商用业务试验和应用示范。

2.2　5G 空口关键技术

在工业互联网快速发展的背景下，产业发展对无线通信技术提出了更高的要求，5G 成为工业互联网发展的新契机。5G 通信在实际应用过程中已经呈现出诸多的优势，不仅可以打破传统工作的局限性，增强工业互联网领域的通信技术应用效果，同时还有效提升了网络的安全性与有效性，使数据信息传输更加高效、安全。5G将融合多类现有或未来的无线接入传输技术和功能网络,包括传统蜂窝网络、大规模多天线网络、认知无线(cognitive radio,CR)网络、无线局域网(Wi-Fi)、无线传感器网络(wireless sensor networks,WSN)、小型基站网络、可见光通信(visible light communication,VLC)和设备直连通信(device to device,D2D)等,并通过核心网络进行统一管控,从而提供超高速率和超低时延的用户体验和多场景的一致无缝服务[15]。

对于5G网络架构,一方面通过引入软件定义网络(software defined network,SDN)和网络功能虚拟化(network functions virtualization,NFV)等技术,实现控制功能和转发功能的分离,以及网元功能和物理实体的解耦,从而实现多类网络资源的实时感知与调配,以及网络连接和网络功能的按需提供和适配;另一方面,进一步增强接入网和核心网的功能,接入网提供多种空口技术,并形成支持多连接、自组织等方式的复杂网络拓扑,而核心网则进一步下沉转发平面、业务存储和计算能力,更高效地实现对差异化业务的按需编排。

本节将从无线传输技术和无线接入技术两个方面来探讨5G空口关键技术。

2.2.1 无线传输技术

1. 毫米波通信

毫米波通信是微波通信的一种,其波长范围是1~10 mm,频率范围为30~300 GHz,属于微波通信波长分段中极高频段的前段。显然,毫米波通信的特性更接近光通信,与光通信属性基本相同,即频率高、波长短,以直射方式传播,同时波束较窄,具有良好的方向性,且遇到阻挡就会反射或被阻断等。毫米波易受大气吸收和降雨衰减的影响,通信距离较短,30 GHz毫米波传播距离为十几千米,60 GHz毫米波只能传播0.8 km。因为其波长短,干扰源又少,所以其传播时具有较高的稳定性。其因为有传播距离短的特点,所以方便在热点区域内进行密集型基站布局,又因为有直线传播的物理特性,所以适于室内分布。

毫米波通信技术已经是一种高质量、恒定参数和技术成熟的无线传输通信技术,而5G移动通信系统又是一个覆盖域广、容量高、连接量大、时延低和可靠性高的通信网络,因此将毫米波通信技术应用到5G通信系统中,是业界普遍认同的愿景。

总体而言,毫米波通信技术具有如下优点[16]。

(1)毫米波的传输频带极宽,且通信容量大。通常在30~300 GHz的极宽频段中,即使去掉严重衰减的"氧气吸收"频段(57~64 GHz)和"水蒸气吸收"频段(164~200 GHz),其可供移动通信传输的带宽仍高达252 GHz。

(2) 波束较窄,具有良好的方向性。受波长的影响,在相同尺寸天线下,毫米波波束往往相较于传统射频波的波束要窄。

(3) 元件尺寸小。与传统微波通信相比,毫米波元器件(比如天线)的体积更小,易于小型化处理。

(4) 相较于传统射频波,在给定天线孔径总面积下,毫米波能够实现更高的"波束成形(beam forming)"增益。毫米波具有更短的波长,使得其能够在相同的天线孔径面积下部署更多的天线。当在收发端使用波束成形技术时,这些天线将获得更高的性能增益。

然而毫米波也存在着一些缺点,比如毫米波信号无法有效穿透大部分的固体材料;茂密的植被以及雨雪天气都会对毫米波通信造成极大的衰减。通常情况下,降雨强度越大、雨滴越大,毫米波的衰减也越大。

2019年世界无线电通信大会(WRC-2019)确定了国际移动通信IMT和IMT-2020(5G)的几个新频率范围,包括已有的几个第三代合作伙伴计划(3rd generation partnership project,3GPP)频率和一些新增的频段(如24.25~27.5 GHz、37~43.5 GHz、45.5~47 GHz和66~71 GHz)。除此之外,还有一些国际机构也在考虑其他频段,如71~86 GHz频段。根据全球移动供应商协会(global mobile suppliers association,GSA)最新统计数据,目前使用最多的5G毫米波频段是24.25~29.5 GHz,有39个国家113家运营商正在部署或运营该频段的5G网络,另有66家运营商已获批部署该频段的5G网络,12家运营商正计划部署该频段的5G网络。37~40 GHz频段目前也已经投入使用,美国3家运营商正在部署该频段的5G网络[17]。

我国对毫米波技术的研究起步相对较晚,技术研发能力还有些薄弱,现在正在加大步伐进行追赶。2017年6月8日,工业和信息化部发布了关于公开征集24.75~27.5 GHz、37~42.5 GHz或其他毫米波频段在5G系统使用及规划的意见和建议的征求意见函,并于次月批复将24.75~27.5 GHz和37~42.5 GHz频段作为我国研发毫米波的试验频段,试验地点为中国信息通信研究院MTNet试验室以及位于北京怀柔、顺义的5G技术试验外场[17]。IMT-2020(5G)推进组目前也正在验证5G毫米波关键技术和系统特性。

预计在未来两年,IMT-2020(5G)推进组将会分阶段验证毫米波基站与终端设备的性能和互操作性,并开展高低频协同组网和典型场景的验证。据悉,在IMT-2020(5G)推进组的组织和指导下,高通与中兴通讯等中国企业已经完成了首个在大上行帧结构上的5G毫米波8K视频回传业务的演示。纵观整个演示过程,从摄像头的视频采集到通过调制解调器上传至中心毫米波网络,再到接收端接收8K视频,毫米波的峰值速率都远高于低频段。

到目前为止,展望全世界的5G毫米波商用前景,美国、欧洲,以及亚洲的韩国、日本,均已实现毫米波的商用。我国目前主要使用的还是5G中低频段,但同时也在加快5G毫米波技术的研究,并探讨5G毫米波在工业互联网等重要场景中的应用实践。

2. 大规模多天线

早在2010年底,贝尔实验室的Thomas就已经在权威期刊《IEEE无线通信学报》中提出了大规模多天线多输入多输出(multiple input multiple output,MIMO)的概念[18]。大规模多天线(又称为大范围多入多出技术或大范围天线系统)是一种MIMO的通信系统,如图2-1所示[1],系统中基站的天线数远多于终端的天线数,通过建立大量的信道来实现信号的稳健高速传输,并通过大规模天线简化介质访问控制MAC层设计来实现信号的低时延传输。

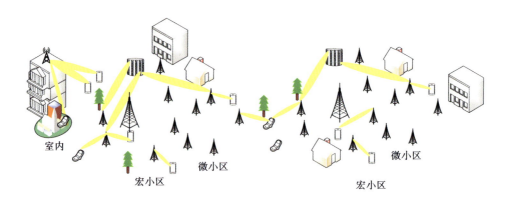

图2-1　大规模多天线技术应用场景

大规模多天线技术在整个5G系统中具有以下优点。

(1) 相较于传统的多输入多输出系统,大规模多天线多输入多输出系统的空间分辨率得到了极大提升,可以深度挖掘通信系统中的空间维度资源,大幅提升无线传输速率。

(2) 波束成形技术能够将能量极小的波束集中于某个小型区域,从而极大地减少干扰。波束成形技术可以灵活地与小区分裂、小区分簇相结合,并与高频段的毫米波相结合，共同应用于短距离的无线传输系统中，使得信号能够集中到特定方向和特定的群体，实现优质的信号传输。

（3）相较于使用单一天线系统来进行传输，大规模多天线技术能够在不同的维度（空间、时间、频域、极化域等方面）上提升频谱效率和能量效率。

由于具有这些可实现的优点，大规模多天线技术才被认为是 5G 中的一项十分关键可行的技术。

为了实现大规模多天线技术，还需要克服一系列挑战，例如导频污染问题，当小区内部采用正交导频序列，而小区之间采用相同导频序列时，将会导致导频污染的问题。导致该问题的主要原因是上行信道的信道估计过程中，当不同小区的用户使用同一套序列或非正交序列时，相邻小区的用户发送的序列非正交，导致基站端的信道估计结果并非本地用户和基站之间的信道的，而是受到其他小区的用户发送的序列污染后的。同时，将大规模多天线部署在基站端也会导致成本上升，例如大幅增加的硬件和信号处理开销。另外，在实际场景中，大规模多天线的设计和完成需要灵活地适应复杂的无线电环境，这就加大了大规模多天线系统搭建的难度。

在标准化方面，3GPP 从 Rel-15，即新空口（new radio，NR）的第一个版本便开始引入大规模多天线技术的标准化工作。在随后 Rel-16 及 Rel-17 的 NR 演进版本中，3GPP 进一步对大规模多天线的功能及特性做了增强，主要聚焦于发射接收点传输增强、波束管理增强等方面。总体而言，Rel-15 NR 系统为了更好地发挥大规模多天线技术的优势，引入了一系列支持大规模多天线技术的特性，并搭建了相应的技术基础框架。Rel-16 及 Rel-17 则在 Rel-15 的基础上，结合 5G 系统的演进与实际部署经验，进一步分析了多方面的增强需求，并完成了相关增强方案的标准化工作。

综上所述，大规模多天线技术作为一种可行的 5G 关键技术，能同时提升传输容量和峰值速率，减小能量消耗和传输时延。在 5G 大规模多天线技术方案中，基站天线数目将极大增长，潜在大规模天线阵列会从 10×10 增加至 100×100，甚至更大。

3. 信道编码

低密度奇偶校验（low density parity check，LDPC）码和极化（polar）码是 5G 中的关键信道编码技术。早在 LDPC 码发明之初，其由于编译码复杂度高以及当时硬件技术难以支持，一直没有得到研究者的重视。随着集成电路技术的不断发展，LDPC 码在实际通信系统中逐步得到重视，又重新进入人们的视野,并在光纤通信、卫星通信、移动和固定无线通信等领域中得到广泛应用。

虽然LDPC码抗干扰能力较强,但是极高的复杂度一直都是LDPC码应用到实际通信系统中的最大障碍。目前,关于LDPC码的研究主要集中在设计低复杂度的编译码算法和LDPC码在实际通信系统中的工程应用。

极化码是一种基于信道极化现象的新型信道编码方案,它是目前唯一一种从理论上被证明在二进制离散无记忆信道(binary discrete memoryless channel,BDMC)中通信速率能够达到香农容量极限的编码方案。

相比于4G网络中广泛应用的涡轮(turbo)码,LDPC码的译码方式是一种基于稀疏矩阵的并行迭代算法,在硬件上易于采用并行结构实现其结构特点。在通信容量巨大的应用中,LDPC码更具优势。而极化码可以通过简单的编码器与解码器来实现,编译码复杂度仅为$O(nlogn)$,且在译码性能上比涡轮码更具优势。

5G网络通常要求将端到端的时延降到4G网络的1/5以下,连接的设备数量达到4G网络的10~100倍,数据传输速率达到4G网络的10~100倍。因此,这给5G网络的网络时延、能耗、频带利用等方面带来了严峻的挑战。为了满足5G网络的这些高性能要求,5G网络选择的编码方案不仅要有强抗干扰性能,还要具有高能量效率、低系统时延和高频谱效率,并且能应用于海量终端设备的场景。

LDPC码和极化码作为5G信道编码的两种候选码,在5G网络的应用中各有优缺点:① 在编译码复杂度上,相较于LDPC码,极化码能逐渐达到任意二元对称离散无记忆信道的信道容量,编译码复杂度较低,特别是其译码算法不需要复杂的迭代,并且能很好地应用于多终端系统中;② 在频谱效率方面,极化码的频谱效率远不及多元LDPC码。除此之外,极化码在中短码长下的性能也不如多元LDPC码。

由于LDPC码和极化码各有优缺点,有学者提出了基于LDPC码和极化码的级联方案,该方案将LDPC码作为外码,将极化码作为内码进行级联。现有的部分工作表明LDPC码-极化码级联方案能很好地发挥这两种编码技术在面对不同码长时各自的优势。

在标准化方面,3GPP关于5G信道编码技术方面的工作计划主要分为三个阶段:第一阶段的主要工作是确定5G采用的编码类型,包括选择5G候选信道编码方案、确定评估准则以及对候选方案进行评估等工作;第二阶段的主要工作是具体构造用于5G的LDPC码和极化码,主要内容包括LDPC码的参数选择、校验矩阵设计、极化码的构造、极化码序列的设计、编译码算法和循环冗余校验(cyclic redundancy check,CRC)添加方式等；第三阶段的主要工作是对信道编码技术的编码链进行讨论和研究,具体研究内容包括编码块分段、CRC添加、信道交织、速率匹配等。

经过漫长曲折的讨论,最终在 2017 年底召开的美国 Reno 会议上基本完成了 5G 在 eMBB 场景的数据信道、控制信道、广播信道编码的设计工作,相关内容目前已经写入 NR 的 Rel-15 规范。在关于 LDPC 码和极化码编码方案相关议题上,华为、三星、高通、诺基亚、中光、联发科、大唐、爱立信、LG 等公司积极推动 NR 信道编码标准化进程,提出了大量的技术提案,对 5G 信道编码方案标准化做出了重要的贡献。

4. 全双工

全双工(full-duplex,FD)技术,也被称为同频同时全双工(co-frequency co-time full duplex,CCFD)技术,被认为是 5G 移动通信关键空中接口技术之一。全双工技术可以使通信设备在同一时间同一频段收发信号。与传统的时分双工(time division duplexing,TDD)或频分双工(frequency division duplexing,FDD)模式相比,该技术能将频谱效率提高一倍,同时还能有效降低端到端的传输时延和减少信令开销。全双工技术通常采用收发独立的天线,但收发天线的距离近且收发信号功率往往差异较大。在接收天线处同频同时信号(自干扰)会对接收信号产生强烈干扰。因此,全双工技术的核心问题是如何有效地抑制和消除强烈的自干扰。

从自干扰消除的研究成果来看,物理层干扰消除是目前主要采用的方法,主要包括天线自干扰消除、模拟电路域自干扰消除以及数字域自干扰消除等方法。天线自干扰消除方法包括分隔收发信号[19]、隔离收发天线[20]、天线交叉极化[21]、天线调零法[22]等,主要通过增加收发天线间的损耗来降低干扰；模拟电路域自干扰消除方法通过模拟电路设计,重建自干扰信号并从接收信号中直接减去重建的自干扰信号来消除自干扰；数字域自干扰消除方法则通过对自干扰进行参数估计和重建,从接收信号中减去重建的自干扰来消除残留的自干扰。

现有的研究在特定的场景下,能够消除大部分自干扰(约 120 dB)。但是这些研究都是在单基站、少天线和小带宽的系统中进行的,干扰模型也比较简单。目前对多小区、多天线、大带宽和复杂干扰模型下的全双工系统仍然缺乏深入的理论分析和实验验证。

除了上述研究外,有关全双工技术的研究还有很多其他方面的内容,包括设计低复杂度的物理层干扰消除的算法,研究全双工系统功率控制与能耗控制问题;将全双工技术应用于认知无线网络中,使次要节点能够同时感知与使用空闲频谱,减少次要节点之间的碰撞,提高认知无线网络的性能;将全双工技术应用于异构网络中,解决无线回传问题;将全双工技术与中继技术相结合,能够解决当前网络中隐藏终端问题、拥塞导致吞吐量损失问题以及端到端时延问题等;将全双工中继与 MIMO 技术相结合,联合波束成形的最优化技术,提高系统端到端的性能和抗干扰能力。

由于全双工技术的巨大潜力,欧洲、北美、中国纷纷成立了关于全双工通信的标准化组织,以期望在 5G 通信和下一代 Wi-Fi 标准中使用到全双工技术。早在 2013 年,欧盟便成立了面向全双工通信的 Duplo 项目,旨在推动全双工技术的应用和标准化。同年 3 月,IEEE(Institute of Electrical and Electronics Engineers,电气与电子工程师协会)成立了高效无线局域网工作组,对下一代 Wi-Fi 高效率无线通信技术的应用和标准化展开研究。我国工业和信息化部联合中国移动、华为、中兴以及多所高校也对全双工技术展开了研究。

2.2.2 无线接入技术

1. 多址接入

多址技术是现代移动通信系统的关键特征,很大程度上来说,多址技术代表着每一代移动通信技术的关键特征[23]。5G 除了支持传统的正交频分多址(orthogonal frequency division multiple access,OFDMA)技术外,还将支持稀疏码分多址(sparse code multiple access,SCMA)、图样分割多址(pattern division multiple access,PDMA)、多用户共享接入(multi-user shared access,MUSA)等多种新型非正交多址(non-orthogonal multiple access,NOMA)技术。新型非正交多址技术可以进行多用户的叠加传输,不仅增加了用户连接数,还能有效提高系统频谱效率,通过免调度竞争接入大幅降低传输时延。

NOMA 是基于功率域复用的新型多址方案,以增加接收端的复杂度为代价换取更高的频谱效率。由于未来终端的计算能力将会大幅提升,因此该方案具有较强的可行性。NOMA 有两种关键技术:① 在接收端利用连续干扰消除技术进行多用户检测;② 在发送端进行功率域复用,根据相关算法分配功率。然而,NOMA 也面临着一些技术实现问题:一方面用于非正交传输的接收机设计还需要提升信号处理芯片技术;另一方面功率域复用技术还处于研究阶段,需进一步开展后续工作。

为提高系统频谱效率,研究者已提出多种 NOMA 技术。如图 2-2 所示[1],现存 NOMA 技术按复用域大致分为三类,其中功率域 NOMA 和码域 NOMA 分别在功率域和码域实现复用。码域 NOMA 采用稀疏序列或低相关性的非正交序列区分用户,且共享码域外全部的可用资源(时频资源)[24]。

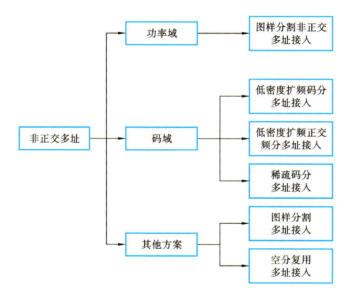

图 2-2 非正交多址接入方案的分类

码域 NOMA 可分为低密度扩频码分多址(low density spreading code division multiple access,LDS-CDMA)、低密度扩频正交频分多址(low density spreading orthogonal frequency division multiple access,LDS-OFDMA)以及 SCMA。LDS-CDMA 及 LDS-OFDMA 均采用低密度扩频序列以降低原有系统中码片干扰的影响。相较于 LDS-CDMA,稀疏码分多址(SCMA)将信息比特映射和扩展相结合,将比特直接映射到不同的稀疏码字,可实现低复杂度接收并进一步提升性能。SCMA 技术是一种新型基于码域复用的多址方案,该技术引入了稀疏编码对照簿,通过多个用户在码域的多址接入来实现无线频谱资源利用效率的提升。SCMA 的核心是码本的设计,而码本设计主要分为两大部分,即低密度扩频和高维正交振幅调制。将这两种技术相结合,经共轭、置换、相位旋转等操作后选出具有最佳性能的码本集合,不同用户采用不同的码本进行信息传输。因此,SCMA 技术可使得多个用户在同时使用相同无线频谱资源的情况下,引入码域的多址,大大提升无线频谱资源的利用效率,而且通过使用数量更多的子载波组,以及调整稀疏度(即多个子载波组中,单用户承载数据的子载波数)来进一步提升无线频谱资源的利用效率。

此外,还存在一些其他的 NOMA 技术,如 PDMA。该技术是基于发送端和接收端联合设计的新型非正交多址接入技术。发送端在相同的时频域资源内,将多个用户信号进行功率域、空域、编码域单独或联合编码传输,采用易于干扰抵消接收机算法的特征图样进行区分;接收端则对多用户采用低复杂度、高性能的串行干扰抵消接收机算法进行检测,做到通信系统的整体性能最优。根据目前的研究结果,PDMA 可以将上行通信系统容量提升到原来的 2~3 倍,且将下行通信系统的频谱效率提升到 1.5 倍。然而,PDMA 尚有一些问题亟待解决,包括如何设计发送端的图样以更容易地区分不同用户,如何对接收机进行简化设计,以及如何将 PDMA 和 MIMO 融合来设计空间域编码图样,等等。

另外,MUSA 也是一种十分有潜力的码域 NOMA 技术。MUSA 是一种基于复数域多元码的上行非正交多址接入技术,能有效实现低成本、低功耗的 5G 海量连接(万物互联)环境下的免调度多用户共享接入。各接入用户利用具有低相关性的复数域多元码序列对其调制符号进行扩展。接收侧使用线性处理和码块级 SIC(serial interference cancellation,串行干扰删除)来分离各用户信息。扩展序列会直接影响 MUSA 的性能和接收机复杂度。MUSA 是 5G 潜在的多址技术,然而它的实现仍具有一定的挑战性,比如传播序列的映射方式、图样选择标准以及系统容量如何随着用户数量的增加而改变等。目前 MUSA 已被写入 3GPP 的长期演进(long term evolution,LTE)标准中[25],其主要目标是增强单小区传输链路多用户传输方案,使 LTE 能够支持小区内下行共享信道的多用户叠加传输。

除了上述多址技术之外,研究者还提出比特分割多址接入、软件定义多址接入等技术。总之,5G 时代的多址技术的改革和创新,将会使未来移动通信的无线接入技术达到一个新高度。其标准化进程如下:3GPP Rel-14 开始对 NOMA 技术进行研究,由于 3GPP 时间安排原因,NOMA 在 3GPP Rel-14 版本的研究提前终止。在 3GPP Rel-15 版本中,NOMA 作为研究项目继续研究,并输出相应的报告 TR38.812。2016 年 4 月,3GPP 无线接入网络工作组 1(working group 1,WG1)在 RAN1♯84bis 会议上发布了多种 NOMA 方案,在后续的 3GPP RAN♯85 等会议上,多家企业基于不同的设计理念也分别提出了相应的多址接入方案。

2. 动态时分双工

5G 网络的关键特征是超密集小小区部署(半径小于几米)和从超低时延到

千兆速率的异构需求。动态 TDD 技术能够针对小小区对时延和传输的要求灵活分配每个子帧上下行传输资源。在动态 TDD 上下行配置的情况下,不同的小区能更加灵活地适应业务需求,同时对减小基站能耗也有一定作用[1]。需要注意的是,动态 TDD 技术一般只在覆盖范围小、节点功率低的小区中使用,而在覆盖范围大的宏基站小区中一般不使用该技术[1]。目前,5G 动态 TDD 技术面临的主要挑战包括更短的传输时间间隔(transmission time interval,TTI)、更快的上下行切换以及与 MIMO 的结合等。为了应对这些挑战,目前被考虑的解决方案有如下 4 种:小区分簇干扰缓解(cell clustering interference mitigation,CCIM)、增强型小区间干扰协调(enhanced inter cell interference coordination/further enhanced inter cell interference coordination,eICIC/FeICIC)技术、功率控制、利用 MIMO 技术。

  CCIM 是一种根据小区间某个阈值(如耦合损耗、干扰水平)将小区进行分簇的方法。每个簇可以包含一个或多个小区。单个簇中的全部小区主动传输的任何子帧都被要求同是上行链路(或同是下行链路),从而缓解在同一簇中基站之间和用户之间的干扰,因此同一簇内的小区会形成协作关系。而分属于不同簇的小区却不必形成统一的合作,可以自由地选择不同的 TDD 配置,并通过自适应的 TDD 上下行链路重新配置获得相应的收益。CCIM 本质上包含两种功能,即形成小区簇以及每个小区簇内的协作。

  eICIC 利用几乎空白子帧(almost blank subframe,ABS)来对宏小区和小小区的层间干扰进行协调。然而,eICIC 方案并没有解决小区特定参考信号(cell-specific reference signal,CRS)上的干扰控制问题。为了确保后向兼容性,CSR 不能为空白子帧。而 3GPP R11 版本的 eICIC,即 FeICIC,则考虑了 CRS 的干扰,在 ABS 子帧上降低发射功率以增加系统容量。为了减少相邻小区之间的干扰,可以借鉴小区间干扰协调时间或频率域上资源分配正交化的方法来实现。然而,这些基于 ICIC 的方案在干扰抑制过程中可能会造成不必要的资源浪费。

  在动态 TDD 系统中,相较于下行链路,上行链路的性能通常会比较差。为了提高上行链路的性能,业内提出了一些功率控制的方案,具体如下:减小造成干扰的下行子帧传输功率,并对受到干扰的上行子帧传输功率进行一定程度的增加。目前的干扰抑制方法主要集中在确定功率的变化范围以及控制策略这两个方面,比如一些静态和动态的控制方案。然而,在基于功率控制的方法中,增加传输功率可能会导致额外的干扰,而降低基站的功率则会使得小小区的覆盖范围缩小。

在标准化提案方面，3GPP RAN1♯84 会议的 NR 协议指出，灵活双工技术应该在 5G 场景中使用，而 TDD 制式下的灵活双工，即动态 TDD 技术，应该深入讨论和研究。在 3GPP RAN1♯87 会议前，主要讨论的是动态 TDD 技术的可行性；而在 RAN1♯87 会议后，主要讨论的是动态 TDD 架构的交叉时隙干扰解决方法。

3. 基于云的无线接入技术

目前移动通信网络中广泛采用的还是传统蜂窝结构式的无线接入网，尽管采用了一些先进的技术，但仍然无法满足不断增长的用户和网络需求，接入网逐渐成为严重影响用户体验的瓶颈。这使得运营商需要在下一代移动通信网络中找到一种能够显著提高系统容量、减轻网络拥塞的高效接入网架构。针对上述问题，提出了一种结合了云计算和中心化的新型云的无线接入网（cloud-radio access network，C-RAN）[26]架构。

C-RAN 架构由三部分构成：基于远端无线射频单元（remote radio head，RRH）和天线组成的分布式无线网络；连接到 RRH 的高带宽低时延光通信网络；由高性能处理器和实时虚拟技术组成的集中式基带处理单元（baseband unit，BBU）池。分布式的 RRH 提供了一个高容量、广覆盖的无线网络。高带宽低时延的光传输网络连接了所有的基带处理单元池和 RRH。基带处理单元池由高性能处理器构成，通过实时虚拟技术连接在一起，集合成异常强大的处理能力来为每个虚拟基站提供所需的处理性能需求。集中式 BBU 池可以提高 BBU 的利用率，从而减少调度与运行的消耗。

C-RAN 的主要优点如下。

（1）C-RAN 适应非均匀流量。通常业务量峰值的负荷是非峰值负荷的 10 倍以上。C-RAN 架构下基站的基带信号在 BBU 池进行集中处理，总体利用率高。其所需的基带处理单元池能力预计将小于单个基站能力的总和。分析表明，相较于传统的 RAN（radio access network，无线接入网）架构，C-RAN 架构下 BBU 的数量可以减少很多。

（2）节约能量和成本。C-RAN 所用的电力成本更低，C-RAN 的 BBU 数量比传统无线接入网更少。在低流量期间（夜间），可以关掉部分 BBU，在不影响整体网络覆盖的前提下，可减少能量损耗。

（3）增加吞吐量，减小时延。BBU 池的设计可以实现基带资源集中化管理，可以更加自适应地均衡处理网络需求，同时可以对大片区域内的无线资源进行联合调度和干扰协调,从而提高频谱效率和网络容量。

(4)缓解网络升级和维护压力。C-RAN减少了人为干预,每当有硬件发生故障或需要进行升级时,人为干预也只需要在极少数的几个BBU池中进行。

2.3 5G网络架构

2.3.1 5G网络整体架构

如图 2-3 所示,无线接入网、承载网以及核心网三者分工协作,共同构成 5G 网络。具体来说,无线接入网相当于一个接入的"窗口",其主要负责将各个终端接入 5G 网络中,并在终端和基站之间收集数据;承载网相当于承载的"卡车",其主要负责传输无线接入网和核心网之间的各项数据;核心网相当于"管理中枢",其主要负责处理终端用户传上来的各项业务,并将处理好的业务反馈下去。本小节将依次介绍无线接入网、承载网以及核心网在 5G 网络新架构下的变化。

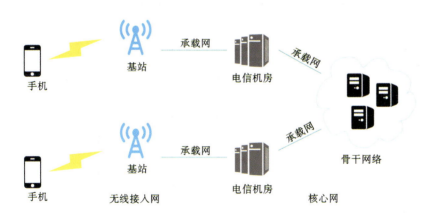

图 2-3　5G 网络整体架构

1. 无线接入网

无线接入网(RAN)的核心是 5G 基站,它可提供 5G 空口协议功能,并支持与用户设备、核心网之间的通信。5G 基站的组成部分可分为集中单元(centralized unit,CU)、分布单元(distributed unit,DU)和有源天线单元(active antenna unit,AAU)三个实体[27,28]。简单来说,CU 和 DU 都是信号处理单元。但是细分下来,根据二者处理内容的实时性的不同,可简单认为CU负责非实时协议和服务的信号处理,而DU负责物理层协议和实时服务的信号处理。另外,AAU负责射频处理以及线缆上导行波和空气中空间波之间的转换工作[29]。

5G基站采用CU+DU+AAU三级结构的好处是可以选择不同的部署方式来满足差异化的需求,如不同业务的传输需求、异构场景的建设成本以及维护难度等。这不仅大大丰富并扩充了5G基站的适用场景,还符合5G网络对灵活性、高效性和智能性的要求。在此小节,列举了4种常见的CU+DU+AAU的三级结构部署方式,如图2-4所示,图中前传代表着DU和射频拉远单元(remote radio unit,RRU)/AAU之间的网络,中传代表着CU和DU之间的网络,而回传代表着CU和核心网之间的网络。

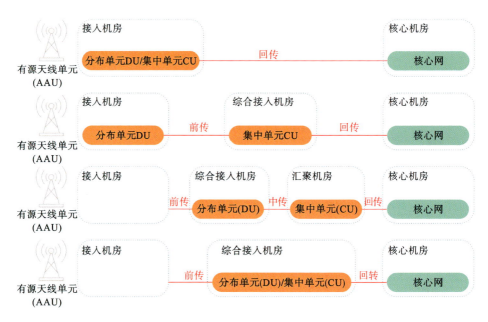

图2-4 5G基站的4种部署方式

2. 承载网

5G基站对无线接入网的功能划分及三级结构进行了重新部署。为了适应这些变化,承载网(transport network,TN)的架构和性能也发生了变化。需要注意的是,图2-4所示的5G基站的4种部署方式中,中传和回传为承载网。下面将从前传、中传和回传三个不同的网络来分别介绍承载网的变化。

1）前传

前传是负责连接 AAU 和 DU 的网络，一般的组网方式有光纤直连、无源/有源波分复用（wavelength division multiplexing，WDM）和光传送网（optical transport network，OTN）等[30]。

2）中传和回传

中传负责 CU 与 DU 之间的连接，而回传负责 CU 与核心网之间的连接[31]。因为它们在带宽和组网灵活性等方面需求比较一致，所以两者可以使用统一的组网方案，比如中传和回传都可采用分组增强型 OTN 设备的方式来进行组网。另外，回传也可采用现有的无线接入网 IP 化（internet protocol radio access network，IPRAN）架构进行组网[32]。两种组网方式如图 2-5 所示。

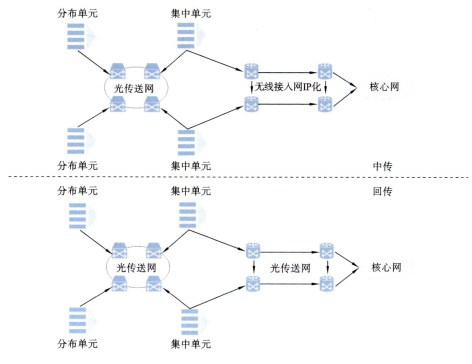

图 2-5　中传和回传组网方式

3. 核心网

核心网（core network，CN）可视为"管理中枢"，它拥有众多的网元来协调处理不同业务。在 5G 时代，与日俱增的多业务场景对网络架构的灵活性和开放性的要求也逐渐提高。当前的核心网架构的弊端也日益明显，如网元功能过于耦合、接口协议过于固定、拓扑结构过于复杂、运维不够智能和网络功能不对外开放等。在这种情况下,为了突破现有架构的限制,5G核心网将采用全新的基于服务的架构(service-based architecture,SBA),如图2-6所示。

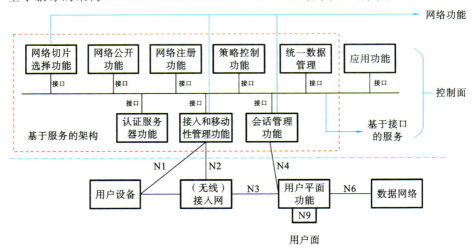

图2-6 非漫游时的5G系统架构参考模型

该架构的优势在于通过模块化实现网络功能(network function,NF)间的解耦和整合,从而将原本的功能整体拆分成不同的功能个体,并通过功能个体之间的组合来实现多样化功能,如业务自主编排、差异化定制网络服务等,从而扩充并丰富5G网络的可实现功能[33]。图2-6中所示接口均为采用超文本传输协议(hypertext transfer protocol,HTTP)/传输控制协议(transmission control protocol,TCP)的基于服务的接口(service-based interface,SBI)。具体来说,N1接口是一个非接入层(non-access stratum,NAS)的接口,主要负责发送NAS的消息;N2接口负责对接5G基站与核心网的接入和移动性管理功能(access and mobility management function,AMF);N4接口位于会话管理功能(session management function,SMF)与用户平面功能(user plane function,UPF)之间,因而既要负责传输控制面的消息,又要负责传输用户面的消息;N3、N6和N9三个接口都是用于用户面协议栈的接口。

2.3.2 超密集无线异构网络

超密集网络(ultra-dense network,UDN)技术是5G通信网络中的一项关键技术,可用于满足区域面积内超高的容量需求,为终端用户提供无缝的网络切换功能,让用户在任何时间、任何地点都能拥有超高速的上网和通话体验。

超密集组网通过在宏基站的热点区域放置微基站形成微小区来提供更高的频谱自由度,有效地提高了系统的单位面积频谱效率,从而提升了通信系统的性能。

UDN 采用基站密集部署的方式(即基站间距进一步缩小,各种频段资源的应用,多样化的无线接入,以及各种类型的基站组成宏微异构的超密集组网架构),可显著提升频谱效率,改善网络覆盖情况。部署 5G 超密集网络,可以打破传统的扁平单层宏网络覆盖,使得多层立体异构网络(heterogeneous network, HetNet)应运而生。HetNet 是指在宏蜂窝网络层中布置大量微蜂窝(microcell)、微微蜂窝(picocell)、毫微微蜂窝(femtocell)等接入点,以满足数量容量增长的要求。在 5G HetNet 架构中,超密小基站成为核心技术,随着超密小基站的大量部署,未来 5G 网络中宏站处理的网络业务流量所占比重将逐步下降,与之相对的是,小基站(包括室内小基站和室外小基站)承载流量的占比将飞速攀升。

UDN 通过单层实体微基站小区来搭建两层网络(虚拟层和实体层)。宏基站小区作为虚拟层,通过虚拟宏小区承载控制信令,负责移动性管理;微基站小区作为实体层,负责微小区的数据传输。该技术可通过单载波或多载波来实现,其中单载波方案可以通过不同的信号或者信道构建虚拟多层网络,而多载波方案可以通过不同的载波来对虚拟的多层网络进行构建,从而将多个物理意义上的小区(或其中的一部分资源)构建成一个虚拟的逻辑小区。

1. UDN 规划

UDN 的实现机制以密集化小区分裂为主,使频谱资源进行空域复用,从而扩大整个通信系统的容量。同时,超密集组网技术将无框架网络构想作为实现基础,它以用户为中心,根据用户的实际应用需求来调整基站的休眠、合并以及发射功率等,进而以群小区[指在地理位置上相邻的多个小区,并采用同一套资源(如频率、码段等)对同一用户进行通信,采用不同资源对其他用户进行通信]架构模式来提升 5G 网络容量。

在 UDN 中,基站间距的缩小使得小区密度增大,尤其是小区边缘处的重叠覆盖现象严重,用户在使用过程中受干扰程度显著增大,导致网络性能降低。为了提升网络性能,目前可以从两个方面来对 UDN 进行规划:一方面可以采用调整基站位置的方式来改变整个系统的拓扑结构,尽可能地降低小区间干扰,并实现无线资源的复用,从而提高网络效率;另一方面则可以通过控制基站的发射功率来降低小区之间的重叠覆盖程度,从而降低干扰影响。某些负载较低的基站可以进入休眠模式,其服务可以借助相邻小区来实现。

网络规划是 UDN 的一个重要任务,其复杂度往往与基站数量有关。随着基站数量的急剧增长,影响网络规划决策的因素随之增加,规划复杂度也随之升高。在 5G 业务环境下,UDN 规划需要做到更加高级化和精细化。通常,UDN 规划主要包含三个阶段,即规划准备、预规划、详细规划。

规划准备是对相应区域内用户的分布、所在区域的地理位置、当前网络情况进行深入的调研,从而能够准确地分析和预测业务。

在预规划阶段,对给定区域的覆盖与容量着重进行规划,并对经费预算进行初步估计。通过所获得的给定区域内的用户目标速率、目标边缘速率和最大路径损耗等参数,利用无线信道衰落模型来估算单个小区的面积,从而对给定规划区域内的基站数量进行合理估算。容量规划还需要先计算小区的网络容量,从而根据总业务量和单小区容量来确定小区个数。

详细规划是在预规划的基础上进一步确定基站的位置以及相关无线参数,并制定规划方案,但该方案往往需要参照经费预算来验证其可行性。在详细规划阶段,基站位置、基站类型以及发射功率等参数需要确定下来,并要着重考虑网络之间的干扰性。UDN 小区边缘干扰现象较为严重,需要注意选择站址,这是因为站址一旦确定后就很难通过后期的优化技术来对干扰进行抑制。

2. UDN 的关键技术

1)多连接技术

多连接技术主要用于实现用户终端与多个无线网络节点的同时连接。不同的网络节点可采用相同的无线接入技术,也可采用不同的无线接入技术。由于宏基站不用负责微基站的用户面处理,因此宏微小区之间不需要严格同步,降低了宏微小区之间对回传链路的要求。

在双连接模式下,宏基站作为该模式下的主基站,能够提供集中统一的控制面;微基站作为双连接中的辅基站,只提供了用户面的数据。辅基站与用户的控制面相连接,仅在主基站中存在对应用户终端的无线资源控制(radio resource control,RRC)实体。主基站和辅基站通过无线资源管理(radio resource management,RRM)功能进行协商后,配置信息便通过 X2 接口(指基站之间的互联接口,支持数据和信令的直接传输)由辅基站传递到主基站,最终 RRC 消息只需通过主基站便可发送给用户终端。而用户终端的 RRC 实体只能看到从射频拉远单元(RRU)实体发送来的所有消息,并且用户终端只能响应这个 RRC 实体。用户面除了分布于微基站外,还存在于宏基站中,宏基站由于具有数据基站功能,因此可以解决微基站非连续覆盖处的业务传输问题。

5G中的双连接模式还可以进一步演进为多连接模式,实现用户终端与多个小区在多种制式下的连接。宏基站作为主基站,功能也会进一步增强,通过X2接口与5G、无线局域网络(wireless local area network,WLAN)等不同制式的多个站点协调实现无线资源管理,并与用户终端的RRC实体相连接。

2）无线回传技术

当前的无线回传技术主要适用于视距传播环境下,主要工作频段为微波和毫米波,其传播速率高达10 Gbps。无线回传技术与现有的无线空口接入技术在技术方式和资源等方面是不尽相同的。现有网络架构中,基站之间的横向通信难以达到快速、高效、低时延等要求。由于受基站本身条件的限制,基站难以做到理想的即插即用,部署和维护成本高。为了提高节点部署的灵活性,并降低部署的成本,可以利用与接入链路相同的频谱来进行无线回传传输。在该无线回传方式中,无线资源不仅可以为终端服务,还能为节点提供中继服务。

无线回传技术由混合分层回传、多跳多路径回传、自回传、灵活回传等技术构成。其中,混合分层回传将有望在未来5G应用的超密集组网中得到广泛应用。在此架构中,要对不同基站进行分层标识:宏基站以及其他拥有有线回传资源的小基站同属一级回传层,二级回传层的小基站与一级回传层的基站以一跳形式连接,三级及以下回传层的小基站以一跳形式与上一级回传层连接,或以两跳以上的形式与一级回传层的基站连接。在实际网络部署时,小基站只要能与上一级回传层的基站建立回传链路连接,就可做到即插即用。

3）干扰协调

异构网络的干扰包括宏基站对微基站造成的干扰以及微基站之间的干扰。在LTE网络中,小区间干扰协调机制往往会采用一种分布式干扰协调技术——小区间干扰协调(inter cell interference coordination,ICIC)技术。ICIC的思想是限制各个小区中无线资源的使用,包括时域、频域及发射功率等资源。

ICIC主要又分为静态ICIC和动态ICIC,其中静态ICIC的小区频带划分往往是固定的,这种方法具有频谱效率低的缺点。在频谱资源相对匮乏的情况下,研究者想要开发先进技术来提高频谱效率,甚至通过引入高频段来增加带宽,因此静态ICIC在5G通信网络中的使用效果并不明显;动态ICIC可动态分配频谱,但频带划分易受小区内负载变化的影响,需要小区之间互相传递干扰协调信息。尤其是在5G的超密集网络中,随着基站数量增加,小区之间的控制信令交互频繁,导致负荷随着小区密度呈二次方增长,同时也带来更多的能量消耗。因此,动态 ICIC 在 5G 超密集网络中也是不可取的。

面对上述问题,引入了超密集网络下增强型小区间干扰协调(eICIC)技术。前面提到,eICIC 技术是基于时域的干扰消除方法,由两个重要技术组成,即小区覆盖扩展(cell range expansion,CRE)偏置配置和 ABS。CRE 方案可以扩大微基站的信号覆盖范围,从而减轻宏基站的用户负载,其原理是设置小区覆盖扩展偏置门限值偏差,只有当宏基站的信号强度与微基站的差值高于此值时,用户终端才切换到宏基站。但是微基站的覆盖能力越大,往往越容易受到宏基站的干扰,因此需要利用 ABS 技术来解决。其原理是将一定比例的微基站配置到宏基站中,利用配置的 ABS 对信道信息进行译码和数据传输,以缓解来自宏基站的干扰。进一步,为了保证后向兼容性,一些需要经常用到的信息,如物理广播信道(physical broadcast channel,PBCH)和 CRS 等,可以通过 ABS 进行承载。

4) 无线资源管理

无线资源管理能够在有限带宽的条件下,为网络内无线用户终端提供业务质量保障。其基本出发点是在网络话务量分布不均匀、信道特性因信道衰弱和干扰而发生起伏变化等情况下,灵活分配和动态调整无线传输部分和网络的可用资源,最大限度地提高无线频谱效率,防止网络拥塞和保持尽可能小的信令负荷。无线资源管理方法主要分为三种,即通用无线资源管理(common radio resource management,CRRM)、多无线资源管理(multi-radio resource management,MRRM)、联合无线资源管理(joint radio resource management,JRRM)。

CRRM 方法是在呼叫建立和切换过程中,对候选目标小区分优先级进行处理。这一管理方法的优势在于可以降低干扰,改善频谱效率;使网络的负载均衡,从而提高系统资源利用率。使用这一无线资源管理方法的常见状态是在区域内的终端容量显著增加和网络的覆盖面有限的情况下,可以有效地提高接入服务的用户数,同时实现网络负载的均衡,降低时延和掉话率,最终实现系统平均吞吐量的提高。但是这一管理方法也存在一定的局限性:一方面,无论是呼叫建立还是系统间切换,网络接入选择时仅考虑了负载因素,而没有考虑其他因素,如用户移动速度、信号强度、覆盖范围;另一方面,没有考虑其他网络的使用情况,仅仅是单一网络的切换状况。

MRRM 方法可以根据业务要求和无线信道质量的变化,动态地管理来自上层用户的数据流,使之在无线接入网之间合理调度。此外,MRRM 还控制着不同的无线接入技术(radio access technology,RAT)之间的切换,可有效调配所有无线资源,力求满足应用层对服务质量的要求。MRRM 的优势在于可以使网络间的无线资源实现最协调的管理;通过扩展容量和扩大业务范围,最优化无线资源的利用率并最大化系统容量。

JRRM 方法是通过解耦的方式对不同的 RAT 进行统一管理,在不同的无线接入网络架构上增加一个集中的联合控制实体来进行联合的接纳控制、负载控制和资源调度。其主要目标是在不同的无线接入技术下实现智能的互操作,最优化频谱效率,有效地满足不同用户的不同业务需求。目前异构的联合无线资源管理模式主要分为集中式资源管理、分布式资源管理以及介于两者之间的混合式资源管理。

(1) 集中式资源管理。

集中式资源管理是通过无线接入网控制器中的资源控制模块,对基站的各种无线接入资源进行统一调控。集中式资源管理架构的优点是能对整个无线接入需求进行统一调控,使得资源利用率最大化,缺点是需要和网络中所有的无线接入接口进行信息交互,从而产生了大量信息交互开销。

(2) 分布式资源管理。

分布式资源管理的核心是在无线基站上配置无线资源管理模块,无须无线接入网侧控制器的集中控制。在此模式下,接入接口只需要与相邻基站进行信令交互,从而节省信息交互开销。相较于集中式资源管理,分布式资源管理具有更强的鲁棒性,但是由于其仅与相邻基站进行协调交互,故不能起到全局调控和优化的作用。

(3) 混合式资源管理。

由于集中式资源管理和分布式资源管理各有优缺点,因此研究者提出了一种混合式资源管理,或者叫作分簇式资源管理。这是一种基于分簇的频谱资源分配的半集中式资源管理方法,它将大规模网络中的节点细分为多个小规模的簇,每个簇管理着一片无线基站资源,簇头作为交互中心和控制中心,如此便集中了分布式资源管理和集中式资源管理的优点,改善了资源管理状态。

5) 移动性管理

移动性管理是保障用户服务质量和异构网络无缝覆盖的关键技术,而切换是移动性管理中最重要的部分。根据网络类型的不同,切换技术主要分为水平切换和垂直切换。水平切换是指同一类型网络的切换,而垂直切换是指在异构网络中不同类型网络之间的切换。这里只介绍异构网络下的垂直切换技术。

随着无线网络技术的快速发展,多制式无线网络的融合也成为当今的主流,不同类型的无线网络重叠覆盖形成异构网络,异构网络中的用户通常可以连接不同制式的网络,以获取不同的服务体验。用户总是选择最好的网络进行接入,以获得好的服务质量(quality of service,QoS)。在异构网络环境下,用户经常需要在不同制式的网络中进行切换,这种技术就是垂直切换技术。垂直切换一般要经过三个步骤,即切换发起、切换判决、切换执行,其中最重要的是切换判决和切换执行,下面对这两个步骤进行介绍。

(1)切换判决。

现在有很多切换判决算法,包括基于信号强度的切换算法、基于代价函数或多属性的切换算法、基于决策树的垂直切换算法以及基于马尔可夫决策过程的垂直切换算法。

(2)切换执行。

利用上文介绍的几种切换判决算法,通过比较可以得到最优网络,而后切换到系统中的最优网络。一般在网络层及以上层才能实现切换执行,原因是各网络中的无线技术、网络协议、设计目标都不尽相同,所幸的是它们都会通过路由器连接到 IP 网络层。采用全 IP 的网络架构实现接入网融合,已经成为一种主流意识。

2.4　5G 网络虚拟化技术

2.4.1　NFV 技术与 SDN 技术

1. NFV 技术

网络功能虚拟化(NFV)是为了解决现有专用通信设备不足而产生的一种技术,它能够将通用的网络、计算以及存储等硬件设备分解为多种虚拟资源,再通过软件编程控制等方式来实现一种硬件设备的多种不同网络功能[34]。

通信行业往往采用软件和硬件相结合的专用设备来构建网络,以实现网络设备的高性能以及高可靠性。这些专用设备包括专用的路由器、内容分发网络和防火墙等,均为专用硬件加专用软件的软硬件垂直一体化架构。虽然专用通信设备能够保证通信功能,但是同时也存在一些问题。专用通信设备不仅扩展性受到了限制,而且管理复杂,技术创新难度大,业务开发周期长。在完成部署后,其后续的升级改造会受限于设备制造商,存在资源无法共享和业务难以融合等问题,并将产生非常高的资本支出(capital expenditure,CAPEX)和运营费用(operating expense,OPEX)。如果能够不再拘泥于传统的软硬件垂直一体化封闭架构,而是采用通用的具有工业化标准的硬件和专用软件将网络设备重构,不仅可以有效地减少资本支出,同时也可以改善增量不增收的情况。为此,NFV 技术应运而生,其标准架构如图 2-7 所示。

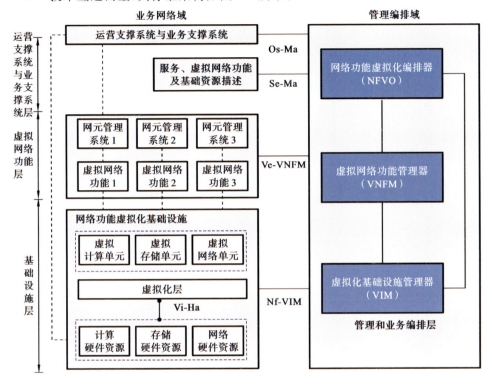

图 2-7 NFV 标准架构

NFV 希望通过虚拟化技术,把网络功能整合到容量大、性能高、具有工业化标准的服务器和交换机等设备上,并将网络功能软件化,使其能够运行在服务器虚拟化软件上,从而不再需要部署新的硬件设备,而是根据需求安装或者移动设备到网络中的任意位置。在通用的硬件上安装哪种软件,设备就具有哪种功能。统一工业化标准,意味着在保证质量的前提下能够将通信设备硬件成本降到最低,同时保证软件可以在基于标准服务器的统一平台上开发。各种网元、服务也可以灵活自由地部署在统一平台上,实现软硬件解耦,降低对专用设备的依赖,增强组网灵活性。由此可知,NFV 可以摆脱传统专用通信网络对专用硬件的依赖,大大缩短和降低了网络构建时间和投入成本。NFV 不仅适用于控制面功能,同样也适用于数据面处理[35]。

NFV技术架构由NFV基础设施（NFV infrastructure，NFVI）层、虚拟网络功能（virtualized network function，VNF）层、管理和业务编排（management and orchestration，MANO）层以及运营支撑系统与业务支撑系统（operation support system/business support system，OSS/BSS）层四部分组成，各层的主要功能如下。

1）NFVI层

NFVI层负责底层虚拟化的实现，将计算、存储和网络等物理资源抽象为虚拟资源池，从而实现灵活的资源调度。NFVI层提供VNF的运行环境，包括所需的硬件及软件。硬件主要包括计算、网络、存储等资源；软件主要包括虚拟机监视器、网络控制器、存储管理器等工具。NFVI层将物理资源虚拟为虚拟资源，供VNF层使用。

2）VNF层

VNF层利用NFVI层所提供的虚拟资源，建立不同的虚拟网元，从而实现组网功能。VNF层包括虚拟网络功能和网元管理系统（element management system，EMS），网元管理系统能够对虚拟网络功能进行配置和管理。通常情况下，EMS与VNF是相对应的。

VNF层作为NFV架构中的虚拟网络功能单元，对通信网络中现有物理网元进行功能虚拟化，并以软件模块的形式部署在NFVI层所提供的虚拟资源上，从而实现网络功能的虚拟化。VNF层产业链的参与者包括制造商、服务提供商和运营商。

3）MANO层

MANO层最顶端的网络功能虚拟化编排器（NFV orchestrator，NFVO）是整个NFV架构的大脑，负责监控和调度全局资源。在具体业务上，NFVO主要负责VNF数据包的编排、网络服务生命周期的管理和针对NFVI层资源请求的全局管理、验证、授权，同时负责策略管理。

虚拟网络功能管理器（VNF manager，VNFM）主要负责VNF生命周期的管理，以及网元管理系统/网络管理系统与NFVI层之间的协调。虚拟化基础设施管理器（virtualized infrastructure manager，VIM）则主要负责控制和管理计算、存储和网络等资源，并负责基础设施的性能指标和相关事件的采集与转发工作。VIM作为NFVI层的管理模块，通常运行于对应的基础设施站点中，为VNF运行提供资源支持，其主要功能包括资源发现、故障处理和虚拟资源的管理分配等。

4) OSS/BSS 层

OSS/BSS 层即传统的运营支撑系统和业务支撑系统层,负责协调虚拟化网络功能,不是 NFV 框架内的功能组件,但 NFVO 需要为其提供接口。

2. SDN 技术

SDN(软件定义网络)技术源于互联网,是一种新型的网络架构。该技术通过将网络的控制平面和数据转发平面进行分离,对底层设备实现可编程化控制,从而达到网络开放和灵活配置的目标。SDN 的典型架构如图 2-8 所示。

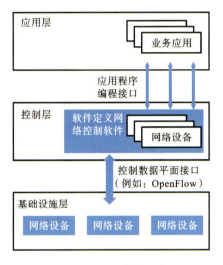

图 2-8 SDN 典型架构

在传统的互联网网络架构中,控制和转发集成在一起,网络互联节点(如路由器、交换机)也是封闭的,控制与转发必须在本地完成。例如,基站、分组网关和服务网关等,不仅需要完成数据平面的功能,而且还需要参与一些控制平面的功能,如无线资源管理、移动性管理等控制平面功能。此外,传统的网络架构没有中心式控制器,这会导致与无线接入相关的优化难以完成,并且不同厂商的网络设备往往配备其自定义的配置接口,故需要通过十分复杂的控制协议才能完成配置功能;同时还存在配置参数多、配置和优化复杂的问题,这些问题会导致网络管理变得非常复杂,使得运营商只能间接控制其所部署的网络,从而使业务创新能力受到严重限制。

为了解决上述问题,美国斯坦福大学研究人员提出了 SDN 的概念[36]。这一概念的基本思路是将路由器中的路由决策等控制功能从设备中分离出来,统一由中心控制器通过软件来控制,实现控制和转发的分离,从而使得设备更为简单,控制更加灵活,简化网络管理,更好地进行业务创新。对于传统的无线网络,在移动通信系统中,不同的运营商无法共享基础设施为用户提供服务。而软件定义的无线网络可以通过对基站资源进行切片来实现基站与网络的虚拟化,从而支持不同运营商共享基础设施,并通过中心控制器实现对同一个基础设施的控制。这样不仅可以降低运营商的成本,还可以提高网络的经济效益。

2012年4月,开放网络基金会(Open Networking Foundation,ONF)发布白皮书 *Software-Defined Networking*: *The New Norm for Networks*[37],将SDN的典型架构划分为三层:应用层、控制层和基础设施层。应用层包含各种不同的业务和应用;控制层负责数据平面资源的编排,维护状态信息以及网络拓扑等,能够掌握全局的网络信息,并为相关人员部署新协议和管理配置网络等提供便利;基础设施层(也称为数据转发层)负责基于流表的状态收集、数据的处理和转发,可以快速处理匹配的数据包。

其中,控制层通过接口与基础设施层的网络设施交互,实现对网络节点的控制,而两层之间则通过开放的统一接口(如 OpenFlow 等)进行交互。基于开放的通信协议以及控制平面与数据平面的分离,SDN 打破了传统网络设备所导致的封闭性。此外,南北向和东西向的开放接口及可编程性,也使得网络管理变得更加简单、动态和灵活。因此,在这种架构中,路由是集中由控制器定义的。

5G 网络不仅对系统数据容量具有高需求,对用户连接数密度、体验速率、峰值速率以及端到端时延等关键性能指标的要求也非常高,并且需要满足多样化场景下的差异化性能需求。为此,5G 需要对现有的网络进行升级。SDN 技术的引入将使得网络变得更加高效、智能、灵活和开放,是 5G 网络发展的重要方向。

3. NFV 技术和 SDN 技术的关系

NFV 技术与 SDN 技术拥有相同的技术基础,这些技术基础包括通用服务器、云计算以及虚拟化技术等。同时 NFV 技术与 SDN 技术之间没有依赖关系,相互独立,可相互补充[38]。NFV 技术是为了降低 CAPEX、OPEX、电力消耗以及减少场地占用而提出的。该技术强调的是软硬件解耦,并通过虚拟化技术来实现硬件资源共享,重点在于高性能转发硬件和虚拟化网络功能软件。SDN 技术的功用是生成网络的抽象对象,从而快速进行网络创新,该技术突出网络控制与转发分离,增强网络拓扑和业务调度的动态性、灵活性,重点在于集中控制、开放、协同、网络可编程。表 2-3 是 NFV 技术与 SDN 技术的对比情况。

表 2-3　NFV 技术与 SDN 技术对比

网络功能虚拟化(NFV)	软件定义网络(SDN)
强调软件和硬件分离	转发与控制分离
关注单个设备	强调网络多个设备的集中控制
强调通用的具有工业化标准的硬件	强调南向接口和北向接口的规范
软件控制	控制平面控制
输出为运营商需求白皮书	输出为各种架构、标准、规范

可以看出,NFV 技术和 SDN 技术能够将物理网络"切分"成面向不同服务需求的多个虚拟子网,这些子网被定义为"网络切片"。SDN 技术能够实现基础设施层与控制平面的隔离,而 NFV 技术则能够分离网络功能与硬件资源,同时也可以对网络切片的生命周期进行管理,协调虚拟网络功能。

2.4.2　5G 网络切片整体架构

5G 网络切片是基于同一个网络并通过虚拟化技术划分的具备不同特性的逻辑子网,能够灵活分配网络资源,按需组合网络能力[39]。5G 端到端网络切片由承载网、无线接入网和核心网子切片组合得到,并通过端到端切片管理系统进行统一管理[40]。5G 端到端网络切片总体架构图如图 2-9 所示。

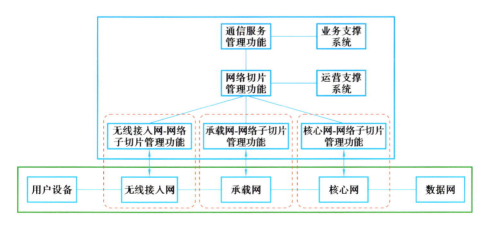

图 2-9　5G 端到端网络切片总体架构图

5G 端到端网络切片技术的实现依赖于 NFV 和 SDN 这两种关键技术。首先,通过 NFV 技术将传统网络中的专用设备所具备的功能特性转移到虚拟主机(virtual machine,VM)上,并用虚拟主机取代专用设备。网络功能虚拟化之后,核心网专用设备和无线接入网专用设备分别被转化为核心云(core cloud,CC)和边缘云(edge cloud,EC)。然后,通过 SDN 技术,核心云和边缘云中的虚拟主机统一调配传输带宽,集中处理网络协议,动态配置虚拟网络,实现不同场景需求下业务之间的相互传递。最后,通过上述步骤,5G 网络被"切割"成多个虚拟子网络。

5G 端到端网络切片由四个部分组成,即端到端网络切片编排管理系统、RAN 子切片、TN 子切片和 CN 子切片,其目标是构建"无线接入网-承载网-核心网"端到端网络切片,保障端到端切片质量,并通过协同 RAN 子切片、TN 子切片和 CN 子切片来实现全领域自动化的端到端切片业务的编排和管理。RAN 子切片结合无线资源配置优先级和帧结构等参数,根据不同应用场景的异构需求,统一了空口侧的性能指标,实现了资源的分配、映射和隔离。TN 子切片利用虚拟化、SDN 以及切片隔离等技术,实现物理资源与业务的解耦。CN 子切片通过 NFV、SDN 和服务化架构等技术,实现 CN 子切片的灵活组网。

端到端网络切片编排管理系统由三个部分组成:通信服务管理功能(communication service management function,CSMF)、网络切片管理功能(network slice management function,NSMF)和网络子切片管理功能(network slice subnet management function,NSSMF)。CSMF 通过与运营商业务支撑系统的合作来实现切片业务的运营;NSMF 通过与运营支撑系统的合作来实现端到端网络切片的规划、部署和运维等功能;NSSMF 则按照专业领域可以分为 RAN-NSSMF、TN-NSSMF 和 CN-NSSMF,各个 NSSMF 分别与其对应的管控系统相结合并实现各子网络切片的运维管理。

2.4.3 端到端网络切片技术要求

1. 无线接入网子切片技术要求

对于无线接入网子切片,需要根据端到端切片编排管理系统下发的具有不同服务级别协议(service level agreement,SLA)需求的不同业务,进行灵活的无线接入网子切片定制。为了实现灵活切分,在架构层面无线接入网需要支持如下关键功能。

1)统一空口,支持切片

无线接入网采用灵活的帧结构设计和统一的空口框架,根据不同的服务需求为每个切片提供专用无线资源块的分配和映射,这样就形成了切片之间的资源隔离。然后,配置调度优先级、帧格式等参数,达到切片空口侧的性能需求。

2) 灵活切分和部署

根据不同的资源情况和应用场景,针对无线接入网灵活切分和部署 AAU/DU/CU 功能。通常来说,由于 mMTC 场景对带宽和时延的要求较低,考虑到集中化处理的优势,可以进行集中部署;eMBB 场景对带宽的要求比较高,对时延的要求则存在较大差异,所以 CU 集中部署的位置需要根据实际的时延要求来确定;而 uRLLC 场景对时延的要求非常严格,则可以通过共同部署的方式来降低传输时延。

此外,不同的业务场景对无线接入网子切片的隔离性要求也有差异,主要分为两种场景。场景一:切片之间是完全隔离的,不同切片在不同的小区上,例如窄带物联网切片和 eMBB 切片。场景二:CU-U(包含用户面分组数据汇聚协议实体的 CU)隔离,但 CU-C(包含控制面分组数据汇聚协议实体的 CU)共享,不同的切片可以位于相同的小区,可以共享 CU-C,并且终端要求同时接入多个切片,例如不同的 eMBB 切片。

3) 支持与核心网的对接

无线接入网需要支持与核心网的对接,实现接入和移动性管理功能(AMF)的选择,具体流程如下:如果用户携带有效的临时标识符(temp ID),则 RAN 基于 temp ID 选择 AMF;如果用户携带有效的网络切片选择辅助信息(network slice selection assistance information,NSSAI),则 RAN 基于 NSSAI 选择 AMF;如果用户没有携带有效的 temp ID 和 NSSAI,则 RAN 选择缺省的 AMF。

2. 承载网子切片技术要求

承载网子切片是基于网元切片和链路切片形成的资源切片,包含控制面、数据面、业务管理或编排面的资源子集和网络功能、网络虚拟功能的集合。网元切片是针对网元内部的计算、存储和转发等资源进行切片,实现设备的虚拟化,能够构建虚拟网元或虚拟设备,并且虚拟网元与物理网元的特征类似;链路切片是针对链路进行切片,构建能够满足业务 QoS 要求的虚拟链路。基于虚拟化技术的虚拟网元及虚拟链路,组合构成了虚拟网络。虚拟网络与物理网络的特征相似,包括具有逻辑独立性的控制面、转发面和管理面,能够满足网络间的隔离特征。

对于承载网子切片,不仅上层业务与物理资源要解耦,而且切片网络与业务也要解耦,也就是说,无须感知业务即可完成切片的划分。底层的物理网络根据需求被切分为多个子切片,从而使得业务可以运行于独立的切片上。从切片对隔离、运维的要求以及承载网所处的网络位置来看,承载网子切片需要支持如下关键功能。

1)基于 SDN 架构的承载网子切片

SDN 实现了控制与转发的解耦,使得物理网络具有开放和可编程的特点,支持各种业务和网络体系结构的创新。控制面需要实现资源和网络拓扑统一管理、策略管理和路径计算等功能。此外,基于层次化的多实例控制器,需要完成切片网络和物理网络的统一管理和控制。

2)基于 FlexE 技术,实现子切片弹性伸缩和低时延

FlexE(flexible ethernet,灵活以太网)技术通过将物理端口划分为多个逻辑端口来实现切片,并且可以保证逻辑端口之间的隔离和带宽分配的灵活伸缩。基于其灵活分配、大带宽、硬管道和通道化的技术特点,FlexE 技术可以较好地满足 5G 网络切片的各种需求。

3)承载网子切片的安全隔离技术

随着网络切片技术的不断发展和广泛应用,垂直行业对网络和业务的安全等要求会变得更加严格,因此各个层面都需要部署更合适的攻击防范措施,比如基础的数据转发面、业务配置管理面以及网络切片控制器的攻击防范措施等。

3. 核心网子切片技术要求

5G 核心网支持灵活的切片组网,可以保证切片的能力开放、智能选择、多层次的安全隔离以及互通等关键技术要求。

1)灵活组网

根据 SLA、安全隔离以及成本等要求,核心网切片支持 GROUP A、GROUP B、GROUP C 等多种共享类型的灵活组网。GROUP A 不能共享控制面和媒体面网元,具有成本不敏感、安全隔离要求高的特点,适用于工业自动化和远程医疗等场景;GROUP B 能够共享部分控制面网元,不能共享媒体面和其他控制面网元,具有相对较低的隔离要求,终端可同时接入多个切片,适用于车载娱乐和辅助驾驶等场景;GROUP C 能够共享控制面网元,不能共享媒体面网元,具有成本敏感度高、安全隔离要求低的特点,适用于智能抄表和手机视频等场景。

对于切片典型组网,以网络切片选择功能(network slice selection function,NSSF)和网络存储库功能为 5G 核心网公共服务,以公共陆地移动网络

(public land mobile network,PLMN)为单位部署;可以共享策略控制功能、接入和移动性管理功能、统一数据管理(unified data management,UDM)功能等,并为多个切片提供服务;基于切片对带宽、时延和安全性等的不同要求,SMF和 UPF 等可以为每个切片单独部署不同的网络功能。

2) 能力开放

通过服务化架构,5G 核心网网络能力开放功能(network exposure function,NEF)可以直接或者通过能力开放平台向外部应用提供网络服务,支持网络功能参数定制、个性化切片和流量路径管理等能力开放功能,从而提供更加智能和精细的网络服务,满足外部服务需求。

3) 智能选择

5G 核心网切片主要通过网络切片选择功能来实现切片的选择。NSSF 支持基于网络切片选择辅助信息、切片负荷信息、位置信息等各种策略,实现切片的智能化选择。其中,基于位置信息不仅可以实现全国及各个省市等大切片的部署,也可以实现如奥体中心、工业园区等小微切片的部署。此外,5G 核心网还利用网络数据分析功能(network data analytics function,NWDAF)对网络切片的性能指标进行实时采集,如用户数、平均速率和当前吞吐量等;NSSF 能够通过 NWDAF 获取相关数据并通过 AI 技术实现切片的智能化选择。

4) 切片漫游

NSSF 和 AMF 通过对拜访地 PLMN(visited PLMN,VPLMN)和本地PLMN(home PLMN,HPLMN)的 NSSAI 进行映射,支持跨运营商,甚至是跨国际的漫游。拜访地 NSSF(visited NSSF,VNSSF)负责选择 VPLMN 中的切片,相应地,本地 NSSF(home NSSF,HNSSF)则负责选择 HPLMN 中的切片。

4. 端到端网络切片编排管理系统技术要求

5G 网络切片可以根据垂直行业、地域和虚拟运营商等维度进行部署划分,切片的编排也涉及无线接入网、承载网和核心网,并且各网络设备由不同的设备厂商所提供。因此,切片的部署、编排和互通面临巨大挑战。5G 网络切片将采用模型驱动的工作方式,快速适应新业务、新功能和新切片,以此来推动新的商业模式的发展。因此,端到端网络切片编排管理系统需要支持如下关键功能。

1) 可视化的切片设计

对于端到端切片的设计,要求设计中心具有丰富的认证组件库和切片模板,可以直接使用切片模板更改参数或者增删组件,实现快速自定义的切片设计。此外,还需要支持云化的测试环境,可以通过模拟实际的环境来进行预部署,提供多样的自动化切片测试工具,支持测试与验证变更了设计的切片的功能和性能,能够设计实现集中化闭环的设计中心。

2) 自动化的端到端切片部署

基于 CSMF、NSMF、NSSMF 和 MANO 等,实现 5G 端到端切片的自动化订购、部署和编排。其中,NSSMF 既可以和 NSMF 集中部署,也可以下沉到子切片域进行部署,以适应不同厂家设备的编排。CSMF 是通信服务管理功能,企业或者租户可以通过 CSMF 向运营商订购切片,并提交其相应的要求,比如用户数、时延和平均用户速率等。NSMF 负责切片的编排和部署,将 CSMF 的需求自动转化为切片所需的 SLA,并把端到端的切片需求分解为各个子切片对应的需求。NSSMF 负责编排和部署子切片,将切片或子切片的模板转化为网络服务的模板,再通过 MANO 部署切片。

3) 智能化闭环运维

自动化保障机制要求能够实现故障自愈和自优化,减少运维中的人工介入;业务层、子切片层、切片层、资源层和网元层均需要具有实时的自动化运维能力和自动化保障能力;要求支持层间协同,保障端到端切片的 QoS;能够实时掌握全网状况,提供实时的资产状态视图,包括切片健康状况、切片拓扑以及 SLA 指标等参数,实现层次化的自动化闭环机制,达到自优化和故障自愈,从而简化运维[41]。

2.5 面向典型行业的 5G 专网部署实施

2.5.1 5G 企业专网概述

随着 5G 商用步伐的加快以及新基建对 5G 应用的大力推进,数字化转型并利用 5G 技术实现智能化生产的必要性愈发显著[42]。传统的专网技术已经很难满足垂直行业日新月异的信息化业务需求。5G 技术凭借通信性能指标的大幅提升,将在工厂、电力、矿山、交通和医院等领域推动生产要素的数字化、智能化转型[43]。现阶段,垂直行业用户对网络的需求呈现出差异化和碎片化的特点。传统通用化的网络产品已经无法完全满足用户的差异化需求,需针对垂直行业用户提供灵活便捷、量身定制的网络服务。

1. 5G 专网的优势

传统无线专网的实现方式主要基于窄带物联网、Wi-Fi 网络和专有频段

LTE 局域网。其中，受移动性限制，窄带物联网设备无法适用于实际应用场景。由于技术原理的限制，工业级 Wi-Fi 存在稳定性和安全性较差的缺点，无法满足实际行业需求。而 LTE 专有频段在实际应用的过程中需要定制开发，导致成本非常高。此外，部分无线专网使用非 3GPP 标准，存在限制多、技术更新缓慢的缺点，无法跟上垂直行业的发展步伐。

5G 专网具有大带宽、低时延、广连接和高安全性等诸多优点，同时还具备网络需求个性化、部署区域化和行业应用场景化等特点。所谓网络需求个性化，是指垂直行业用户对时延、可靠性、上行速率、数据安全性和隔离性等的要求都不相同，而 5G 专网则可以根据具体的要求实现资源灵活编排和部署。部署区域化是指 5G 专网服务的部署范围可根据区域需求进行设计，可面向封闭式的使用场景。行业应用场景化是指 5G 网络能够根据不同垂直行业的应用场景就近部署各种资源并提供能力开放服务。5G 专网可与现有互联网技术实现兼容互通。此外，5G 公网与专网的融合部署可缩短建设周期，进而大大降低成本。

2. 行业应用对专网需求分析

垂直行业用户对无线网络的覆盖质量、上行带宽、时延、保密性和网络控制权等的要求均高于公共网络。对于特定场景，需要为企业用户提供定制化的解决方案，解决现有无线专网的痛点，补充和扩展现有公共网络能力，实现企业智能化、信息化和数字化转型。企业用户对专网的需求可以概括为以下几点。

1）覆盖场景多样化

企业用户不同的应用场景导致其对网络能力的需求存在差异，例如工业控制场景要求网络时延要达到毫秒级；增强现实（augmented reality，AR）/虚拟现实（virtual reality，VR）场景需要保障大吞吐量和大带宽；而智慧矿山场景，受地下挖掘作业环境的影响，要求网络覆盖能力深达数百米，还需要具备较强的移动切换能力。

2）网络部署局域化

不同于公共网络大覆盖的需求，企业用户对网络覆盖的需求可能仅仅聚焦于小范围区域。例如在智能港口领域，只需要针对吊车作业区域实现针对性的网络覆盖与优化。但是，智能港口对无线网络的时延要求很高，需要达到毫秒级。而部署专网可以实现对所有生产作业区域的重点覆盖，从而保障园区数据安全，降低时延，提高港口的运输效率和调度能力。

3) 网元资源定制化

不同的企业用户对通信设备的资源配置需求也不尽相同,因此需要实现网络资源的差异化定制。例如,制造业对网络可靠性、安全性和隔离性的要求很高,需要保证数据不出园区、自动化管控园区设备,并将无线基站、核心网控制面和用户面网元等设备全套部署在生产园区内;而赛事、演唱会现场等场景,对安全隔离性的要求不高,场馆内不需要部署全套的核心网设备,只需将用户面网元以及移动边缘计算(mobile edge computing,MEC)平台部署在场馆附近即可,而无线基站以及控制面网元可以利用公网资源,这样既可以满足业务需求,还可以节约建设成本。

4) 网络性能可配置

企业专网还需要满足网络性能灵活可配置的要求,例如对于电力行业,通过打造智能电力无线专网,灵活配置时延、带宽、可靠性等重要网络性能,在公共网络出现通信拥塞时,可以避免数据丢失、调度失灵等电网安全事故,保障电力调度指令及时传达到关键节点。

5) 网络运维可管可控

不同于公共网络用户,企业用户要求园区专网能够实现终端设备、网络设备和数据流量等运行信息的自管自控和可视化管理,通过实时监控网络运行数据来实现业务数据、生产效率等参数的监测或预报,一站式管理园区海量生产设备。

2.5.2　5G 专网方案

5G 网络演进的趋势是编排智能化、架构开放化以及网元虚拟化。为了实现差异化服务,5G 专网产品需要根据不同的应用场景进行定制设计。5G 专网利用运营商网络频谱资源及其所具有的移动网络运营优势,针对多种企业场景,为行业用户打造"专建专维、专用专享"的专有网络,提供定制化资源、QoS 保障和业务隔离。5G 专网可以分为 5G 虚拟专网、5G 独立专网以及 5G 混合专网[44]。

1. 5G 虚拟专网

5G 虚拟专网是指基于 5G 公共网络资源,利用切片技术为客户提供带宽和时延有保障的、与公共网络普通用户数据隔离的虚拟专有网络。从无线接入网、承载网到核心网,用户面及控制面共享公共网络资源,通过切片技术,根据用户的需求为其提供具有特定 SLA 保障的逻辑专网。对于 5G 虚拟专网,专网用户终端开机并搜索 5G 无线信号，发起接入注册流程，基站根据终端上携带的切片标识选择核心网 AMF，AMF 负责用户的接入认证和鉴权，认证成功后建立会话，用户可正常进行数据业务。5G 虚拟专网通过灵活切片配置，提供不同等级的带宽、时延保障等网络服务能力。此类专网部署模式具备服务范围广、安全、可靠、灵活性高、成本低、建设周期短以及业务应用可选等特点。5G 虚拟专网适用于广域专网业务，包括智慧园区、智慧城市、新媒体和智能交通等场景，例如智慧园区中的监控或直播场景、智能交通中的车路协同与自动驾驶场景。

2. 5G 独立专网

5G 独立专网是指利用 5G 组网、切片和移动边缘计算等技术，采用专有无线设备和核心网一体化设备，为行业用户构建一个大带宽、低时延、物理封闭的基础连接网络，实现用户数据与公共网络数据的完全隔离，并且不会受到公共网络的影响。该模式下，行业用户要求信息高度保密，公共网络和企业专网端到端完全隔离。从无线接入网、承载网到核心网，用户面和控制面均需要单独建设，提供物理独享的专用网络，满足行业用户大带宽、低时延、高可靠性和高安全性的数据传输需求。

5G 独立专网模式下，无线基站对接私有化部署的核心网 AMF、UPF，专网用户规划专有切片标识。专网用户终端搜索到无线信号后，发起接入注册流程，基站根据终端上携带的切片标识选择核心网 AMF，AMF 负责对用户进行接入认证和鉴权，认证成功后建立会话，用户可正常进行数据业务。外部访客用户终端在园区也可以搜索到无线信号，但在发起注册时，核心网会拒绝该用户接入，则该用户接入失败。5G 独立专网可根据场景及业务特点，提供端到端设计、建设、维护及优化服务，实现灵活配置，具备覆盖无死角、数据不出园、生产不中断、上下行带宽增强、超低时延和业务应用可选等特点。5G 独立专网适用于局域封闭的场景，包括矿井、油田、高精制造、核电和军队等，例如矿井、油田场景中的无人调度、远程作业、系统控制与通信，高精制造工厂场景中的智能制造、监控，军队场景中的专属通信等。

3. 5G 混合专网

5G 混合专网是指以 5G 数据分流技术为基础，通过无线和控制网元的灵活定制，为行业用户构建一个大带宽、低时延、数据不出园的基础连接网络。在 5G 混合专网中，核心网用户面网元的用户平面功能为私有化部署，而无线接入网、核心网控制面网元则需要根据用户实际需求灵活部署，旨在为用户提供部分物理独享的专用网络。

5G混合专网模式下，专网用户终端在园区搜索到无线信号后，发起接入注册流程，基站根据终端上携带的切片标识选择用户侧专用核心网AMF，AMF负责对用户进行接入认证和鉴权，认证成功后建立会话，用户可正常进行数据业务。当基站处于专用模式时，外部访客用户可正常搜索到无线信号，但在发起注册时，核心网会拒绝该用户接入，则该用户接入失败。当基站处于共享模式时，基站根据外部访客用户终端上携带的切片标识选择公共网络核心网AMF，AMF负责对用户进行接入认证和鉴权，认证成功后建立会话，用户可进行数据业务。5G混合专网模式下的专网用户与外部访客用户的数据转发流程各不相同。

5G混合专网可根据用户场景及业务特点，提供端到端精细规划、设计、建设、维护及优化服务，实现灵活配置，具有超低时延、上下行带宽增强、灵活自服务、数据不出园区、高质量覆盖和业务应用可选的特点。5G混合专网产品适用于局域开放园区，包括交通物流/港口码头、高端景区、城市安防、工业制造等。

2.5.3　5G专网安全

随着5G商用的推进以及高清视频、物联网和大数据等业务的蓬勃发展，越来越多的新应用场景对网络性能提出了更高的要求。为了实现大带宽、低时延、高可靠性的用户体验，MEC成为5G网络部署中不可或缺的环节[45]。在实际部署的过程中，5G专网和MEC技术相结合能够为企业用户提供从最基础的网络分流能力到各种通信技术增值服务（communication technology-value added service，CT-VAS）/互联网技术增值服务（internet technology-VAS，IT-VAS）能力的不同组合，充分满足企业用户对网络及PaaS能力的需求。CT-VAS/IT-VAS需要基于运营商的边缘平台来统一提供。当部署5G专网时，在企业侧部署的MEC平台可以与边缘UPF、5G核心网对接，MEC平台提供基础的信息与通信技术平台基础设施即服务（information and communication technology-infrastructure as a service，ICT-IaaS）功能，MEC平台部署CT-VAS/IT-VAS能力以及各种SaaS应用，并对企业用户提供自运维接口，适配用户侧业务对网络能力、ICT-IaaS、SaaS的灵活调度需求。

1. MEC边缘云定位

MEC是CT连接和IT计算融合的产物，MEC边缘云作为发展5G面向市场(to business,2B)/面向客户(to customer,2C)高价值业务的重要战略,充分发挥 5G MEC 的价值,以 CT 的连接能力和 IT 的计算能力为切入点,构建开放生态,创造性地赋能垂直行业,构建"云、网、边、端、业"一体化的 5G MEC 服务能力,为用户提供真正具备价值的企业/客户端应用和能力。MEC 平台是网络与业务融合的桥梁,是应对 5G 大带宽、低时延、本地化垂直行业应用的关键。因此,实现从中心云到边缘云的生态下沉,通过把移动网络的 CT 能力注入 MEC 平台以与 IT 能力融合,结合边缘节点的下沉、网络切片技术和分流能力,实现流量的本地疏通。利用 MEC 技术,实现从管道经营到算力经营的转变,强化 2B 市场能力,完善 2C 业务体验。

2. CT-VAS 能力提供

MEC 平台能够为企业用户提供 CT-VAS 能力开放、配置和调用功能。CT-VAS 主要包括如下内容。

(1) 基础 IP 地址/域名系统(domain name system,DNS)的分流配置能力:企业用户侧通过 MEC 平台对外的接口,灵活配置本地业务分流规则;MEC 平台则通过与 UPF、5G 核心网之间的接口,将相应的规则传递到网络侧,由网络侧实现精准动态的分流。

(2) DNS 解析能力:用户应用部署于 MEC 平台,由 MEC 平台提供用户配置接口,用户需要确定域名系统和 IP 地址的映射关系,MEC 平台为用户提供域名系统解析服务。

(3) 负载均衡服务:支持根据 IP 地址或 DNS 地址的负载分担配置,通过轮询算法优化访问后台资源池负载。

(4) 边缘应用程序编程接口(application programming interface,API)网关服务:API 网关支持宏服务和微服务的聚合。MEC 平台可以提供边缘 API 网关能力,所有需要调用服务的应用都需要通过 API 网关来进行访问,然后通过开放代表性状态转移 API 的方式进行调用。

(5) 网络地址转换:用户侧需要对终端的地址进行变换和映射,MEC 平台可以根据用户的实际需求,按照相应的映射关系为用户提供地址变换功能,并提供用户配置接口。

(6) 无线网络位置服务、带宽及 QoS 管理:提供基于无线基站定位的用户位置信息。利用 MEC 平台和无线网络联动来对无线网络上下行带宽进行差异化控制,实现 QoS 管理。

(7) 黑白名单控制:用户可设置黑白名单,以对边缘业务使用的权限进行控制。

(8) 认证授权计费(authentication authorization accounting,AAA)系统：根据企业用户需求进行相应的终端管理、鉴权、地址分配等。

3. IT-VAS 能力提供

MEC 平台还可以为企业用户提供 IT-VAS 能力升级，满足用户上层行业应用的需求。IT-VAS 可以根据用户需求进行灵活定制，主要包括如下内容。

(1) AI 识别：MEC 业务服务器通常会配置高性能图形处理器(graphics processing unit,GPU)等增强型硬件，基于人工智能可以实现人脸识别、图像识别、工业机器视觉和动态捕捉等功能，还可以实现边缘节点与中心云的云边协同。

(2) 视频编解码：面向实时监控和流媒体等场景，为上层应用提供统一的视频处理、转码等服务。

(3) AR/VR 渲染：MEC 提供 AR/VR 的渲染能力，帮助用户实现 AR 教学、游戏渲染等功能。

(4) 内容分发网络(content delivery network,CDN)类服务：MEC 平台可以与中心云协同，提供 CDN 调度和边缘节点内容分发类服务。

(5) 大数据分析：基于获得的相关数据，MEC 平台能够为企业用户提供业务大数据识别、辅助决策分析等服务。

4. 用户网络/VAS 自服务管理能力提供

边缘节点通过 MEC 平台为行业用户提供统一的 API，企业侧管理员通过 API 实现对本地网络、CT-VAS/IT-VAS 等的自助查询、管理和配置等功能。基于 5G 企业专网和 MEC 平台，企业用户的需求可以实时地转化为对网络/VAS(增值服务)能力的响应和调用，实现网业联动，提升对企业用户的业务感知能力。

(1) 支持自助式的分流管理，允许用户自助配置 MEC 平台中的 IP 分流、域名分流以及 VAS 查看和安全组访问控制的能力。

(2) 支持用户网络状态自监控，用户可以查看基站/核心网网元的状态信息，网络的负载数据、访问统计、策略配置和故障监控信息，以及业务质量分析信息。

(3) 支持用户侧应用的自部署和自维护，实现用户应用的自助部署、资源的实时监控、历史监控和业务分析。

本章参考文献

[1] 张平，陶运铮，张治. 5G若干关键技术评述[J]. 通信学报，2016，37(7)：15-29.

[2] 中国无线电. IMT-2020（5G）推进组发布5G技术白皮书[J]. 中国无线电，2015(5)：6.

[3] 中国电子信息产业发展研究院无线电管理研究所. 2021 5G发展展望白皮书[R/OL]. （2020-12-17）[2022-09-06]. https://www.ccidgroup.com/info/1096/33469.htm.

[4] 严斌峰，袁晓静，胡博. 5G技术发展与行业应用探讨[J]. 中兴通讯技术，2019，25(6)：34-41.

[5] 李维. 新时期5G无线通信技术发展跟踪与应用研究[J]. 通信电源技术，2020，37(1)：175-176.

[6] 李嘉骏. 5G技术发展的现状研究[J]. 无线互联科技，2020，17(1)：12-13.

[7] 李锋. 推动5G及相关产业发展[J]. 宏观经济管理，2020(6)：23-31.

[8] 中国电信5G产业创新联盟. 5G＋工业互联网生态合作白皮书[R/OL]. （2020-11-07）[2022-09-06]. https://www.sgpjbg.com/baogao/22822.html.

[9] 《智慧工厂》编辑部. 工业互联网赋能制造业高质量发展[J]. 智慧工厂，2020(5)：1.

[10] 张云勇. 5G将全面使能工业互联网[J]. 电信科学，2019，35(1)：7-14.

[11] 杜加懂. 5G与工业互联网融合应用的思考[J]. 信息通信技术与政策，2019(11)：45-47.

[12] 国家发展和改革委员会高技术产业司，中国信息通信研究院. 大融合 大变革：《国务院关于积极推进"互联网＋"行动的指导意见》解读[M]. 北京：中共中央党校出版社，2015.

[13] 国务院. 关于深化制造业与互联网融合发展的指导意见：国发[2016]28号[A/OL]. （2016-05-13）[2022-09-06]. http://www.gov.cn/gongbao/content/2016/content_5079874.htm.

[14] 国务院. 关于深化"互联网＋先进制造业"发展工业互联网的指导意见[A/OL]. （2017-11-27）[2022-09-06]. http://www.gov.cn/zhengce/content/2017-11/27/content_5242582.htm.

［15］GUPTA A，JHA R K. A survey of 5G network：architecture and emerging technologies［J］. IEEE Access，2015，3：1206-1232.

［16］蔡振浩，宋勇. 5G毫米波大规模天线通信技术研究［J］. 通信技术，2020，53(5)：1092-1096.

［17］彭雄根，彭艳，李新，等. 5G毫米波无线网络架构及部署场景研究［J］. 电信工程技术与标准化，2021，34(1)：70-76.

［18］MARZETTA T L. Noncooperative cellular wireless with unlimited numbers of base station antennas［J］. IEEE Transactions on Wireless Communications，2010，9(11)：3590-3600.

［19］BHARADIA D，MCMILIN E，KATTI S. Full duplex radios［J］. ACM SIGCOMM Computer Communication Review，ACM，2013，43(4)：375-386.

［20］EVERETT E，SABHARWAL A. Spatial self-interference isolation for in-band full-duplex wireless：a degrees-of-freedom analysis［J/OL］. (2015-06-10)［2022-09-06］. https：//arxiv.org/abs/1506.03394.

［21］JOHNSTON S E，FIORE P D. Full-duplex communication via adaptive nulling［C］//Proceedings of 2013 Asilomar Conference on Signals，Systems and Computers. New York：IEEE，2013：1628-1631.

［22］FOROOZANFARD E，FRANEK O，TATOMIRESCU A，et al. Full-duplex MIMO system based on antenna cancellation technique［J］. Electronics Letters，2014，50(16)：1116-1117.

［23］TAO Y Z，LIU L，LIU S，et al. A survey：several technologies of non-orthogonal transmission for 5G［J］. China Communications，2015，12(10)：1-15.

［24］王钢，许尧，周若飞，等. 无线网络中的功率域非正交多址接入技术［J］. 无线电通信技术，2019，45(4)：329-336.

［25］ISLAM S M R，AVAZOV N，DOBRE O A，et al. Power-domain non-orthogonal multiple access (NOMA) in 5G systems：potentials and challenges［J］. IEEE Communications Surveys & Tutorials，2017，19(2)：721-742.

［26］ROST P，BERNARDOS C J，DOMENICO A D，et al. Cloud technologies for flexible 5G radio access networks［J］. IEEE Communications

Magazine，2014，52(5)：68-76.

[27] 中国联通. 中国联通5G基站设备技术白皮书[R/OL]. (2019-06-10)[2022-09-06]. https://max.book118.com/html/2020/0404/5242000034002234.shtm.

[28] 李果，吕云辉. 5G承载网技术与优化组网[J]. 数字技术与应用，2021，39(12)：89-91.

[29] 吕婷，张涛，李福昌，等. 5G基站硬件架构及演进研究[J]. 邮电设计技术，2022(2)：21-25.

[30] IMT-2020(5G)推进组. 5G承载网络架构和技术方案白皮书[R/OL]. [2022-09-06]. https://max.book118.com/html/2018/0929/6212203044001221.shtm.

[31] 冯绮莹. OTN技术在5G传送网中的应用[J]. 电子技术与软件工程，2021(6)：17-19.

[32] 俞兴明，刘东洋，许助勇. 5G承载网技术及其发展[J]. 苏州市职业大学学报，2021，32(1)：1-5.

[33] 郑伟. 基于服务化架构的5G核心网消息传递研究[J]. 铁路通信信号工程技术，2021，18(7)：54-57.

[34] ABDELWAHAB S，HAMDAOUI B，GUIZANI M，et al. Network function virtualization in 5G[J]. IEEE Communications Magazine，2016，54(4)：84-91.

[35] 杨红梅，赵勇. 移动网络虚拟化关键技术及相关标准[J]. 电信网技术，2016(2)：62-67.

[36] MCKEOWN N，ANDERSON T，BALAKRISHNAN H，et al. Openflow：enabling innovation in campus networks[J]. ACM SIGCOMM Computer Communication Review，2008，38(2)：69-74.

[37] Open Networking Foundation. Software-defined networking：the new norm for networks[R/OL]. (2012-04-13)[2022-09-06]. https://opennetworking.org/sdn-resources/whitepapers/software-defined-networking-the-new-norm-for-networks/.

[38] 朱鹏，白海龙，张超. 基于SDN/NFV的新型运维体系架构研究[J]. 邮电设计技术，2017(1)：12-16.

[39] 中国联合网络通信有限公司网络技术研究院. 中国联通5G网络切片白皮书[R]. (2018-06-27)[2022-09-06]. https://wenku.baidu.com/view/

6c884c3f6f175f0e7cd184254b35eefdc8d31565.html.

[40] 乔楚. 5G 网络端到端切片技术研究[J]. 通信技术,2018,51(9):2092-2101.

[41] 方琰崴. 5G 网络切片的管理和运营支撑[J]. 信息通信技术,2020,14(6):63-67,73.

[42] 李立平,李振东,方琰崴. 5G 专网技术解决方案和建设策略[J]. 移动通信,2020,44(3):8-13.

[43] 中国联通. 中国联通 5G 行业专网白皮书[R/OL]. (2020-08-27)[2022-09-06]. https://wenku.baidu.com/view/b7a50a88a4c30c22590102020740be1e640ecc13.html?_wkts_=1675064736041&bdQuery=中国联通 5G 行业专网白皮书.

[44] 李良,谢梦楠,杜忠岩. 运营商 5G 智能专网建设策略研究[J]. 邮电设计技术,2020(2):45-50.

[45] 中国联通. 中国联通 5G MEC 边缘云平台架构及商用实践白皮书[R/OL]. (2020-04-29)[2022-09-06]. https://wenku.baidu.com/view/8b01aafd1a5f312b3169a45177232f60ddcce718.html?_wkts_=1675065235663.

第3章
工业区块链架构与智能合约引擎系统

工业互联网将工业中的各个设备与主体联通，使数据在设备和主体之间流动。基于工业数据构建上层组件或智能应用，驱动工业的数字化和智能化，因此数据是工业互联网的核心。而数据目前通常存储于各个集中式的业务系统中，本身存在着被篡改的风险，如何防止数据被篡改和确保数据的可信性成为工业互联网的关键问题。

区块链和智能合约是工业互联网中构建可信体系的可靠解决方法，本章将对工业区块链技术与智能合约引擎进行详细介绍。一方面，区块链作为一种安全且去中心化的数据存储方式，有助于确保数据的可信性；另一方面，智能合约是一种计算机程序，具有不可更改及去中心化的特性，智能合约应用于工业互联网中，将有助于构建安全的去中心化 APP，实现工业互联网的可信计算。

3.1 区块链技术

区块链是一种数据存储结构，具有防止数据被篡改的核心功能。区块链中，数据被储存在被称为"区块"的结构中，每个区块保存有上一个区块的哈希值，这样环环相扣将区块彼此链接，构成所谓的"链"。如果要对某个区块中的数据进行篡改，就需篡改后续所有区块，否则区块的哈希值将会改变，篡改就会被发现。区块链整体结构如图 3-1 所示。

区块链技术不只是区块链，而是一系列技术的集合，包括去中心化网络、分布式存储和共识机制等。

（1）去中心化网络：参与网络的每个节点都是平等的，不存在中心化节点，以一种"扁平"拓扑的形式在网络中相互连通，这样的网络天生具有弹性、去中心化、开放、可扩展性好等特征。

（2）分布式存储：基于去中心化网络，数据以冗余的方式存储在多个节点

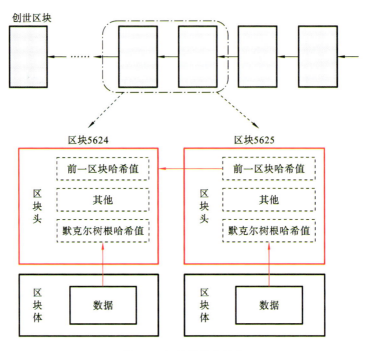

图 3-1 区块链整体结构

上,而不再记录在单一的中心化节点上。数据的冗余存储可以避免中心化单点故障问题,抗攻击能力强,使得数据更加透明、开放,并使数据具有一定防篡改能力,但其缺点是增大了存储消耗。

(3) 共识机制:指去中心化节点就事务或交易达成共识的机制。去中心化网络中,节点是分散且平行的,所以必须设计一套制度来维护系统的运作顺序与公平性,就区块链版本的统一等达成共识。

本节将深入介绍区块链技术。首先,介绍区块链的整体架构,包括区块链结构、区块链加密学基础、区块链网络和区块链共识机制;其次,介绍基于区块链的智能合约技术,包括智能合约架构、智能合约运行原理、智能合约部署过程以及去中心化应用;最后,介绍区块链技术在各个领域中已有的应用和未来的应用前景。

3.1.1 区块链的整体架构

本小节深入介绍区块内部细节,同时介绍区块链的区块上链和数据查验过程。

1. 区块链结构

1) 区块结构

区块是一种容器型的数据结构,聚合了记录在区块链中的数据。单个区块的结构如图 3-2 所示。区块由一个包含元数据的区块头和由数据构成的区块体组成。以比特币的区块为例,区块头容量约为 80 个字节,区块体容量约为 1000000 个字节,也就是约 1 MB。为节省空间,区块链只保存交易的哈希值(Hash value),不保存交易本身的信息,因此区块链采用默克尔树(又称哈希树)架构存储数据。

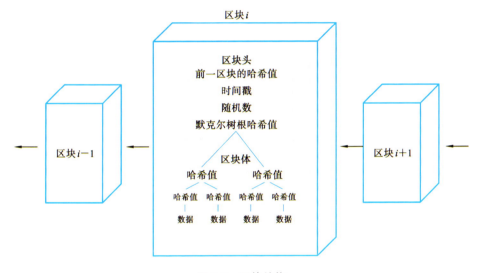

图 3-2　区块结构

默克尔树(又称为哈希树)是一种典型的二叉树结构,由一个根节点、一组中间节点和一组叶节点组成,由 Merkle Ralf 在 1980 年提出,曾广泛应用于文件系统和 P2P(peer-to-peer,个人对个人)系统中[1],如图 3-3 所示。在区块链架构中,一个区块内的所有交易都会求取哈希值。所获得的哈希值再两两组合,成为新文本求取哈希值,以此类推,直到生成最后一个哈希值,即根哈希值,这些哈希值组成的二叉树就是区块链默克尔树。

2) 区块头

从图 3-2 可以看出,区块头主要包含默克尔树根哈希值和前一区块的哈希值。比特币区块还包含与挖矿相关的时间戳、随机数和目标难度值。

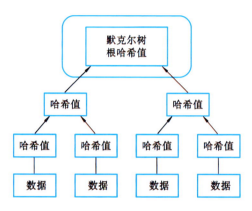

图 3-3　默克尔树

（1）默克尔树根哈希值。

交易所构造的默克尔树的根哈希值，某种形式上相当于数据的哈希值，它有效地汇总区块中的数据，主要用于数据的校验和防篡改。

（2）前一区块的哈希值。

前一区块的哈希值即"哈希指针"，用于连接当前区块与前一区块，实现区块的防篡改。

（3）时间戳。

每个区块都含有一个时间戳，由矿工放置。时间戳并不一定等于区块生成的时间，它需要大于前 11 个区块时间戳的中位数才能够被认定为是合法的，同时需要比"邻节点中位数加 2 小时"要小，这样就能保证区块链中的时间与实际时间相差不会太大，以此进行区块链的挖矿困难度调整。

（4）随机数。

矿工不断调整随机数，以使区块头的哈希值小于目标值。

（5）目标难度值。

目标难度值决定矿工成功出块的难度，即矿工成功得到满足困难度所要求的区块头哈希值所需要的平均计算次数。

3）区块体

在区块链的每个区块中，数据都存储在区块体内。同时，基于区块体的数据生成一棵默克尔树，默克尔树的根哈希值放置在区块头中。

（1）默克尔树防篡改机理。

默克尔树的底层节点为存储数据的哈希值，父节点都是子节点的哈希值。

默克尔树逐层记录哈希值,赋予其一定的特性。底层数据的变动会传递给父节点,层层向上直到根哈希值,路径上所有的哈希值都会改变。默克尔树根哈希值实际代表了底层所有数据的"数字摘要",任何数据的改动都会影响默克尔树根哈希值。

（2）默克尔树查询验证的高效性。

默克尔树可以缩短区块链中验证数据的时间,它汇总了区块中的所有数据,为整个交易提供全面的数字"指纹",能够非常高效地验证数据是否包含在区块中。例如,当 N 个数据经过加密后插入默克尔树时,最多计算 $2\log_2 N$ 次就能查出某数据是否在树中,使得数据查询非常高效。

（3）基于默克尔树的简单支付验证。

通过默克尔树,一个节点可以只下载区块头,只需要回溯一条默克尔路径就能够认证一笔交易的存在,而不需要存储或传输大量区块链的内容,使得节点不需要维护一条完整的区块链账本,这个过程叫作简单支付验证(simple payment verification,SPV)。

2. 区块链加密学基础

区块链运用了大量的加密学等理论,这些底层理论是上层技术的基础,是构筑区块链安全特性的基石。下文首先介绍作为基石的哈希函数,然后介绍基于哈希函数构建的数据加密方法——非对称加密与数字签名。

1）哈希函数

哈希函数(Hash function)又称散列算法,它是一类数学函数,能够将给定的数据转换或映射到一串固定长度的字符串,此字符串就是哈希值[2]。形象地说,它是一种从任何数据中创建数字"指纹"的方法。

（1）哈希函数性质。

哈希函数具有一些非常重要的性质,使其在加密学中被广泛应用。

所有哈希函数都具有一个基本特性,即如果两个哈希值是不相同的(根据同一函数),那么这两个哈希值的原始输入也是不相同的。这个特性是哈希函数具有确定性的结果,具有这种性质的哈希函数称为单向哈希函数。但是,哈希函数的输入和输出并非唯一对应。如果两个哈希值相同,那么它们的输入值很可能是相同的,但也可能是不同的,这种情况称为"哈希碰撞(collision)",这是因为哈希值的范围有限,当输入值超出哈希值的范围时,就会产生哈希碰撞。

典型的哈希函数都有非常大的定义域,比如安全哈希算法(secure Hash algorithm,SHA)中的 SHA-2 最多接受 $(2^{64}-1)/8$ 个字节长度的字符串。同时,哈希函数一定有着有限的值域,比如固定长度的比特串。在某些情况下,哈希函数可以设计成具有相同定义域和值域区间的单向映射。

此外,输入一些数据计算出哈希值,然后部分改变输入值,一个具有强混淆特性的哈希函数会产生一个完全不同的哈希值,这样就很难根据某个哈希值的输入来推断相近哈希值的输入值。哈希函数在加密学上有三个重要的安全特性。第一,抗碰撞性。任何哈希函数,在计算上无法找到某两个输入值使它们的哈希值相等。第二,抗第一原像性/单向性。哈希函数将某个输入值映射到一个哈希值,但在计算上无法根据哈希值找到输入。第三,抗第二原像性。哈希函数将某个输入值映射到一个哈希值,在计算上无法找到另一个输入值,使两者哈希值相等。

(2)哈希函数应用。

在区块链中,哈希函数主要用于生成数字摘要、在挖矿过程中寻找哈希值。作为数字摘要,不能发生两个数字摘要重合的情况,即不能发生哈希碰撞,要求加密哈希函数有较大的定义域和分散性。同时,哈希函数需要对输入的变化敏感,输入的小变动能导致哈希值完全不同。哈希值作为数字摘要,还具有防篡改的特性,对照哈希值验证数据是否被篡改,以保证数据的安全性。

哈希函数可作为挖矿算力竞争的实现机制。加密哈希函数是一个"单向"操作,即对于给定的哈希值,没有方法可以计算出一个原始输入值,这样就无法根据需要的目标值推算出满足要求的随机数。只有通过不断地变更输入值,单向计算哈希函数输出的哈希值来进行尝试。以加密哈希函数为目的设计的函数 SHA-256,被应用在比特币挖矿过程中。

2)非对称加密

非对称加密就是加密和解密使用的不是相同的密钥,而是使用公钥-私钥对进行加解密[3]。公钥与私钥组成的密钥对是非常有用的加密方式,公钥是可以公开的,而私钥是完全保密的。非对称加密相较于对称加密的显著优点在于,对称加密需要协商密钥,而非对称加密可以安全地公开各自的公钥。N 个人在通信的时候,使用非对称加密只需要 N 个密钥对,每个人只用管理自己的密钥对;而使用对称加密则需要 $N(N-1)/2$ 个密钥,每个人需要管理 $N-1$ 个密钥,密钥管理难度大,而且非常容易泄露。

非对称加密过程如图 3-4 所示,公钥用来加密,私钥则用来解密。使用公钥把明文加密后所得的密文,只能用相对应的私钥才能解密并得到原本的明文,而最初用来加密的公钥则不能用来解密。由于加密和解密需要两个不同的

图 3-4 非对称加密过程

密钥,故称之为非对称加密,它不同于加密和解密都使用同一个密钥的对称加密。公钥可以公开,可任意向外发布;私钥不可以公开,必须由用户自行严格秘密保管,绝不会通过任何途径向任何人提供,也不会透露给被信任的要通信的另一方。

3) 数字签名

如果某一用户使用其私钥加密明文,任何人都可以用该用户的公钥解密密文。由于私钥只由该用户自己持有,故可以肯定该文件必定出自该用户。公众可以验证该用户发布的数据或文件是否完整、中途是否曾被篡改以及数据是否来自该用户,这种方式称为数字签名。大部分国家已经立法承认数字签名拥有等同传统亲笔签名的法律效力[4]。公钥可以通过数字证书认证机构签授的电子证书形式公布,接收者通过信任链形成一套完整的公开密钥基础。例如,从网上下载的安装程序,大部分都带有程序制作者的数字签名,可以证明该程序的确是该制作者发布的,而不是第三方伪造的且未被篡改过(身份认证/验证)。而如今网上银行或购物网站都会使用超文本传输安全协议(hypertext transfer protocol secure,HTTPS),避免沟通过程中出现信息泄露。

3. 区块链网络

区块链网络是按照点对点网络来设计的,参与网络的每个节点都是平等的,网络中不存在中心化的服务器。这些都使得网络具有扩展性好、抗攻击、开放的特点。

1) 网络连接

除少数支持 UDP(user datagram protocol,用户数据报协议)的区块链项目外,绝大部分的区块链项目所使用的底层网络协议依然是 TCP/IP 协议。从网络协议的角度来看,区块链是基于 TCP/IP 网络协议的,这与 HTTP 协议、SMTP 协议处在同一层。传统的以 HTTP 协议为代表的客户端与服务端的交互模式在区块链上被彻底打破,变更为完全的点对点拓扑结构,这也是 Web3.0 的由来。比特币的 P2P 网络基于 TCP 构建,主网默认通信端口为 8333。以太坊的 P2P 网络则与比特币的不太相同,以太坊的 P2P 网络是一个完全加密的网络,提供 UDP 和 TCP 两种连接方式,主网默认 TCP 通信端口是 30303,推荐的 UDP 发现端口为 30301。

2）拓扑结构

P2P 网络拓扑结构有很多种,有些是中心化拓扑结构,有些是半中心化拓扑结构,而有些是完全分布式拓扑结构。比特币全节点组成的网络是一种完全分布式拓扑结构,节点与节点之间的传输过程为广播,即交易从某个节点产生,接着广播到临近节点,临近节点一传十、十传百,直至传播到全网。

而全节点与 SPV 客户端之间的交互模式则近似半中心化拓扑结构,也就是说 SPV 节点可以随机选择一个全节点进行连接,这个全节点会成为 SPV 节点的代理,帮助 SPV 节点广播交易。

3）区块链组网过程

当一个新的区块链节点启动时,它必须发现网络上的其他区块链节点才能加入区块链网络。要启动此过程,新节点必须发现至少一个网络上的现有节点并与之连接。区块链网络拓扑并没有地理上的定义,因此其他节点的地理位置是无关紧要的。因此,可以随机选择任何现有的比特币节点作为待连接节点。

与一个现有对等节点连接的过程如下:节点建立一个 TCP 连接,然后节点通过传输版本等基本信息进行握手;接收到信息的对等节点检查对方的版本以判断是否兼容,如果兼容,对等节点将与节点建立连接。

在比特币网络中,节点发现对等节点的方法主要包括两种:第一种是使用大量域名系统(DNS)种子来查询 DNS,这些 DNS 服务器提供节点的 IP 地址列表;第二种是使用代码中硬编码的一些种子节点地址,通过种子节点的介绍与其他节点建立连接。

4）区块链网络结构

虽然区块链网络中的节点是平等的,但是根据所支持的功能,它们可能扮演不同的角色。以比特币网络为例,一个比特币节点是一系列功能的集合,包括路由、区块链数据库、挖矿和钱包服务。所有节点都具有参与网络的路由功能能,并可能具有其他功能。所有节点都参与验证、传播事务,并发现对等节点和维护与对等节点的连接。

以比特币网络为例,按是否存有完整区块链数据库进行划分,比特币网络存在轻节点和全节点。一个全节点具有钱包、挖矿、完整区块链数据库和网络路由的功能。这些全节点可以自主、可信地验证任何事务,无须外部帮助。而比特币网络中的一些轻节点并不保存完整的区块链,仅仅保存区块链的一个子集,并通过 SPV 方式来验证交易,因此这些轻节点也叫作 SPV 节点。

按照功能进行划分,比特币网络存在矿工节点、钱包节点等。矿工节点通过运行特定的硬件来执行工作量证明过程,一些矿工节点是全节点,保存区块链的整个副本;另外一些矿工节点是轻节点,通过参与矿池挖矿过程并依赖矿池服务器来维持一个全节点。钱包节点可能是全节点的一部分,就像桌面比特币客户端那样。然而,越来越多的用户钱包开始采用轻节点(SPV 节点),特别是那些运行在资源有限设备上的用户钱包,例如智能手机等。

除了这些运行着比特币 P2P 协议的主要节点外,还有运行着其他协议的服务器和节点,例如运行特殊矿池挖矿协议的节点、运行轻量级客户端访问协议的节点等。

4. 区块链共识机制

共识机制可确保网络中的每个人都使用相互认可的区块链版本。在去中心化或分布式系统中,先就单个数据值或网络部分达成共识,然后创建新的区块到区块链中。

1) PoW 共识机制

在共识机制领域中,最著名的是工作量证明(proof of work,PoW)[5]。在 PoW 中,节点使用算力争夺记账权,获得记账权的节点打包新的区块并向全网广播,全网节点接收此块并对其含有的工作量进行校验。全网节点遵循"最长合法链"原则达成共识,即含有最多工作量的链(最长的链)是唯一合法链。根据 PoW 协议,全网节点将以最长合法链为标准来校验交易,同时挖矿节点基于最长合法链进行下一个块的记账权竞争。

PoW 的记账权竞争过程(也即挖矿过程)如下:

(1) 矿工在网络中拿到最新一个区块的区块头信息;

(2) 将拿到的区块头信息作为参数,使随机数从某个值开始,去计算其双重 SHA256 值,即 SHA256(SHA256(区块头信息));

(3) 如果算出的答案不符合要求,则将随机数增加一个单位,继续下一轮计算;

(4) 不断重复步骤(3),直到计算出符合目标难度的答案,代表成功挖到一个区块,同时得到比特币系统给予的区块奖励。

PoW 记账权竞争过程的数学分析如下:SHA256 值有 256 位,每位都是二进制数值,因此 SHA256 值的范围为 $0 \sim 2^{256}$。当对区块头进行哈希运算的时候,哈希值会随机落在 $0 \sim 2^{256}$ 范围中的某个数。而只有哈希值落在目标值(target)范围内才表示成功获得记账权,即哈希值落在"0~目标值"这个范围中。因此,每次尝试的成功率就等于此范围除以总的 SHA256 值范围。一次尝试失败后,更改随机数继续进行下一次尝试直到成功为止,这个过程中,因为每次尝试的成功率相同,所以挖矿过程是一个伯努利试验过程,也可以形象地称之为一个重复掷相同骰子的过程。

PoW 的优点如下:一是能够天然地防御拒绝服务(denial of service,DoS)攻击,二是赋予链防篡改的特性。现有最长合法链通过消耗巨大的算力生成,只有拥有超过全网一半的算力才有可能生成一条比现有链更长的链。同时,在算力超过全网一半算力的情况下,节点没有动机去攻击,因为这会损害挖矿所获虚拟货币的价值。在比特币网络中,曾有某矿池的算力超过全网一半算力,最终它选择自降算力,以保护比特币的价值。

PoW 也有一些缺点。在 PoW 机制下,区块的生成需要耗费巨大算力,也就是耗费能源和计算资源,挖矿的代价是巨大的。对于矿工来说,只有当挖矿所获奖励的期望大于需要耗费的计算资源和能源的代价时,挖矿才值得。

2) PoS 共识机制

权益证明(proof of stake,PoS)是另一种区块链网络达成共识的共识机制。它要求用户抵押其以太币从而成为网络中合法的验证者。验证者有着与矿工在 PoW 中相同的职责,即打包交易和创建新的区块,以便让所有的节点就网络状态达成一致。与工作量证明(PoW)机制相比,权益证明(PoS)机制有许多改进之处,具体如下:

(1) 能效提高,不需要大量能源去挖掘区块;

(2) 门槛降低,对硬件要求降低,不需要优秀的硬件以获得建立新区块的机会;

(3) 更加去中心化,权益证明机制会使网络中节点数量更多;

(4) 更有力地支持区块链分片(sharding),这是以太坊网络扩展方面的关键升级[6]。

权益证明机制是一种用于激励验证者接受更多质押的基本机制。就以太币而言，用户需要质押32个以太币来获得作为验证者的资格。验证者被随机选择去创建区块，并且负责检查和确认那些不是由其创造的区块。控制一个用户的权益也是一种激励良好的验证者行为的方式。例如，用户可能会因离线（验证失败）而损失一部分权益，或因故意勾结而损失全部权益。

与工作量证明（PoW）机制不同的是，验证者不需要使用大量的算力，因为他们是随机选择的，相互间没有竞争。验证者不需要开采区块，他们只需要在被选中的时候创建区块并且在没有被选中的时候验证他人提交的区块。此验证称为证明。可以认为证明就是说"这个块在我看来没问题"。验证者因提出新区块和证明他们已经看到的区块而获得奖励。如果为恶意区块提供证明，验证者就会失去以太币股权。

当用户在分片上提交交易时，验证者负责将交易添加到分片区块中。信标链通过算法选择验证器以提出新的区块。如果一个验证者没有被选中提出一个新的分片区块，他们将不得不证明另一个验证者的提议，并确认一切都正常。至少需要128个被称为"委员会"的验证者来证明每个分片区块。委员会有一个提出和验证分片区块的时限，称之为时间槽（slot）。每个时间槽内只能创建一个有效区块，一个周期有32个时间槽。每个周期过后，委员会都由不同的、随机的参与者执行解散与改革过程。这有利于避免委员会中的不良参与者伤害分片。一旦一个新的分片区块有足够的证明，交叉链接就会被创建，用以证明区块和交易在信标链中存在，同时，当交叉链接被创建时，推荐区块的验证者就会得到奖励。

在分布式网络中，当交易是一个不能改变的区块的一部分时，交易具有"终局性"。要利用权益证明机制做到这一点，Casper（一个终局协议）可以让验证者在某些检查点就一个区块的状态达成协议。只要有2/3的验证者同意，该区块就会被最终确定。验证者如果试图稍后通过51%的攻击篡改自己的交易记录，就会失去其全部权益。这就像一位采矿者参与了51%的攻击，导致其采矿硬件立即被烧毁。

权益证明机制中仍然存在51%攻击的威胁，但对于攻击者来说，攻击成本越来越高。要发起51%攻击，就需要掌控51%以上的以太币股权[7]。这是一笔很难凑齐的巨款，同时攻击还很有可能导致以太币贬值，进而破坏货币的价值。另外，也存在更强有力的激励措施来保证网络的安全和健康，信标链上通过权益消减、踢出和其他惩罚措施来防治其他恶意行为，这些事件还将被验证者记录。

3.1.2 基于区块链的智能合约

1. 智能合约架构

智能合约是存储在区块链上的代码,可被区块链上的交易所触发。在满足触发条件的情况下,这段代码可以从区块链上读取数据,并且可以在对数据进行处理后向区块链写入数据。如图 3-5 所示,智能合约的基本架构主要分为数据层、传输层、智能合约主体、验证层、执行层和应用层[8]。

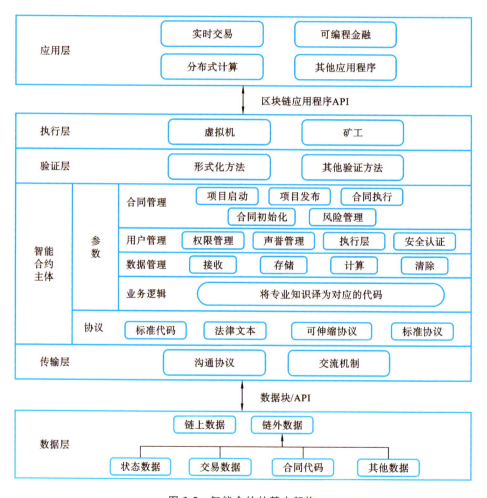

图 3-5 智能合约的基本架构

数据层主要负责存储区块链上的数据,并通过 API 与传输层交互,进而将相关数据传输至智能合约主体。传输层主要封装了与区块链进行通信和数据传输的协议。智能合约主体包括协议和参数两大部分，协议是标准机构所发布的合法文本的程序化描述，即一个完全实例化的模板；而参数是智能合约主体的关键部分，主要有合同管理、用户管理、数据管理和业务逻辑四个部分，这四个部分直接反映了业务逻辑，影响着合约的自动执行。因此，智能合约主体为基于标准化的应用合同提供了复杂的协议架构。验证层主要包含验证算法，用于保证合约代码及文本的合法性。执行层封装了与智能合约运行环境相关的软件，用于保障合约的正常运行。而应用层是基于智能合约架构的高级应用，主要与计算机进行交互，进而实现实时交易、分布式计算、可编程金融等应用。

2. 智能合约运行原理

智能合约系统依据事件描述信息中包含的触发条件自动执行。当触发条件满足时，智能合约系统自动发出预设的数据资源及包括触发条件的事件。整个系统的核心就在于智能合约以事务和事件的方式经合约模块处理，其模型如图 3-6 所示[9]。智能合约的生命周期主要分为生成、发布和执行三个过程[8]，如图 3-7 所示。

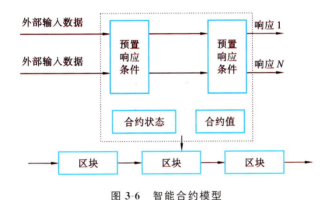

图 3-6 智能合约模型

智能合约的区块链结构中，每个区块都包含当前区块的哈希值、前一区块的哈希值、达成共识的时间戳以及其他描述信息，如图 3-8 所示[8]。

同时区块链中最重要的信息是带有一组已经达成共识的合约集，收到合约集的节点，都会对每条合约进行验证，验证通过的合约最终才能写入区块链中，验证的内容主要是合约参与者的私钥签名是否与账户匹配。智能合约的运行原理如图 3-9 所示，以以太坊客户端为例进行智能合约的交互，通过调用智能合约的函数和参数来实现合约内容。

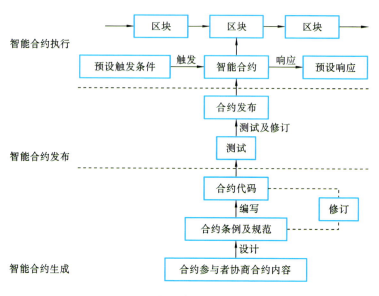

图 3-7　智能合约的生命周期

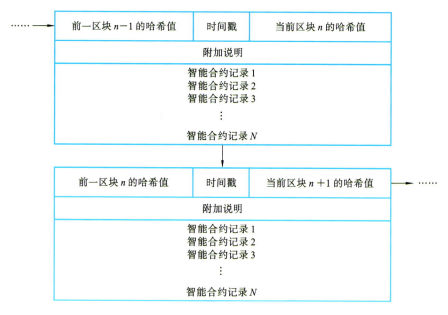

图 3-8　智能合约的区块链结构

第 3 章 工业区块链架构与智能合约引擎系统

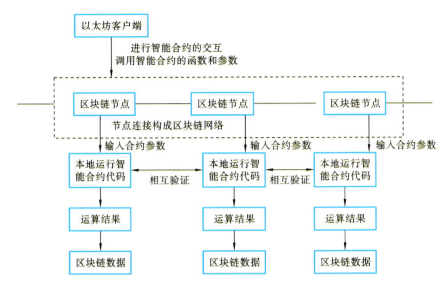

图 3-9　智能合约的运行原理

3. 智能合约部署过程

智能合约的部署最少仅需一个节点,此时可用于调试、测试,而不能通过多节点模式来实现可信的计算。单节点部署时,可通过配置账本来实现"防抵赖"的计算,但不能实现"难篡改"的计算。多节点部署时可参考图 3-10,包含三种逻辑节点,同一虚拟机可安装 1~3 种逻辑节点。

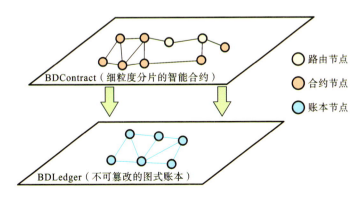

图 3-10　智能合约组网架构(多节点部署)

图 3-10 中,账本节点即可信图式账本;合约节点运行代码逻辑,并通过内存

缓存实现高响应,与其他合约节点组成可信计算网络;路由节点负责各个合约节点的路由信息。一般单个路由节点最多可支持 1000 个合约节点,可视情况部署多个路由节点,并在路由节点之间配置合约节点信息,以实现更大规模的节点组网。一般地,同一虚拟机会部署合约节点与账本节点。智能合约的部署虽然是在图形化界面上进行编译和执行,但在不同平台上运行时,其部署的架构和原理不同。

4. 去中心化应用

去中心化应用(decentralized application,DAPP)是一个部分去中心化或者完全去中心化的应用,它主要包括业务逻辑、前端用户界面、数据存储、消息通信这四个方面。这些去中心化应用的组件可以是中心化的,也可以是去中心化的。例如,前端可以运行在中心化服务器上,也可以运行在去中心化的用户设备上;后端和数据存储可以位于中心化的服务器和数据库上,也可以使用去中心化的智能合约和点对点存储。

DAPP 有许多传统的中心化架构不具备的优点,具体如下。

(1)弹性:由于 DAPP 的业务逻辑基于智能合约实现,DAPP 后端的分发和管理将完全在区块链平台上进行。与中心化服务器上部署的应用不同,只要区块链平台仍在运行,DAPP 就不会停机,并且将持续运行下去。

(2)透明:DAPP 的上链特征使得任何人都可以对代码进行检查,并审核它的功能。任何与 DAPP 的交互都会永久地存储在区块链上。

(3)去中心化:只要用户能够访问以太坊节点(必要时可运行一个),就可以一直与 DAPP 进行交互,而不会受到任何集中式控制力量的干扰。一旦代码被部署在区块链的网络中,任何服务商甚至智能合约的所有者都不能对其进行修改。

在如今的以太坊生态中,真正的去中心化应用还是很少见的,大多数应用的运作仍然依赖中心化服务或者服务器。未来,预期 DAPP 的每一部分都能以完全去中心化的方式运行。

下面将详细介绍 DAPP 的各个组件。

1)业务逻辑

智能合约用于存储去中心化应用程序的业务逻辑、执行状态和计算方式,所以可以将智能合约视为常规应用程序中的服务器端组件。在以太坊智能合约上部署服务器端业务逻辑的一个优点是可以构建更加复杂的架构,智能合约可以在其中相互读取和写入数据。部署智能合约后,其他开发人员都可以使用该业务逻辑,而无须用户自己管理和维护代码。

将智能合约作为核心业务逻辑功能运行的一个主要问题是代码在部署后无法更改。此外,一个非常庞大的智能合约可能需要耗费大量 Gas(Gas 用来衡量智能合约部署和运行所消耗的计算、存储等资源)来部署和运行。因此,某些应用程序可能会选择离线计算和使用外部数据源。如果 DAPP 的核心业务逻辑依赖于外部数据或服务器,这些外部数据或服务器必须被用户信任。

2)前端用户界面

DAPP 的客户端界面使用基本的 Web 前端技术[如超文本标记语言(hypertext markup language,HTML)、串联样式表(cascading style sheets,CSS)、JavaScript],与 DAPP 的交互(例如签名消息、发送交易和密钥管理)通常利用浏览器本身使用的 Mist 浏览器或 MetaMask 浏览器插件扩展等工具进行。

虽然也可以创建移动 DAPP,但由于缺少具有密钥管理功能的轻量级的移动客户端,故目前没有创建移动 DAPP 前端用户界面的最佳实例。

3)数据存储

大多数 DAPP 将利用去中心化存储系统[如星际文件系统(inter planetary file system,IPFS)或 Swarm]来存储和分发大型静态资产,如图像、视频和客户端应用程序(HTML、CSS、JavaScript)。

内容的哈希值通常使用键值映射存储为智能合约中的字节。然后,通过前端应用程序调用智能合约检索资产,以获取每个资产的统一资源定位(uniform resource locator,URL)。

4)消息通信

任何应用都包含的重要组件是进程之间的通信。这意味着不同的应用之间、相同应用的不同实例之间,以及同一应用的不同用户之间可以交换信息。传统情况下,这可以通过中心化服务器实现。此外,也有许多基于 P2P 网络的替代方案,例如 Whisper,它是以太坊基金会 Go-Ethereum 工具链的一部分。

3.1.3 区块链技术的应用

区块链技术是一项面向数据的技术,只要有数据的地方就可以应用区块链,因此其应用场景较为广泛。而其具体应用与否需要根据实际需求来确定。早期的区块链技术主要应用在加密货币领域,用于加密货币交易的记录。后来以太坊出现,它基于区块链和智能合约,构建去中心化应用,给互联网带来了崭新的愿景,包括从集中拥有和管理的应用程序到基于去中心化协议的应用程序。

从纵向上看,区块链技术应用前景主要包括云计算、大数据、人工智能、物联网。

1. 云计算

区块链＋云计算能够极大降低区块链应用门槛与成本。随着区块链技术的发展,为了降低区块链的使用门槛,区块链即服务(blockchain as a service,BaaS)的概念被提出,国内外很多公司也相继推出了 BaaS 产品。然而,使用 BaaS 服务存在几个问题:第一,多数情况下,要使用 BaaS 服务,用户首先需要购买云基础设施服务,一定程度上增加了用户的使用成本;第二,单个用户购买的云服务资源有限,导致 BaaS 服务中的区块链节点数较少,一定程度上降低了区块链服务的安全性;第三,为了使用区块链服务,用户需要购买各自的 BaaS 服务,造成实际上的资源浪费。

考虑区块链的本质是提供信任机制,因此采用信任即服务(trust as a service,TaaS)的模式将更符合区块链的应用场景。在 TaaS 服务模式下,用户无须关心区块链平台的创建、部署、运行和监控,直接将区块链的存储和查询等接口作为服务来使用。由于多个用户可以共用一套 TaaS 服务,服务商可以在提高服务安全性的同时降低成本,减少资源浪费;用户也可以在享受高安全性服务的同时节约使用费用,真正达到云计算模式下节约资源、提高效率、增强安全的效果。

2. 大数据

区块链＋大数据能够构建可信的大数据生态。区块链与大数据的结合将对智慧农业、智能制造、金融、供应链等多个领域带来重要影响,尤其是政务领域。习近平总书记在中共中央政治局第十八次集体学习中指出,要探索利用区块链数据共享模式,实现政务数据跨部门、跨区域共同维护和利用,促进业务协同办理,深化"最多跑一次"改革,为人民群众带来更好的政务服务体验。

已有的大数据系统多考虑数据的处理流程,包括采集、清洗、分析、可视化等,而忽略了数据共享过程中的责权利,即使用数据的责任、数据的权属、数据产生的利益(或效果)如何分配等,导致数据共享仍然存在很多问题。首先,区块链可以确定数据的权属,包括数据的所有权、使用权、收益权等,重新确定数据权益,让数据所有方有动力成为区块链网络的一员,高效地将数据分享给他人;其次,区块链的不可篡改性可以对数据共享的全过程进行可信溯源,包括数据来源真实性、数据共享过程、数据处理过程等,保障数据共享各方的利益;最后,利用智能合约可以实现对数据的可控使用,使用数据要经过数据所有方的审核,保证数据的使用过程与申请理由一致,防止数据被滥用或误用。

3. 人工智能

区块链+人工智能能够提高智能化分析与决策的可信度。区块链与人工智能的深度融合发展,是构建新一代信息技术体系的关键。一方面,区块链有助于人工智能的发展。区块链技术可以让人工智能获得更多更全面的数据。人工智能的发展依赖大量的数据,没有数据的人工智能好比"巧妇难为无米之炊"。中小企业更难以获得有价值的数据进行分析,严重制约了人工智能的发展。基于区块链的大数据价值网络,建立数据可信共享机制,鼓励更多个人和主体贡献数据,让人工智能能够有正规的渠道获取多维度的数据,推动人工智能的发展。

另一方面,人工智能有助于区块链的发展。人工智能可以辅助区块链中智能合约的安全管控问题。智能合约的安全管控作为区块链安全防护的关键点,是制约区块链发展的重要挑战之一。人工智能可以辅助进行智能合约的检查,防止黑客通过智能合约攻击区块链系统,或对区块链系统上的数据资产造成损失,是保证区块链安全的重要手段。

4. 物联网

区块链+物联网能够构建物联网设备的可信连接。随着物联网及工业互联网的持续发展,终端设备的智能化已由消费级硬件向工业级硬件渗透。在运用技术赋能传统工业的同时,其相对封闭可信的制造环境也被打破,网络攻击对工业生产乃至国家安全构成了更加直接的威胁。

区块链在构建可信物联网中的应用主要有三个方向:第一,随着物联网设备数量的快速增长,海量数据在区块链设备之间实现高效传输和交互,重要生产资料实现快速共享;第二,传统的中心式架构难以管理数量巨大的物联网设备,构建去中心化的物联网设备管理架构,将极大地提升设备的协同效率;第三,在工业生产的流转过程中,物联网设备作为关键一环,可通过与区块链融合来增强其置信度,为最终产品提供可信的流程追溯。

3.2 面向工业场景的区块链架构设计

3.2.1 工业场景与特点

我国是网络大国,也是制造大国,发展工业互联网具备良好的产业基础和巨大市场空间。当前,我国工业数字化、网络化、智能化发展如火如荼,工业互联网政策体系不断完善,功能体系加快构建,融合应用创新活跃,产业生态逐步形成。下一步,随着工业互联网发展的不断深化,数字技术的应用逐渐从单一企业内部向全产业链扩散。打破企业之间的壁垒,在产业层面实现更大范围的互联互通,将成为工业互联网发展的重要内容。然而,在产业层面,要实现跨企业的数据要素流通和业务协同,还面临着协同共享技术手段滞后、隐私保护形势严峻、设备安全问题突出、产业链条信任缺失等挑战。

工业与其他区块链典型应用行业有着明显的区别,工业场景的痛点主要体现在以下几个方面:各主体、系统间互不接洽,存在壁垒,数据不流通,形成数据孤岛;多为生产制造,时间损耗与生产效益直接挂钩,对数据的通信和处理的实时性要求高;无论是产业上下游之间,还是工厂内部,都有多主体参与,主体间的隐私和数据保护需求十分迫切。

1. 工业数据不流通

1) 企业间信任机制缺乏

工业应用场景复杂多样且相对独立,造成工业数据无法流通,信息孤岛现象十分明显。长期以来,数据缺失以及封闭问题,一方面造成各方资源信息数据封闭,难以实现资源的按需分配;另一方面制约着大数据、人工智能、互联网等新一代信息技术在工业互联网中的应用。行业迫切需要海量、真实、实时、多维度的数据,以及跨系统的业务融合、跨主体的业务协同机制。各组织在系统中沉淀的数据形成了"数据井",无法相互协同。大、中、小型工业企业缺乏合法的渠道获得数据,面对大量的数据需求,只能诉诸数据黑产、数据寡头、数据联盟,没有形成完善的数据流通机制。

这也导致了产业链融资难现象。同一供应链上企业之间的统一资源定位(URL)系统并不互通,导致企业间信息并不相通,全链条信息难以流通。供应链上游的中小微企业往往存在较大资金缺口,因没有核心企业的背书,难以获得银行的优质贷款,融资难、融资贵现象突出。对于银行等金融机构来说,企业的信息不透明意味着风控难度大,对企业融资与金融机构渗透都是巨大的障碍。

2) 企业内数据流通存在壁垒

工业系统间存在壁垒,系统间难以实现数据要素互联共享。传统企业资源规划(ERP)、制造执行系统(manufacturing execution system,MES)、客户关系管理(customer relationship management,CRM)等业务系统都有各自的数据管理体系。随着业务系统的不断增加以及企业业务流程的日趋复杂,各类业务系统间的数据集成难度不断加大,导致信息孤岛问题日益凸显。企业面对当前海量的多源异构工业数据缺乏相应的管理与处理能力。由于不同信息系统之间的共性模块难以实现共享复用,有可能导致应用创新过程中存在"重复造轮子"的现象,进一步降低应用创新效率,增加创新成本。

2. 工业实时性要求高

1)工业数据实时性

对于工业数据而言,最主要的操作过程就是数据的存储和读取,而传统区块链吞吐量并不高,例如比特币,吞吐量很低,每秒有六至七个交易,以太坊的吞吐量相较于比特币有一定提高,但仍无法满足工业场景的实时性要求。下面将详细阐述工业数据的种类、工业数据的使用特点、工业数据对实时性的要求等。

工业数据种类包括以下三类:① 生产经营数据,比如来自产品生命周期管理(PLM)系统的数据,或者 MES 等工厂内部的数据。这些数据是"传统数据",是工厂运行的必要数据。② 设备物联数据,指设备等其他通过物联网连接的元素所产生的数据。工业场景中存在着海量的传感器,工业传感器种类非常繁杂。从功能上划分,工业传感器分为光电、热敏、气敏、力敏、磁敏、声敏、湿敏等不同类别。以工业机器人为例,它涉及的几种重要传感器包括三维视觉传感器、力扭矩传感器、碰撞检测传感器、安全传感器、焊接缝追踪传感器、触觉传感器等。③ 外部数据,指在企业活动中产生的其他数据,比如与环保相关的碳排放等数据、与市场相关的数据。

在工业场景中,不仅数据的来源和种类多种多样,工业数据的使用方式也异常多样,主要分为运动控制、工业监控、数据可视化与告警、数据分析、数据存证等。一方面,需要进行存储的数据流向了数据库;另一方面,需要被处理的数据流向了可视化模块、数据分析模块等组件。此过程对数据的存储、读取、验证有较高的实时性要求。

2)工业计算实时性

目前工业现场存在超过 40 种工业总线技术,工业设备之间的连接需要提供"现场级"的计算能力,以实现各种制式的网络通信协议间的相互转换、互联互通,同时又能够应对异构网络部署与配置、网络管理与维护等方面的艰巨挑战。在工业控制的部分场景,计算处理的时延要求在 10 ms 以内。如果数据分析和控制逻辑全部在云端实现,将难以满足业务的实时性要求。同时,在工业生产中要求工业计算具备不受网络传输带宽和负载影响的"本地存活"能力,避免断网、时延过高等意外因素对实时性生产造成影响。工业计算在服务实时性和可靠性方面都提出了很高的性能要求。

3. 隐私与数据保护需求迫切

工业互联网平台采集、存储和利用的数据资源存在数据体量大、种类多、关联性强、价值分布不均等特点,导致平台数据安全存在责任主体边界模糊、分级分类保护难度较大、事件追踪溯源困难等问题。同时,工业大数据技术在工业互联网平台中的广泛应用,使得平台用户信息、企业生产信息等敏感信息存在泄露隐患,数据交易权属不明确、监管责任不清等问题使工业大数据应用存在安全风险。

工业场景中,海量的设备接入使得身份鉴定、设备管理等成为工业安全的关键。高度协同的生产单元涉及各种生产设备,这些设备的身份辨识可信、身份管理可信、设备访问控制可信是多方协作的基础,也是人与设备、设备与设备之间实现高效、可信、安全地交换信息的前提。同时,对设备进行全生命周期管理,需要对设备的从属关系等进行可信的溯源查询,在设备使用可能导致的责任认定中提供具有公信力的仲裁依据。

区块链具有分布式、透明可信、防篡改、可追溯等技术特性,以及共识机制、点对点网络、分布式账本、智能合约等功能特点,将其与传统信息技术相结合,可以实现工业数据共享过程的可信、可管、可控,提高工业相关业务以及应用的协同效率。然而,传统的区块链共识均采用全网或部分固定节点备份的方式来保证区块链的防篡改以及可用性。这样会造成非常庞大的存储资源浪费,不适用于如今的工业互联网大数据场景。与此同时,基于传统共识的智能合约引擎存在吞吐率低、时延高等问题。基于此,本节以下内容将提出适配工业互联网场景的新型账本结构与共识机制、分布式账本高速查询机制以及新型的智能合约引擎。

3.2.2 可信图式账本

区块链账本作为工业关键数据链上存储的关键载体,是整个工业区块链技术的核心。所提出的可信图式账本在区块结构方面采用有向无环图,在共识机制方面采用随机见证(n-random witnesses,nRW)机制,在链上数据查询方面采用分布式账本高速查询机制。这些技术针对区块链的吞吐量、链上数据查询速度以及网络的可扩展性做了改进,以更好地适配工业场景,为打破工业数据孤岛提供了有力支撑,具体介绍如下。

1. 有向无环图

传统区块链技术中,为了保证交易合法以及避免"双花"问题,需要对任何两笔交易之间的先后顺序达成共识,全网节点只能按顺序产块,因此传统区块链多采用单链结构。而在工业大数据场景中,一份数据并不会因被使用而消失,数据可以同时为多个主体提供服务,且不需要对交易之间的严格顺序达成共识。因此,所提出的分布式账本技术采用了有向无环图(directed acyclic graph,DAG)结构,每个区块有多个前序区块,以及多个后续区块[10]。其结构如图3-11所示。

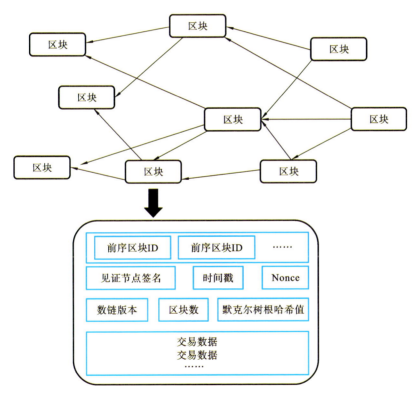

图3-11 分布式账本有向无环图结构

2. 随机见证(nRW)共识机制

可信存证往往与防篡改联系在一起。传统的所谓防篡改的区块链也不能100%保证不可篡改。例如,以太坊在2016年因为智能合约漏洞,被黑客盗取了价值约6000万美元的以太币。在比特币的白皮书中写道:"只要诚实的计算节点在总体上比任何一个攻击群控制更多的计算能力,那么系统就是安全的。"也就是说,如果有一个人要篡改比特币的交易结果,一种可能的方式就是在短时间之内控制比特币网络中的大量算力（51%）,并且通过产生新的区块的数量比原始区块数量多的方式使得全网接受这条更新的链。在随机见证共识机制中,与传统方法存储全量数据不同,每份数据都在随机若干个节点中存储,可实现防篡改。随机见证共识机制的篡改难度也与全网共识机制的不同,即对于某一份数据,需要篡改保存了这份数据的所有节点。

基于随机见证（nRW）的共识机制具体流程如下:每个发起交易的节点随机选择 n 个见证节点对交易进行见证,每个见证节点打包交易产生区块后再选择 m 个随机存储节点对区块进行备份存储[11]。如图 3-12 所示,有向无环图账本结构配合 nRW 共识机制,使得分布式账本的存证吞吐量随着节点数量的增加可线性扩展。并且设置合适的参数 n,可以灵活选择吞吐量与篡改难度之间的平衡点。m 个随机存储节点的备份存储机制,使得节点的存储开销随着节点数量与存证吞吐量的增长,保持随时间的线性增长,而不会爆炸式增长。

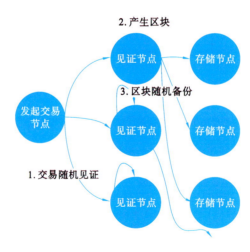

图 3-12　nRW 共识机制

3. 分布式账本高速查询机制

为了在区块分散存储的账本上实现交易的查询,新型分布式账本技术采用了一种基于树形广播和结算的可扩展查询方法,如图 3-13 所示。通过维护一个高容错和负载均衡的树形结构,将查询条件广播给全网的节点,节点在收到查询请求后，将本地满足查询条件的数据返回给广播生成树中的父节点，父节点将所有子节点返回的数据和本地的查询结果进行去重和结算处理，再将处理后的结果返回给该节点的父节点，以层层汇总的方式将数据返回给根节点。该方法保证了在节点数量和存证吞吐量增加的情况下查询功能的可扩展性。

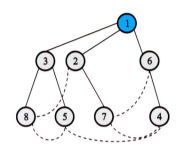

图 3-13　分布式账本交易查询机制

3.2.3　智能合约引擎

公有链的可信计算有三层含义：对计算的输入、过程与结果可信。以太坊实现的可信计算模式如图 3-14 所示。首先，所有的输入形式为合约调用，而合约调用均记录到账本上，合约调用包含方法名与参数实例。以这种可信账本上的数据作为输入，以太坊实现了计算输入的可信。其次，合约代码逻辑也是全部记录到可信账本上的。这使得每个节点都能知晓应该执行何种计算逻辑，使

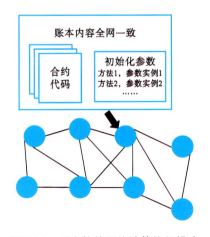

图 3-14　以太坊的可信计算执行模式

计算的过程可信。最后,以太坊通过合约语言规范保障了在同一份合约代码、同一初始状态和相同的输入下输出结果的一致性,从而使计算的结果可信。

以太坊这种执行模式的计算开销相当大,只有所有节点达成共识的合约代码及合约调用才被认为是"已执行"状态,因此,以太坊的这种执行模型无法适用于要求低响应时间的数据分析场景。除此之外,对于数据分析场景,它的数据来源如果要参与合约计算逻辑,则需要记录到以太坊的账本上作为输入,这也就意味着所有参与节点均收到了这份数据。由于数据的可复制性,数据所有者就失去了对这份数据的控制能力。

因此,所提出的新型的智能合约引擎由智能合约执行器、智能合约在线编辑器、基于随机多节点的高效可信执行、多节点内存同步管理等组成。其中,基于随机多节点的高效可信执行模式是一种通过在一个网络里随机选取多个节点共同执行数据分析逻辑,在保障执行效率的同时,实现相对不互信环境下的执行结果的可验证的执行模式,它是智能合约引擎可正确执行数据分析智能合约的关键;而多节点内存同步管理机制则通过多种状态同步算法,实现由网络分区、节点宕机等造成随机多节点状态不同步时的异常恢复,是实现可信执行框架高可用性的主要机制。因此,下文将重点介绍基于冗余计算的随机执行模式和多节点内存同步管理机制。

1. 基于随机多节点的高效可信执行

传统提供可信计算的区块链平台采用全网共识的见证机制,虽然取得了较高的可靠性和安全性,但在吞吐量和执行效率上牺牲很大。所提出的可信合约引擎采用独特的随机多节点执行的模式,旨在提升吞吐量和执行效率,从而能够更好地支持大数据场景的高并发、高吞吐的数据需求。

首先,各个参与者(包括数据提供者、节点提供者、数据使用者)通过 P2P 网络连接,形成一个网络。网络中的每个节点都对应一台普通的个人计算机或是虚拟机。数据接入智能合约和数据分析智能合约就运行于这个网络中的节点之上。根据智能合约运行时的参与节点数量,执行模式可分为单点执行模式和多点执行模式。单点执行模式与多点执行模式适用于不同的场景。根据智能合约的计算状态和是否有外部数据输入/输出(input/output, I/O),智能合约可分为图 3-15 所示的四类。

这里的外部数据是指通过数据库、API、文件等方式接入的数据,这些数据与直接从分布式账本上读取或是通过调用其他智能合约获取的数据不同:从分布式账本上读取的和通过智能合约调用而获取的数据可以实现多次查询获取

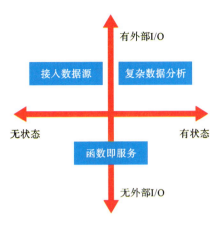

图 3-15　智能合约的分类

相同返回结果;而通过 API 调用或是数据库获取的数据,两次相同的查询可能会返回完全不同的结果。因此,这种外部数据的输入与输出会使得智能合约在冗余执行的过程中不一致,对于这一部分的逻辑无法通过多个节点执行并校验来实现返回结果的可验证性,只能通过签名的方式来保证数据来源的确定性。对于这四类场景,将通过以下机制来保障返回结果的正确性。

无状态、无外部数据输入与输出的智能合约可能是部分数据使用者发布的用于提供函数即服务的数据分析合约,便于其他数据使用者复用其算法。这些智能合约由于无状态、无输入/输出,只需要保证各个节点所执行的代码一致,即可实现多节点执行与校验,保证输出结果的正确性(或可验证性)。

无状态、有外部数据输入与输出的智能合约则可能是数据提供者发布的数据接入合约。对于这一类有输入、输出的合约,输入数据的正确性无法通过多节点执行与校验,因此,通过对返回结果进行签名的方式来保证结果来源的可验证性。

有状态、无外部数据输入与输出的智能合约可能是部分数据使用者发布的数据分析合约,分析的数据来源可以是通过合约调用获取的数据提供者的数据。对于这种类型的智能合约,它可以通过多节点执行来保障合约逻辑执行的正确性,但是需要实现多节点间的状态同步。

有状态、有外部数据输入与输出的智能合约则可通过较简单的代码重构的方式拆分为两个智能合约,即将涉及外部输入与输出的代码逻辑写为一个"数据接入合约",而将剩下的有状态的代码逻辑通过这个"数据接入合约"以合约调用的方式完成数据的输入与输出。经过重构以后,这个"数据接入合约"可以实现冗余执行。

下文按智能合约的启动、执行和结果校验三个步骤介绍随机多节点高效可信执行模式的具体流程。

1）随机多节点的智能合约启动

用户开发完智能合约之后,将该智能合约的代码保存到可信分布式账本上,并获得一个哈希值。一个合约启动请求包括:执行模式,指定单节点执行或多节点同步执行;合约代码地址,即分布式账本返回的哈希值;用户私钥对请求的签名。

用户将构造好的合约启动请求发给 P2P 网络中的任意节点 A。节点 A 在收到合约启动请求之后,进行网络节点的随机选取。该算法采用密码学安全伪随机数生成器(cryptographically secure pseudo-random number generator,CSPRNG)[12]。常用的算法有消息摘要算法(message digest algorithm,MD 算法)中的 MD5 或者 SHA1 等,可以将不定长的信息变成定长的 128 位二进制或者 160 位二进制随机数。该随机数生成器相较于传统的线性同余公式,具有额外的伪随机属性,能够保证所选取节点的随机性,具有较高的安全性[13]。

选取了节点列表之后,节点 A 会将启动消息分发给节点列表中的所有节点。各个合约实例启动成功后,每个实例会自动生成一组合约实例的公私钥,并将公钥返回给节点 A。节点 A 收到所有公钥之后,将公钥列表、合约的元信息存证到可信的分布式账本中,并将账本返回的哈希值作为合约校验地址返回。

为了便于智能合约调用,利用数字对象体系等标识与解析技术可以对合约调用地址进行分布式的标识和解析。其中,合约调用地址就是一个标识,而该标识保存了合约校验地址等信息。这个标识与解析系统可视为账本数据的一个高速缓存,可提升合约寻址的效率。

2）随机多节点的智能合约执行

随机多节点的智能合约启动后,P2P 网络中的任意节点均可接收用户的执行请求,发起多节点的智能合约调用,并校验结果,将结果返回给用户,如图 3-16 所示。这种方式可在实现智能合约高并发和高可用性的同时,提升智能合约的执行效率。如前文所述,对于随机多节点的智能合约,其执行流程根据智能合约有无计算状态而有所不同。

对于无状态的智能合约,直接调用合约逻辑并签名返回。无状态是指该智能合约的执行结果仅与该次执行的输入参数有关,与执行时间、此前执行、外部数据等无关。也就是说,该合约不含有全局变量、动态的外部数据等状态数据。

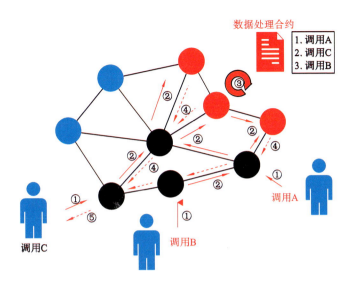

图 3-16 随机多节点的智能合约执行示意图

对于有状态的智能合约,需要实现合约状态同步,合约执行顺序同步,合约输入、输出数据同步。有状态是指该智能合约的执行结果不仅与该次执行的输入参数有关,还可能与执行时间、此前执行、外部数据等有关。也就是说,该智能合约可能含有全局变量、动态的外部数据等状态数据。

因此,在不同状态下智能合约的执行会获得不同的结果。合约状态的同步将在后续部分详细介绍;关于合约执行顺序的同步,可信合约引擎采用实用拜占庭容错(practical Byzantine fault tolerance,PBFT)算法进行请求定序,从而保证所有随机节点采用同样的顺序依次执行所有执行请求;关于合约输出、输入数据的同步,由于是通过其他智能合约去产生输出与输入,因此,这些冗余的调用会在相应的智能合约中去重,只产生一次真正的外部输入、输出,并将结果返回,从而保证所有随机节点使用相同的数据,也避免了数据冗余读写问题。

PBFT 算法是由 Miguel Castro 和 Barbara Liskov 提出的一种在实际系统中用于解决拜占庭容错问题的算法[14]。它能较为高效地解决多节点参与情况下的典型分布式一致性问题,如消息无序、参与方异常、网络分化等;同时,在允许一定比例的拜占庭参与方的前提下,做到了最终一致性。PBFT 算法是一种状态机副本复制算法,即服务作为状态机进行建模,状态机在分布式系统的不同节点进行副本复制。所有的副本在一个视图(view)轮换的过程中操作,主节点通过视图编号以及节点数集合来确定,即 $p = v \bmod |R|$,其中 v 为视图编号,$|R|$ 为节点数,p 为主节点编号。

在一个视图内,PBFT 算法流程如图 3-17 所示。其中,client 代表客户端;server 1(primary)代表主节点,即共识节点,负责将交易打包成区块和区块共识,每轮共识过程中有且仅有一个主节点,为了防止主节点伪造区块,每轮 PBFT 共识后,均会切换主节点;而 server 2、server 3、server 4 代表副本节点,即从节点,负责区块共识,每轮共识过程中有多个从节点,每个从节点的处理过程类似。

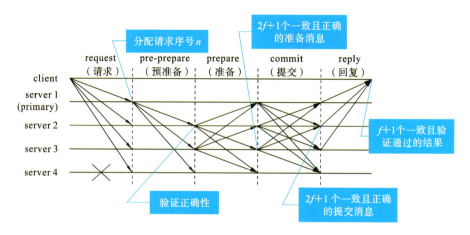

图 3-17　PBFT 算法流程示意图

每个请求都需经过一轮共识,包括如下阶段。① 请求:客户端向主节点发送请求;② 预准备:主节点为请求分配序列号(定序),向从节点广播预准备请求;③ 准备:从节点接收预准备请求后,验证请求的正确性,若验证无误则广播准备消息,并将预准备和准备消息记录到自己的日志中;④ 提交:若从节点接收到多于 $2f+1$ 个与自己一致(包含自身)且有效的准备消息,可确认该请求的正确性,向全网节点广播提交消息,并记录到消息日志中;⑤ 回复:从节点接收到 $2f+1$ 个一致且有效的提交消息后,可在本地执行请求,并将回复发送给客户端。客户端接收到 $f+1$ 个不同节点的一致且有效的回复,可确认结果。

此外,若主节点作恶,它可能会给不同的请求编上相同的序号,或者不分配序号,或者让相邻的序号不连续,副本节点有职责来主动检查这些序号的合法性。如果主节点掉线或者作恶不广播客户端的请求,客户端设置超时机制,超时后向所有副本节点广播请求消息。副本节点检测出主节点作恶或者下线,触发 View Change(切换视图)协议,进行第二轮共识,且切换主节点。这样就可应对节点故障与作恶情况。

所提出的可信合约引擎在经典 PBFT 算法的基础上进行了如下扩充：首先将接收到用户请求并发起此次执行的节点作为主节点；在提交阶段，当节点接收到多于 $2f+1$ 个与自己一致（包含自身）且有效的准备消息时，可视为定序成功；在本地依次执行已定序的智能合约请求，并将执行结果签名后发送给发起此次执行的节点。接着，发起此次执行的节点依据该合约的结果返回模式，在收到有效数量的结果并校验成功后，将结果返回给用户。最后，对于执行失败或结果不一致的节点，使用智能合约高可靠与高可用机制对其进行恢复。

3）智能合约执行结果校验

描述智能合约启动过程时已经提到，发起启动请求的节点为执行同一智能合约的所有随机节点分配了一对专用于该智能合约的公私钥。其中，私钥仅该节点拥有，用于数据签名；而公钥则由所有节点拥有，用于校验数据的可信性。因此，节点不能伪装其他节点发送消息从而干扰结果的统计。

另外，前文已经提到，为了满足大数据时代高并发、高吞吐的数据需求，所提出的可信合约引擎在保持较高的安全性和可靠性的前提下，采用了随机多节点的智能合约执行模式来提高执行效率（节点数 n 可由用户根据需求进行配置）。为了进一步平衡正确性和执行效率这两个互斥因素，该随机多节点的智能合约执行模式还采用了可配置的执行结果统计策略，以满足不同类型合约及不同需求用户的特定要求。

所提出的可信合约引擎采用的结果统计策略分为以下三种：① ALL，即当所有节点的结果均返回后，由接收用户请求的节点将结果返回给客户端，并附上所有节点的公钥缩写；② MOST，即当接收用户请求的节点收到大于半数的结果后，就将结果返回给客户端，并附上已返回结果节点的公钥缩写；③ FIRST，即当接收用户请求的节点收到第一个节点返回的结果后，就将该结果返回给客户端，并附上该节点的公钥缩写。

2. 自适应智能合约状态同步机制

根据前文描述，可信合约引擎采用了独特的随机多节点执行模式实现了计算的全程防篡改与快速响应的权衡。在合约执行过程中，当 k 个节点中某个节点发生异常时，通过合约状态同步机制，使合约在另一个新的节点中运行，保证有 k 个节点运行同一合约以及合约执行的快速响应，是提升节点可靠性的主要方式，即对于区块链中某一节点，单节点的故障恢复用时越短，框架的可靠性和可用性越高。

针对可信合约引擎对可靠性及可用性的要求，提出了一种自适应的同步算法。该算法可以实现本地合约状态迁移以及节点之间状态不同步时的状态迁移。其同步是通过"记录-回放"机制实现的。该算法的主要流程是在每次合约调用的过程中都对合约的执行进行记录，当需要同步时，就从最新状态的节点中获取所需的合约调用的执行记录并在本地进行回放。

在每次合约调用前，该算法会根据执行前的上下文环境来选择本次调用合约的执行记录策略。具体的合约执行记录策略包括三种：基于事务的合约执行记录、基于堆操作的合约执行记录、基于堆转储的合约执行记录。每种算法都有不同特点，可适用于输入/输出密集型合约、中央处理器（central processing unit，CPU）密集型合约、内存密集型合约等不同类型的智能合约。

1）策略 1：基于事务的合约执行记录与回放

基于事务的同步算法将在合约执行过程中对每项事务进行标号，并记录该项事务执行时传入的参数以及所用的 I/O 数据，具体记录流程如图 3-18 所示，回放流程如图 3-19 所示。

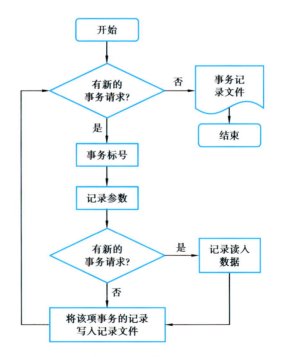

图 3-18　基于事务的同步算法合约执行记录流程

2）策略 2：基于堆操作的合约执行记录与回放

基于堆操作的同步算法将在合约执行过程中对所有的堆操作进行记录。

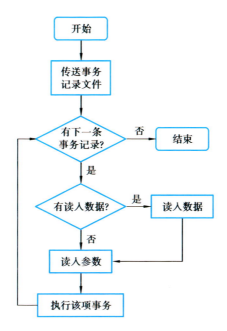

图 3-19 基于事务的同步算法合约执行回放流程

因为对局部变量的操作不会影响合约的最终状态,所以如果是对局部变量的操作则不记录在内。在记录完成之后需对操作进行压缩处理,即删除重复赋值操作。基于堆操作的同步算法合约执行记录流程如图 3-20 所示,回放流程如图 3-21 所示。

3) 策略 3:基于堆转储的合约执行记录与回放

基于堆转储的同步算法将在合约执行完成之后对合约的当前状态进行记录,通过相应的对象及其属性来记录合约当前时刻的状态。基于堆转储的同步算法合约执行记录流程如图 3-22 所示。基于堆转储的同步算法在进行合约状态同步时,分为两个阶段,即恢复合约中的各个对象和恢复有属性的对象的属性。基于堆转储的同步算法合约执行回放流程如图 3-23 所示。

3.2.4 访问控制技术

在前文所提出的面向工业数据区块链的可信执行框架中,向上对数据提供者、数据使用者、节点提供者提供智能合约的开发、启动、调用等服务,向下管理数据提供者的数据资源、节点提供者的节点资源等。针对这些用户和多维资源,从用户对智能合约和智能合约对节点资源与数据资源两个层面进行访问控制,如图 3-24 所示。

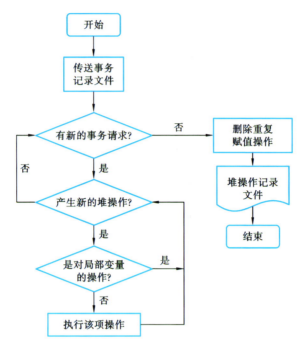

图 3-20　基于堆操作的同步算法合约执行记录流程

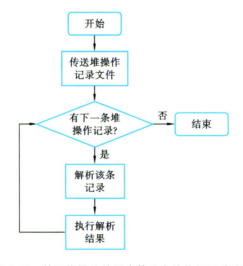

图 3-21　基于堆操作的同步算法合约执行回放流程

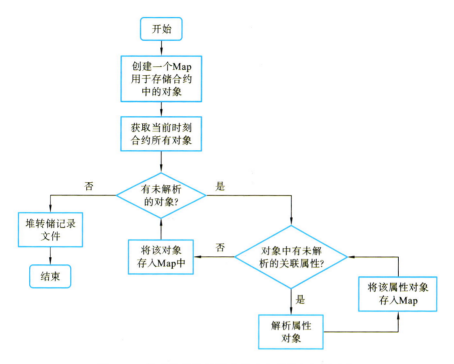

图 3-22　基于堆转储的同步算法合约执行记录流程

用户对智能合约的访问控制：具体分为开发阶段用户对智能合约的基于角色的访问控制（role-based access control，RBAC）和调用阶段用户对智能合约的自主访问控制（discretionary access control，DAC）。

智能合约对节点资源与数据资源的访问控制：具体分为智能合约对节点资源基于任务的访问控制（task-based access control，TBAC）和智能合约对数据资源基于属性的访问控制（attribute-based access control，ABAC）。

下面分别对这四种访问控制进行详细说明。

1. 开发阶段用户对智能合约的访问控制

根据前文所述的模型，面向分布式场景，数据提供者、节点提供者和数据使用者提供数据、计算、存储等各类资源，共同让数据发挥出更大的价值。在这个网络中，各个参与者通过节点进行各项活动。因此，围绕节点提供的功能，采用基于角色的访问控制。将访问许可权分配给一定的角色，用户通过扮演不同的角色来获得角色所拥有的访问许可权。该访问控制的五个基本数据元素为用户、角色、目标、操作、许可权。

在用户开发智能合约阶段，选择基于角色的访问控制模型出于以下考虑：

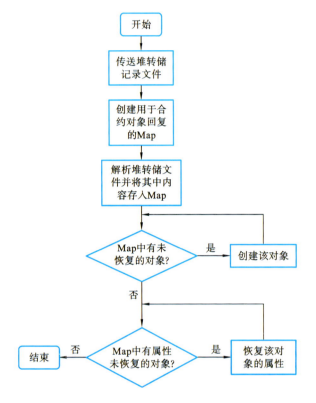

图 3-23 基于堆转储的同步算法合约执行回放流程

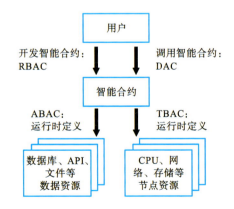

图 3-24 以智能合约为中心的多维资源访问控制

基于用户与角色的一对多映射、角色与权限的一对多映射,实现用户与权限的逻辑分离;支持多管理员的分布式管理,管理相对方便;支持由简到繁的层次模型,适合各种应用需求。

1）角色划分

按"任务被执行时所需的最小权限原则"和"角色的最小特权原则"对角色进行划分。在所述的可信执行框架中，每个用户以其"公私钥对"作为身份标识，因此每个用户在每个节点上的权限都是独立的。每个节点将用户分为如下四种基本角色，角色与权限的映射如表 3-1 所示。

表 3-1　角色与权限的映射

原子粒度的权限	节点管理员	智能合约管理员	智能合约开发者
查看节点管理员的状态	√		
查看申请授权列表	√		
查看可信执行集群列表		√	
分配可信执行集群		√	
认证节点角色	√		
查看已授权和未授权用户	√		
启动合约、停止合约		√	
执行合约	√	√	√
上传、下载、删除合约			√
查看合约代码统计数据		√	√
静态分析		√	√
查看合约进程、权限、状态、日志		√	
查看节点状态、日志	√		
回滚、备份、迁移		√	
配置节点信息	√		

（1）节点管理员（node manager）。

节点管理员可以配置节点的各种信息（比如节点证书、智能合约编译器地址等），认证节点中的其他角色，管理节点中的各种日志和节点的物理资源。

（2）智能合约管理员（smart contract manager）。

智能合约管理员可以对本节点执行的智能合约进行管理，比如启动或停止智能合约进程，对智能合约进行静态分析，制定备份和回滚策略，查看智能合约的文件占用内存情况等。

（3）智能合约开发者（smart contract provider）。

智能合约开发者可以利用该节点的资源进行智能合约代码的编写、智能合约代码权限的添加,以及对智能合约代码进行上传与下载等操作。

(4) 匿名用户(anonymous)。

匿名用户是指没有加入网络或者没有进行角色认证的节点。匿名用户可以进行角色认证,申请成为节点管理员后加入某个区块链网络中。

一般地,所有提供了节点的用户都是相应节点的节点管理员。例如,数据提供者出于安全的考虑,通过自己提供的"前置机"接入这个网络,那么这台"前置机"就是一个节点,而他就是这个节点的节点管理员。

用户与角色的映射关系如下。

① 节点提供者:充当"节点管理员",可以授权一些参与者使用本节点所提供的计算、存储、网络资源。

② 数据提供者:除了充当本节点的"节点管理员"外,还在某些节点充当"智能合约开发者"和"智能合约管理员"角色。

③ 数据使用者:在某些节点充当"智能合约开发者",通过在某些节点上开发智能合约以完成对数据的使用。

2) 设计与实现

现在具体介绍用户在智能合约开发阶段的基于角色的访问控制的设计与实现。

基于角色的访问控制一般先定义所有的角色和节点资源权限,使用枚举类型的数据进行管理。每一个权限都有自己对应的二进制值,不同的权限进行运算之后得出当前角色的权限,完成由权限到角色的映射。角色和权限的数据结构如图 3-25 所示。

```
public enum Role {
    //节点管理员
    NodeManager(0x86000d41L),
    //合约开发者
    ContractProvider(0x1f8000L),
    //合约管理员
    ContractManager
    (0x78ec50c0L),
    //匿名用户
    Anonymous(0);
}
```

```
public enum Permission {
    GetSession ID(0), GetRole(0), Login(0),
    //默认权限设置为0
    ApplyRole(0),   //申请角色
    //中心节点查看节点管理员所管理的所有节点的状态
    NodeStatelist(1<<1),
    //授权节点管理员
    AuthNodeManager(1<<2),
    ListAllUsers(1<<4),
    …
}
```

图 3-25 角色和权限的数据结构

如图 3-26 所示，在每一个功能接口的注解 Action 中添加相应的权限 userPermission，每一个权限值都要与当前角色的类型相匹配。如果权限值不在当前权限中，则会返回没有这个权限的报错提示。

```
//具体的一个处理函数
@ Action(userPermission = 1 << 4)
public void listAllUsers(JsonObject , ResultCallback ) {
    ResultBack result = new ResultBack();
    //获取数据到 allNodeInfo 变量
    result.action = "onListAllUsers";
    result.data = allNodeInfo;
    .onResult(gson.toJson( ));
}
```

图 3-26 权限相关接口实例代码——查看本节点有权限用户

基于上述注解，所有操作的访问权限可由图 3-27 所示算法实现访问控制。

```
// permission 为当前用户所具有的权限
@ Override
public boolean checkPermission(Action ,JsonObject , long permission) {
    long  = .userPermission();
    return ( == 0) || (( & ) == );
}
```

图 3-27 访问控制的检查方法

3）权限隐私

所有加入联盟链的人、机、物、机构都需要经过认证和授权，通过给不同角色设置不同的权限，采用隐私保护算法等有效措施，确保共享账本对利益相关方的选择可见。只有拥有一定权限的人才可以读写账本、执行交易和查看交易历史，从而保证交易的真实可信、可验证、可溯源、不可抵赖和不可伪造。

2. 调用阶段用户对智能合约的访问控制

如前文所述，加入这个网络中的每个用户都可以发布智能合约。在可信执行框架中，智能合约可以匿名调用和附上签名调用。用户和智能合约都能发起智能合约调用，而当由某一个智能合约发起智能合约调用时，它会附一个或多个签名(取决于智能合约是否由多节点执行)。由于智能合约的使用场景是由数据使用者、数据提供者灵活定义的,现提出一种通过智能合约代码本身来实现智能合约调用的访问控制机制。

在智能合约调用时,requester 变量为内置变量,即该调用者的公钥。开发者可以通过注解的方式指定是否允许匿名调用,而更细粒度的访问控制可以通过使用更复杂的访问控制规则实现。

如图 3-28 所示,这个自主访问控制示例由两部分组成:第一部分为可复用的访问控制策略,如图 3-28(a)所示,该访问控制策略的每个函数说明如表 3-2 所示;第二部分为特定的数据使用合约代码,如图 3-28(b)所示。

```
1  module NaivDAC {
2      function init(requester){
3          Global.acceptList = Utils.createHashSet();
4          Global.applyList = Utils.createHashSet();
5          Global.owner =  requester;
6      }
7      function checkPermission(requester){
8          return (acceptList.contains(    ));
9      }
10     function accept(requester,pubkey){
11         if (    ==Global.owner){
12             Global.acceptList.add(    );
13             Global.applyList.remove(    );
14             return true;
15         }
16         return false;
17     }
18     function apply(requester){
19         Global.applyList.add(    );
20     }
21 }
```

(a)

```
1  import "NaiveDAC.yjs"
2  contract BDCoin{
3      event Transfer;
4      event Approval;
5      function onCreate(){
6          init(requester);
7          Global.balance = {};
8          Global.allowed = {};
9          Global.totalSupply = 0;
10         print("My owner = "+ Global.owner);
11     }
12     //......
13     export function totalSupply(arg) {
14         if (checkPermission(requester))
15             return Global.totalSupply;
16         return "permission denied";
17     }
18     //......
19     export function viewAllBalance(arg) {
20         if (checkPermission(requester))
21             return JSON.stringify(Global.balance);
22         return "permission denied";
23     }
```

(b)

图 3-28　智能合约自主访问控制示例

表 3-2　访问控制示例中的函数名和状态变量名说明

函数名/状态变量名	说　　明
init(requester)	用于初始化与访问控制相关的状态变量,使用该策略的合约需在初始化时调用该函数
checkPermission(requester)	根据有权限用户列表返回是否有权限判断
apply(requester)	发起申请
accept(requester,pubkey)	通过申请

续表

函数名/状态变量名	说　　明
Global.owner	保存合约启动者的公钥信息
Global.applyList	保存申请权限的用户列表
Global.acceptList	保存有权限的用户列表

在访问控制策略部分，代码展示了最简单的由"合约启动者"决定其他人是否有权限调用合约的自主访问控制程序，具体的访问控制流程如下：

(1) 在合约启动时，该访问控制模块的 init 函数会被调用，智能合约的状态变量 Global.owner 记录合约启动者的公钥信息；

(2) 在数据使用合约中可以使用 apply 函数发起申请；

(3) accept 函数只能由合约启动者调用，调用成功后将被允许的访问者的公钥添加到智能合约的状态变量 Global.acceptList 中；

(4) 当收到合约访问控制请求时，checkPermission 函数会被调用，该函数会检查 Global.acceptList 并返回该用户是否有权限访问的结果。

由上述示例可以看出，使用智能合约语言可以实现更复杂的自主访问控制。由于智能合约具备图灵完备性，智能合约调用的访问控制支持基于角色的访问控制、基于属性的访问控制等各种访问控制模型。为便于用户实现其访问控制策略，可以提供更丰富的、适用范围广泛的访问控制策略模块。

3. 智能合约对节点资源的访问控制

当智能合约在节点上执行时会使用节点资源，包括 CPU、内存和网络等资源。每次智能合约的调用可视为一次任务。节点要根据自身情况决定执行或不执行某些智能合约。因此，智能合约对节点资源的访问控制适合采用基于任务的访问控制模型。基于任务的访问控制模型是一种强调动态授权、以任务为中心的访问控制模型。其特点如下：① 将访问权限与任务相结合，每个任务的执行都被视为主体使用相关访问权限访问客体，在任务执行过程中，权限被消耗，当权限用完时，主体不能再访问客体；② 系统授予用户的访问权限，不仅与主体、客体有关，还与主体当前执行的任务、任务的状态有关，可随执行任务上下文环境的变化而改变。

基于任务的访问控制的授权状态转移图如图 3-29 所示，其授权状态有如下五种。

① 睡眠状态：表示授权步还未生成。

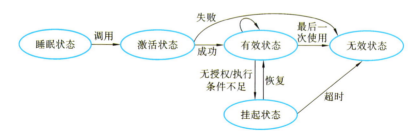

图 3-29　基于任务的访问控制的授权状态转移图

② 激活状态：表示授权步被请求激活，此时授权步已经生成。

③ 有效状态：表示授权步开始执行，随着权限的使用，它的保护态发生变化。

④ 挂起状态：表示授权步因执行条件不足或被管理员强制而处于挂起状态，它可以被恢复成有效状态，也可能因生命周期用完或被管理员强制而处于无效状态。

⑤ 无效状态：表示授权步已经没有存在的必要，可以在任务流程中删除。

下面从 CPU、内存、网络等维度介绍基于任务的访问控制的具体实现。

1）对 CPU 与内存资源的访问控制实现

在以太坊中，通过对智能合约的指令进行分类，以 Gas 为单位来计算 CPU 资源的消耗量。在 CPU 资源计费过程中，任务授权状态也会根据所用 CPU 资源的情况而变化。这里采用了基于结构反射的方法实现代码运行时 CPU 资源消耗的监测与控制，流程如图 3-30 所示。

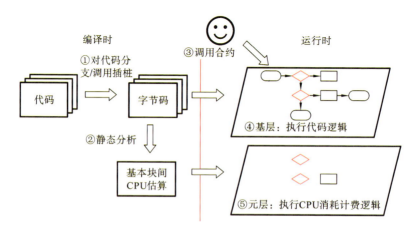

图 3-30　基于结构反射方法监测 CPU 资源消耗流程

① 在合约代码被编译为字节码时,将监测逻辑插桩到跳转指令和函数调用指令的位置。② 基于插桩后的程序进行静态分析,分析过程旨在计算两个插桩点之间的指令类型和指令数量,实现云计算 CPU 消耗量。由于在两个插桩点之间没有任何其他跳转指令,因此只需要定义好每种不同指令的 CPU 消耗量,就可以准确计算出两个插桩点之间的 CPU 消耗量。③ 提前预处理好的两个插桩点之间的 CPU 消耗量,作为运行时计算 CPU 消耗量的重要输入。④ 在运行时,当有用户发起合约调用时会附上与以太坊 Gas 类似的 CPU 消耗量上限。⑤ 在合约逻辑执行过程中,当遇到分支或函数调用指令时就会转到 CPU 消耗计费逻辑。

所提方案与以太坊的不同之处在于:第一,以太坊的计费过程以指令为单位,而所提方案通过预处理,以基本块作为计费单位;第二,对于计费过程,以太坊是在智能合约的执行器里实现的,而所提方案是以结构反射的形式实现的。在所提方案的实现中,不同类型指令的计费规则如表 3-3 所示。

表 3-3 不同类型指令的计费规则

指令类型	费用	说明
JUMP	15	分支,包括 if/switch
New-Instance	10	实例化对象
Invoke-Dynamic get	10	函数调用,设置对象属性
Invoke-Dynamic set	20	函数调用,获取对象属性
Invoke-Dynamic callIO	40	函数调用,调用外部 I/O
Invoke-Dynamic call	10	函数调用,调用合约函数
Invoke-Dynamic callUtil	30	函数调用,调用工具类
Other	1	其他

从表 3-3 中可看出,对内存资源的使用分为对堆内存和对栈内存的使用。而内存分配也是通过相应指令实现的。因此,按表 3-3 的计费规则,对内存与 I/O 资源的访问控制也可在对 CPU 资源的访问控制机制中实现。

2) 对 I/O 资源的访问控制实现

对 I/O 资源的访问控制除了有如前一小节所述的计费机制以外,还有一套额外的控制能否调用的机制。这是因为使用输入/输出资源时会产生阻塞等问题。数据提供者通过这类智能合约,将数据资源通过合约提供的接口输入。根据数据资源的类型,I/O 资源可分为 Http、MySQL、MongoDB、RocksDB、File 等,通过注解实现对这些 I/O 工具类资源的访问控制。在开发智能合约过程中，需要在代码上方添加相关权限的注解将使用的 I/O 工具类资源一一进行提前声明。而在智能合约执行器中，每个 I/O 工具类资源都有两种不同的访问控制实现方式：一种是支持真正的外部 I/O 资源，另一种则是抛出"无权限"的异常提示。

4. 智能合约对数据资源的访问控制

数据资源与节点资源完全不同，因为数据是可复制的，故采用在分布式网络中运行数据的分析逻辑，然后将结果只返回给数据使用者的方法来保护数据。因此，返回结果与输入数据间的关系就成为分析的关键，这也是数据资源访问控制的重点。数据提供者可以通过人工代码审计得出输入数据与返回结果间的关系，然而这种方式的效率较低，而且当智能合约的代码量大、结构复杂时，人工代码审计的难度增大，对审计人员的专业水平要求提高。基于此，现提出通过静态分析提取智能合约的数据使用属性，再使用基于属性的访问控制来降低人工代码审计的成本和难度。下面分别介绍属性的定义、基于静态分析的属性自动提取。

1）属性的定义

在数据资源访问控制中，以智能合约的方法为粒度来进行基于属性的访问控制。智能合约中每一个方法的属性表示的是它的返回结果与它的输入数据间的关系。从单条语句来看，变量与变量之间的关系有两种：一种是数据依赖，即两个变量之间存在赋值、运算后赋值等关系；另一种是控制依赖，即某一变量的赋值取决于另一变量控制的某条分支语句。按指令的类型将数据依赖类型分为五种，如表 3-4 所示。

表 3-4 数据依赖类型定义

依赖类型	依赖关系	代码示例（反编译后）
数据依赖	包含依赖，$\mathcal{C}$	Res.sex=source，Res=$\mathcal{C}$(source)
	赋值依赖，$\mathcal{E}$	Res=source，Res=$\mathcal{E}$(source)
	算数依赖，$\mathcal{A}$	Res=source+1，Res=$\mathcal{A}$(source)
	函数依赖，$\mathcal{R}$	Res=fun(source)，Res=$\mathcal{R}$(source)

控制依赖	控制依赖，$\mathcal{D}$	If (source>0)
		Res=a；
		else
		Res=b；
		Res=$\mathcal{D}$(source)

把数据提供者提供的数据(如通过合约调用获取的数据)、函数参数等作为原始数据集,以变量为粒度,分析某一函数中每一个变量与原始数据集中每项数据的依赖类型。

2) 属性的自动提取

基于静态分析的属性自动提取可转化为一个污点分析算法,流程如图3-31所示。首先计算原始数据集,构建基本块,形成控制流图(control flow graph,CFG)。其次,对程序进行控制依赖分析,找出程序中各个变量之间的控制依赖关系,构建控制依赖图(control dependence graph,CDG)。然后,进行数据依赖分析,得到数据依赖图(data dependence graph,DDG)。最后,进行迭代,完成变量间的关系计算。基于变量关系计算结果,就可以针对返回结果进行基于属性的访问控制。

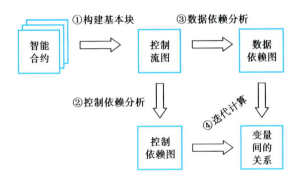

图3-31 变量关系计算流程

(1) 控制依赖分析。

控制依赖是程序控制流导致的一种约束。对控制流图进行控制依赖分析可以构建控制依赖图,以下举例说明控制依赖分析过程。一个控制流图如图3-32(a)所示,图中每个节点代表一个基本块,用B_i表示。若基本块B_j为基本块B_i的直接后继区块,记作B_j pdom B_i,表示当且仅当从B_i到流程出口的每一条路径都通过B_j。在控制流图中,基本块B_5为基本块B_4的直接后继区块。若基本块B_j控制依赖于基本块B_i,当且仅当存在一条B_i到B_j的控制路径,B_j是该路径上除B_i之外每个基本块的直接后继区块,并且基本块B_j不是基本块B_i的直接后继区块。根据各个基本块之间的控制依赖关系构建控制依赖图,如图3-32(b)所示。

(2) 数据依赖分析。

数据依赖是语句间数据流造成的一种约束。对控制流图进行数据依赖分析可以构建数据依赖图,以下举例说明数据依赖分析过程。假设控制流图的每

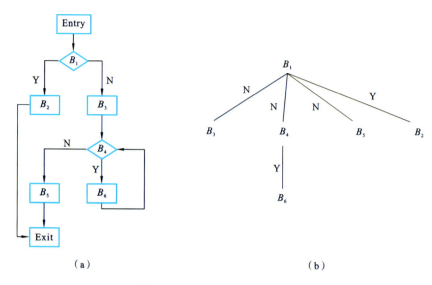

图 3-32 控制流图(CFG)与控制依赖图(CDG)示例

个基本块中只包含一条指令,如图 3-33(a)所示。对于基本块中的指令语句,如果在基本块 B_j 中引用的变量 v 是在基本块 B_i 中定义的,且在从 B_i 到 B_j 的路径上 v 没有被重新赋值,则称基本块 B_j 数据依赖于基本块 B_i。例如对于变量 k,基本块 B_4 数据依赖于基本块 B_1,基本块 B_7 数据依赖于基本块 B_7,这是因为在 while 循环中基本块 B_7 对基本块 B_7 进行循环重定义。根据各个基本块之间的数据依赖关系构建数据依赖图,如图 3-33(b)所示。

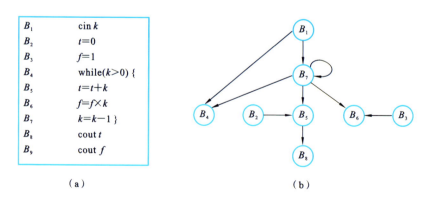

图 3-33 控制流图(CFG)与数据依赖图(DDG)示例

3.3 工业区块链技术应用方法

目前,工业区块链应用正处在探索阶段。近年来,国家高度重视工业互联网和区块链的创新发展,接连发布多项政策,希望通过区块链技术来解决工业互联网中的数据互通共享、隐私和数据保护等问题。2020年5月,工业和信息化部发布《关于工业大数据发展的指导意见》,指出工业数据融通共享的重要性。同年9月,工业和信息化部信息技术发展司出席2020年中国国际区块链技术与应用大会,明确提出应加快应用落地步伐,大力发展"工业互联网平台＋区块链"。2021年1月,工业和信息化部发布《工业互联网创新发展行动计划(2021—2023年)》,明确提出推动边缘计算、数字孪生、区块链等与工业互联网的融合技术研究。2021年6月,工业和信息化部和中央网信办联合发布了《关于加快推动区块链技术应用和产业发展的指导意见》,提出要推进"区块链＋工业互联网",提升"平台＋区块链"技术融合应用能力,打造基于区块链技术的工业互联网新模式、新业态。钢铁、电子信息、电力等垂直行业的企业在国家政策的引导下,根据自身发展特点,创新性地将区块链技术引入具体的产业场景,构建产业区块链应用示范场景。

基于区块链的工业互联网应用已开始在设备管理、产业链协作、身份解析系统和安全多方计算等场景中进行尝试。首先,区块链本质为分布式账本,可以对相关设备数据、原材料信息、操作动作进行记录,使生产过程中的各个环节透明、可追溯,从而解决工业互联网领域中与设备相关的信息安全问题;其次,通过区块链技术实现产业链协作,在产业链地理位置分散的情况下能够实现信息资源共享,降低协同门槛和复杂度;然后,利用区块链构建标识解析系统,解决工业互联网解析系统稳定性不高、安全性不强等问题,使其能够满足物联网泛在互联和信息融合的发展要求;最后,将区块链应用于多方工业实体的安全与隐私计算,解决数据共享参与者身份及数据可信问题,构建全程闭环的数据生命周期安全管理。

3.3.1 基于工业区块链的设备管理

1. 设备身份管理

设备管理过程中,设备端向远程服务器证明其身份,以确认设备端侧的操作是由设备或设备操作员发送的。目前,主流的可信身份协议包括应用于网银

U 盾的公钥基础设施(public key infrastructure,PKI)/认证中心(certificate authority,CA)协议,以及近年来流行的两种统一身份认证标准——线上快速身份验证(fast identity online,FIDO)[15]和互联网金融身份认证联盟(internet finance authentication alliance,IFAA)标准[16]。

然而,当前设备端数字身份方面面临以下三个方面的需求:第一,工业互联网设备端对安全可靠的数字身份需求日益增加,迫切需要一种分布式、可扩展的身份管理解决方案;第二,管理设备的数字身份与其所有者或用户身份之间的映射关系要求设备端侧能够验证使用者的身份,从而实现人与设备、设备与设备之间高效、可靠和安全的设备状态信息交换;第三,在设备的全生命周期管理过程中,有必要对设备的从属关系进行可信且难以篡改的可追溯性查询,以便在确定由设备使用引起的责任时获得可信的仲裁依据。

构建以区块链为后台账本系统的设备身份管理系统,通过区块链智能合约共识执行方式获取并验证设备身份,建立从个人实体身份到自有终端设备身份的映射关系,设备端还可以在授权模式下验证请求者的身份是否具有访问权限,从而实现设备和用户之间的双向、可靠、安全的可追溯性验证。

对于设备电子身份的验证者而言,建立基于区块链的统一复合电子身份管理平台,可以大大降低应用端设备身份验证的成本。设备接入应用网络后,通过调用身份管理平台的智能合约,可以统一验证和记录设备端与应用服务之间的每一次数据交互,从而形成不可伪造、不可否认的设备操作行为历史,为各类争议事件的处理和仲裁提供可靠依据。对于设备电子身份的所有者来说,建立复合电子身份管理平台可以为从终端设备到所有者的各种关系提供灵活一致的维护。在设备的整个生命周期中的任何时候,平台都可以统一管理所有者关系和访问权限信息,而用户不会花费太多成本来维护其名义或多个身份下的多个设备的使用和管理权限。此外,它还便于适当保存与设备相关信息的更改记录。

2. 设备访问控制

在工业互联网设备普及率不断加快,现有传统孤岛式安全设备无法胜任工业互联网网络监控任务的现状下,需要采取各种安全措施,防止工业互联网因安全问题而危及公司网络。工业企业需要集成一个自动化的安全框架,该框架可以执行一些关键功能,例如安全网络访问、流量和行为监控、协作威胁响应等。遵循访问控制和安全策略的集成安全方法不仅可以为企业带来构建强大的安全性所需的可见性,还可以为企业带来检测、预防和应对威胁的自动化过程。这种方法可以确保共享设备智能而访问控制和快速删除行为异常的设备，对关键业务交易和工作流的影响降至最低[17]。

因此，有必要建立稳定可靠的工业互联网内外访问控制机制，实现网络中设备之间的可信可控互联、设备的外部可信访问控制以及外部网络对设备的可信可控命令和数据访问机制。同时，它还需要可靠地记录对内部设备的外部访问日志，以便在设备受到攻击后提供可靠的情报来跟踪攻击源[18]。

基于自身的特点，区块链适合解决工业互联网的访问安全问题。其基本思想是使用区块链技术编写访客对设备的访问权限规则，并通过智能合约管理这些规则。访问权限由设备所有者通过调用设备管理智能合约来定义，并发布在区块链上。因此，合规用户可以随时查询当前持有人在设备上具有哪些操作权限。该方案的主要参与者包括设备访问者（用户或设备）、资源所有者（可以管理多个设备）。设备所有者控制其所有设备的访问，并负责创建、更新和撤销访问者的访问权限。设备访问者在设备上执行的所有操作都需要符合设备所有者定义的所有访问控制规则。访问控制策略存储在区块链上，区块链智能合约则保存访问控制策略并控制其实施。所有设备通过加密网络或加密中继节点连接到访问控制区块链，设备所有者注册并控制其访问。

3. 设备生产流程管理

在传统的生产模式中，一个单独的信息系统中存储着设备的原材料、生产和维护记录。一旦发生安全生产事故，在责任认定过程中，由于生产记录的真实性不确定，故无法精确追究企业、设备厂商和安全生产监管部门的责任。理论上讲，任何拥有数据库操作权限的人都可以篡改记录，没有任何数据记录可以独立证明其清白。此外，"单点故障"风险是集中式数据存储无法完全避免的。当企业数据中心中的数据因事故或软件漏洞而不一致甚至丢失时，传统的集中式数据管理很难及时检测到数据异常。专业的数据保护方案要求企业投入高昂的软硬件运维成本，而数据真实性仍然无法保障。

用区块链数据平台存储企业生产设备生成的数据，该产业链上下游企业所有设备端的运行数据都可以以可信、一致的方式写入共享分布式区块链账本，且账本记录不能被篡改。同时，写入区块链的工业互联网运营数据具有其所有者的身份签名，从而明确界定了数据提供者的责任，这是不可否认的。

在技术层面，一是实现设备数字化、智能化改造，二是实现边缘数据的存储。区块链服务用于记录数据、构建产品供应链历史记录和验证数据的真实性。在应用层面，平台将从单个产品开始，跟踪产品各个环节的所有加工参数和质检数据,最后跟踪产品原材料的批次和供应商信息。在确定原材料批次后,可以追溯到使用该批次原材料的所有成品以及交付的客户信息。

3.3.2 基于工业区块链的产业链协同

1. 供应链可视化

供应链可视化是指利用信息技术收集、传递、存储、分析、处理供应链中的订单、物流、库存等相关指标信息,并根据供应链的需求以图形化方式显示,从而有效提高整条供应链的透明度和可控性,大大降低供应链风险。传统供应链可视化管理解决方案有如下痛点:第一,单个参与者系统只能控制自己的交易记录,无法有效跟踪交易的全生命周期状态信息;第二,当异常冲突信息发生时,多方需要共同协调并调查各自系统的原因;第三,供应链中的任何参与者都无法充分了解采购订单生命周期;第四,虽然电子数据交换功能可以实现一对参与者之间的数据交换,但它不能提供所有利益相关者的采购订单状态的整体视图。

在基于区块链技术的供应链可视化解决方案中,所有参与者维护同一套多节点、分布式和具有访问控制能力的区块链网络,以记录买家、卖家和物流方的物流状态信息,从而实现基于身份认证机制的具有访问控制功能的安全和可追溯的数据输入和数据共享。将每个参与者实现订单和其他信息的全生命周期查询功能设计为智能合约,在数据拥有者开放访问权限时通过调用智能合约接口来实现参与者之间的数据交互。

2. 工业物流管理

工业物流的理念是以集中采购为重点,以零部件加工为核心,搭建工业企业出口平台,引导存储、运输、配送企业发挥协同作用,提高社会资源的综合利用率,降低企业之间的互动成本,为全球工业企业提供延伸、完整的服务。目前,工业物流难点主要包括:上下游运输企业之间缺乏有效的信息共享,导致运输路线和批次不合理,物流成本高;无法适应外部环境的变化,难以满足货主或客户的要求;中间环节过多且复杂,不利于企业准确掌握商品的库存。

基于区块链技术快速构建物流流程管理系统,将物流运输过程中每个环节生成的状态信息数据记录到区块链分布式共享账本中,并提供相应的智能合约作为查询界面,向前端应用展示可信、安全的物流订单生命周期数据。构建基于区块链的物流运输管理合作平台,不仅可以大大提高物流信息共享的效率,加快不同参与者之间的信息流动速度,还可以创造新的商业模式,扩大物流企业的业务范围，从原来简单的物流服务和物流管理发展到供应链管理和供应链优化，提高工业物流的协同效率。

3. 分布式生产

分布式生产管理系统涉及跨供应商、制造商和客户各业务活动的管理协作[19]，包括客户订单管理、物料需求计划制订、物料采购、运输管理、库存管理、产品制造、销售管理、费用核算、客户管理等，其运行情况直接影响各个协作企业的生产效率。分布式生产管理强调生产能力的综合集成与协调，以有效控制涉及多个参与者的生产过程，加强分布式生产系统的集成与协同，对参与的协作企业的异常业务活动和市场动态变化具有快速响应能力，提升生产管理效率。

基于区块链的分布式生产管理解决方案，通过将供应链中上下游企业各参与方在生产运行过程中产生的状态数据写入区块链，可以利用区块链分布式账本调用智能合约接口对供应链全过程状态数据进行查询和追踪。基于区块链的分布式账本能够降低各商业实体在分布式生产协作中可信一致地分享数据的成本，同时降低各商业实体之间因统计信息冗余和不一致所造成的延后风险，提升分布式生产网络中各个企业的生产状态视图的完整性和准确性，为企业合理配置资金和资源，降低由供需关系预测不一致、不准确所造成的资源浪费。

基于区块链的分布式生产模式，能够最大限度地降低供需关系的响应时延，使得生产厂商更靠近需求端，而需求端的订单发布能够通过一致的智能合约方式来触发，并且需求方能够实时获取可信的来自各生产方的生产状态信息（例如当前生产进度、物流配送情况等），使得需求方获得更好的订单追踪溯源体验。

4. 工业品回收利用

目前，回收市场发展迅速。在电子废品市场方面，随着企业的自身发展和"互联网＋"的快速融合，各种废旧电子电器产品回收模式涌现出来[20]，如绿色消费＋绿色回收、互联网＋分类回收等回收模式。废弃电子电器产品回收产业进入了一个新的发展阶段：一方面，工业产品的回收利用是绿色的；另一方面，它有助于相关工业企业平衡原材料来源。而相关工业企业与产业链上下游联盟的合作，可以为工业废物回收贸易或融资带来额外的服务型效益。

通过区块链建立生产企业、回收网点企业、梯级利用企业的回收网络联盟，各个参与者都可以获得稳定的回收材料来源。同时，由于各级再生商品的交易周转率低、资金错配等,合理利用供应链交易结构可以使联盟获得额外的融资收益。可以预见,未来梯级利用企业和再生利用企业将共同建设回收服务网点,共同获取服务型效益,其中交易、收益分享等由区块链智能合约约定并自动划分。

3.3.3 基于工业区块链的标识解析体系

1. 标识解析与区块链融合技术

工业互联网如今取得了长远发展,标识的对象已经不单单局限于简单的域名、产品、零部件、交易以及服务等都可能成为被标识的对象。工业互联网中的标识可以视为工业相关实体或者物联网设备的身份识别卡(identification card, ID)。标识解析使得物理世界的每一个实体对象,都可以在虚拟数字世界中拥有相对应的标记,同时得到关于该对象的数字描述,达到智能化的异构信息价值分享。这主要得益于标识解析将整个工业互联网中的对象进行跨地域、跨行业、跨企业的从标识到地址的相互映射,进而实现定位和信息查询等功能。利用标识的解析和管理,可以完成供应链管理、重要产品追溯、智能化产品全生命周期管理、全产业链、全要素、智能化生产等应用[21]。

在具体标识使用过程中,存在着多种不同的数据风险:架构风险,海量标识数据采集过程中编码被篡改,所采集数据的完整性被破坏;通过洪泛攻击和枚举[22],探测联网企业的敏感信息;隐私泄露风险,标识采用异构的混合存储架构,容易被恶意攻击,使敏感标识数据被窃取;运营风险,在标识数据的运营使用过程中,因数据的接口存在若干漏洞而被非法越权访问、滥用或误用。

结合区块链技术实现可信的数据编码、传输和解析是避免上述风险的良好方案。区块链实质上是由交易驱动的有限确定性状态机。共识机制的目的在于商定确定性交易的顺序,同时过滤掉无效交易。在标识数据管理策略中,区块链采用 PBFT 共识算法。PBFT 共识算法在节省物理计算资源的同时,也缩短了共识时间。在工业互联网标识管理系统中,任何节点对标识的采集、传输、解析和分享都可以视作对标识数据的一次交易。确保全网对此次交易进行确认、达成共识后,才会写入区块链之中。交易的具体格式如图 3-34 所示[23],机构、节点、交易类型和标识数据字段采用固定长度的储存方式,而具体交易信息会根据交易类型采用 TLV(tag,length,value)的灵活存储方式。

所有将被记录到区块链上的信息以事物的形式进行存储,标识是其中最为关键的信息。当某个物联网设备完成对标识的一次操作时,区块链节点会将此

图 3-34　一次交易的格式

次对标识的操作视为一笔交易发生,通过签名操作之后制成交易单并进行全网广播[23]。在收到此次交易单后,记账节点利用 PBFT 算法进行交易的有效性验证。记账节点打包自己交易池中验证通过的交易的哈希值到区块的默克尔树中,同时写入的还包括前一区块的哈希值、默克尔树的根哈希值以及随机数。等到加上时间戳之后,记账节点将区块在全网广播,交由网络中其他节点核对。其他区块链节点接收到记账节点产生的区块后,基于交易结果计算新区块的哈希摘要,并向全网广播。当某个节点收到的两倍于拜占庭容错节点数的消息中的哈希摘要与自己的哈希摘要相等时,会向全网广播一个提交信息。当一个节点收到超过两倍于拜占庭容错节点数的提交消息时,就会提交该区块到本地的区块链和状态数据库,此时该区块正式接入链中,形成一条合法的区块记录。具体流程如图 3-35 所示。

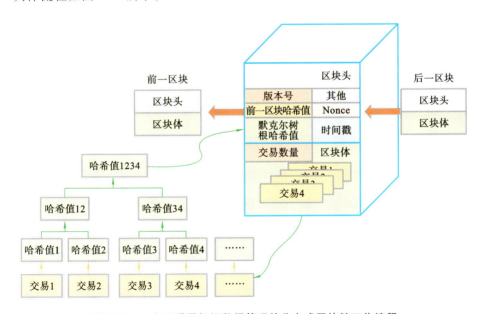

图 3-35　工业互联网标识数据管理的分布式区块链工作流程

2. 基于国家标识管理体系的区块链技术应用

在我国工业互联网标识解析体系中，国家顶级节点既是对外互联的国际关口，也是对内统筹的核心枢纽，二级节点面向行业提供标识注册和解析服务，公共递归解析节点通过缓存等手段实现公共查询和访问入口[24]，如图3-36所示。

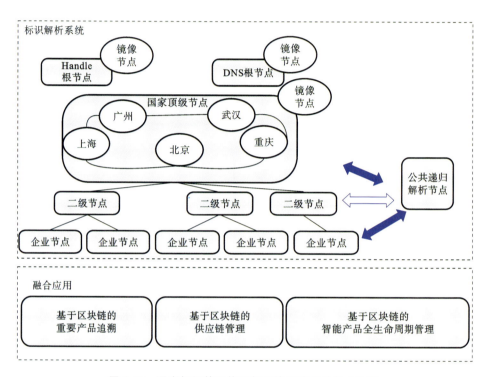

图 3-36　国家标识管理体系与区块链技术的结合应用

区块链技术可以从顶级 DNS 层打破传统 DNS 单一主体主导的格局，使得多个利益参与方共同进行 DNS 根节点的管理，提高更新效率，增强数据安全性，保护用户隐私。同时可以在企业间应用联盟链进行工业互联网标识数据的共管共治，使二级企业节点或者联盟企业节点既能够达到标识解析支撑互联互通的目的，又能够满足标识解析请求包在一定范围内流动的需求，实现产品追溯、供应链管理和产品生命周期管理等。

图 3-37 所示为某二级节点试点部署实例[23]，系统采用具有传感器的终端设备经由过程控制标准 OPC(OLE for process control)通信协议、Modbus 通信协议等工业互联网总线协议，进行数据采集、标识和传输。该系统运营稳定，日处理标识服务请求数十万次，可以追溯从研发、质检、装配到出厂使用整个生命

周期的数据,并实现成品及配件防伪、设备运维,提高设备的可靠性。结合区块链技术对标识进行管理,实现了标识查询与解析节点身份可信认证、解析资源的不可篡改和解析数据的完整性保护。

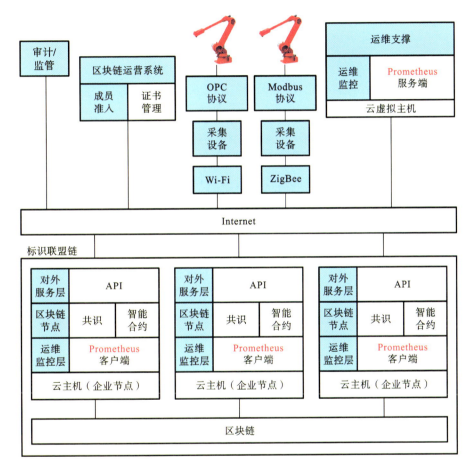

图3-37 某二级节点部署实例

采用区块链技术进行工业互联网标识数据的管理,具有如下优势[23]:第一,降低数据采集压力。利用区块链技术,将中心化的高频标签数据采集过程转换为分布式的各个参与节点中的数据采集过程,有效地减轻了平台数据存储及边缘层数据缓存设备的压力。第二,全流程跟踪记录。一件商品从原型设计、原材料采购、加工等生产环节开始,到检验、运输、入库、上架销售等,每一道对标识进行操作的工序,都可以依据时间顺序上链,形成一条完整的过程记录。第

三、链上信息的不可篡改。传统的中心化数据库存储方式,从技术的角度来讲,后台标识信息是可以被篡改的,但是有了区块链技术以后,标识信息一旦上链,就无法抹去,而且这些信息分散存储在各参与节点中,这无形中消解了中心化机构的权力。第四,增加信用背书。在联盟链的信息记录中,参与的机构远不止一家,仅对联盟内部的节点开放发起交易权,通过合理的权限管理可以更好地进行网络标识的日常运维。节点之间能够相互监督,而且信息上链的环节多,这就增大了作假的风险与难度,利于明确职责,加强信用建档。此外,还可以在区块链中设置智能合约,智能提醒信用安全隐患。

3.3.4 区块链与隐私计算融合的工业安全多方计算

1. 安全和灵活的身份及密钥管理体系

基于区块链和隐私计算的工业身份及密钥管理方案可用于加强平台网络和节点的安全性,同时也能为链上数据提供增强版安全服务,实现数据合作参与方的进一步增信,并为高要求的行业应用提供更安全的技术支持。

从技术角度看,基于区块链与隐私计算实现的密钥分发功能,可降低密钥中心化存储的安全风险,体现密钥分片存储的价值;基于区块链与隐私计算实现的密钥协商功能,可以通过区块链公开传输密钥材料进行身份核验,防止中间人攻击和丢包攻击;基于区块链与隐私计算实现的多重签名及组装验签功能,可使各参与方使用自身私钥和群签名完成签名并将签名分片发送给组织方,同时组织方能够根据收到的全部签名分片计算得到最终的多重签名并可根据群公钥验证其有效性,从而增强和提高数据协作的安全性和效率,体现分布式签名的价值;基于区块链与隐私计算实现的分布式身份和可验证声明功能,可使数据资产标准化并授权可控,结合数字签名和零知识证明等技术,声明可以更加安全可靠,为进一步的精细化生产权限管控提供基础工具。

2. 生产实体身份及数据可信体系

如果工业生产参与者身份不可靠或者存在主观作恶意图,可能会在隐私计算过程中合谋推导出其他参与者的隐私数据,或提供虚假数据参与计算过程,导致意外的计算结果,影响数据共享和挖掘的价值。应用隐私计算和区块链技术,可实现以下几个方面的安全能力。

(1)提升隐私计算的活动监测和监管审计能力:利用技术手段和共识机制,参与共享计算的关键数据可以在链上共享,并交叉验证其真实性,同时参与者的数据也可以追溯,使得数据共享过程具有可追溯性。

（2）提高恶意参与者的作恶成本：利用分布式数字身份，可以实现对参与方的数字身份管理，通过签名算法确保参与方身份真实、可信，避免参与方的仿冒。参与者的行为如数据写入、计算数据传输等都可记录在链上，可以永久存储，不能被篡改。

（3）提高共享计算中涉及的数据质量：利用区块链记录数据共享过程中各参与方的行为，并引入数据质量评估系统，以实现安全可靠的数据共享计算。比如，在联邦学习中，利用区块链监控全局模型中预测值的变化，确定是哪个客户端聚合值导致了哪些变化；利用智能合约对客户端上传的局部梯度进行异常识别并抛弃那些可疑的数据。另外，在安全多方计算中，利用区块链来记录和共享关键中间参数，以验证各参与方在计算过程中是否有作恶行为，从而确保计算过程的安全。

3. 数据安全流通纵深体系

链下计算被广泛应用于区块链拓展方案。链下计算的基本思路是将原本置于链上处理的各类工业生产模型或任务，外包给链下处理，而链上只保留需要验证的部分，从而提升区块链的数据处理和隐私保护能力。通过扩展链下计算网络，区块链专注于业务逻辑可信执行与数据权属凭证流通，而链下隐私计算网络则负责大规模运算和数据价值流通。

在过去几年中，以零知识证明技术为主的链下计算方案层出不穷，主要是将链下数据处理过程压缩成一个可验证的证据包置于链上，以减少链上的计算规模和成本，然而在应用过程中仍然难以平衡安全、性能和隐私保护，这将带来严重的性能损失，并且无法支持大规模计算场景。目前更好的解决方案是结合可信执行环境。可信执行环境在硬件中扮演着黑匣子的角色，在可信执行环境中执行的代码和数据操作系统层都不可偷窥，只有代码中预先定义的接口才能对其进行操作。

因此，结合可信执行环境，工业区块链的隐私问题可以转化为权限控制问题。在应用中，用户可以通过软件层权限定义来设计各种模型的隐私保护需求；在效率方面，由于可信执行环境的黑箱性质，在可信执行环境中进行运算的是明文数据，并且计算过程中没有过多的效率损失，因此，与可信执行环境结合可以在性能损失较小的前提下最大限度地提升工业区块链的数据处理和隐私保护能力。

4. 全程闭环的数据生命周期安全管理

工业数据生命周期全流程管理包括数据采集、传输、流通、销毁等环节。隐私计算与区块链技术相结合，可以应用到数据流通全流程各环节当中，包括数据生成及采集合法性验证、数据处理存证和共识、数据使用授权以及数据管理审计等，实现全程闭环的数据安全和隐私服务，操作和处理记录可上链保存且不可被篡改。数据共享计算参与者可以在链上用智能合约来实现计算过程中的协作管理功能，隐私计算过程由参与者共同管理，协作过程公平公正、权责对等，避免了中心化协调方参与带来的隐私泄露风险；另外，数据持有者可将数据目录共享、数据使用申请、数据使用审计等功能上链，链上参与方可以清楚地看到其他参与方的数据资源，并且可以记录计算过程中的数据使用情况，以确保参与方以约定的方式进行计算，提高数据共享和协作的效率。可通过多方签名确认的方式记录数据的关键状态，进一步提高数据可信度；通过对哈希值的验证匹配，实现信息篡改的快速识别。基于链上数据的记录与认证，可通过智能合约实现按照唯一标识对链上相关数据进行关联，提升数据的可追溯性。

5. 共享共生的数据要素市场生态

工业数据要素市场化的前提条件是具备成熟的数据确权机制和稳定的数据流动性。权属界定不清、要素流转无序、安全保护不足等问题一直是掣肘数据要素高效配置的痛点。只有保障数据资源的价值，解决数据权属关系边界模糊的问题，真正将数据主权归还给每一个机构和个人，数据才能具有权利属性，然后才能被设定为资产。首先，结合区块链技术，可使用数据标签、分布式身份等方式为数据资产生成唯一标识符，随后在链上与数据持有者的数字身份进行关联，实现数据持有者权益的公开确权。其次，各参与方可进一步共创数据分配机制，提高数据资产交易的公平性和透明度，并鼓励参与方积极贡献数据模型以及计算能力。最后，隐私计算可以精确限制数据使用价值的具体算法和使用次数，从而实现可控和可测量的使用。数据所有者通过签名算法声明数据的所有权，通过加密算法规定数据的使用权。数据交易市场可以从数据持有者处收集数据，然后为数据消费者提供隐私计算服务。数据消费者提供一个特定的计算任务，其输入是其指定数据在特定算法下的一次使用权，而输出是数据消费者想要的结果。这样，数据的所有权和使用权分离了，可进一步促成数据交易市场的定价机制。

3.4 工业区块链技术展望

区块链技术为工业互联网中数据要素流通和业务协同提供了新的解决方

案,区块链技术与工业互联网的深度融合还需要较长时间的积累和沉淀。在此阶段,工业区块链在技术适配和应用落地等层面仍面临诸多挑战。

第一,应用示范效应尚未凸显。加入区块链技术需要对原有业务系统进行改造,初始投资成本较大,并且客户需要一段时间适应新技术,现阶段区块链对工业互联网的赋能作用尚未凸显。区块链技术在工业互联网领域的应用仍处于起步阶段,公众对工业区块链的重要性认知不足,行业内缺乏标杆性示范项目,产业区块链短期市场规模有限,潜力有待进一步挖掘。

第二,业务协同模式有待创新。工业区块链中数据共享、机理共享、资源共享的关键是要有一个合理的组织形态,使得包括政府、工业链上各参与方、技术提供方等在内的利益相关方协同参与推动平台建设、区块链标准设立、相关法律和政策制定及信息共享等系列行动,使区块链技术应用于工业时既风险可控,又达到支持实体经济和服务企业的目的,获得良好的社会效益和经济效益。

第三,技术本身的发展仍然存在瓶颈。所有区块链系统都会遇到"性能、安全性、分布式"三个因素的平衡难题。区块链在工业制造和服务领域的应用都不可避免地面临这三者之间的平衡问题,如何提高海量数据写入能力和低时延、高并发场景承受能力,同时保证安全防护,这需要根据具体项目的特点进行个性化选择。此外,区块链系统由交易驱动,其智能合约尚难以满足工业制造领域中类似定时器和委托等需要区块链进行事件触发的机制。

本章参考文献

[1] MERKLE R C. A digital signature based on a conventional encryption function[C]//Conference on the Theory and Application of Cryptographic techniques. Berlin:Springer,1987:369-378.

[2] CORON J S,DODIS Y,MALINAUD C,et al. Merkle-Damgard revisited:how to construct a hash function[C]//Annual International Cryptology Conference. Berlin:Springer,2005:430-448.

[3] BELLARE M,ROGAWAY P. Optimal asymmetric encryption[C]// Workshop on the Theory and Application of Cryptographic Techniques. Berlin:Springer,1994:92-111.

[4] MERKLE R C. A certified digital signature[C]//Conference on the Theory and Application of Cryptology. New York:Springer,1989:218-238.

[5] JAKOBSSON M,JUELS A. Proofs of work and bread pudding protocols

(extended abstract)[M]//PRENEEL B. Secure information networks. Boston: Springer, 1999.

[6] ZAMANI M, MOVAHEDI M, RAYKOVA M. Rapidchain: scaling blockchain via full sharding[C]//Proceedings of the 2018 ACM SIGSAC Conference on Computer and Communications Security. New York: ACM, 2018:931-948.

[7] LEE S, KIM S. Short selling attack: a self-destructive but profitable 51% attack on PoS blockchains[JOL]. [2020-09-06]. https://eprint.iacr.org/2020/019.

[8] 贺海武, 延安, 陈泽华. 基于区块链的智能合约技术与应用综述[J]. 计算机研究与发展, 2018, 55(11):2452-2466.

[9] WANG S, OUYANG L W, YUAN Y, et al. Blockchain-enabled smart contracts: architecture, applications, and future trends[J]. IEEE Transactions on Systems, Man, and Cybernetics: Systems, 2019, 49(11): 2266-2277.

[10] THULASIRAMAN K, SWAMY M N S. Graphs:theory and algorithms[M]. New York: John Wiley & Sons, Inc., 2011.

[11] DU M X, MA X F, ZHANG Z, et al. A review on consensus algorithm of blockchain[C]//2017 IEEE International Conference on Systems, Man, and Cybernetics (SMC). New York: IEEE, 2017:2567-2572.

[12] DIVYANJALI, ANKUR, PAREEK V. An overview of cryptographically secure pseudorandom number generators and BBS[J]. International Journal of Computer Applications (IJCA)(0975-8887), 2014:19-28.

[13] L'ECUYER P. Tables of linear congruential generators of different sizes and good lattice structure[J]. Mathematics of Computation, 1999, 68(225):249-260.

[14] CASTRO M, LISKOV B. Practical Byzantine fault tolerance[C]//Proceedings of the 3rd Symposium on Operating Systems Design and Implementation. New York: ACM, 1999:173-186.

[15] FIDO Alliance. FIDO authentication and the general data protection regulation (GDPR)[R/OL]. [2022-09-06]. https://fidoalliance.org/wp-content/uploads/FIDO_Authentication_and_GDPR_White_Paper_May2018-1.pdf.

[16] 互联网金融身份认证联盟. IFAA 物联网身份认证白皮书[R/OL]. [2022-09-06]. https://ifaa.org.cn/unionstandard.

[17] OUADDAH A, ELKALAM A A, OUAHMAN A. FairAccess: a new blockchain-based access control framework for the internet of things[J]. Security and Communication Networks, 2016, 9(18): 5943-5964.

[18] HUBERMAN B A. Ensuring trust and security in the industrial IoT: the internet of things (ubiquity symposium)[J]. Ubiquity, 2016, 2016: 1-7.

[19] TESLYA N, RYABCHIKOV I. Blockchain-based platform architecture for industrial IoT[C]//Proceedings of 2017 21st Conference of Open Innovations Association. New York: IEEE, 2017: 321-329.

[20] 中华人民共和国环境保护部. 中国环境统计年报. 2015[M]. 北京: 中国环境出版社, 2016.

[21] 田野, 刘佳, 申杰. 物联网标识技术发展与趋势[J]. 物联网学报, 2018, 2(2): 8-17.

[22] YAN Q, HUANG W Y, LUO X P, et al. A multi-level DDoS mitigation framework for the industrial internet of things[J]. IEEE Communications Magazine, 2018, 56(2): 30-36.

[23] 汪允敏, 李挥, 王菡, 等. 区块链在工业互联网标识数据管理策略研究[J]. 计算机工程与应用, 2020, 56(7): 1-7.

[24] 池程, 马宝罗, 田娟. 工业互联网标识解析安全风险分析模型研究[J]. 信息通信技术与政策, 2020(10): 23-27.

第 4 章
面向工业大数据的智能架构与技术

4.1 概述

4.1.1 工业大数据发展背景

随着物联网、云计算、大数据等新一代信息技术逐渐向工业领域融合渗透,一场以数据为核心驱动的智能制造变革正在加快到来,工业大数据日益成为各国政府和产业界关注的焦点[1]。一方面,工业大数据结合先进传感器、新型工业网络和核心工业软件,能够形成从单台机器、生产线、车间到企业的数据优化闭环,驱动生产制造和运营管理的智能化发展,从而进一步降低制造成本;另一方面,工业大数据结合公共互联网络、网络协同平台,能够促进企业与企业、企业与用户、企业与产品之间的深度交互,促进生产组织和产品服务的智能化发展以及个性化定制等目标的实现。

4.1.2 工业大数据的内涵

工业大数据泛指工业领域数字化、自动化、信息化应用过程中产生的数据。它基于先进大数据技术,贯穿于工业的设计、生产、管理、服务等各个环节,使工业系统具备描述、诊断、预测、决策、控制等智能化功能。

工业大数据从来源上主要分为信息管理系统数据、机器设备数据和外部数据。总体上,在工业环境下,数据实时性要求高,数据多元且数据量大,数据格式结构化和非结构化并存。工业大数据强调不同数据之间的物理关联,分析结果具有实时性且对精确度要求较高,与传统互联网大数据存在明显差异。

工业大数据是大数据技术逐步成熟、工业应用需求不断激发共同作用的结果,基于工业大数据的创新是未来制造业和新一代信息技术融合发展下不可避免的趋势。一是随着传感器技术的进步和成本的下降,工业数据采集更广泛、更灵活和更精准,更加满足严苛的工业应用场景;二是云计算与边缘计算的发展促进企业内部计算能力和计算资源的提升,使其可以承担更加复杂的计算任务;三是大数据先进分析技术不断与工业应用场景相结合,可以解决工业实际问题并带来显著的效益提升。

因此,大数据在工业领域的应用已经成为工业智能发展的根本驱动力,是制造业智能化升级的需求[2]。制造业升级将最终实现从数字化、网络化向智能化的转型,其核心任务是基于大量工业数据的全面分析,通过端到端深度数据的集成和建模,完成智能推理、决策与控制[3]。工业大数据智能技术通过学习熟练工人和专家的经验,模拟判断做决策的过程,去解决工业领域中需要人工处理的各种问题;通过汇聚大量的知识和数据实现大规模的推理,完成流程性更广、可靠性更强的管理和决策;通过构建算法模型,强化制造企业的数据洞察能力,解决工业生产过程中由机理复杂或者经验不足所导致的各种问题。工业大数据智能技术已经成为企业转型和升级的重要手段,是决胜智能制造的关键环节。

4.1.3 工业大数据的应用价值

工业大数据应用覆盖工业产品的研发设计、生产制造、供应链管理、市场营销和售出服务等全生命周期的各个环节。在研发设计环节,可满足工程组织的设计协同要求,评估和改进当前操作工艺流程,提供更好的设计工具,缩短产品交付周期。在生产制造环节,可综合大量的机器、生产线、运营等数据的高级分析结果,实现制造过程的优化。在供应链管理环节,工业大数据主要用于实现供应链资源的高效配置和精确匹配。在市场营销环节,可利用大数据挖掘用户需求和市场趋势,找到机会产品,进行生产指导和后期市场营销分析[4]。

然而,目前我国工业大数据应用正处于发展孕育期,需不断引导企业需求,帮助企业形成对数据客观、科学的认识。一是帮助企业优化数据源,尤其是在机器设备、生产线等实时生产数据的采集数量、类型、精度以及频率方面,需积极缩小与国外先进水平的差距。二是推进企业间和企业内部部门间的信息交互、共享和集成,充分发挥数据融合的应用价值。三是推进工业大数据应用成熟模式和灯塔式项目建设,形成行业应用推广模式。

4.2 云边协同与大数据智能融合技术

4.2.1 工业大数据智能架构

随着5G技术的推广,工厂内设备的大范围高速连接将成为可能,这也为工业互联网提供强有力的支撑。在工业现场实时分析和控制以及安全和隐私等方面需求的驱动下,高效、安全、高质量地完成工业生产全生命周期的各项活动和任务成了工业生产面临的重大挑战。因此,基于云边协同的工业大数据智能架构应运而生。例如,在大数据分析场景中,针对监控、数据整理、决策判断这三个环节,以往主要采用基于人工的监控、整理和数据分析,不但时间滞后、效率低下,而且难以做到标准化与快速归因。引入面向人工智能的云边协同方案,实现了实时数据监控、快速数据分析以及智能化的数据挖掘[5]。由此可见,云边协同的工业大数据智能架构极大地提高了数据分析的效率。接下来将介绍云边协同的整体架构及其关键技术。

1. 云边协同模型

云边协同智能架构概念模型如图 4-1 所示,自顶向下分别为智能云平台(云)、边缘系统(边)以及工业现场设备(端),形成了一个云-边-端协同的智能架构。

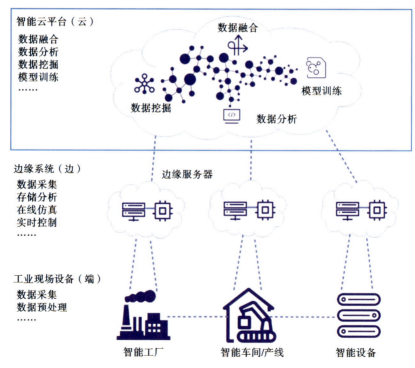

图 4-1　云边协同智能架构概念模型

(1) 智能云平台(云):负责与海量数据处理相关的功能,例如仿真、测试等。借助大数据、人工智能等先进技术,充分利用云平台的计算资源,以最短的时间完成大量数据处理任务。

（2）边缘系统（边）：分布在云平台和物理设备之间，靠近制造设备的地方，承担设备协议转换、数据采集、存储分析、在线仿真、实时控制等功能，同时与智能云平台进行高效通信和协同。

（3）工业现场设备（端）：主要包括分布式智能工厂、智能车间、智能产线中的各类异构制造设备。设备之间通过物联网连接，并与边缘系统和云平台实时协同，采集和发送数据，同时接收相应的指令。

2. 云边协同关键技术

云边协同智能架构将实现计算资源、业务管理等方面的协同。要保证这样一个复杂的系统能协调运行，需要一系列关键技术作为保障，下面将重点介绍云计算和边缘计算两个关键技术。

1）云计算

云计算是一种分布式计算，采用"云＋端"的模式，通过云网络将巨大的计算机数据处理器分解成无数个小程序，然后由多个服务器进行处理和分析，最终获得结果并返回给用户[6,7]。云计算可以在很短的时间（秒级）内处理数以万计的数据，从而提供强大的网络服务[8]。现阶段云服务已经不仅仅是一种分布式计算技术，它混合了分布式计算、效用计算、负载均衡、并行计算、网络存储、热备份冗余和虚拟化等计算机技术。云计算架构如图4-2所示。

图4-2 云计算架构

(1) 云计算优势。

云计算具有可虚拟化、动态可扩展、按需部署、灵活性高、可靠性高五大优势。

① 可虚拟化。虚拟化突破了时间和空间的边界,是云计算最显著的特点。虚拟化包括虚拟应用程序和虚拟资源两种。众所周知,应用程序部署的物理平台和环境在空间上没有联系,它是通过虚拟平台对相应终端操作完成数据备份、迁移和扩展等任务的。

② 动态可扩展。基于云计算高效的计算能力,在原有服务器基础上增加云计算功能可以快速提高计算速度,最终达到动态扩展虚拟化,实现应用扩展的功能。

③ 按需部署。云计算承载了各种应用程序等,而面向不同数据使用场景的应用需要具有更强大计算能力、能让用户快速计算的资源。云计算平台能根据用户的需求快速配备计算能力及资源,实现按需部署。

④ 灵活性高。云计算的兼容性很高,只要加装一些厂商所定义的低端机器和硬件,就能实现额外的功能。

⑤ 可靠性高。单点服务器出现故障可以通过虚拟化技术对分布在不同物理服务器上面的应用进行恢复,或利用动态扩展功能部署新的服务器进行计算。

(2) 云计算关键技术。

云计算系统运用的关键技术包括编程模型、分布式数据存储、大规模数据管理、虚拟化和云计算平台管理等。

① 编程模型:云计算采用一种简洁的分布式并行编程模型 MapReduce,主要用于数据集的并行运算和并行任务的调度处理。MapReduce 模式的思想是将要执行的问题分解成映射(map)和化简(reduce)的方式,先通过 Map 程序将数据切割成不相关的区块,分配(调度)给大量计算机处理,达到分布式运算的效果,然后通过 Reduce 程序将结果汇总输出。在该模式下,用户只需要自行编写 Map 函数和 Reduce 函数即可进行并行计算。

② 分布式数据存储:为了保证数据的高可靠性,云计算通常采用分布式存储技术,将数据存储在不同的物理设备中。这种模式不仅突破了硬件设备的限制,同时扩展性更好,能够快速响应用户需求的变化。分布式存储与传统的网络存储并不完全一样。传统的网络存储系统采用集中的存储服务器存放所有数据,存储服务器成为系统性能的瓶颈,不能满足大规模存储应用的需求;而分

布式存储系统采用可扩展的系统结构,利用多台存储服务器分担存储负荷,同时利用位置服务器定位存储信息,不但提高了系统的可靠性、可用性和存取效率,还易于扩展。在当前的云计算领域,Google 文件系统和 Hadoop 分布式文件系统(Hadoop distributed file system,HDFS)是比较流行的两种云计算分布式存储系统。

③ 大规模数据管理:对于云计算来说,数据管理面临巨大的挑战。云计算不仅要保障数据的存储和访问,还需要对分布式的海量数据进行处理和分析,因此所用的数据管理技术必须能够高效地管理大量数据。Google 的 BT(BigTable)数据管理技术和 Hadoop 团队开发的开源数据管理模块 HBase 是业界比较典型的大规模数据管理技术。

④ 虚拟化:虚拟化是云计算的重要核心技术之一,它为云计算服务提供基础架构支撑,是 ICT 服务快速走向云计算的最主要驱动力。虚拟化技术可实现软件应用与底层硬件相隔离,包括将单个资源划分成多个虚拟资源的裂分模式,以及将多个资源整合成一个虚拟资源的聚合模式。根据对象不同,虚拟化技术可分为存储虚拟化、计算虚拟化和网络虚拟化等。其中,计算虚拟化又可分为系统级虚拟化、应用级虚拟化和桌面级虚拟化。

⑤ 云计算平台管理:云计算资源规模庞大,服务器数量众多并分布在不同的地点,同时运行着数百种应用,如何有效地管理这些服务器,保证整个系统提供不间断的服务是一项巨大的挑战。云计算系统的平台管理技术,需要具有高效调配大量服务器资源的能力,使其更好地协同工作。对于提供者而言,云计算可以有三种部署模式,即公共云、私有云和混合云。这三种模式对云计算平台管理的要求大不相同。对于用户而言,由于企业对 ICT 资源共享的控制、系统效率要求以及 ICT 成本投入预算不尽相同,企业所需要的云计算系统规模及可管理性能也大不相同。因此,云计算平台管理方案需要更多地考虑定制化需求,以满足不同场景的应用需求。包括 Google、IBM、微软、Oracle 等在内的许多厂商都有推出云计算平台管理方案。这些方案能够帮助企业实现基础架构整合以及企业硬件资源和软件资源的统一管理、统一分配、统一部署、统一监控和统一备份,打破应用对资源的独占,让企业云计算平台的价值得以充分发挥。

2) 边缘计算

当今,众多的物联网设备都处在远离云计算的边缘侧,物联网设备不仅仅是一个数据收集器,更是一个执行器。以目前的状况来看,物联网设备将采集到的数据上传到云计算中心,经过一系列的计算与分析之后,再传到物联网设备,云计算的处理能力尚可满足。但是,当物联网设备的数量达到百亿、千亿台(套)之后,"偏远"的云计算在处理这些数据的时候,其能力就会显得捉襟见肘[9]。在此情况下,边缘计算可以对在设备侧和数据源头的数据进行收集与分析。边缘计算指的是靠近物或数据源头的网络边缘侧,融合网络、计算、存储、应用核心能力的开放平台,就近提供边缘智能服务,满足行业数字化在业务实时、业务智能、数据聚合与互操作、安全与隐私保护等方面的关键需求[10]。这样既可以减轻云计算的计算负载,也能满足某些场景对数据处理与执行的苛刻要求。有研究机构预测,未来会有超过一半的数据在边缘侧进行处理,甚至更多。当然这并不是说边缘计算会代替云计算,云计算和边缘计算应该是互补关系。

(1)边缘计算优势。

边缘计算的优势可以归纳为以下几个方面。

① 数据处理实时性:实时性是由边缘计算天生的能力决定的,由于靠近数据源头,边缘计算设备可以在当地或附近的数据中心处理数据,而不需要将存储的数据传输到传统的云设备上,从而大大提高了智能设备的响应速度,使其能够避免一些因数据上传下达而产生的时延,可以在业务允许的范围内完成对数据、软硬件的适配,提高本地物联网设备的处理能力和响应速度。边缘计算能够将任务转移到接近用户或数据存储的地方,可以减小由网络带宽限制造成的影响,特别是可减少边缘服务端对中心的大量数据处理请求。

② 业务数据可靠性:基于安全的数据才会有可靠的业务,众多的边缘计算服务就意味着庞大的服务加密协议。与现有的云计算数据传输状态类似,将数据从一个服务中心传输到另一个服务中心,需要各种协议的支持和数据加密方式的保障。同样地,百亿级的边缘计算服务设备之间的数据传输更应该对数据的安全与隐私提供保障。边缘计算的数据处理和存储应用在大型设备或数据中心的边缘端,因此单次攻击是困难的。相反,传统的计算方法将工业生产设备收集的隐私数据传输到数据中心的路径很长,这可能导致数据丢失或数据泄露。此外,边缘计算还使得数据的所有权从供应商转移到终端用户,保证了数据的隐私。

③ 应用开发多样化:未来会有一半以上的数据在其源头被处理,也会有诸如工业制造、智能汽车、智能家居等多样的应用场景。用户可以根据自己的业务需求自定义工业应用,这就好比在安装软件过程中会有多种安装选项一样。此外,需求的多样化必然会带来研发的多样化,现在设备公司、运营商、系统集成商、互联网公司都在从各自的角度,利用自己的能力介入边缘计算。与此同

时，边缘计算也为企业提供了低成本扩展途径，只需整合网络设备和边缘数据中心，就可以扩展其计算功能。

（2）边缘计算关键技术。

边缘计算可以帮助人们更快地从大数据中获取更多分析结果，其工业应用的最终目标是挖掘实时产生的庞大数据的价值，消除安全隐患，减少工厂现场中设备运转中断情况。边缘计算的关键技术主要包括隔离技术、边缘操作系统、数据处理平台以及安全技术。

① 隔离技术：为了保证服务质量和高可靠性，边缘设备需要有效的隔离技术。计算资源隔离应保证程序之间互不干扰，数据隔离应保证各程序的访问权限不同。

② 边缘操作系统：边缘计算的操作系统需要管理异构计算资源，而大量异构数据和计算任务转移到了边缘端，所以边缘操作系统需要确保节点能最大限度地利用计算资源。

③ 数据处理平台：边缘计算涉及产生大量数据的场景，这些数据的来源和类型各不相同。因此，需建立一个管理、分析和共享边缘数据的平台。

④ 安全技术：边缘计算更接近用户，无须将数据传输到云端，减小个人数据泄露的可能性。然而，相对于云计算中心，边缘计算设备通常位于用户端或传输路径上，更有可能被攻击者入侵，因此边缘计算节点本身的安全是不容忽视的问题。同时，边缘计算也存在所有信息系统共有的安全问题，如应用安全、网络安全、信息安全和系统安全等。

4.2.2 工业大数据智能处理与融合分析

4.2.1 小节介绍了基于云边协同的工业大数据智能架构。本小节将介绍采集获取工业数据后常用的工业大数据智能处理与融合分析技术，主要包括数据预处理、数据集成与融合、数据分析、数据挖掘与智能决策这 4 个方面。

1. 数据预处理

工业大数据的预处理比较复杂，主要包括数据抽取、数据清洗、数据转换、数据平衡、数据加载等。数据的预处理主要是对不能采用或者采用后与实际可能产生较大偏差的数据进行替换和剔除，其中数据清洗是对"脏数据"进行分类、回归等处理，使采用的数据更为合理；数据转换是对数据进行更深层次的提取，从而使采用的样本数据变为高特征性能的样本数据；而数据平衡则是平衡数据之间多数类和少数类的类别差异，调整数据的分布[11]。

1）数据抽取

数据抽取是从各个不同的数据源使用不同的挑选方法将数据抽取到操作型数据存储(operational data store，ODS)。此过程也可以对部分数据进行清洗和转换，尽可能地提高数据预处理的运行效率。在数据抽取前期需要做大量的调研工作，首先要清楚工业数据的数据源，之后才可以进行数据抽取的设计。尤其是对于文件类型数据源(如.txt和.xls)，可以利用数据库工具将这些数据导入指定的数据库，然后从指定的数据库中抽取。一般情况下，业务系统会记录业务发生的时间，作为增量的标志。每次抽取之前首先判断ODS中记录最大的时间，然后根据这个时间去业务系统抽取大于这个时间的所有记录。

2）数据清洗

填补缺失的值、使噪声数据光滑、识别或删除离群点以及解决数据的不一致问题是数据清洗的主要内容。其目的是使数据格式标准化，清除异常数据和重复数据，并进行错误纠正。数据清洗是一项繁重的任务，需要根据数据的准确性、完整性、一致性、时效性、可信性和解释性来考察数据，从而得到标准的、干净的、准确的数据。

(1) 缺失值处理。

实际获取信息和数据的过程中，存在各种原因导致数据丢失和空缺。处理这些缺失值，可采用删除变量、统计量填充、插值法填充和模型填充等基于变量分布特性和变量重要性的方法。

(2) 噪声处理。

噪声是观测点和真实点之间的误差，一般是被测变量的随机误差或方差。噪声处理常用的办法有分箱法和回归法。其中，分箱法是先对数据进行等频或等宽分箱操作，然后用每个箱的平均数、中位数或者边界值(数据分布不同，处理方法不同)代替箱中所有的数，起到使数据平滑的作用；回归法则是建立该变量与预测变量的回归模型，根据回归系数和预测变量，反解出自变量的近似值。

(3) 离群点处理。

处于特定分布区域或范围之外的数据通常被定义为异常或噪声，数据异常(离群)是数据分布的常态。异常分为两种："伪异常"，是由特定的业务运营动作产生，正常反映业务的状态，而不是数据本身的异常；"真异常"，不是由特定的业务运营动作产生，而是数据本身分布异常，即离群。

(4) 不一致数据处理。

实际数据产生过程中，由于一些人为因素或者其他原因，记录的数据可能存在不一致的情况,需要在分析前对这些不一致数据进行清理。例如,数据输入时的错误可通过与原始记录进行对比来更正,知识工程工具也可以用来检测违反规则的数据。

3) 数据转换

数据转换主要有规范化、离散化和稀疏化处理这几种方法。

(1) 规范化处理。

数据中不同特征指标的量纲可能不一致,数值间的差别很大,不进行处理可能会影响数据分析结果。因此,需要对数据按照一定比例进行缩放,使之落在一个特定的区域内,如[-1,1]或[0,1],以便于进行综合分析。

(2) 离散化处理。

数据离散化是指将连续的数据进行分段,使其变为一段段离散化的区间。分段有基于等距离、等频率或优化的方法。

(3) 稀疏化处理。

针对离散型且标称的数据,无法进行有序的标签编码时,通常考虑将数据做 0/1 哑变量的稀疏化处理。稀疏化处理既有利于模型快速收敛,又能提升模型的抗噪能力。

4) 数据平衡

机器在健康状态下收集数据很容易,但在故障状态下收集数据通常变得困难且昂贵。因此,在大多数情况下,工业数据都是不平衡的。这对以数据为驱动的故障诊断模型造成不利影响。利用平衡的工业数据训练,数据驱动方法可以学习不同类别的有效判别特征,在测试样本上具有良好的泛化性。然而,当训练数据不平衡时,多数类倾向于过度训练模型,少数类倾向于缩小决策边界,导致测试样本的泛化能力下降。因此,在这种情况下,数据驱动模型通常在识别机器故障时效果不好。

标准机器学习算法假设属于不同类别的样本数量大致相似。因此,类别的不均匀分布给在不平衡数据集上应用标准学习算法带来了困难。这些学习算法的设计背后隐含的优化目标是提高数据集上的分类准确度,而这会导致学习算法在不平衡数据上更偏向于包含更多样本的多数类。已有的不平衡学习算法分为数据级方法、算法级方法以及集成学习方法。

数据级方法主要包括欠采样、过采样和混合采样。欠采样通过从多数类别中删除样本来平衡类的分布,常见算法有随机降采样(random under-sampling, RUS)、ENN(edited nearest neighbours)等。由于欠采样方法容易丢失重要样本信息并且其分类结果不稳定，因此在处理多类不平衡问题时人们大多都采用过采样方法。过采样方法是最常用的处理数据不平衡问题的方法，通过对少数类别数据进行复制或合成来平衡数据集的类的分布，主要算法有合成少数类过采样技术（synthetic minority oversampling technique，SMOTE）与自适应综合过采样技术。混合采样是过采样和欠采样的结合，这种方案可以有效解决欠采样带来的信息丢失问题以及过采样带来的过拟合问题，主要算法有SMOTE+ENN。

算法级方法通过改进现有的学习算法来修正模型对多数类的训练偏好，最为常见的算法是代价敏感学习，即通过给少数类样本分配较高的分类代价，给多数类样本分配较低的分类代价，来扭转分类器对多数类的偏好。在此过程中，少数类样本的重要性提高了，以解决数据不平衡问题。

集成学习方法是解决不平衡多分类问题的一种方法，这种方法通常优于使用单一分类器的方法。集成学习将多个单一分类器进行训练后组合在一起，一般采用多数投票的机制进行分类。其由于在类别不平衡任务中表现出色，在实际应用中越来越受欢迎。集成学习常见算法有 Bagging（bootstrap aggregating）、Boosting、AdaBoost（adaptive boosting）等。

5）数据加载

数据加载是将数据加载到数据仓库中，分为全量加载和增量加载。其中，全量加载是将全表删除后再进行数据加载，而增量加载时目标表仅更新源表变化的数据。

全量加载从技术角度上讲比增量加载要简单，一般只要在数据加载之前清空目标表，再全量导入源表数据即可。但是基于数据量、系统资源和数据实时性的要求，很多情况下都需要使用增量加载。增量加载的难点在于必须设计正确有效的方法从数据源中抽取变化的数据以及本身没有变化但受到变化数据影响的源数据，同时将这些变化的和未变化但受影响的数据在完成相应的逻辑转换后更新到数据仓库中。

2. 数据集成与融合

由于工业设备和工控系统的多样性，工业大数据呈现出多源异构的特点。数据源不同、数据结构或类型各异等给工业大数据的使用带来了挑战。因此，大规模多源异构数据管理技术随之涌现。为了挖掘和释放多源异构数据的价值，满足面向元数据定义和高效查询优化的数据融合需求，数据集成与融合的工作必不可少。

1）数据集成

在各种工业场景中，高效的存储管理方法、异构的存储引擎、透明访问集成后的数据源是集成结构化业务数据、时序化设备监测数据、非结构化工程数据等大量多源异构数据的有效方法。数据集成需要面对非结构化工程数据灵活组织、查询、批量分析、建模，以及时序数据与结构化数据跨库连接分析等需求，在多模态数据集成模型的基础上，根据物料、设备及其关联关系，按照分析、管理的业务语义，实现多模态数据查询接口的一体化管理、协同优化和多维分析。

同时由于信息孤岛的影响，数据源通常是离散且非同步的，数据集成还要实现数据物理信息、产业链和跨界三个层次的融合。强关联数据的集成技术在实现机制上包括逻辑层、概念层和操作执行层。其中，逻辑层完成统一数据建模，定义物理与数字对象模型，建立数据模型与对象模型之间的映射关系；概念层实现语义融合，基于语义提取与语义关联，形成知识图谱，并提供相应的查询接口；操作执行层主要负责异构数据管理引擎的查询协同优化，并提供 SQL、OpenAPI 形式的统一查询接口。

2）数据融合

不同行业企业之间或者不同设备之间的数据割裂性将导致数据无法全面勾勒用户全貌，对业务的认识比较片面，从而做出错误的决策。同时，异构网络的广泛部署产生了大量具有高容量、高多样性、高速度和高准确性特征的数据。这些数据称为多模态大数据，包含丰富的模态和跨模态的信息，对传统的数据融合方法提出了巨大的挑战，所以做好数据融合工作十分重要[12]。目前，数据融合的对象包括单模态、多模态和跨模态三种类型数据。模态是指数据的存在形式，主要包括文本、图像、视频、序列等。

（1）单模态数据融合。

单模态数据融合是指对一种模态数据单独进行处理的方法。单模态数据融合具有计算复杂度低、表达更简练的优点。

以基于序列的单模态融合为例说明。首先对源数据进行预处理，对序列进行离群点去除、数据填补等清洗工作，并将序列用向量表示；其次在分析阶段，将获取的用向量表示的序列嵌入同一维度的矩阵中，然后提取序列特征作为下一层的输入；最后经过模型的分类回归处理得出结果。

（2）多模态数据融合。

工业大数据信息具有丰富的特征，仅靠单一模态容易造成信息收集不全面从而导致判断不准确，所以多模态数据融合方法应运而生，以更好地满足人们用图文、音频、序列等多模态形式表达自己的需求。多模态是指两个或两个以上模态的各种组合形式。多模态数据融合步骤包括单模态特征提取、特征融合、模型分类与回归以及最终结果输出。

文本、图像、序列是工业大数据多模态融合的三种主要异构数据类型。首先提取不同数据源的特征；然后将提取到的不同特征进行融合，此阶段可以采用特征级融合、决策级融合、混合融合三种不同的融合方式；最后进行模型分类与回归等操作以得出结果。

特征级融合是对从原始数据中提取的特征信息进行融合的一种方式，适用于模态之间高度相关的情况，常用的算法有模糊推理法、产生式规则法等。模糊集合理论对数据融合的实际价值在于模糊逻辑，它是一种多值逻辑，隶属度可视为一个数据真值的不精确表示。模糊逻辑使用一个在0到1之间的实数表示真实度，在推理过程中可以将多个传感器融合过程中的不确定性信息直接表示出来。模糊逻辑推理对信息的表示和处理方式贴近人类思维，适用于决策等高层次任务。但是模糊逻辑推理对信息的描述存在很大的主观性。在使用多值逻辑推理时，可以根据模糊集合理论的各种演算对各种命题进行合并，进而实现数据融合。在产生式规则法中，目标特征和线性传感器信息之间的关系采用符号来表示，不确定性程度用与每一个规则相联系的置信因子来表示。在同一个逻辑推理过程中，当两个或多个规则形成一个联合规则时，可以产生融合。应用产生式规则法进行融合的主要问题是每个规则的置信因子的定义与系统中其他规则的置信因子相关，如果系统中引入新的传感器，则需要加入相应的附加规则。

决策级融合是对数据经过进一步评估或推理得到的局部决策信息进行融合的一种方式。决策级融合可以融合异质数据，但存在容易造成信息损失的缺点。多贝叶斯估计法、D-S(dempster/shafer)证据推理法等都是决策级融合的常见方法。多贝叶斯估计法使传感器信息根据概率进行组合，用条件概率测量不确定性。理想情况下，当传感器组观测坐标一致时，可以直接进行数据融合。多贝叶斯估计法原理是将每个传感器作为一个贝叶斯估计，将各个单独物体关联概率分布合成为一个联合的后验概率分布函数，最小化联合分布函数的似然函数，以得出多传感器信息的最终融合结果。D-S证据推理法的基本要点包括基本概率赋值函数、信任函数和似然函数。D-S证据推理法的推理过程如下：① 合成目标，其作用是把来自独立传感器的观测结果合成为一个总的输出结果；② 推断，对传感器获得的观测结果进行推断，生成目标报告；③ 更新，获取传感器的连续报告,以减小随机误差产生的影响。

混合融合是上述特征级融合和决策级融合的结合,它保留了这两种融合策略的优势,但同时也使模型更加复杂,学习难度更大。深度学习模型由于具有灵活性和多样性的结构特点,比较适合使用混合融合方式,但也需要根据具体问题选择最合适的融合方式。

(3) 跨模态数据融合。

跨模态数据融合同样是对不同模态的数据进行融合,但它通过跨模态关系抽取来获取不同模态间的交互信息。因此,与多模态数据融合不同,跨模态数据融合的核心任务在于跨模态关系抽取和联合特征学习。跨模态数据融合步骤包括跨模态关系抽取、各模态特征提取、跨模态特征融合、模型分类与回归以及最终结果输出。

跨模态数据融合主要是文本、图像和序列的融合。首先,从源数据中进行跨模态关系抽取,获取各个模态的交互信息;其次,结合模态本身得到相互独立的文本特征、图像特征、序列特征,获得更加准确和全面的特征,这是对多模态数据融合的精简和补充,所得结果也更准确;最后,将得到的各模态特征进行融合,以进行工业大数据分析。跨模态数据融合常用的融合方法分为基于卷积神经网络的跨模态融合和基于记忆融合网络的跨模态融合。基于卷积神经网络的跨模态融合主要是指采用卷积神经网络来进行特征提取,具有权值共享且可以直接输入网络的优势,常用算法有 CNN(convolutional neural network)、VGG(visual geometry group)、ResNet(residual network)等。基于记忆融合网络的跨模态融合主要是指采用循环神经网络等算法来进行特征提取,常用算法如 RNN(recurrent neural network)、LSTM(long short term memory)、GRU(gated recurrent unit)等,具有强大的记忆功能,可以保留较长时间的信息,易于捕捉上下文之间的联系。

3. 数据分析

工业大数据分析技术需要符合工业数据的强机理、低质量和高效率要求。在强机理业务分析方面,工业大数据分析技术需要具备机理模型的融合机制、计算模式融合和与领域专家经验知识融合的能力;在低质量数据分析处理方面,工业大数据分析的软测量技术能够建立指标之间的关联关系模型,以易测量的过程量推断难测量的过程量;在高效率处理方面,工业大数据分析处理技术需支持底层数据结构设计、基础分析算法和建模过程,在针对大规模数据状态下的复杂事件开展实时检测时,能够进行建模和工业数据整合的离线数据挖掘与分析。同时,由于工业过程对工业分析模型的高精度、高可靠性和强因果性的要求,工业数据的分析需要融合工业机理模型,强调专业领域知识和数据挖掘的深度融合,以实现"数据驱动＋机理驱动"双轮驱动的工业大数据分析。下面将从数据分析任务、数据分析流程和数据分析算法这三个方面进行介绍。

1）数据分析任务

根据工业大数据的特性和数据处理需求,通常可以将数据分析任务分为"批处理"和"流处理"两种类型,前者为非时延敏感型任务,后者为时延敏感型任务。

批处理分析适用于所有可用数据,旨在提供准确的结果,但时延较高。这些数据可以是历史数据,如特定风力涡轮机产生的数月或数年的数据,或是在地理位置上分散分布的一组风力涡轮机的数据。在批处理层中执行的计算类型是没有任何限制的,但它们需要花费数小时或数天才能完成。批处理分析通常在大数据平台中实现,并被广泛用于识别并获取数据集的隐藏模式。批处理分析越来越多地用于构建模型,例如训练和测试深度学习模型,然后将训练后的模型部署到流分析环境进行模式检测。

不同于批处理分析,流处理分析是面向流动数据的,它通过获得高通量、低时延、可操作的信息,使得工业应用能够及时响应事件。在流处理分析模式里,数据持续到达,系统及时处理新到达的数据,并不断产生输出。流处理分析模式强调数据处理的速度,这是因为数据产生的速度很快,需要及时进行处理。例如,对车间生产区的生产设备进行预警管理,在生产设备管理分析预警系统中嵌入 AI 设备异常检测分析算法,可对车间生产区域内生产设备传感器实时采集的海量数量进行精确分析、检测、预警。当采集的数据超出设定的阈值时,系统会发出警报,并把警报信息推送到监控中心,工厂管理者可以及时发现并处理,避免不必要的损失。由于流式数据处理系统能够对新到达的数据进行及时的处理,因此它能够给决策者提供最新的事物发展变化趋势,以便对突发事件及时进行响应,调整应对措施。

批处理分析和流处理分析通常可以在实际生产环境中联合进行。为了提高在流处理层中部署的分析规则（或模型）的准确性,批处理层可以通过观察更多数据来定期更新和优化模型,将其部署在流处理层中,使流处理层中运行的近似模型可以随时被校正。批处理分析也可针对地理上分散分布的多来源数据进行分析。

2) 数据分析流程

对数据进行分析，首先需要进行业务理解，在了解业务需求的基础上进行数据准备，包括数据评估、数据预处理等，接着进行数据建模，最终计算相应的指标来评估模型的效果。

(1) 业务理解。

由于不同业务需求对应的分析方法的差异性，在数据分析前加强对业务的理解十分重要，了解业务需求是进行数据分析的第一步。如上所述，根据数据的不同，数据分析任务主要分为批处理和流处理两类。根据功能需求的不同，数据分析可以分成描述型分析、诊断性分析和预测性分析。描述性分析通常通过计算数据的不同统计特征来表达不同的可视化方法，以理解不同的数据。诊断性分析针对生产、销售、管理、设备运行等过程中出现的问题，找出问题的根源。预测性分析针对现有和即将出现的问题，确定适当的行动方案，有效解决现有问题或改进工作。

(2) 数据准备。

数据分析的关键在于数据，仅仅确定了业务需求而没有数据，数据分析依然举步维艰。数据准备主要包括建立数据间联系、评估数据质量、数据预处理。工业数据来源是多方面的，数据之间的关系是错综复杂的，数据之间的关联关系在本质上反映了客观物理世界的关联关系，因此确定其关联关系对大数据分析十分重要。数据质量影响数据分析质量，为了保证数据分析工作的质量，应该尽量在进行数据分析之前，根据需求对数据质量进行评估，数据质量要求由需求和目标来决定。在数据生产过程中，往往会出现噪声、缺失值、数据格式不一样的情况，这通常是不可避免的。直接使用原始工业数据进行分析，可能会导致模型精度与可靠性降低。因此在进行工业大数据分析和建模之前，需要对原始数据进行预处理，包括填补缺失值、消除噪声、纠正数据格式、删除离群点，以提高模型的鲁棒性，防止模型过拟合。

(3) 数据建模。

数据分析的关键在于数据建模，其本质是知识发现，通过寻找最合适的模型来描述对象的优化过程。数据建模的关键是特征选择、模型架构和算法选择。特征选择即选择模型的输入变量，模型架构本质上是用于构建优化空间的模型集合，算法选择用于确定优化目标和实施策略，以在给定模型集合中找到具有小误差的模型。其中，变量和模型结构决定模型的精度、适用范围和可靠度，算法决定了在特定范围内优化的目标、执行效率和效果。

工业建模的特征工程包括数据初步筛选、特征变换、特征组合、特征筛选和特征迭代。数据初步筛选主要是从大量的相关数据中筛选出能表征关键因素的数据。特征变换通过概念分层、数据标准化和归一化、函数变换等技术方法提取原始数据字段新特征。特征组合是基于原始特征和变换特征,通过特定领域知识方法、二元组合法、独热矢量组合法和高阶多项式组合法,将两种及以上的特征进行组合得到高阶特征。特征筛选是采用基于嵌入的方法、基于封装的方法和基于过滤的方法,针对具体的数据基础和业务场景,筛选出用于建模分析的合适特征。特征迭代主要通过间接数据和逻辑变量挖掘更深层次的特征,解决模型误差较大的问题。

(4)模型验证与评估。

模型的效果需要通过计算模型的指标来验证,对模型的评估主要包括对模型精度、复杂性、场景适用性等的评估。

3)数据分析算法

在工业大数据的分析中,分析算法主要包括传统的统计分析类算法、通用的机器学习类算法、神经网络算法、针对旋转设备的振动分析类算法、针对时序数据的时间序列类算法、针对非结构化数据的文本挖掘类算法、统计质量控制类算法、排程优化类算法等[13]。数学统计方法的应用是数据分析处理的基础,面向工业大数据,需要结合数学统计方法来提高分析结果的可靠性。传统的统计分析类算法主要包括多元统计学方法、方差分析法、功效分析法、离散趋势描述法、集中趋势描述法、对应分析法、假设检验分析法、列联表分析法等。

通用的机器学习类算法主要有分类算法(如决策树算法、随机森林算法、梯度提升树算法、贝叶斯类算法等)、聚类算法(如基于网格的聚类算法、基于距离的聚类算法、基于密度的聚类算法、谱聚类算法等)、回归算法(如线性回归法、广义线性回归算法、弹性网络回归算法、岭回归算法、样条函数回归算法等)、关联规则挖掘算法、Apriori 算法等,还包括数据异常处理算法、缺失值处理算法等。

神经网络算法的核心是训练神经网络模型,即根据训练数据调整神经网络模型的参数,使模型的表征能力最优。其主要算法有感知器训练法则、随机梯度下降法则、最小均方误差算法、误差反向传播算法等。

针对旋转设备的振动分析类算法主要分为振动数据的时域分析算法、振动数据的频域分析算法和振动数据的时频分析算法三类。

针对时序数据的时间序列类算法主要分四个方面:时间序列的预测算法、

如自回归移动平均（autoregressive integrated moving average，ARIMA）模型、广义自回归条件异方差（generalized autoregressive conditional heteroskedasticity，GARCH）模型等；时间序列的异常变动模式检测算法，包含基于统计的方法、基于滑动窗窗口的方法等；时间序列的分类算法，包括符号集合近似算法、基于相似度的方法等；时间序列的分解算法，包括时间序列的趋势特征分解、季节特征分解、周期性分解等。

针对非结构化数据的文本挖掘类算法，主要涉及分词算法、关键词提取算法、词向量转换算法、词性标注算法等。

统计质量控制类算法主要有基于统计过程控制图的控制方法、基于指数加权移动平均值控制图的控制方法、六西格玛方法等。

排程优化类算法主要有线性规划、整数规划、混合整数规划、动态规划、分支定界、基于图论的网络模型优化等。

下面将对决策树算法、聚类算法、关联规则分析以及神经网络算法进行详细介绍。

（1）决策树算法。

决策树算法的核心是在决策树的每个节点上选取合适的测试属性，并按照测试属性划分数据集，以此构造出完整的决策树。其常用算法有迭代二叉树三代（iterative dichotomiser 3，ID3）算法、C4.5算法、分类回归树（classification and regression tree，CART）算法等[14]。

ID3算法将信息熵理论引入决策树学习中，以信息增益为标准选取树节点的测试属性，递归地构造决策树。ID3算法偏向于处理具有较多值的属性，因而存在过拟合的问题；同时算法对噪声数据敏感，且只能处理离散值，无法对连续属性值进行处理。

C4.5算法用信息增益率替代信息增益来作为属性选取的标准。该算法引入了剪枝策略，以避免数据过拟合；同时增加了连续属性离散化处理能力，使得算法能够处理连续属性值。然而，该算法在处理连续属性值时需要对数据进行扫描和排序，影响执行效率，且算法只能对内存中的数据进行处理。

CART算法采用代表数据不纯度的基尼系数作为属性划分标准。该算法计算更加简便，且具有很好的近似精度。此外，该算法用二分递归的方法进一步简化了基尼系数的计算，并得到更加简单、直观的二叉决策树模型。CART算法能够处理连续属性值，但是当属性类别过多、决策树的复杂度较高时，误差较大。

(2) 聚类算法。

聚类算法主要分为层次聚类算法、基于划分的聚类算法、基于密度的聚类算法和基于网格的聚类算法[15]。

层次聚类算法的基本思想是逐层将数据分组,形成一个层级式的树状图结构的聚类结果。根据构造方式的不同,层次聚类可分为两大类:聚合层次聚类和分解层次聚类。聚合层次聚类采用自底向上的方式,初始时将每个个体看作一类,再逐层合并这些类;分解层次聚类则采用自顶向下的方式,初始时将所有个体看作一类,再逐层分割这些类。层次聚类代表算法有综合层次聚类(balanced iterative reducing and clustering using hierarchies,BIRCH)算法、表征聚类(clustering using representative,CURE)算法等。

基于划分的聚类算法,首先需要确定一个聚类类别数目和一个优化目标,为优化这个目标算法不断进行迭代,最终获得指定类别数目的结果簇。典型的基于划分的聚类算法为 K-means 算法。

基于密度的聚类算法将具有一定稠密程度的数据划分为一个簇,因而能够处理任意形状的聚类,并能有效排除稀疏的异常点。基于密度的聚类算法主要有 DBSCAN(density-based spatial clustering of applications with noise)算法、OPTICS(ordering points to identify the clustering structure)算法等。

基于网格的聚类算法首先将数据空间划分为有限数目的网络单元,然后计算获取映射到每个单元中的数据密度,最终将相邻的稠密单元合并以获取聚类结果。这类算法可以对各种形状的数据进行聚类,并且计算时间不受数据的数目和输入顺序的影响。但是其聚类精度由划分的网格单元数决定,若要提升聚类质量则要牺牲时间。基于网格的聚类算法有统计信息网格(statistical information grid,STING)算法、STING+算法、子空间聚类算法等。

(3) 关联规则分析。

关联规则分析中最经典的算法是 Apriori 算法和 FP-Growth 算法[14]。

Apriori 算法因计算效率高,在关联规则分析领域得到了广泛应用。然而,经典的 Apriori 算法存在两个主要问题:其一是当数据量很大时,算法会产生大量的候选集;其二是算法需要多次扫描数据集,具有很高的 I/O 开销。针对 Apriori 算法存在的问题,许多研究者提出了优化和改进的方法,如剪枝技术,利用"一个项集是频繁项集,当且仅当它的所有子集都是频繁项集"这一充分必要条件,排除那些存在不频繁子集的候选集,大大减小了候选集的规模;用哈希方法来计算支持度的直接哈希与剪裁(direct hashing and pruning,DHP)算法、以空间开销换取时间开销；将数据库划分为几个不相交的子库，读入内存并计算频繁项集，再将计算结果合并以减少 I/O 开销。

FP-Growth 算法基于频繁模式树（frequent pattern tree，FP-tree）的数据结构来压缩和表示数据，不需要产生候选集。该算法首先对数据集进行两次扫描来构造 FP-tree，再利用分治的思想，在构造好的 FP-tree 上进行挖掘。当 FP-tree 的规模足够小，数据集中的事务在 FP-tree 上构成的路径有较多重叠时，FP-Growth 算法的运行效率比 Apriori 算法的高几个数量级。

（4）神经网络算法。

神经网络算法的核心是训练神经网络模型，根据训练数据调整神经网络模型的参数，使模型的表征能力最优，主要算法包括感知器训练法则、最小均方误差算法、误差反向传播算法、随机梯度下降法则。

感知器训练法则根据训练样例的目标输出和实际输出的差值来调整网络连接权，直至感知器能正确分类所有的训练数据。感知器训练法则对线性可分的训练数据是收敛的，但对线性不可分的训练数据将无法收敛。

最小均方误差算法针对的是线性不可分的训练样本，其核心思想是最小化输出误差的平方和，从而得到最优近似解。该算法采用梯度下降的搜索策略，迭代地沿误差梯度的反方向更新网络连接的权值，直至收敛到稳定状态。

误差反向传播（back-propagation，BP）算法是目前应用最为广泛、最具代表性的神经网络学习算法。BP 算法是一种在神经网络的训练过程中用来计算梯度的方法，学习过程由信号的正向传播与误差的反向传播两个过程组成。正向传播时，输入样本从输入层传入，经过各隐层逐层处理后，传向输出层。误差反向传播是将输出误差以某种形式通过隐层向输入层逐层反传，并将误差分摊给各层的所有单元，从而获得各层的误差信号，且此误差信号即作为修正单元权值的依据。正向传播和反向传播过程迭代进行，直到模型收敛或者达到预先设置的学习次数为止。

随机梯度下降（stochastic gradient descent，SGD）法则是一种简单但非常有效的方法，多用于支持向量机、逻辑回归等凸损失函数下的线性分类器的学习。目前，SGD 法则已成功用于解决大规模和稀疏机器学习问题，既可以用于分类计算，也可以用于回归计算。

4. 数据挖掘与智能决策

上文讲述了多种数据处理的方案、流程与算法，运用一系列智能技术处理工业大数据，可以从大量异构复杂的原始数据中搜索挖掘隐藏于其中的信息[16]。数据挖掘是一种决策支持过程,它主要基于人工智能、模式识别、统计学、数据库、可视化技术等,高度自动化地分析企业的数据,做出归纳性的推理,从中挖掘出潜在的模式,帮助决策者调整市场策略,减小风险,做出正确的决策。

智能决策是工业互联网智能化的大脑,以全局优化为导向,最大化企业综合收益。运筹优化技术与机器学习深度融合,共同助力工业企业智能决策,不断拓宽能力边界。在未来,智能决策是领先工业企业的必备能力,部分领先企业已经抢先落地智能决策,实现了业务价值的突破。企业从实际问题出发获取决策的约束、偏好和目标,建立模型,确立目标函数、目标约束以及优化变量,通过优化算法求解,对海量数据进行数据挖掘,最终实现智能决策。

4.2.3 工业数据安全隐私与流通管理

当前,随着工业大数据分析技术不断发展,我国的工业大数据技术仍然存在一些问题,阻碍了工业场景下智能分析应用的开发,影响了产业发展[17]。导致这些问题的主要原因如下。

(1) 工业生产时各个环节的数据采集不充分,现有工业设备上的数据大多难以获取,且尚未有统一的数据格式。国内工业软件及工业生产设备的核心技术供需不均衡,而国外的设备未开放读写权限,从而导致工业数据的格式不一致且难以读取。因此,工业企业无法直接使用这些数据,难以发挥其价值。

(2) 目前我国工业企业的技术水平参差不齐。目前行业的整体数据管理能力不佳,面对规模巨大、来源分散、结构复杂且类型多样的工业数据,难以进行有效管理,更难以开展高质量的数据分析应用。

(3) 目前工业大数据的应用不足,缺少安全、稳定和可靠的工业大数据应用,使得工业数据得不到充分的利用,难以实现各种生产要素和各企业之间的链接和智能互动。

(4) 工业企业往往存在严重的数据孤岛问题,各个行业的工业数据产权不清晰,数据壁垒不易被打破,使得工业数据无法得到充分利用。

针对上述问题,如何利用工业生产中的数据应用价值逐渐成为重中之重[3]。工业和信息化部于 2020 年发布的《关于工业大数据发展的指导意见》指出,要挖掘出工业中各类数据资源要素的潜力,推动相关企业的工业转型升级,提升工业大数据产业的发展水平,关键策略是促进工业数据的融合与共享,鼓励优势产业中全产业链的企业合作与数据开放,创建安全可信的工业数据共享空间,设立公平、开放、透明的工业数据交易规则,激发工业大数据的市场活力。工业数据的复杂性通常很高,而面向特定场景的工业数据交易的要求更高,但目前却鲜有关注。

4.2.2 小节主要介绍了面向单个企业内部的工业数据智能处理与异构数据融合方法。随着工业互联网的不断深入发展,企业间数据协同的需求也逐渐涌现。本小节将面向多家企业间的智能协同与隐私保护需求,介绍工业大数据安全隐私与流通管理中用到的几种主流技术和方法。

1. 隐私计算

隐私计算是一种由两个或多个参与方联合计算的技术,参与方在不泄露各自数据的前提下通过协作,对它们的数据进行联合机器学习和分析。隐私计算的参与方既可以是同一机构的不同部门,也可以是不同的机构[18]。在隐私计算框架下,参与方的数据不出本地,在保护数据安全的同时实现多源数据跨域合作,可以破解数据保护与融合应用难题。

对于企业和机构而言,隐私计算是数据协作过程中履行数据保护义务的关键路径。一方面,企业借助隐私计算,能够切实保护企业在数据采集、存储、分析等过程中的关键信息、商业秘密等,既能保护企业自身的利益,还能践行企业的数据保护责任。另一方面,隐私计算能够促进企业的跨界数据合作,实现数据可用不可见,帮助不同企业和机构与产业链上下游的主体进行联合分析,打造数据融合应用。同时,隐私计算促使企业在数据协作的过程中履行数据安全和合规义务,实现生态系统内的数据融合,推动企业自身与产业层面的价值最大化。

对于政府而言,隐私计算是实现数据价值和社会福利最大化的重要支撑。一是借助隐私计算能够在政府数据开放过程中,提升数据采集、存储、协作等方面的安全防护和隐私保护水平,在保障数据安全的同时增强全社会的数据协作能力,通过数据的应用使社会福利最大化。二是借助隐私计算推动数据要素赋能产业升级。例如北京国际大数据交易所上线的北京数据交易系统,其基于区块链和隐私计算技术支持的全链条交易服务体系,将为市场参与方提供数据清洗、供需撮合、法律咨询、价值评估等一系列专业服务。

隐私计算包括差分隐私、安全多方计算和可信执行环境等主流技术。

1) 差分隐私

2006 年微软的 Dwork 提出差分隐私概念以应对差分攻击问题。差分隐私的核心思想就是对原始数据的转换或者是对统计结果添加 0 均值噪声来达到隐私保护效果。如果一个算法可以通过引入噪声使最多相差一个数据的两个数据集查询结果概率不可分，那么该算法就是满足差分隐私要求的，可称为差分隐私保护算法。目前差分隐私常用机制有两种：针对数值型输出的拉普拉斯（Laplace）机制和针对非数值型输出的指数机制。Laplace 机制，是在查询结果里加入 Laplace 分布的噪声；指数机制则是在查询结果里用指数分布来调整概率。

2）安全多方计算

安全多方计算（secure multiparty computation，SMPC）由姚期智教授于 1982 年提出，主要探讨在不泄露隐私的条件下，各参与方利用隐私数据参与保密计算，共同完成某项计算任务。安全多方计算架构如图 4-3 所示。

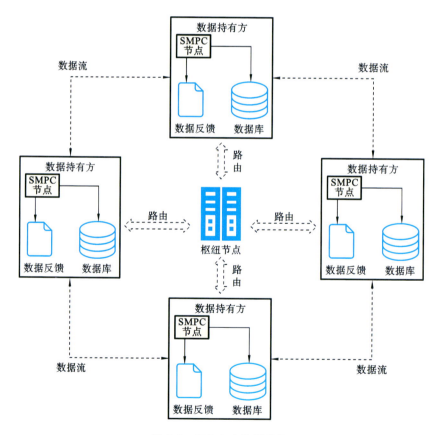

图 4-3　安全多方计算架构

安全多方计算是密码学的重要分支之一，目前主要用于解决各个互不信任的参与方之间的数据隐私和安全保护的协同计算问题,以实现在不泄露原始数据的条件下为数据需求方提供安全的多方计算。安全多方计算包括多个技术分支,主要包括秘密分享、不经意传输、混淆电路、同态加密、零知识证明等。

(1) 秘密分享:由著名密码学家 Shamir 和 Blakley 于 1979 年提出,是现代密码学的重要分支。直观地讲,秘密分享是指将秘密以适当的方式拆分,拆分后的每一份额由不同的参与方管理,每个参与方持有其中的一份,协作完成计算任务(如加法和乘法计算)。单个参与方只拥有部分秘密值,当且仅当足够数量的秘密值组合在一起时,才能重新构造被共享的秘密。在秘密共享系统中,攻击者必须同时获得一定数量的秘密碎片才能获得密钥,系统的安全性得以保障;另外,当某些秘密碎片丢失或被毁时,利用其他秘密份额仍能够获得秘密信息,系统的可靠性得以保障。

(2) 不经意传输:由 Rabin 在 1981 年提出,是用于保护隐私的两方计算协议,后被拓展为多方计算协议。根据协议,发送方每次发送多条信息,而接收方只能获得自己想要的一条信息。接收方除选取的内容外无法获取剩余数据,并且发送方也无从知道被选取的内容。不经意传输对双方信息的保护可用于求数据隐私集合交集(private set intersection,PSI)等场景。通过不经意传输,参与双方不能获取对方的任何数据信息,结果方只能获取交集数据。不经意传输技术常常应用于隐私信息检索(private information retrieval,PIR,也称为匿踪查询)等业务中。

(3) 混淆电路:由姚期智教授提出的一种安全多方计算概念。其思想是基于布尔电路的原理构造安全函数,使得参与方可以针对某个数值来计算答案,而不需要知道它们在计算式中输入的具体数字。多方共同计算通过电路的方式进行,如加法电路、比较电路、乘法电路等。混淆电路可以看成一种基于不经意传输的两方安全计算协议,它能够在不依赖第三方的前提下,允许两个互不信任的参与方在各自私有输入上对任何函数求值。其中心思想是将计算电路分解为产生阶段和求和阶段,两个参与方各负责一个阶段,而在每一阶段中电路都被加密处理,所以任何一方都不能从其他方获取信息,但仍然可以根据电路获取结果。

(4) 同态加密:一种通过对相关密文进行有效操作(不需获知解密密钥),从而允许在加密内容上进行特定代数运算的加密方法。其特点是允许在加密之后的密文上直接进行计算,且计算结果解密后和明文的计算结果一致。在安全多方计算场景下,参与方将数据加密后发送给统一的计算服务器,服务器直接使用密文进行计算,并将计算结果的密文发送给指定的结果方。结果方再将对应的密文进行解密,得到最终的结果。

(5)零知识证明:证明者能够在不向监控者提供任何有用信息的情况下,使验证者相信某个论断是正确的。零知识证明是一种涉及双方或更多方的协议,即双方或更多方完成一项任务需要采取的一系列步骤。证明者需要向验证者证明并使其相信自己知道或拥有某一消息,但证明过程不向验证者泄露任何关于被证明消息的信息。

3)可信执行环境

可信执行环境(trusted execution environment,TEE)是计算平台上由软硬件构建的一个安全区域,可保护在安全区域内部加载的代码和数据。其目标是确保一个任务按照预期执行,保证初始状态和运行时状态的机密性与完整性。ARM、Intel 和 AMD 公司分别于 2006 年、2015 年和 2016 年各自提出了硬件虚拟化技术——TrustZone、Intel SGX(software guard extension)和 AMD SEV(secure encrypted virtualization)及其相关实现方案,也是目前社区和生态较为成熟的几类方案。中关村可信计算产业联盟于 2016 年发布了 TPCM 可信平台控制模块,对国产可信执行环境技术的发展起到了指导作用。国内的 CPU 芯片厂商海光、飞腾、兆芯、鲲鹏分别推出了支持可信执行环境技术的 Hygon-CSV、飞腾 TrustZone、ZX-TCT 和鲲鹏 TrustZone。

2. 联邦学习

联邦学习在工业领域应用的技术架构可以分为硬件环境、软件框架和应用层三部分[19],如图 4-4 所示。其中,硬件环境包括终端设备/网元、网络控制引擎/边缘设备、私有云和公有云等;软件框架主要包括横向联邦学习、纵向联邦学习和联邦迁移学习;应用层包括联邦机器学习算法、联邦学习优化技术和联邦学习具体应用。

联邦机器学习算法是指在联邦学习框架下的经典机器学习模型训练与算法设计等。相较于传统的机器学习算法,联邦机器学习算法因特有模型迭代与多方参与建模过程,使得联邦学习框架下的模型训练与收敛更加复杂,需要对算法实现过程进行特别的设计与优化,例如纵向联邦逻辑回归实现、纵向联邦树模型、去中心化的横向联邦学习和贝叶斯联邦学习等。

1)联邦学习软件框架

联邦学习软件框架分为横向联邦学习、纵向联邦学习和联邦迁移学习三

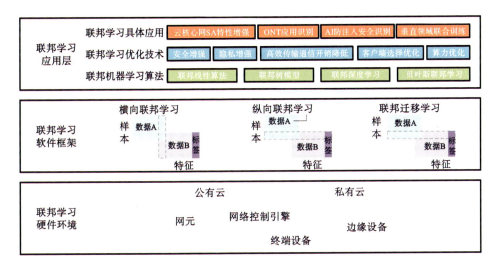

图 4-4 联邦学习技术架构

种。横向联邦学习适用于参与方的数据有重叠的数据特征,但拥有的数据样本有所不同的场景;纵向联邦学习适用于参与方的训练数据有重叠的数据样本,但在数据特征上有所不同的场景;联邦迁移学习适用于参与方的数据样本和数据特征重叠都很少的场景。

(1) 横向联邦学习。

横向联邦学习的数据集间用户特征重合度很高而数据重合度很低。例如,企业 A 和 B 的数据集用户无交集,但用户特征大部分相同。企业 A 和 B 采用相同的特征进行横向联邦学习以联合训练模型,并共享模型增益。横向联邦学习架构如图 4-5 所示。

横向联邦学习模型训练迭代的过程一般包括以下几个步骤:第一步,中央服务器生成初始全局模型并选择部分客户端参与本轮训练迭代,下发初始全局模型给各联邦参与客户端;第二步,各联邦参与客户端基于初始全局模型,使用本地数据训练本地模型;第三步,各联邦参与客户端使用如安全多方计算、差分隐私、分布式同态加密等安全与隐私保护技术对本地模型参数或梯度加密上传给中央服务器;第四步,中央服务器安全汇聚各联邦参与客户端的本地模型参数或梯度,更新全局模型;第五步,中央服务器下发更新后的全局模型给各联邦参与客户端;第六步,各联邦参与客户端使用本地数据对更新后的全局模型进行模型评估(如模型准确率、精确率、召回率),并将评估结果上报给中央服务

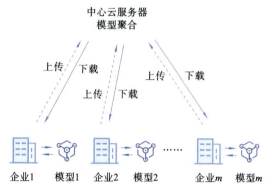

图 4-5 横向联邦学习架构

器;第七步,上述过程持续迭代进行,直至达到允许的迭代次数的上限或者全局模型损失函数收敛。

(2) 纵向联邦学习。

纵向联邦学习的数据集间用户特征重合度很低而用户重合度很高。例如,企业 A 和 B 的数据集可能包含相同的用户,因此用户重合度很高。但企业 A 记录的是用户的收支行为和信用评价数据,而企业 B 则有用户的通信数据,两者用户特征重合度较低。因此,企业 A 和 B 采用纵向联邦学习共建金融风控模型,如图 4-6 所示。

纵向联邦学习过程如下:第一步,样本加密对齐。企业 A 和 B 使用基于加密的用户 ID 对齐技术(如基于 RSA 的盲签名),确保企业 A 和 B 在不暴露各自原始数据的前提下,根据用户 ID 安全求交集,双方各自保存具有相同用户 ID 的数据。第二步,联合特征工程。基于样本对齐后的数据,企业 A 和 B 联合开展特征工程。例如,企业 B 可以选择企业 A 的某个用户特征,根据企业 B 的数据标签(如信用好坏评价)进行卡方分箱、证据权重(weight of evidence,WoE)编码以及信息价值(information value,IV)计算。开展特征工程过程中,企业 A 和 B 间使用隐私加密技术,如同态加密算法,交换中间结果。第三步,加密模型训练。基于样本对齐后的数据或联合特征工程所得数据,企业 A 和 B 使用隐私加密技术协同训练一个模型。

模型训练中的加密过程,有以下五个步骤:第一步,企业 A 和 B 生成同态公私钥对,并交换公钥;第二步,企业 A 和 B 分别进行模型训练,使用自己的公钥

第4章 面向工业大数据的智能架构与技术

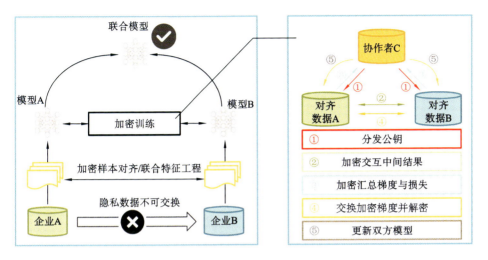

图 4-6 纵向联邦学习架构示例

加密中间结果并交换;第三步,企业 A 和 B 分别使用对方的公钥加密自己的中间结果,结合交换接收的对方已加密的中间结果计算加密梯度,并将已使用对方公钥加密的随机噪声加入梯度;第四步,企业 A 和 B 交换带噪声的加密梯度,并使用自己的私钥解密收到的梯度;第五步,双方交换已解密的梯度,去除噪声后更新自己的模型。

(3) 联邦迁移学习。

联邦迁移学习将联邦学习的概念加以推广,以实现在任何数据分布、任何实体上均可以进行协同建模并学习全局模型,其架构如图 4-7 所示。它不仅可以应用于两个样本空间,还可以应用于两个不同的数据集。联邦迁移学习的数据集间用户及其特征重合度均很低。例如,在工业互联网领域,不同业务间的用户和用户特征可能重合度都很低,可以采用联邦迁移学习将语音业务的平均主观意见分(mean opinion score,MOS)模型的成功经验,迁移到视频业务或者支付业务 MOS 模型中去。

给定源域(domain source,DS)和源任务(task source,TS),以及目标域(domain target,DT)和目标任务(task target,TT),联邦迁移学习旨在利用源域(DS)和源任务(TS)的知识提升预测函数在目标域(DT)中的表现。联邦迁移学习分为基于样本的迁移、基于特征的迁移、基于模型的迁移以及基于关系的迁移四大类。第一类,基于样本的迁移,通过权重重用,对源域和目标域的样例进行迁移,对不同的样本赋予不同权重,如对相似样本给予高权重;第二类,

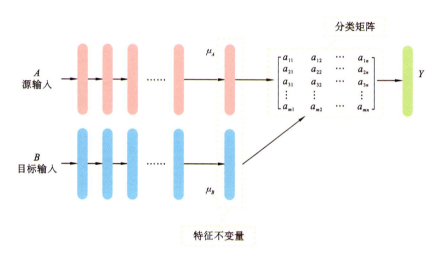

图 4-7 联邦迁移学习架构

基于特征的迁移,对特征进行变换,假设源域和目标域的特征原来不在一个空间,通过一定的方法将它们变换到同一个空间里,并保证变换后的特征是相似的;第三类,基于模型的迁移,构建参数共享的模型,常见于神经网络,如微调就是典型的基于模型迁移的例子;第四类,基于关系的迁移,通过挖掘和利用关系进行模型类比迁移。

2)联邦学习优化技术

联邦学习优化技术包括安全与隐私增强、高效传输与通信开销降低、客户端调度与选择、模型训练优化、个性化联邦学习等。

(1)安全与隐私增强。

在联邦学习中,参与联邦学习的各方通过交换参数而非交换本地数据的方式来完成模型训练,这在一定程度上保证了本地数据的安全与隐私,但依然存在安全风险,如投毒攻击、对抗样本攻击以及隐私泄露等。

投毒攻击:主要是指在训练或再训练过程中,恶意参与方通过攻击训练数据集或模型,例如添加错误的标签或有偏差的数据来降低数据质量,或是发送错误的参数或损坏的模型来破坏全局模型的学习过程,从而降低机器学习模型的训练质量。

对抗样本攻击:恶意构造输入样本,导致模型以高置信度输出错误结果。

隐私泄露:参与方或服务器通过模型参数更新来推测其他参与方的数据集信息,造成其他参与方隐私泄露。

针对以上一系列风险，业界提出了投毒防御、对抗攻击防御、差分隐私、安全多方计算和同态加密等技术进行应对，具体应对方案如下。

投毒防御：主要包括数据投毒防御和模型投毒防御。针对数据投毒，防御方法包括在各参与方进行数据交互之前利用身份验证机制来保证参与节点的可靠性；利用上下文信息进行训练集中有毒样本点的检测；等等。针对模型投毒，防御的重点在于对恶意参与方的识别以及对错误更新参数的检测，包括模型准确度检测和参数更新统计差异检测等。

对抗攻击防御：在传统机器学习领域中，已经出现大量对抗攻击防御的方法，有些同样适用于联邦学习的对抗攻击防御。其中，对抗训练是常用的防御手段，即将真实的样本和对抗样本一起作为训练集，以训练出最后的模型。对抗训练适用于多种监督问题，它使得模型在训练过程中就学习到对抗样本的特征，提高了模型的健壮性。防御蒸馏方法是将先利用训练集训练得到的模型迁移到另一个模型上，从而降低原模型被攻击的概率。梯度正则化方法是对训练模型目标函数的输入与输出的变化进行惩罚，从而限制输入的扰动对预测结果的影响。

（2）高效传输与通信开销降低。

在联邦学习模型训练过程中，参与方与集中式服务器之间需要进行多轮次的数据（模型、参数）传输。特别是在所需的全局模型规模较大的情况下，网络带宽和工作节点数量限制可能会加剧联邦学习的通信瓶颈。因此，联邦学习过程中的高效传输与通信开销降低具有重要的现实意义。减少通信开销通常从减少通信总次数、降低通信频次以及降低单轮通信回合的通信总比特数入手，可分别通过降低模型更新频率、选择更少的客户端进行通信以及压缩模型来实现，具体包括降低模型更新频率、模型压缩等优化方法。

降低模型更新频率：具体的机制包括联邦平均算法和参数冻结等。其中，联邦平均算法是通过本地计算代价来换取通信代价，将局部随机梯度算法与执行模型平均的服务器相结合，通过客户端先多次迭代本地模型，再将本地迭代的结果发送给服务器。这种方式在参与方数据为独立同分布时效果较好。而当参与方数据为非独立同分布时，通信成本的降低效果则会变得不明显。参数冻结是根据各参与方在联邦学习训练过程中本地模型收敛程度的不同来引入参数冻结期的。随着联邦学习模型训练迭代次数的增加，有的本地模型参数可能已经趋于稳定而不再更新，可以将判断为稳定的参数进行冻结并引入冻结期。冻结一段时间后将参数解冻,参与更新并重新判断是否稳定。各联邦参与方只上报不稳定的本地模型参数梯度给中央服务器进行汇聚,稳定参数只参与本地模型梯度更新,不参与全局模型梯度更新。参数冻结也称为神经元冷冻,该方法可以保证全局模型的稳定,波动较小,使得在不降低模型精度的情况下降低通信开销。

模型压缩:将更新的模型结构用更少的变量信息进行描述,可以在联邦学习的不同阶段执行。例如,在参与方训练本地模型之前,集中式服务器压缩全局模型的规模且广播给各参与方,或者在参与方上传更新模型之前,各参与方压缩本地训练模型参数的规模且上传给服务器。压缩方案可以是梯度稀疏、概率量化、梯度量化、随机选参等方法中的一种或多种的组合。梯度稀疏允许参与方只上传一小部分具有显著特性的梯度,从而减轻每一轮的通信有效载荷;概率量化是本地更新模型向量化后,对其权重量化;梯度量化是将梯度量化成低精度值而非直接上传原始梯度值,降低每轮次通信比特数,但这样会降低精度,反而有可能增加总体计算能耗;随机选参是各参与方在上报模型参数时,通过生成随机数种子,随机上传固定比例的模型参数值来压缩模型,在服务器端利用各参与方的随机数种子恢复模型参数并汇聚。例如,假设100个参与方,每个参与方随机上传20%的参数,中央服务器进行模型恢复(最优情况是5个参与方就可以恢复模型),这样通信量只有原来的20%。随机选参适用于有大量参与方(大于100个)共同联邦的场景,在联邦学习初始阶段就可以进行模型压缩,不会增加额外的计算量,可在不降低模型精度的情况下降低通信开销。

(3)客户端调度与选择。

在实际联邦学习中,受限于客户端状态、网络条件等,在每轮迭代训练中只选择一部分客户端节点参与联邦训练过程。但是,在联邦学习环境中存在大量的异构客户端,其异构性体现为设备存储、计算和通信能力的异构性、本地数据的非独立同分布性以及所需模型的异构性等。因此,客户端节点的选择对联邦学习的计算效率、通信效率、最终模型效果及公平性等至关重要。

目前客户端调度与选择策略包括随机选择、迭代效率最优、经验驱动等。其中,随机选择策略是服务器每次迭代时以平均概率从所有客户端里随机挑选部分参与训练。该策略简单、易操作,但难以适应客户端异构性带来的影响。迭代效率最优策略是考虑客户端节点的数据、算力和模型差异对联邦效果的影响,在每一轮中选择对模型收敛最有利的客户端来进行迭代训练。这种策略能减少迭代次数,但每轮的评价与选择过程存在泄露客户端节点隐私的风险。经验驱动策略是将每一轮的迭代看作一个马尔可夫过程,通过将每一轮迭代训练的性能表现作为经验来不断更新客户端。

(4)模型训练优化。

联邦学习作为一种特殊的分布式机器学习,考虑客户端的数据、计算和通信能力,以及模型特征和模型参数的更新方式等,其模型训练过程可以进行一系列的自适应调整和优化,例如变频变步、可持续学习等。

变频变步:在联邦学习训练过程中实时调整每轮次的通信频率和学习率(学习步长)。由于在联邦学习训练过程中,不同客户端给出的梯度方向可能由相同逐渐变为不同,这个过程定义为梯度分叉。梯度分叉会导致全局模型参数停滞在非全局最优点,准确率无法达到最优值。在各联邦参与客户端上报本地模型梯度给服务器后,由服务器计算出所有本地模型梯度分叉程度,调整下一次迭代所有客户端本地模型训练的通信频率和学习率。反复迭代并进行这种调整,直至最终模型参数收敛于全局最优值。变频变步方法提高了模型准确率,但有可能需要更多的模型聚合迭代次数。

可持续学习:在联邦学习过程中充分利用模型特征来针对性地激活、训练新模型,并在不影响任务效果的基础上对旧模型进行适应性调整,主要包括对特征空间变化的持续学习和对标签空间变化的持续学习。其中,对特征空间变化的持续学习可以利用共同子空间法和特征对齐变换法来解决特征空间变化问题;而在对标签空间变化的可持续学习中,随着时间的推移,目标任务中可能会出现新类别的数据,可利用中心损失函数法、深度样例学习法、自适应增量学习模型等多种可行方案来应对这种数据标签变化的情况。其中,中心损失函数法通过在损失函数中引入新的惩罚项,使得属于同一类样本的特征更加汇聚,增强了样本特征的可鉴别性,适当调整输出层参数即可保持学习器的鉴别分类能力;深度样例学习法结合了深度学习的强特征提取能力和样例学习的高新类别容忍度,故适合解决任务标签变化问题;自适应增量学习模型通过新增级联分类器来追踪数据标签的变化,增强了模型的特征提取能力,有助于提升模型的学习精度。

(5)个性化联邦学习。

联邦学习通过分布式的架构,学习所有参与的网络设备或终端设备的本地数据而获得更泛化的全局模型,但缺乏捕获每个客户端或设备个性化信息的能力。此外,联邦学习在复杂的电信网络中应用时需要解决设备在数据、计算和通信能力方面的异构性，以及根据应用场景所需的模型异构性等问题。

个性化联邦学习通过在设备、数据和模型级别上进行个性化处理来减轻异构性并考虑每个客户端所获得的个性化模型，主要包括迁移学习、元学习、分层多模型、多任务学习等。

迁移学习将全局共享模型迁移到分布式网络或边缘设备上，并进一步对模型进行个性化处理，从而减轻网络中设备之间的异构性。

在元学习中，模型是由一个能够学习大量相似任务的元学习者来训练的，训练模型的目标是从少量的新数据中快速适应新的相似任务。联邦元学习将元学习中的相似任务作为设备的个性化模型，将联邦学习与元学习相结合，通过协作学习来实现个性化处理。

分层多模型联邦学习中的模型采用分层结构，首先对所有层进行全局训练，每层有多个功能相同的模块。同层的不同模块可以使用不同的神经网络，也可以使用不同的计算学习算法，因此可以根据终端的性能差异选择不同的模块或算法实现个性化。

多任务联邦学习的目标是同时学习不同设备的不同任务，并试图在保护隐私安全的情况下捕捉模型之间的关系，同时利用模型之间的关系来使得每个设备模型可以获取其他设备的信息，从而既实现模型的个性化又提高模型的泛化能力。

3．数据交易

近年来，在国家政策的积极推动、地方政府和产业界的带动下，各类数据交易平台纷纷开始建立，如贵阳大数据交易所、华东江苏大数据交易中心和武汉东湖大数据交易中心等政府类数据交易平台，同时还有京东万象、数据宝和天元数据等企业类数据交易平台，这些标志着我国数据交易已进入市场化的发展阶段[20]。数据交易平台先对原始工业数据进行脱敏、清洗等加工处理，然后以数据包和应用程序编程接口（API）等形式进行交易，同时还提供相关的数据应用服务。为了更好地满足各类工业数据需求者的需求，工业数据交易平台尝试为工业数据需求者和工业数据供给者搭建供需交易平台，通过提供工业数据交易的撮合服务，使供需双方可直接进行工业数据交易。然而，实现工业大数据交易的关键仍然是完善大数据交易定价策略。目前主流的工业数据定价策略有预处理定价策略、工业数据拍卖定价策略、工业数据协商定价策略和反馈性定价策略。

(1) 预处理定价策略: 在实践中, 工业数据定价具有双向不确定性, 该问题是阻碍工业数据科学定价策略形成的重要因素[21]。因此, 将工业数据进行预处理后再进行交易, 实质上是将工业数据从一般性数据信息转化成真正可以直接利用的商品。经过预处理的信息属于可以直接给出购买价的信息, 这无疑能大大减少工业数据买卖双方在价格谈判中的分歧, 提高工业数据在交易中的成功率。预处理定价策略不仅有助于实现买卖双方定价信息的对称, 也能有效保护数据隐私, 从而进一步增加工业数据交易动力。然而, 该定价策略也存在着一些问题, 如会受到工业数据交易分析技术的限制, 以及工业数据应用中可能会出现错误等。在预处理定价策略下, 计算成本除了常规成本外, 还包括工业数据预处理成本。虽然预处理定价策略能有效缩小工业数据的价格区间, 但仍需考虑实际使用时的效果, 即使用工业数据前后所产生的效用差, 这导致该策略往往与其他定价策略同时使用。

(2) 工业数据拍卖定价策略: 即使是已经进行了预处理的工业数据, 其数据价值仍然具有较大的不确定性。换言之, 难以科学地对这些工业数据进行合理定价。特别是在工业数据交易之前, 买卖双方对于工业数据究竟可以带来多大效益是无法估计的。在此情况下, 一些数据的交易者更倾向于通过拍卖的方式来确定价格, 这既符合市场化原则, 也可以让买方进行有效对比。为了提高拍卖的科学性, 可以采取多种方式进行。例如, 为了提高数据买卖双方对工业数据信息及其价格的认可度, 可采用多次拍卖方式进行。买方利用工业数据获得一定的经济效益后, 愿意付出的拍卖价格会相应增加, 而卖方也会从上次的拍卖中吸取经验提高定价。此外, 还可以使用买方竞拍、反向竞拍等多种拍卖形式, 让双方在诚信的基础上就工业数据价格达成最高的一致性, 促进工业数据交易走向可持续发展。然而, 工业数据拍卖定价也有一定的局限性, 例如需求市场中存在多个买家, 且每个买家都意图自己所拍得的工业数据使用权是独一份的。换言之, 工业数据拍卖定价策略导致拍卖失败的概率较高, 易出现多个买家合伙竞拍一个工业数据的道德风险。

(3) 工业数据协商定价策略: 协商定价策略在商品交易中也是十分常见的。当买卖双方均对商品价值有较接近的评估时就可以使用协商定价策略。在工业数据交易中, 交易双方对数据价值的认可度是协商定价的前提。卖方认为自己所出售的数据是具有效用的, 能够使买方获得巨大收益; 但买方会低估工业数据的价值, 并将风险纳入协商定价中进行考虑。数据买卖双方在协商定价过程中会尽量去探明对方的底价, 即买方意图获得卖方的最低成交价格, 而卖方则想知道买方用于购买工业数据的最终预算。虽然协商定价策略可以充分满足买卖双方的意愿,但该定价策略在实施过程中依然存在着较高的风险:其一是时间成本在交易中很难控制,买卖双方皆希望得到有利于己方的最终定价,并对对方底价进行小心试探,此举可能会让整个协商定价过程变得极为漫长,从而导致过高的时间成本;其二是对协商话语权的争夺也会影响工业数据的最终定价。对于买卖双方来说,一次协商就能成功达成交易的概率极小,因此在未能达成一致性交易的情况下,由哪一家来提供后续的数据会对最终协商定价产生极大的影响。

（4）反馈性定价策略:工业数据往往更新速度极快,这在工业数据交易中也是值得重视的[22]。因此,在工业数据定价的实际操作中出现了反馈性定价策略,就是在原来的定价基础上,克服其静态价格的不足,在买家使用工业数据后及时反馈实际效用,买卖双方据此调整交易价格。如果买方利用其他定价策略获得工业数据的使用权后,意识到其相应的实际效用与预期效用有一定的差值,这个差值就会成为以后对工业数据进行定价的重要考量。卖方也可以根据买家的实际效用对定价进行修改[23]。在不断修改完善后,该定价策略可以最大限度地保证工业数据定价的合理性。然而,谁来对实际效用进行反馈以及反馈的时间仍然是目前反馈性定价策略制定过程中面临的难题。

4.3 工业大数据智能应用

工业大数据是我国制造业转型升级的重要战略资源,助力中国制造弯道超车。工业大数据智能技术赋予工业大数据产品不可多得的"超能力",挖掘海量工业数据,集成多模态数据,建模多类型知识,分析多种类业务场景,发掘多领域知识,驱动企业业务创新,加速企业转型升级[24]。工业大数据智能技术在工业互联网中的应用环节如图 4-8 所示。接下来将具体介绍工业大数据的智能应用场景。

4.3.1 数据驱动研发能力提升

当前,大量产品在研发过程中需要经过多次实验以及测试,这给研发工作带来了额外的工作量,大大延长了产品的研发周期。因此,针对产品和工艺的设计和优化建立相关的数字化模型至关重要。模型作为可量化、可计算的知识

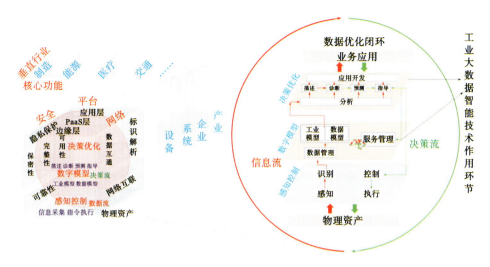

图4-8 工业大数据智能技术在工业互联网中的应用环节

载体,能够有效提高企业知识重用水平,并促进持续优化。将大数据技术与数字化建模相结合,可以提供更好的设计工具,缩短产品交付周期[25]。基于大数据分析和智能优化,对搜集到的海量数据进行处理,明确在以往产品研发过程中出现的问题,继而在下一代产品研发中改进设计,使产品能够不断动态优化,以改善用户的体验,持续改进产品质量和功能[26]。

4.3.2 数据促进设备故障智能分析

设备故障预测与健康管理(prognostic and health management,PHM)技术采用传感器信息、专家知识及维修保障信息,借助各种智能算法与数据推理模型实现设备运行状态的监测、预测、判别以及管理,实现低虚警率的故障检测与隔离,并最终实现智能任务规划及基于设备状态(历史、当前及未来状态)的智能维护,以取代传统基于事件的事后维修,或基于时间的定期检修[27]。

设备故障诊断是指应用现代数据分析手段和诊断理论方法,对运行中的设备出现故障的机理、原因、部位和故障程度进行识别和诊断,并且根据诊断结论,确定设备的维修方法和防范措施。

运维优化与故障诊断同样重要,通过可视化展示、分析设备各项数据,给出设备运行的合理化建议。其优化目标有服务水平、整体运行成本、设备可用率、设备维修效率、设备运行效率等。

4.3.3　数据助力网络化协同制造

基于大数据的网络化协同制造体现在生产质量分析与生产效率优化两方面。

质量问题是工业生产的核心问题,也是一个复杂问题。质量是人、机等多种因素共同作用的结果,还包括大量不可测、不可控因素[28]。如果想将生产质量分析落地,就要在对业务和工艺的整体了解上,对大数据和数据分析技术有客观认识,在质量管理体系下,将技术落到合适的环节[29]。

生产效率模型(production efficiency model,PEM)在工业中十分常见,生产效率由生产要素(设备、原料、能量、人等)效能及其在时空上的排布共同决定,典型的分析问题包括生产能力规划、生产计划与排程、资源调配、能耗和物耗优化[30]。分析产品质量、成本、能耗、效率、成材率等关键指标与工艺、设备参数之间的关系,以优化产品设计和工艺。以实际的生产数据为基础,建立生产过程的仿真模型,优化生产流程。根据客户订单、生产线、库存、设备等数据预测市场和订单,优化库存和生产计划与排程。

4.3.4　数据支持智能化服务

在工业互联网背景下,生产过程的智能化是智能制造的重要组成部分。要推进生产过程的智能化,首先需要对设备、车间乃至工厂进行全面的数字化改造。工业大数据驱动产品信息的数字化和生产过程的数字化,以满足生产过程的即时性与准确性要求。其次,生产过程及设备状态必须受到严格的监控,当发现生产过程中出现设备、质量等问题时,便可以及时地通过人或者系统的手段进行处理。对于无人化、少人化车间,还可以通过网络化的智能系统做到远程监控或移动监控[3]。最后,工业大数据还提供"质量追溯"能力。从订单、生产计划到产品设计数据,再到完整的供应链与生产过程,完整的工业大数据将为生产质量的追溯提供必要的数据保证[31]。

基于上述条件,如果能够对设备进行智能化升级,不断地消除"哑"设备,对积累沉淀的工业大数据进行深入挖掘,做到设备的自诊断与预测性维护,这将大大推动智能化制造的进程。同时,企业也可通过获取与分析大量用户数据和交易数据来实现用户需求识别,提供定制化的交易服务;还能基于大数据建立信用体系,提供高效定制化的金融服务,优化物流体系,提供高效和低成本的加工配送服务。进一步,可通过与金融服务平台结合实现既有技术的产业化转化,实现新的技术创新模式和途径。

4.3.5 数据支撑个性化定制

目前中国仍面临劳动力成本上升、制造业附加值较低、多样化市场需求无法有效满足等问题。以消费品制造业为代表的中国工业正在进行新一轮转型升级。大规模个性化定制生产赋能中国制造升级,而工业大数据智能技术可以驱动个性化定制发展。应用工业互联网和大数据技术,可有效促进产品研发设计的数字化、透明化和智能化:数字化能有效提升效率,透明化可提高管理水平,而智能化可减少人的失误。对互联网上用户的反馈、评论信息进行收集、分析和挖掘,可挖掘用户深层次的个性化需求[32]。建设和完善研发设计知识库,促进数字化图纸、标准零部件库等设计数据在企业内部的知识重用和创新协同,提升企业内部研发资源统筹管理和产业链协同设计能力。

采集客户个性化需求数据、工业企业生产数据、外部环境数据等信息,建立个性化产品模型,将产品方案、物料清单、工艺方案通过制造执行系统快速传递给生产现场,进行设备调整、原材料准备,实现单件小批量的柔性化生产。分析用户的信息(性别、年龄、兴趣等),发现用户最感兴趣的内容,向用户展示最相关的广告,为营销人员挖掘销售信息,指导后续有针对性的、个性化的营销行为[33]。

4.3.6 工业大数据智能应用案例

上文已经介绍了工业大数据在几类典型行业中的智能应用,本小节将通过一个具体的应用案例——跨企业自动导引车(automated guided vehicle,AGV)设备智能运维模型的联合优化,让读者更加直观地了解工业大数据智能技术的应用。

1. 需求分析

AGV 设备故障将严重影响企业的生产效率,提前预警设备故障非常重要。在数据样本获取过程中,企业发现其设备运行数据不足,故障样本难以获取,需要联合多家企业进行数据的联合分析。然而,由于设备类型较多,样本质量参差不齐,因此需要使用有效的数据处理和训练方法。同时,从安全和隐私角度考虑,由于数据或者模型的跨企业共享,跨企业联合训练故障模型可能引发企业隐私泄露以及数据资产权益难保障的风险。

2. 技术方案

针对上述需求,本案例联合了三家不同的 AGV 设备生产制造厂商,共同训练 AGV 故障预测模型。整体实施方案架构如图 4-9 所示。首先在数据采集阶段,考虑 AGV 设备运行状态下数据采集时延和小区切换时延高的问题,使用 5G 网络采集与传输 AGV 设备数据。数据由部署在 AGV 设备上的传感器采集,主要包括电流、电压、电池电量、行走里程数、换向次数等。在数据预处理阶段,进行数据清洗(删除离群点、填补缺失值等),并针对三家企业的异构数据进行数据分布调整等处理,以解决数据分布不平衡问题。进而,开展数据特征工程,根据原始信号计算均值、方差等。

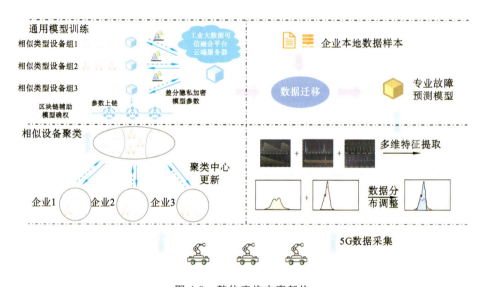

图 4-9　整体实施方案架构

在模型训练阶段,使用联邦迁移学习方法进行数据联合训练。为了避免因不同企业设备差异而引起数据分布的变化,首先对所有异构设备进行相似设备聚类,训练出通用的设备故障预测模型。然后利用企业本地样本数据,对通用模型进行知识迁移得到专用的 AGV 故障预测个性化模型。模型训练完成之后,在各企业边缘侧进行模型实时推理,并将推理后的故障预警消息及时推送至企业相关人员。5G 网络环境使得模型推理时延和故障预警响应时延显著降低。模型实时推理过程示意图如图 4-10 所示。

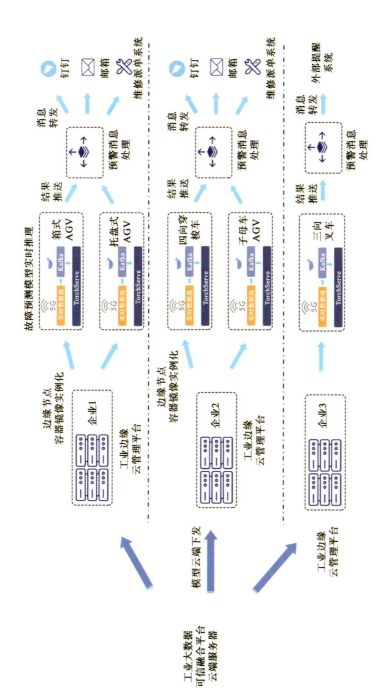

图 4-10 模型实时推理过程示意图

4.4 工业大数据与智能技术展望

2019年9月4日,工业和信息化部发布的《工业大数据发展指导意见(征求意见稿)》提出,到2025年,工业大数据资源体系、融合体系、产业体系和治理体系基本建成,工业大数据价值潜力大幅激发,成为支持工业高质量发展的关键要素和创新引擎。工业大数据的应用将成为提升制造业生产力、竞争力、创新能力的关键要素,也是全球工业转型必须面对的重要课题。

4.4.1 当前发展面临的挑战

在工业场景中,80%以上的监测数据都是实时数据,这些数据能够实时地反映系统或作业的状态。工业场景中通常使用实时/历史数据库作为核心枢纽来收集、存储和查询这些数据。工业大数据技术融入企业运营中的同时,仍面临一些关键的挑战,例如边缘和中央云平台之间的管理、智能技术在边缘端的应用以及海量数据存储的安全性问题等。

1. 工业大数据处理复杂挑战

工业互联网数据源和通信协议异构多样,时序数据与关系型数据的处理截然不同。目前处理后的数据准确性难以保障,可用性较差,无法满足海量数据存储、高并发高吞吐写入的需求,这给数据的获取、处理和存储带来了新的挑战。除此之外,信息的多样性,例如图像、视频、音频、语义等数据的多模态特性,导致数据处理变得更加困难。如何利用多模态之间的互补特性,剔除模态间的冗余特性,从而学习到更好的特征表示,以及如何通过多模态信息,利用多模态特征融合、多模态特征对齐等技术训练出更好的模型仍是一个挑战。

2. 跨云边端的工作负载迁移和管理挑战

智能技术的融入将促使更多应用部署在边缘而不是企业的数据中心,同时人工智能和工业互联网的发展也使海量终端以及海量数据交互分析的需求增加,将更多工作负载推向"边缘"。因此,跨云边端的工作负载迁移和管理是一个新的挑战。

3. 数据孤岛下的转化挑战

数据在整个物联网系统中是不可或缺的一部分,其作用是获得更精准的洞察力。保持数据信息的有效传输和设备之间的高效交互,在实现智能制造和智能服务中非常重要。传统工业和制造业的部署以功能为中心,造成大量数据孤岛，并且边缘端有不同的工业标准。因此，如何跨不同工业标准对数据进行收集、交互、分析，成为工业智能转化业务创新能力的新挑战。

4. 集中透明统一管理挑战

利用工业互联网连接异构设备，可以针对不同的生产工艺、生产线或车间快速构建实时动态的智能监控系统。而随着边缘端的应用数量不断增加，基于跨云、边缘、终端的集中管理平台也面临众多挑战，例如如何快速部署边缘组件，针对不同负载实现负载优化以及资源、性能的智能监控管理，提供IT自动化管理能力，优化工业互联网运营管理效率等。

5. 性能瓶颈挑战

在工业互联网中，边缘是聚集海量数据的地方。为了能够支持诸如机器间通信(machine-to-machine communication)、人机协同、智能电网、智能交通、智能家居等应用，需要利用边缘计算服务器简化本地部署，提供低时延、高带宽的服务消除计算性能瓶颈，提高数据分析和处理的效率以及用户的业务处理效率。

4.4.2 未来发展展望

2021年以来，国家发布的相关政策中提出要推动产业技术变革和优化升级，加快数据汇聚、推动数据共享。如今，数据要素统一大市场成为最新的政策导向。为实现这些目标，需要消除数据安全顾虑，打通工业数据流通路径，建立工业数据体系，共享工业数据服务，从而加快工业数据的流通、汇聚和共享。可信工业数据空间是实现工业数据开放、共享和可信流通的新型技术解决方案[34]，基于"可用不可见、可控可计量"的应用模式，为工业数据要素市场化提供实现路径。其主要功能体现在三个方面：一是为数据拥有者提供数据使用对象、范围、方式的控制能力，满足企业对工业数据可用不可见、可用不可存、可控可计量的需求，消除流通顾虑；二是为数据处理者提供数据流通处理的日志存证，提供内外部合规记录，实现数据资源有效管理；三是为数据供需双方提供中间服务，便利供需对接，促进工业数据要素资源的价值转换。可信工业数据空间可从业务视角、功能视角和技术视角构建系统架构。

1. 业务视角

业务视角从数据共享流通各参与方的需求出发，基于各参与方之间的业务关系形成数据共享流通模式。其主要分为三类：点对点模式、星状网络模式以及可信工业数据空间融合模式。

在工业数据共享流通场景中最为常见的是点对点模式,即数据提供方提供数据,数据使用方使用数据完成一些业务,两方内部的存证部门作为存证方对数据的使用进行监督。

随着数据提供方和使用方数量的增多,以及双方对数据的使用形式和深度提出了不同需求,点对点数据共享流通模式难以满足用户需求,星状网络模式因此出现。星状网络模式中常见的数据共享流通技术有安全多方计算、数据汇聚、数据沙盒和联邦学习。星状网络模式使得数据的共享与流通在连接性、可信度以及应用深度上均有所提高。

可信工业数据空间融合模式主要基于点对点模式和星状网络模式中各利益相关方对数据使用范围、深度和可信度的不同要求,定义了五种主要参与方,包括数据提供方、数据使用方、存证方、中间服务方和IT基础设施提供方。该类模式覆盖的角色和业务流程相对完整,也构成了可信工业数据空间的业务视图。

2. 功能视角

基于功能视角,可信工业数据空间自下而上分别为数据接入层、传输处理层、中间服务层、数据控制层以及数据应用层。数据接入层主要记录数据的来源,也能进行数据溯源,包含OT层和IT层;传输处理层可以对数据进行传输、处理和计算,由IT基础设施提供方提供;中间服务层主要由中间服务方提供的第三方服务组成,可以实现参与方认证与接入认证、数据的分类分集管理与价值评估等功能;数据控制层由两大功能组成,分别是针对用户的日志采集存证功能和数据全生命周期接入控制与使用控制功能;数据应用层主要包括企业业务运行、应用创新以及政府的监管应用。其中,数据接入层、传输处理层以及中间服务层是数据共享流通的基础与载体;数据控制层与数据应用层实现了数据共享流通的可信与透明,也是可信工业数据空间的核心部分。

3. 技术视角

为了实现上述功能,可信工业数据空间主要需要整合七大类技术,包括安全技术、隐私计算技术、存证溯源技术、数据控制技术、管理技术、计算处理技术以及OT技术。安全技术是保障数据安全的重要基础,主要包括文件加密、身份认证、数字签名等技术;隐私计算技术可以在原始数据不出本地的情况下发挥数据的价值,保护用户数据的隐私,主要包括安全多方计算、联邦学习、机密计算等技术;存证溯源技术可以对数据全生命周期进行日志存证与溯源,主要包括日志采集技术、标识技术、区块链技术等;数据控制技术使数据提供方实现对数据全生命周期的控制,主要包括控制技术、访问控制及数据沙盒等;管理技术主要用于实现中间服务层和传输处理层的功能,包括数据安全审计、风险识别技术、标准化认证等;计算处理技术可以对数据进行清洗、存储、计算与处理,主要包括网络性能优化、数据清洗技术、数据建模和设计技术等;OT技术为可信工业数据空间架构提供支撑,主要包括资产管理壳、智能装备、信息模型等技术。

本章参考文献

[1] 卫凤林,董建,张群.《工业大数据白皮书(2017版)》解读[J].信息技术与标准化,2017(4):13-17.
[2] 刘新,陈琪.大数据在智能制造中的应用[J].集成电路应用,2022,39(3):222-223.
[3] 卓相磊.工业大数据在智能制造中的应用价值[J].科技风,2021(18):85-86.
[4] 安晖.2021中国大数据产业发展白皮书发布[J].软件和集成电路,2021(8):21-22.
[5] 陈建洪,林文彬,夏文岳,等.基于云边协同的变电站倒闸防误操作关键技术研究[J].电力信息与通信技术,2022,20(8):91-98.
[6] 孔丽云,孔丽霞.基于混合云计算的制造业数字化生产线控制研究[J].制造业自动化,2021,43(12):28-31,36.
[7] 耿明.大数据与云计算在智慧工厂中的应用[J].工业控制计算机,2021,34(12):32-34.
[8] 李正新,杨富森,苏日朗.基于云计算的工业设备数据采集与分析方法及云服务平台:CN113793110A[P].2021-12-14.
[9] 秦修功,尹作重,黄意,等.边缘计算在工业互联网领域标准体系及应用模式探究[J].制造业自动化,2022,44(2):183-186.
[10] 肖烨.面向智能工厂的边缘计算节点部署及节能技术研究[D].北京:北京邮电大学,2021.
[11] 周泉锡.常见数据预处理技术分析[J].通讯世界,2019,26(1):17-18.
[12] 周天毅.基于模糊理论和神经网络的多传感器数据融合研究[D].南京:南京信息工程大学,2022.
[13] 运晨超,黄毅臣,赵微,等.基于大数据分析的科技成果数据融合方法研

究[J].微型电脑应用,2022,38(4):113-116.

[14] 张光荣.基于决策树算法和关联规则分析方法的学生就业数据分析[D].西安:陕西师范大学,2014.

[15] 张树森.聚类分析算法研究及其在数据密集型计算环境下的实现[D].淄博:山东理工大学,2015.

[16] 姚培福,王建国,谭正洲.基于铜冶炼工厂历史运维大数据挖掘的业务流程再造模型研究[J].电子设计工程,2022,30(10):36-40,45.

[17] 胡燕玲.大数据交易现状与定价问题研究[J].价格月刊,2017(12):16-19.

[18] 钱文君,沈晴霓,吴鹏飞,等.大数据计算环境下的隐私保护技术研究进展[J].计算机学报,2022,45(4):669-701.

[19] 杨强,童咏昕,王晏晟,等.群体智能中的联邦学习算法综述[J].智能科学与技术学报,2022,4(1):29-44.

[20] 赵子瑞.浅析国内大数据交易定价[J].信息安全与通信保密,2017(5):61-67.

[21] 申云成.个人大数据定价方法研究[D].成都:四川大学,2021.

[22] 蔡莉,黄振弘,梁宇,等.数据定价研究综述[J].计算机科学与探索,2021,15(9):1595-1606.

[23] 张军欢,葛俊杰,张辉.基于多维特性的数据交易定价与风险管理综述[J].广西财经学院学报,2022,35(1):62-76.

[24] 王红星.基于智能制造的工业大数据技术分析[J].中国科技信息,2022(8):134-135.

[25] 谢康,肖静华,王茜.大数据驱动的企业与用户互动研发创新[J].北京交通大学学报(社会科学版),2018,17(2):18-26.

[26] 薛扬波.一站式大数据智能云研发平台的设计与实现[D].北京:北京交通大学,2019.

[27] 付强.工业大数据故障检测的研究与应用[D].重庆:重庆大学,2018.

[28] 余威,戴亚辉,张国红,等.全流程质量管控的智能制造实践[J].智能制造,2022(3):44-48.

[29] 宗福季.数字化转型下工业大数据在质量创新中的应用[J].宏观质量研究,2021,9(3):1-11.

[30] 罗立辉.工业大数据的应用和实践研究[J].信息记录材料,2022,23(2):

167-169.

[31] 贾文杰. 大数据分析与网络安全技术在流程工业智能制造的应用——评《工业大数据分析在流程制造行业的应用》[J]. 铸造，2021，70(5)：637.

[32] 赵颖，侯俊杰，于成龙，等. 面向生产管控的工业大数据研究及应用[J]. 计算机科学，2019，46(z1)：45-51.

[33] 杨宁. 工业大数据在智能制造中的应用价值分析[J]. 中国新通信，2019，21(2)：115-116.

[34] 工业互联网产业联盟. 可信工业数据空间系统架构 1.0[R]. (2021-12-24)[2022-09-23]. http://www.aii-alliance.org/uploads/1/20220125/68c2389362c6f6005711ac4e68e40425.pdf.

第 5 章
企业级工业边缘云管理平台

前几章较为详细地介绍 5G 网络、工业区块链、工业大数据与智能技术等工业互联网领域相关的新兴技术，这些技术逐渐成为工业互联网发展的热点和焦点，同时也引领着整个工业互联网的发展方向。利用上述技术，结合工业互联网自身的特性，本书作者团队建立了面向典型行业的"5G＋边缘计算"可信工业智能平台。平台整体采用云边协同的创新架构，分为企业级工业边缘云管理平台和产业级工业互联网公共服务平台。本章将重点介绍前者，从边缘云管理平台的功能架构、关键技术和软件实现三个方面进行介绍说明，最后对工业边缘云管理平台的未来技术发展与可能遇到的挑战进行简要阐述。

5.1　工业边缘云管理平台功能架构

随着工业互联网平台和应用的不断发展，原本的云计算平台资源已无法满足各企业多样化的业务需求。为了实现企业内部的海量异构设备连接、业务稳定性和实时性、应用智能化和服务响应优化，引入边缘互联、边缘智能和边缘自治等技术，打造企业级的工业边缘云管理平台将是目前工业互联网的迫切需要。本节将重点阐述工业边缘云管理平台的功能架构，从感知层、接入层、汇聚层、资源管理层和企业应用层这五个层次分别介绍工业边缘云管理平台的功能。工业边缘云管理平台的功能架构如图 5-1 所示。

在感知层，各类工业终端设备需要进行静态信息、动态信息、图像和视频等数据的采集，其功能主要体现在视频、图像获取，RFID 标签扫描和传感数据采集三个方面；接入层主要功能包括设备接入、协议解析、消息代理和数据传输；汇聚层的功能包含资源标识解析、数据上链存证、边缘数据处理和消息规则转发。

平台的资源管理层为核心功能层次，主要分为 IaaS 资源虚拟化、IaaS 资源管理和 PaaS 功能模块三个部分。其中，IaaS 资源虚拟化包括对网络资源、计算

第 5 章
企业级工业边缘云管理平台

图 5-1 工业边缘云管理平台的功能架构

资源和存储资源的虚拟化;IaaS 资源管理包括 5G 网元管理、资源状态监控和资源智能调度等功能;PaaS 功能模块主要包括设备管理、大数据存储、数据可视化、区块链 BaaS 和工业应用模型等功能。

平台最上层为企业应用层,主要为企业提供私有云应用运行环境、微服务治理、应用编排与管理的功能。其上运行的企业应用分为业务运行和创新应用两大类,其中业务运行类包括设计 APP、生产 APP 和管理 APP;而创新应用类则包括质量检测、远程维护和智能排产等工业场景应用。

下面将详细阐述接入层、汇聚层、资源管理层和企业应用层的功能。

5.1.1 工业边缘云管理平台接入层

工业边缘云管理平台的接入层主要包括设备接入、协议解析、消息代理和数据传输四个功能模块,下面将详细阐述这四个功能模块的具体含义。

1. 设备接入

设备接入服务适用于海量设备连接、数据采集/转发和远程控制的情况,可实现海量设备与边缘云管理平台之间的双向通信、设备数据采集上边缘云管理平台,同时支持上层应用调用 API 远程控制设备,并提供与平台上其他服务无缝对接的规则引擎,可应用于各种物联网场景。通过多种协议或网关可让工业设备接入管理子平台,从而采集设备数据,将数据保存至数据库做持久化存储,并可通过数据可视化模块快速直观地展示数据。在功能层次上,设备接入功能模块主要考虑两个方面:接入的工业设备与接入所需的工业通信网络。

1)工业接入设备

按照设备端功能结构,工业接入设备可以划分为四类:RFID 标签、传感器、嵌入式系统和智能设备或装备。其中,RFID 标签主要用来读取生产物料和设备的标识信息;传感器为工业数据采集模块;嵌入式系统主要包含可编程逻辑控制器(PLC)、分布式控制系统(distributed control system,DCS)和远端测控单元(remote terminal unit,RTU)等;智能设备或装备包括工业机器人、数控机床、工业相机和其他专用智能装备。从严格意义上说,上述工业接入设备承担着整个平台感知层的功能,平台的设备接入模块通过异构网络连接各种工业设备并采集工业数据。

2)工业接入网络

网络是整个工业边缘云管理平台功能架构的基础,不仅为工业环境下人、机、物的全面互联提供关键基础设施,实现从工业设计、研发、生产到管理、服务等产业全要素的泛在互联,还促进各种工业数据的充分流动和无缝集成。网络通过有线与无线方式,连接工业互联网体系中相关的人、机、料、法、环,以及企业的上下游、智能产品、用户等全要素,支撑业务发展的数据转发,实现端到端的数据传输[1]。

工业生产环境中的企业内部接入网络,从通信介质的角度可以分为有线网络和无线网络。其中,有线网络接入是目前工业生产环境中各类工业设备使用较多的网络连接方式,工业现场通过现场总线、工业以太网等连接现场检测传感器、执行器与工业控制器等现场设备,并将采集的数据传输到上层网络。有线网络主要包含现场总线、工业以太网、工业光网络和时间敏感网络(time sensitive network,TSN)等。但是为满足工厂要素全面互联、生产灵活调配的需求,以及一些新的无人操作的诉求(如远程巡检等),无线网络也成为工业内部不可或缺的一种通信方式。工厂内部的无线网络,将更多采用创新技术,在工业领域逐步渗透,呈现从信息采集到生产控制、从少量部署到广泛应用的发展趋势。目前主流的工业无线接入网络包括 NB-IoT(narrow band-internet of things)、Wi-Fi、5G 等。上述工业接入网络的技术特点和协议结构将在 5.2 节介绍。

2. 协议解析

协议解析是指将一个设备的标准或协议封装的数据解析出来,并将其再封装,转换成符合另一设备的协议的过程,目的是使得不同协议之间实现互操作[2]。每个网络内部都有各自的信息交流方式,当两个网络需要沟通的时候,如果彼此不识别对方的交流方式,那么就无法沟通。协议转换在两个网络中起到"翻译"的作用。

在工业互联网设备接入场景中,协议解析的功能是将各类南向工业网络协议经过软硬件工业网关解析并转换成上层平台可以识别的北向通信网络协议。其中,南向工业网络协议负责接入、采集和传输各类工业设备的原始数据;北向通信网络协议负责将网关处理后的数据传输至上一层平台或服务程序中。南向工业网络协议和北向通信网络协议的技术特点和技术架构将在 5.2 节的工业协议解析技术部分具体介绍。在实际工业系统中,工业网关主要承担协议解析的功能,下面具体介绍工业网关。

1) 工业边缘硬件网关

工业场景下,有些工业设备或终端本身不具备联网能力,这就要求在本地组网后,设备统一通过网关接入网络,如终端通过 ZigBee、远距离无线电(long range radio,LoRa)等无线协议组网,然后设备通过网关统一接入网络。

硬件网关在网络层以上实现网络互联,是最复杂的网络互联设备,仅用于两个高层协议不同的网络互联。它是一种充当转换重任的计算机系统或设备,在通信协议、数据格式或语言不同,甚至体系结构完全不同的两种系统之间使用。与网桥只是简单地传达信息不同,网关对收到的信息要重新打包,以适应目的系统的需求。简单地说,网关就是一个处于本地局域网与外部接入网络之间的智能设备。网关的主要功能是网络隔离、协议转换和适配、数据内外传输,它还有一项功能在工业互联网平台中很重要,那就是边缘计算。而边缘计算大部分是通过网关或网关服务器来完成的。具体来说,网关主要功能包括广泛的接入、网络隔离、协议转换和边缘计算。

2) 工业软件网关 IoT-Gateway

由于边缘硬件网关北向通信网络协议和工业数据格式的多样性,单一的硬件网关无法满足工厂内部各类设备的接入需求,因此需要使用工业软件网关承担硬件网关对接上位系统的部分功能,作为两者之间的中间组件,以满足个性多样化的数据通信需求。同时,软件网关服务允许将连接到旧系统或第三方系统的设备与上层平台集成,管理各种不同协议的设备,并通过标准的北向通信网络协议接入上层平台,实现对网关及其所有子设备的控制和管理。

3. 消息代理

当采集的工业数据经过多种工业网关协议解析后,需根据上层平台或应用的业务需求定义其消息转发路由,即需要规定数据的流向和上层平台的接收方式,所以消息代理成为接入层必不可少的一个功能模块。同时针对大量传感数据传输场景,提升系统间消息的异步通信能力、扩展解耦能力的任务将由消息代理中间件承担。

消息代理常用方案为异构分布式系统间的消息队列异步传输,其中消息队列是一种应用程序对应用程序的通信方法,应用程序通过读写出入队列中的数据(消息)来进行通信,而不需要专用连接来链接它们。消息传递指的是程序之间通过在消息中发送数据来通信,而不是通过直接调用彼此来通信。直接调用是通常用于诸如远程过程调用的技术。

消息队列技术是分布式应用间交换信息的一种技术,消息队列可驻留在内存或者磁盘上,队列存储消息直到它们被应用程序读走。基于消息队列技术,应用程序可独立执行,即它们不需要知道彼此的位置,或者继续执行前不需要等待接收程序接收此消息。

1)消息代理的特性

消息队列中间件有两个常用的组件:RabbitMQ 和 Kafka。这两个中间件具备几种相同的特性:① 可靠性传输,这个特点是消息队列中间件的立足之本,对应用来说,只要成功把数据提交给消息队列中间件,那么关于数据可靠传输的问题就由消息队列中间件来负责;② 不重复传输,也就是断点续传功能,特别适用于网络不稳定的环境,可节约网络资源;③ 异步传输,发送和接收信息双方不必同时在线,具有脱机能力和安全性;④ 消息驱动,接到消息后主动通知消息接收方;⑤ 支持事务,应用程序可以把一些数据更新组合成一个工作单元,这些更新通常是逻辑相关的,为了保障数据完整性,所有的更新必须同时成功或者同时失败。

2)消息代理的应用模式

消息队列主要以队列和发布订阅为消息传输机制,以异步的方式将消息可靠地传输到消息接收端。它被广泛地应用于跨平台、跨系统的分布式系统之间,为它们提供高效、可靠的异步传输机制。工业互联网应用场景下,消息队列中间件有多种应用模式。

(1) 发布-订阅消息模式:如图 5-2 所示,用户业务就是消息的"生产者",它将消息发布到消息管理器;邮件业务就是消息的"消费者",它将收到的消息进行处理。邮局可以订阅很多种杂志,杂志都是通过某种编号来区分的;消息管理器可以管理多种消息,每种消息都用一个"主题"来区分,消费者都是通过主题来订阅消息的。

图 5-2 发布-订阅消息模式

(2) 消息总线模式:如图 5-3 所示,对于许多独立开发的由服务组成的分布式系统,若要将它们组成一个完整的系统,这些服务间必须能够可靠交互,同时,为了系统的健壮性,每个服务之间又不能过分紧密依赖,这样就可以通过消息总线将不同的服务连接起来,允许它们异步传递数据。

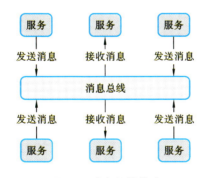

图 5-3 消息总线模式

(3) 消息路由模式:消息路由可以将发送到指定队列的消息根据规则路由到不同的队列,如图 5-4 所示。

4. 数据传输

经过消息代理的路由转发,数据需要按照统一的格式和方法传输到上层进行汇聚,常见的两种方案有 HTTP 和消息队列遥测传输(message queuing

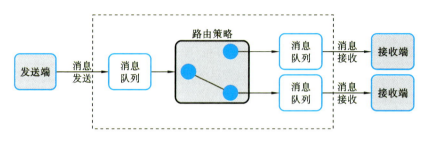

图 5-4　消息路由模式

telemetry transport，MQTT）协议[3]，利用 HTTP、MQTT 等可将采集到的数据从接入层传输到汇聚层，实现数据的远程接入。上述两种协议的技术特点和架构将在 5.2 节的工业协议解析技术部分详细介绍。

图 5-5 为数据传输过程示意图。设备或传感器的信息数据通过 Modbus 等协议传输到网关，依托协议转换技术实现多源异构数据的归一化，又通过 HTTP、MQTT 等协议将数据传输到云平台，在云平台上进行数据解析与存储，再通过云计算形成管理和决策的重要依据。

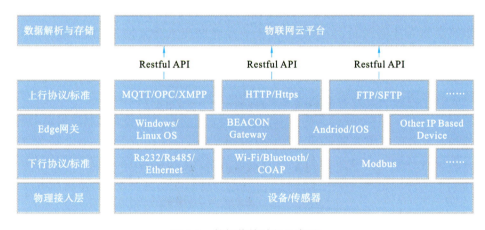

图 5-5　数据传输过程示意图

5.1.2　工业边缘云管理平台汇聚层

工业边缘云管理平台的汇聚层主要包括边缘数据处理、资源标识解析、数据上链存证和消息规则转发这四个功能模块，下面将详细阐述这四个功能模块的具体含义。

1．边缘数据处理

大量的工业数据从平台接入层北向传输至汇聚层,而汇聚层需要对其进行数据预处理、数据集成和数据融合。基于高性能计算、实时操作系统、边缘分析算法等技术,在靠近设备或数据源头的网络边缘侧进行数据预处理、缓存和智能分析,提升操作响应灵敏度,消除网络堵塞,并与云端数据分析形成协同。

边缘数据处理可以将在生产中直接完成的下至自动化层面的本地数据处理与在云端的数据处理相结合,让制造企业在充分利用云端的同时,也能满足市场对灵活性高与快速响应的要求,并且这种方式只将最终相关数据传输到云或 IT 基础架构,内存占用和传输成本显著减少。此部分涉及的数据预处理和数据融合相关功能和算法已经在第 4 章详细介绍,此处不再赘述。

2．资源标识解析

工业互联网场景中,海量异构设备接入云服务平台时产生大量数据,针对这些设备、数据以及接口等资源结构各异且信息动态变化的复杂场景,对其进行统一标识是很有必要的。标识解析体系为每一个物理世界的实体在数字世界对应一个唯一的标识,它是连接物理世界和数字世界的一个翻译器,并可以通过解析查询到其相应的数字描述。工业互联网标识解析体系是工业互联网架构的重要组成部分,是支撑工业互联网互联互通的核心要素,也是实现工业互联网数据和信息共享共用的关键枢纽[4]。

工业互联网标识解析体系由标识编码和标识解析系统两部分组成。其中,工业互联网标识编码是指能够唯一识别机器、产品等物理资源以及算法、工序等虚拟资源的身份符号;工业互联网标识解析系统是指可以根据目标对象的标识编码查询其网络位置或者相关信息的系统装置,类似互联网的域名服务器,是工业互联网安全运行的重要基础设施之一。工业互联网标识解析系统能够对机器和物品进行唯一性定位和信息查询,是实现全球供应链系统和企业生产系统精准对接、产品全生命周期管理和智能化服务的前提和基础。

1）标识编码

Handle:1994 年,Handle 系统作为数字对象架构的一部分,由美国国家创新研究所(Corporation for National Research Initiatives,CNRI)的 David Ely 领导完成。1995 年,"互联网之父"、图灵奖获得者、TCP/IP 协议共同发明人罗伯特·卡恩(Robert Kahn)在 *A Framework for Distributed Digital Object Services* 一文中第一次公开提出 Handle 系统的概念。Handle 系统是一个基于因特网的分布式数字对象命名与标识系统,以 Handle 作为数字对象的唯一标识符，能够为数字对象提供永久的标识、动态解析和安全管理等服务。Handle 系统的操作可以划分为解析和管理两类。客户端组件使用 Handle 解析服务查询 Handle 的值，并可以进行添加 Handle 值、删除 Handle 值、更新 Handle 值的管理操作，包括通过命名机构 Handle 进行命名机构管理。Handle 系统的协议定义了客户端和服务器之间信息交换的语法和语义。本书作者团队在建立的企业级工业边缘云管理平台中结合数字对象的体系架构和区块链设计开发了一套标识解析系统，详细的技术方案将在 5.2 节阐述。

对象标识符（object identifier，OID）：由 ISO/IEC、ITU 共同提出的标识机制，用于对任何类型的对象、概念或事物进行全球范围的标识。OID 制定的初衷是要使开放系统互联（open system interconnection，OSI）中的对象有唯一标识。目前，OID 已在全球 202 个国家和地区中使用。OID 标识按树型结构注册，对象由从树根到叶子节点的路径进行标识，即 OID 标识是由从树根到叶子路径上全部节点按顺序组合而成的一个字符串，其表示方法有 OID 数字值、OID 字母数字值、OID 国际化资源标识符（OID internationalized resource identifiers，OID-IRI）三种形式。

实体编码（entity code，Ecode）：实现物联网环境下对"物"的唯一编码，同时还能针对当前物联网中多种编码方案共存的现状，兼容现有的编码方案，适用于物联网各种物理和虚拟实体的编码，是物联网标识体系的重要组成部分。Ecode 作为物联网的统一编码，能够满足各个行业的编码需求，可以应用于制造业、物流、交通、医疗等多个行业。基于 Ecode 的应用，可以实现跨系统、跨领域的信息互联互通和信息交换，对防止假冒伪劣产品、实现精益化管理具有重要意义。开展基于 Ecode 标识体系的工业互联网集成创新应用，可以保障工业企业多信息系统融合，提升企业智能制造水平，提高产品质量，降低生产成本，优化供应链上下游协同能力，为我国工业互联网发展战略保驾护航。

2）标识解析系统

第一，从角色视角来看，工业互联网标识解析体系主要涉及五类关键角色，即标识分配机构、标识设备企业、通信运营商、软件企业、标识解析机构、制造业及信息服务企业、监管机构。

标识分配机构主要负责分配标识解析系统基础资源，如顶级前缀注册、行业/企业内部标识注册等。标识分配机构有三个主要职责：一是负责制定统一的标识规划、分配、注册、解析等技术标准和管理规范，构建国内工业互联网统一标识解析体系；二是部署和运行管理标识解析节点，提供安全、高效的标识分配、注册和解析服务，实现各标识解析体系互联互通；三是开展从业机构评估认证和合同管理，对标识注册、解析等系统和服务进行监控，确保服务质量和系统安全稳定运行。

在提供各类标识解析软件开发、硬件产品建设以及整体解决方案的参与者中，标识设备企业、通信运营商、软件企业是关键角色，它们的主要职责是实现与维护工业互联网标识解析体系的技术，包括软硬件设计与开发，以及系统解决方案设计等。

第二，工业互联网标识解析体系功能是根据目标对象的标识查询网络位置，从而实现人与物、物与物之间的通信寻址，或查询目标对象的相关信息[5]。从功能视角看，"对象范围变化、对象粒度细化、解析功能丰富"是工业互联网标识解析体系区别于互联网域名系统的重要特点。

其功能框架包括标识编码层、标识采集层、标识解析层和信息共享层。其中，标识编码层定义标识编码结构，包括字段、进制、语义等，涵盖编码规则、分配规则和管理规则等；标识采集层定义标识的载体、标识编码的存储形式、标识数据的采集和处理手段等；标识解析层定义从标识到信息之间的资源检索过程，包括标识注册、标识解析和数据管理等功能；信息共享层定义单元（组织、企业、工厂）内部与单元之间的信息传递及交互机制，包括数字字典、语义库、异构识别和搜索引擎等功能。

第三，从部署视角看，我国的工业互联网标识解析体系架构采用分层、分级模式，从国际根节点、国家顶级节点到二级节点、企业节点和递归解析节点。

国际根节点是指某一种标识体系管理的最高层级服务节点，不限于特定国家或者地区。此节点负责实现与国内、国外其他工业互联网系统的互联互通等数据管理功能，并向全球范围提供公共的根区数据管理和根解析服务。

国家顶级节点是指一个国家或者地区内部顶级的标识解析服务节点，面向全国范围提供顶级标识编码注册和标识解析服务，以及拥有标识备案、标识认证等管理能力。国家顶级节点与各种标识体系的国际根节点、国内的各种二级及以下其他标识解析服务节点保持连通。

二级节点是指一个行业或者区域内部的标识解析公共服务节点，面向特定行业或区域提供标识编码注册和标识解析服务，以及拥有相关的标识数据格式定义、标识业务管理、标识应用对接等功能。

企业节点是指一个企业内部的标识解析服务节点，面向特定工业企业提供标识编码注册和标识解析服务，可以根据该企业的规模对工厂内标识解析系统的组网方式以及企业内标识编码数据格式进行定义,与国内的二级节点保持连通。

递归解析节点是指标识解析体系关键性入口设施,可以替代用户进行复杂的查询操作,并将查询结果返回给用户,同时通过缓存等技术手段提升整体服务性能。

3. 数据上链存证

1）数据上链存证的需求

工业互联网场景中,海量异构设备接入时产生大量数据,需要统一标识这些设备、数据以及接口等资源,并通过区块链进行防篡改可追溯管理,解决其结构各异且信息动态变化等痛点。现有标识解析机制的具体问题体现在:各类标识解析体系众多,难以相互兼容,数据也难以互联互通;现有标识解析体系大多域名空间的扩展能力受到集中管理模式的制约,亟须引入新的管理与存储机制;现阶段依然缺少通用性更强的标识数据互操作协议;传统的区块链架构,受吞吐量的限制,无法对标识后的海量资源进行高效的上链管理。智能制造需要制造成本管理系统、生产车间集中控制管理系统、计划管理系统以及生产过程执行管理系统等多个平台协同才能高效运转,流程繁多。

在目前智能制造领域,各个平台间并未实现高效合作,存在数据孤岛、协同困难、物料难追溯等行业共性难题,区块链技术可以满足智慧工业在不同环境下的业务数据共享和互联需求,赋能智能制造,成功解决上述难题。工业互联网连接规模变大,端对端发生的连接和交易也将更为频繁,为了实现核心企业生态内共享、工业企业间互信共享和工业互联网平台间价值共享,需要通过区块链将产业链上下游间的数据上链。工业边缘云管理平台搭建了高吞吐量的区块链架构,并通过区块链实现关键资源的上链存证、防篡改和可溯源。

当前,区块链分布式一致性和密码学验证优势被应用于工业互联网标识二级节点或企业节点集群中,建立了基于分布式账本的标识注册、同步、解析的扁平化区块链网络,特别适用于供应链网络中人、企业、设备、产品的联动标识解析和跨行业、跨企业一次性标识解析等场景。在工业互联网中,标识解决了数据上链问题,区块链则为数据上链后形成连接秩序提供重要机制和手段,是形成工业互联网中数字生产关系的关键。目前"标识解析＋区块链"已在供应链管理、产品生命周期管理、产品溯源等应用场景落地。

2）数据上链存证的作用

数据上链后具有以下几个方面的优势。

第一，数据可信共享。区块链将确保工业企业在工业互联网平台上数据的权属，推动在各生产环节所产生的各类数据能够在企业内共享，提高企业各生产环节的效率离不开数据上链的支持。数据在联盟内共享，可促进联盟生态的进步。数据在企业间共享，便于企业把握市场动态，优化配置生产资源，其中典型的应用场景包括设计共享和模型共享等。

第二，可实现柔性监管。工业企业基于区块链把生产过程智能合约化上链，同时接入监管节点，通过可信的本地账本，为监管部门进行柔性监管、合规审计提供抓手，有助于自上而下实施国家产业战略布局。

第三，实现设备安全。数据上链后，区块链为设备、人、机构各自分配一个可信身份，衍生出设备身份管理、设备注册管理、设备访问控制和设备状态管理等应用场景。

区块链技术为工业互联网信息安全、可信、共享、协作提供解决方案。基于区块链的系统，本质上是在"弱信任"环境中，有效实现多主体信息共享、有效协作的信息化手段[6]。众多机构或个人在进行信息共享、协作的过程中，极易因外部网络攻击而导致共享信息被篡改，造成不可估量的损失。在基于区块链智能合约实现工业互联网中的信息可信、共享、协作，通过智能合约实现工业互联网信息的多方共识验证，防止信息被篡改的同时，结合匿名隐私保护技术，实现信息的安全共享，提升工业互联网安全、可信生产能力。

4. 消息规则转发

在工业边缘云管理平台的汇聚层，经过一系列预处理以及关键数据标识和上链存证后，所有的工业数据都要通过内部规定的路径转发至资源管理层做持久化的存储。利用消息规则引擎进行规则定制和数据转发可以解决上层的数据消费者存在多种类型的数据库和数据应用导致的数据异构多源的难题。

规则引擎使用其相关节点通过设备和相关资产发出输入消息，也可以使用规则引擎的动作节点触发各种操作与通信。规则引擎的具体架构将在5.3.2小节详细介绍。

5.1.3 工业边缘云管理平台资源管理层

工业边缘云管理平台的资源管理层主要包括工业边缘IaaS和PaaS两个层面，其中下层功能主要体现在IaaS资源虚拟化和IaaS资源管理模块，上层主要包括各类PaaS功能模块，下面将较详细阐述这三个功能模块的具体含义。

1. IaaS资源虚拟化

IaaS（基础设施即服务），是云计算的一种类型，它是PaaS和SaaS的基础。

IaaS 软件通常用于管理大规模的物理硬件，可以管理少到一台物理主机，多到成千上万的物理服务器，并把软硬件资源（CPU、内存、网络、存储等）以虚拟主机的形式提供[7]。在企业级工业边缘云管理平台中，资源管理层的 IaaS 功能模块可以将边缘云服务器群集的各类资源进行虚拟化，并以虚拟化单元的形式向工业互联网用户及各类平台软件提供服务。

IaaS 的本质就是将服务器资源（包括 CPU、内存、网络和存储等）进行池化。这些资源被逻辑切割成更小的可管理单元，然后根据上层模块的需要被灵活地组装成可运作的虚拟主机。此虚拟主机通常都会包含一个可以联上网络的操作系统，用户可以通过网络连接虚拟主机并且能灵活地进行资源配置以及按照配置和时间来付费。而用户操作这台虚拟主机就像操作一台物理服务器一样，可以在上面安装软件、搭建数据库、应用服务器，以及部署 Web 应用。下面将从计算资源（CPU）、存储资源和网络资源三个方面介绍 IaaS 资源虚拟化的功能。

1）计算资源虚拟化

对 CPU 来说，它具有一秒钟可以运算上千万条指令的先进计算能力。另外，由于用户的虚拟机往往运行的并不是计算密集型的应用程序（如浏览网页、访问数据库、存储文件等），当计算完成或等待其他网络、硬盘等 I/O 操作时，如果没有其他计算任务，CPU 便会进入空闲状态。如果让 CPU 在等待的时候，也能给别人提供服务，便可以让资源利用率最大化，所以 CPU 虚拟化技术的本质就是以分时复用的方式，让所有的虚拟机能够共享 CPU 的计算能力。因为 CPU 运算的速度非常快，而且这种分时的单元非常小，以至于用户完全察觉不到自己的虚拟机是在 CPU 上轮流运算的，所以在宏观的世界里，这些虚拟机看起来就是在同时工作。当然，IaaS 软件还需要通过一些手段来保证每个虚拟机申请的 CPU 可以分到足够的时间片。

2）存储资源虚拟化

存储资源虚拟化分为内存虚拟化与存储空间虚拟化。物理内存在计算机上通常是一段以零地址开始、以全部内存空间为截止地址的空间。例如 4 个 8 GB 内存条组成的 32 GB 内存，它在物理服务器上看起来就是 0～32 GB 的空间。CPU 在访问内存时，只要提供内存地址，就可以访问地址内的数据。对于每台虚拟机来说，不论给它分配 1 GB 的内存，还是分配 4 GB 的内存，它通常都认为自己的内存是从零开始的。但实际上，它们都会被映射到物理机上的不同地址段，有的可能是从 2 GB 开始的，有的可能是从 4 GB 开始的。

对于内存虚拟化,虚拟机管理程序(Hypervisor)负责维护虚拟机内存在物理内存上的映射。当虚拟机访问一段自己的内存空间时,会被映射到真实的物理地址。这种映射对虚拟机的操作系统来说是完全透明的。因为一台物理机上运行了多个虚拟机,所以虚拟机管理程序需要保证,不论在任何时候,来自虚拟机 A 的访问内存请求不能到达虚拟机 B 的内存空间里面。

在存储空间虚拟化方面,IaaS 虚拟存储资源是通过把一个大的存储空间划分成多个小的存储空间分配给虚拟机使用的,这与虚拟内存有异曲同工之妙。但是与内存虚拟化不同,存储空间虚拟化通常并不直接发生在硬盘的寻址层面,不会在具体访问硬盘驱动的时候才转化访问的地址。存储空间虚拟化是以文件为单位来进行资源的存储和隔离的。这个文件不是虚拟机里看到的具体文件,而是在物理机上用于模拟虚拟机硬盘的一个超大文件,对硬盘地址的访问就是对文件的某个偏移量的访问。

使用这种灵活分配的方法,理论上可以让一个 2 TB 的物理硬盘,变成接近 100 个 20 GB 或者接近 20 个 100 GB 的硬盘。需要说明的是,看似一个完整的 20 GB 文件,它在硬盘上可能并不是连续存放的,这完全取决于虚拟机管理程序的文件系统是如何分配硬盘空间的。当然虚拟机本身并不会意识到这点,具体访问硬盘的时候会由虚拟机管理程序的文件系统来保证访问的准确性。

3)网络资源虚拟化

假如原本的物理机只有一个网卡,那么它有一个 MAC 地址,并且可以分配一个 IP 地址,其他机器可以通过 IP 地址访问这个物理机。当创建 N 个虚拟机后,每个虚拟机都需要有独立的网络配置,以便它们可以像物理机一样处理各种网络连接。但是这个物理机依然只有一个网卡,N 个虚拟机通过这一个物理网卡都能进行顺畅的网络连接的过程即为网络资源虚拟化。虚拟机上的网络概念与物理机一样。在一个物理机上创建多个虚拟机,就要创建多个虚拟机的虚拟网卡,并且通过虚拟机管理程序在虚拟层面创建一个虚拟的网桥(bridge),以保证它们能够正确连接到网络上。这个网桥和交换机一样,上面有很多"接口"可以连接不同的虚拟网卡,在同一个网桥上的不同虚拟机之间进行的网络通信,只会在本网桥内发生。

只有当虚拟机网络通信的对象不在本机(比如物联网上的其他主机)上的时候,它们就会通过物理机的网卡向外传输数据。由于物理机的网卡带宽能力是固定的,因此在一个网桥上的虚拟网卡也是分时共享相同的网络带宽(如果网络包的交换发生在本网桥内,其速度不会受到物理网卡带宽的影响)。虽然它们在自己传输的时间段内独占全部带宽(例如 1 Gbps),但是同时会导致其他虚拟网卡暂时无法传输数据,以至于在宏观范围来看,虚拟机是没有办法在共享网络的时候占用全部带宽的。网络速度对云计算中虚拟机的性能非常重要,芯片公司也在不断推出各种针对网络连接的硬件虚拟化解决方案,例如单根 I/O 虚拟化(single-root I/O virtualization,SR-IOV)、虚拟机设备队列(virtual machine device queues,VMDQ)等。

2. IaaS 资源管理

IaaS 资源管理功能就是将企业边缘云的计算资源、存储资源、网络资源等封装为服务提供给用户,实现资源的按需分配;通过虚拟化技术屏蔽不同类型和位置的资源的异构性和分布性,简化用户的操作;通过冗余副本技术保证资源的可靠性,提高服务质量。资源管理就是根据用户请求为用户提供资源的创建、删除、修改、查询等操作,对系统内资源进行池化管理,实现资源的动态调度和按需分配的过程,保证资源高效使用。结合本书工业边缘云管理平台的功能特点,下面将重点介绍 5G 网元管理、资源状态监控和资源智能调度这三个功能。

1) 5G 网元管理

5G 网元管理功能就是将 5G 网络与边缘云结合,通过局域化部署,为企业用户提供部分 5G 核心网关的管理能力,满足企业用户的个性化需求。不同行业用户在部署行业网络时,需要对网络资源进行差异化定制,以解决通信设备各式各样的资源配置需求问题,例如制造业企业对网络可靠性、隔离性、安全性要求高,需要保证工业数据不出园区,对园区设备进行自动化管控,在安全隔离要求极高的情况下,园区需要将无线基站、核心网控制面及用户面网元全套部署在生产园区内,使核心网控制面及用户面网元下沉,并通过工业边缘云管理平台为企业用户提供统一自服务管理 API,企业管理员可以通过 API 实现对相关 5G 网元的查询、配置、管理等功能,支持企业用户自助查看基站/核心网网元的状态信息、网络策略配置、网络负载数据、网络访问统计、网络故障监控、业务质量分析。

2) 资源状态监控

工业边缘云管理平台通过对 CPU、内存和 I/O 等基础设施资源的监控,为平台服务和应用的性能分析预测提供最基础的数据信息,监控平台分配给用户的资源状态以便有效处理用户未来的请求,并且预防恶意用户的异常行为。监控是工业边缘云管理平台的系统管理、虚拟机迁移、负载均衡、作业调度、故障检测和服务等的基础和前提,对提高平台的服务质量至关重要。

3) 资源智能调度

资源调度要基于资源监控服务提供的各项资源指标数据来实现资源的合理分配及调度。资源调度的实质是将多个异构的可用资源分配给多个资源请求者,使请求得到满足并让资源得到充分的利用。资源智能调度过程包括三个基本步骤:第一步是资源申请,作为资源的使用者,组件或外部程序将资源需求提交给资源调度,资源的需求包含所需资源的类型与数量;第二步是资源分配,资源调度层首先按照资源的需求情况查找资源池中满足需求的资源并形成一个可用资源列表,然后按照智能分配策略从可用资源列表中找到使资源利用率最优的资源分配给资源的请求者;第三步是调用资源监控服务,监控资源请求者对资源的使用情况,当资源的使用发生异常时,触发对资源的重新分配,保证资源的可用性。

3. PaaS 功能模块

PaaS(平台即服务)层是云计算的一种重要的服务模式,PaaS 层是建立在 IaaS 层之上的,在云计算系统体系架构中位于中间。在本书介绍的工业边缘云管理平台中,PaaS 功能模块为企业应用层提供各类服务接口,支撑上层应用的开发与运行,主要提供设备管理、工业应用模型、大数据存储、数据可视化和区块链 BaaS 功能。

1) 设备管理

设备管理功能主要对接入工业边缘云管理平台的各类工业设备、边缘网关或传感器提供统一监管和自动化流程服务,同时可对这些设备执行数据收集、数据路由和边缘计算等任务的安全性和正常运行时间进行监控,并向管理员发送设备故障的通知。针对各类工业应用场景,工业边缘云管理平台中的设备管理模块应该具备远程访问(监测、维护、故障排除和远程升级)、配置管理(固件配置、脚本下载)、安全管理(设备标识、设备凭证、接入认证)等功能。

2) 工业应用模型

基于企业内部收集和存储的大量工业数据,企业可以使用相关的工业机理公式或 AI 算法进行工业大数据分析和模型开发,考虑企业边缘云的资源限制,工业边缘云管理平台提供工业应用模型的本地调用功能,支持企业用户在本地基于工业应用模型开发工业 APP,并且鼓励企业对上传至公有云服务平台的工业模型库做进一步的优化。

3) 大数据存储

随着工业互联网和企业智能化、信息化的不断推进,传统的工业实时数据库和关系型数据库已经难以完全胜任工业大数据的存储任务,并且传统的 IT 和 OT 数据存储在相对独立的系统和结构中,不利于后期针对大数据进行集成和分析。针对目前企业的现实需求,本书介绍的工业边缘云管理平台中的大数据存储功能将为企业提供分布式、高性能和动态可扩展的时序数据库来分别存储 IT 和 OT 数据,并为数据分析、数据可视化和工业应用开发提供统一的服务接口。

4) 数据可视化

基于工业大数据存储功能模块提供的接口,企业用户可以实时可视化呈现各类工业设备状态数据、服务器资源状态数据、设备告警数据和业务统计分析数据。同时,数据可视化功能模块还为企业用户提供低代码在线编辑功能,方便企业用户随时修改自己的可视化分析界面。

5) 区块链 BaaS

工业边缘云管理平台为企业用户提供私有区块链服务,部署区块链分布式账本和智能合约引擎,同时提供 BaaS(区块链即服务)模块,实现工业信任区块链的可视化交互管理。BaaS 功能模块具备区块链浏览器、智能合约管理、区块链监测和区块验证功能,其中区块链浏览器将区块链数据和信任数据进行归类展示,提供对链上资源可查验和可追溯的功能;智能合约管理提供智能合约集成开发环境入口、智能合约代码示例模板以及智能合约的运行状态监控等功能。

5.1.4 工业边缘云管理平台企业应用层

工业边缘云管理平台的企业应用层主要包括业务运行和创新应用两大功能,这两大功能所包含的企业工业应用均基于边缘云管理平台提供的应用运行环境和应用运行管理功能,故本小节将针对应用运行环境、应用编排与管理及微服务治理功能进行阐述。

1. 应用运行环境

基于工业边缘云管理平台资源管理层对各类 IT 资源的虚拟化,企业应用层为各类工业 APP 提供云原生应用运行环境。企业用户可以通过中心云公共服务平台(本书第 6 章将详细介绍)构建云原生的工业应用镜像文件,并将镜像文件下发到边缘云管理平台,最后各类工业应用镜像将以容器部署并运行于应用运行环境之上,由边缘云管理平台进行统一监控、运维与管理。

2. 应用编排与管理

由于云原生的工业应用都是以容器的方式运行的,为了对各类工业应用进行统一的监管,需要对容器进行编排与管理。编排主要是指用户通过某些工具或者配置来完成一组容器及其关联资源的定义、配置、创建、删除等工作,然后由边缘云管理平台按照容器编排的任务内容及其操作步骤来逐步实现。容器编排指的就是能够定义容器组织和管理规范的工具,目前主流的技术是 Docker Compose 和 Kubernetes。

Docker Compose 负责实现对容器集群的快速编排,可以支撑企业边缘云工业应用的编排与管理。而 Kubernetes 在 Docker 技术的基础上,为容器化的应用提供部署运行、资源调度、服务发现和动态伸缩等一系列完整功能,提高大规模容器集群管理的便捷性,可以很好地支撑大规模业务组件管理,故广泛应用在公共服务平台中。

3. 微服务治理

基于云原生应用运行环境与容器编排和管理功能,各类工业 APP 可以灵活地部署并运行在边缘云管理平台上。但是随着各类工业场景需求的不断变化和增多,传统的单体工业应用程序扩展起来会有许多困难,并且会造成服务器资源的浪费。所以利用云原生技术的优势,将工业 APP 拆分成各类小的服务组件,同时结合典型工业应用场景的需求,可以先开发出通用的云原生工业微服务组件,在此基础上引入各类特定场景的微服务,共同组成可以灵活应对多种需求的云原生工业应用。

微服务是由单一应用程序构成的小服务,拥有自己的行程,具备轻量化处理能力,服务依业务功能设计,以全自动的方式部署,与其他服务通过 HTTP API 通信。同时,服务会使用最小规模的集中管理(例如 Docker)功能,服务可以用不同的编程语言与数据库等组件实现。随着工业场景的不断增加,微服务组件的数量也在不断增长,因此边缘云管理平台需要增设微服务治理功能。微服务治理用来解决微服务增多的情况下引发的各种问题,通过增设服务注册与发现、服务监控、服务容错、服务安全管理等功能,对微服务架构下的微服务进行治理。

5.2 工业边缘云管理平台关键技术

5.1 节分层次介绍了工业边缘云管理平台的各项功能模块,本节将重点介绍各层次所用到的关键技术。

5.2.1 平台接入层关键技术

1. 工业企业内部接入网络技术

在工业互联网体系架构中，网络是工业环境下人、机、物全面互联的关键基础设施，能实现工业设计、研发、生产、管理、服务等产业全要素的泛在互联，促进各种工业数据充分流动和无缝集成。因此，工业企业内部接入网络技术为工业边缘云管理平台的稳定运行奠定了基础，为工业资源的接入提供重要的支撑。

按照网络层级来划分，工业企业内部网络可以分为骨干网络和各种边缘网络两大部分，二者可以通过工业光网络互联，所有的网络设备由网络控制器统一管理，如图 5-6 所示。骨干网络用于实现各边缘网络、工厂内云平台/数据中心等之间的互联，满足高带宽、高速率的要求。而工业接入网络体现为边缘网络，根据实时性需求，边缘网络可以是实时网络、非实时网络；根据传输介质，边缘网络可以是有线网络、无线网络；根据采用的通信技术，边缘网络可以是现场总线、工业以太网、通用以太网、WLAN、蜂窝网络等。

图 5-6　工业企业内部网络架构(按网络层级划分)示意图

按照网络类型来划分，工业企业内部网络可以划分为 OT 网络和 IT 网络，如图 5-7 所示,而工业接入网络体现为 OT 网络中的现场级网络。近年来,虽然工业以太网通信接口已被部分现场设备支持,但仍有大量设备采用电气硬接线直连控制器的方式,无线通信只在部分特殊场合使用,存量很低。这种现状极大制约了工业系统在设计、集成和运维各个阶段的效率,进而阻碍了精细化控制和高等级工艺流程管理的实现。同时随着 IT 技术的不断演化,工业以太网将替代现场总线,实现"IP 到底",在以太网向下延伸基础上实现智能机器、传感器、执行器等 IP 化或 IPv6 化[8]。

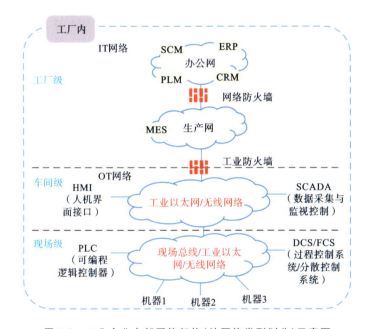

图 5-7 工业企业内部网络架构(按网络类型划分)示意图

通过有线、无线方式连接工业互联网体系中相关的人、机、料、法、环,工业接入网络可以实现端到端数据传输。接入网络包括有线网络和无线网络,通过现场总线、工业以太网、工业光网络、TSN 等有线方式,以及 4G/5G、Wi-Fi、NB-IoT、无线可寻址远程传感器高速通道(wireless highway addressable remote transducer,WirelessHART)开放通信协议等无线方式[9],将工厂内各类工业资源无缝连接。下面将以有线和无线方式对工业生产环境中常用的工业接入网络进行具体介绍。

(1) 有线网络。

现场总线:指安装在制造或过程区域的现场装置之间,以及现场装置与控制室内的自动控制装置之间的数字式、双向串行、多节点的通信总线。现场总线主要解决工业现场的智能化仪器仪表、控制器、执行机构等现场设备间的数字通信以及这些现场控制设备和高级控制系统之间的信息传递问题,是连接现场智能设备与各类自动化系统的数字式、双向传输、多分支结构的一种通信网络[10]。根据传输数据的大小,现场总线可以分为三类:传感器总线(sensorbus),属于位传输;设备总线(devicebus),属于字节传输,如控制器局域网(controller area network,CAN)总线、Profibus(process fieldbus);数据总线,属于数据流传输,如基金会现场总线(foundation fieldbus,FF)、LonWorks等。

工业以太网:在工业环境的自动化控制及过程控制中应用的以太网相关组件及技术则称为工业以太网,它是以太网技术向工业控制领域渗透融合的体现。工业以太网采用TCP/IP协议,与IEEE802.3标准兼容,在产品设计、材质选用、产品强度、适用性、实时性、可靠性、抗干扰性和本质安全等方面可满足工业现场的需要[11]。工业以太网实现了以太网TCP/IP协议与工业现场总线的融合,虽然解决了现场设备之间数据传输的实时性和确定性问题,但是在发展过程中形成了多种协议标准,包括Profinet、Ethernet/P、Modbus/TCP、EtherCAT、Ethernet Powerlink等,难以形成统一标准。工业以太网具有设备易于互联、开发环境和硬件设备选择多、数据通信容量大、通信速率高和支持冗余连接配置等技术特点。传统工业控制网络各层级互联互通时需要网关进行协议转换。工业以太网能够控制网络,使企业的信息网络和控制网络统一;同时其开发技术众多,容易实现网络集成,价格较低,容易获得众多厂商的支持。

工业光纤网络:光分配网(optical distribution network,ODN)中全部由光分路器等无源器件组成,不含有任何电子器件及电子电源的技术统称为无源光网络(passive optical network,PON)技术。为了实现生产过程中设备联网、全流程数据采集与流动及智能化生产,PON技术已经成为工厂内部网络的一个主要方向。结合工业场景业务和技术特点,工业PON是一套全新的安全、可靠、稳定、先进的面向工厂内车间数据采集组网的综合解决方案。工业PON利用多种接口及协议实现底层设备数据传输和数据采集,可实现高可靠、高安全、高效率的组网。工业PON继承PON网络大带宽、扁平架构、业务融合等技术优势,并在安全、可靠、易维护、接口环境适应等方面有所增强,全面适配工业制造现场要求,成为工业级网络连接的优选方案[12]。工业PON由汇聚设备、无源分光器、PON接入设备等组成,对生产线设备(如数控机床)采用有线网络方式覆盖,具有以下优点:PON通过无源器件组网,不受电磁干扰和雷电影响;采用支持并联型连接的自愈环形网络,支持冗余组网及多种保护倒换方式,切换时间短,抵抗失效能力强;PON 技术可提供 1～10 Gbps 的传输速率,适合多业务承载,支持数据、视频、语音、时间同步等多种业务;PON 具有高安全性,光网络单元设置安全注册机制,下行数据传送支持加密算法,上行数据传送通过时分机制实现不同终端设备上行数据的隔离。

时间敏感网络:TSN 是 IEEE802.1 标准的扩展,面向工业智能化生产,为工业生产环境提供一种既支持高速率、大带宽的数据采集,又兼顾高可靠、低时延、低抖动控制信息传输的网络[13]。时间敏感网络基于标准以太网,凭借时间同步、数据调度、负载整形等多种优化机制,为时间敏感应用提供实时、高效、稳定、安全、可靠的数据传输保障。时间敏感网络作为数据链路层技术,其数据转发依靠以太网数据帧的分组头部信息,数据帧的负载信息不受上层网络协议限制,所以时间敏感网络可以根据需求部署在任何使用以太网技术的网络环境中。时间敏感网络技术为以太网协议的 MAC 层提供了一套通用的时间敏感机制,在确保以太网数据通信的时间确定性的同时,为不同协议网络之间的互操作提供了可能。

(2) 无线网络。

NB-IoT:又称窄带物联网,是万物互联网络的一个重要分支。为降低部署成本、实现平滑升级,NB-IoT 构建于蜂窝网络,只消耗大约 180 kHz 的带宽,可直接部署于全球移动通信系统(global system for mobile communications,GSM)网络、通用移动通信系统(universal mobile telecommunications system,UMTS)网络或 LTE 网络。NB-IoT 是 IoT 领域一个新兴的技术,支持低功耗设备在广域网的蜂窝数据连接,也被叫作低功耗广域网。NB-IoT 支持待机时间长、对网络连接要求较高设备的高效连接。在工业互联网领域,NB-IoT 具有覆盖广、连接多、速率低、成本低、功耗低、架构优等特点,适用于传感、计量、监控等工业数据采集。

移动通信网络:指采用蜂窝无线组网方式提供语音、数据、视频、图像等多媒体业务的 2G/3G/4G/5G 网络。蜂窝网络的覆盖率高、连接简单、服务质量好,能根据动态的网络和变化的信道条件进行自适应处理,从而满足系统多类型用户的需求。但是 2G/3G/4G 网络主要面向个人移动通信,而 5G 网络不但覆盖了传统的应用场景,还考虑了工业环境下的设备互联和远程交互应用等需求。与其他通信网络相比,5G 网络创造了一个以人为中心的人人通信和以物为中心的机器通信共存的时代。移动互联网和物联网纷纷为 5G 提供了广阔的应用前景,是未来移动通信发展的两大驱动力。大移动宽带、高可靠性和低时延通信、大规模机器类电信是国际电信联盟确定的 5G 主要应用场景。5G 基于其高速率、低时延、大容量等特点满足端到端毫秒级的时延需求和提供接近 100% 的高可靠性通信保障,推进海量人、机、物互联,支撑工业互联网实时控制,赋能制造业转型升级[14]。5G 与工业互联网融合应用促进了多种新型场景的出现,如 5G+超高清视频、5G+AR、5G+VR、5G+无人机、5G+云端机器人以及 5G+云化 AGV 等。5G 网络还适用于工业通信场景,具备超高速、高可靠性、低时延的特点,是取代 Wi-Fi、ZigBee 和 WirelessHART 等无线通信网络技术的最佳选择。

2. 工业协议解析技术

1) 基本概况

目前在工业数据采集领域,各种工业协议标准不统一、互不兼容的局面,导致协议解析、数据格式转换和数据互联互通更加困难。协议转换技术将不同工业通信协议,通过协议解析、数据转换和地址空间重映射等技术手段转换成统一协议,实现设备数据采集信息的交互以及信息系统的互联互通,实现访问的统一性[15]。

2) 协议技术架构

工业通信协议技术分为南向和北向协议两类。南向协议主要包含 CAN、Profinet、Modbus、OPC-UA 等,而北向协议负责将数据从网关传输至上层云平台中,此处主要介绍 MQTT 和 HTTP 两种常见的协议。

(1) 南向协议。

CAN 是世界上应用最广泛的现场总线之一,是适于实时应用的串行通信协议总线。CAN 用于汽车中各种不同元件之间的通信,以取代昂贵而笨重的配电线束。CAN 的健壮性使其延伸到其他自动化和工业的应用中。作为一种多主总线,CAN 旨在解决现代汽车中众多的控制与测试仪器之间的数据交换,进而开发了一种串行数据通信协议,通信介质可以是双绞线、同轴电缆或光导纤维。CAN 总线通信接口集成了 CAN 协议的物理层和数据链路层功能,可完成对通信数据的成帧处理,包括位填充、数据块编码、循环冗余检验、优先级判别等工作[16]。CAN 技术优点包括:数据传输速度相对较高,可达到 1 Mbps;采用差分数据线,抗干扰能力强;多主通信模式,大幅减少单点通信线束成本;具有错误侦听的自我诊断功能,通信可靠性较高。

Profinet 是新一代基于工业以太网技术的自动化总线标准,其技术架构如

图 5-8 所示,从图中可看出,该方案支持开放的、面向对象的通信,这种优化的通信机制建立在广泛使用的 Ethernet TCP/IP 基础上,能够满足实时通信的要求。基于对象应用的分布式组件对象模型(distributed component object model,DCOM)通信协议也是通过该协议标准建立的。以对象的形式表示的 Profinet 组件根据对象协议交换其自动化数据。组件对象模型(component object model,COM)将对象作为协议数据单元以 DCOM 协议定义的形式出现在通信总线上。连接对象活动控制(activity control of connected object,ACCO)确保已组态的互联设备间通信关系的建立和数据交换。ACCO 也负责故障后的恢复,包括质量代码和时间标记的传输、连接的监视、连接丢失后的再建立以及相互连接性的测试和诊断[17]。Profinet 技术优点包括:采用开放的实时的工业以太网标准,并基于工业以太网;Profinet IO 控制器最多可以连接 512 个 I/O 设备,对整个以太网网络节点是无限制的;由于开放性,其通信过程中不限制 TCP/IP 等非实时数据在同一根总线上传输,这样就可以同时应用 IT 等服务,包括 Web;节点安装简单,连接到交换机即可,增加和删减设备十分方便;可以无缝集成已有的现场总线系统,例如 Profibus、ASI(actuator-sensor-interface)、Interbus 等。

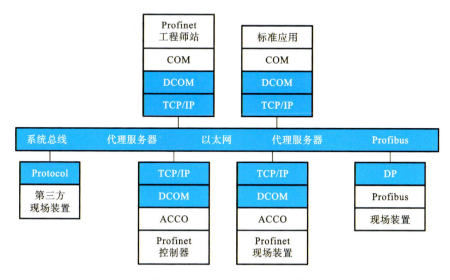

图 5-8 Profinet 协议技术架构

Modbus 是一种控制器相互之间,或控制器经由以太网等网络与其他设备间进行通信的通用通信协议,是一种纯粹的"软"协议,不依赖于任何通信介质和通信设备,现已广泛应用于工业控制领域。如图 5-9 所示,Modbus 协议使用的是主从通信技术,即由主设备主动查询和操作从设备。一般将主设备方所使用的协议称为 Modbus Master,从设备方所使用的协议称为 Modbus Slave。典型的主设备包括工控机和工业控制器等,典型的从设备如 PLC 等[18]。Modbus 技术优点包括:协议标准、开放、免费,不需要交纳许可证费,也不会侵犯知识产权;支持 Modbus 的厂家超过 400 家,支持 Modbus 的产品超过 600 种;支持多种电气接口,如 RS232、RS485 等;可以在各种介质上传输,如双绞线、光纤、无线网络等;帧格式简单、紧凑、易懂。

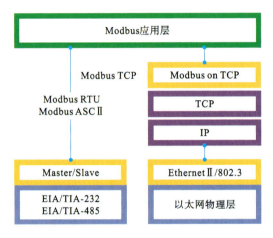

图 5-9　Modbus 协议技术架构

OPC-UA 是一套适用于设备与设备、设备与应用之间数据交互的通信协议标准。OPC 是基于 Windows 操作系统的 COM 技术的,所以只能运行在 Windows 上。OPC-UA 是 OPC 的重大升级,在平台独立性、安全性、可靠性等方面进行了升级,更能适应现代工业通信的需求。如图 5-10 所示,OPC 基金会大力推动 OPC-UA 统一架构,制定了应用程序和现场控制系统连接的标准,利用一个统一接口实现多种工业协议标准的数据交换。OPC-UA 是以面向服务的架构(service oriented architecture,SOA)、Webservice 为核心的跨平台数据交换技术,可用作数据传输的统一通信协议,为互联互通提供了完善的解决方案[19]。OPC-UA 技术优点包括:一个通用接口集成了之前所有 OPC 的特性和信息,并且更加开放,Windows 和 Linux 都能兼容;扩展了对象类型,支持更复杂的数据类型,比如变量、方法和事件;在协议和应用层集成了安全功能,更加安全;易于配置和使用。

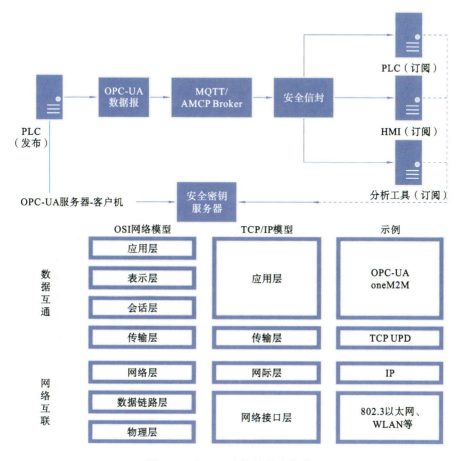

图 5-10 OPC-UA 协议技术架构

（2）北向协议。

MQTT 是一个客户端-服务端架构的发布/订阅模式的消息传输协议，是一种基于 TCP/IP 协议，采用发布/订阅（publish/subscribe）模式的"轻量级"通信协议。它的设计思想是轻巧、开放、简单、规范，易于实现[3]。这些特点使得它对很多场景来说都是很好的选择，特别是对于受限的环境如机器与机器（machine-to-machine，M2M）的通信以及物联网环境。MQTT 网络包含一个 MQTT 管理组件，负责协调 MQTT 代理之间的交互；代理是发布器，负责发布供用户使用的信息。MQTT 支持传感器、设备和云之间的安全交互。实现 MQTT 协议需要由客户端和服务器端间的通信完成，如图 5-11 所示。在通信过程中，MQTT 协议中有三种身份：发布者（publisher）、代理（broker，如服务器)、订阅者(subscriber)。其中,消息的发布者和订阅者都是客户端,消息代理是服务器,消息的发布者可以同时是订阅者[20]。MQTT 传输的消息分为主题(topic)和负载(payload)两部分。主题可以理解为消息的类型,订阅者订阅后,就会收到该主题的消息内容;负载可以理解为消息内容,是指订阅者具体要使用的内容。MQTT 技术优点包括:使用发布/订阅模式,提供了一对多的消息分发和应用之间的解耦;消息传输不需要知道负载内容;提供三种等级的服务质量;尽操作环境最大努力分发消息,因此消息可能会丢失。

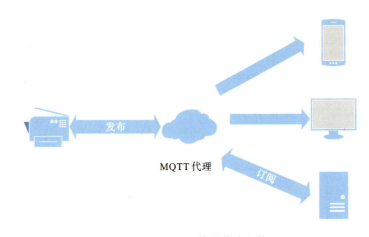

图 5-11　MQTT 协议技术架构

HTTP 是一种用于分布式、协作式和超媒体信息系统的应用层协议,是万维网数据通信的基础。HTTP 是一种客户端终端(用户)和服务器端(网站)请求与应答的标准(TCP)。通过使用网页浏览器、网络爬虫或者其他工具,客户端发起一个 HTTP 请求到服务器上的指定端口(默认端口为 80)。HTTP 协议在工业领域中常用于工业边缘网关与上层平台的数据传输和消息通信,同时工业软网关中的数据格式转换分布式组件也通过 HTTP 协议进行数据传输。

3) 边缘网关设计

工业协议解析和数据传输功能都是通过工业边缘网关实现的。如图 5-12 所示,本书介绍的工业智能边缘网关系统包括硬件和软件两个部分,其中硬件平台包括系统主板、通信模块、扩展接口和采集端口;软件系统包括底层操作系统、运行环境组件、协议转换模块、数据池连接组件、网络连接组件、安全防护模块和智能应用。智能边缘网关支持 Docker、Node.js、Python、TensorFlow 等运行环境并包含能够实现异构协议接入场景下通信协议封装重组的设备交互模

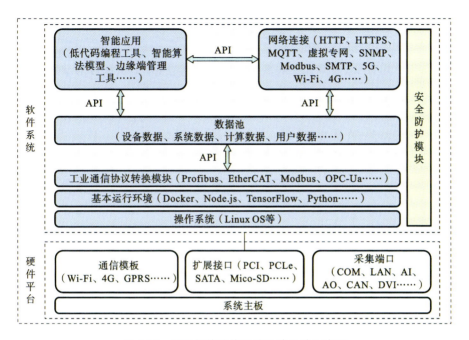

图 5-12 工业智能边缘网关系统设计示意图

块和支持数据存储分发的数据池模块以及面向上层的网络连接模块。针对硬件架构，边缘网关基于 ARM-Linux 嵌入式平台，集成通用程度比较高的协议接口。

为了实现边缘网关中通信协议封装重组，设计边缘网关面向下层的协议适配方法，生成设备交互模块，识别工业设备发送的报文类型，使其适配 100 种以上的南向协议；设计模块接入异构协议数据后的数据解析方法，对从设备终端获取的数据进行来源与属性判断，同时实现解析数据格式的标准化；设计面向北向协议的数据封装方法，根据数据的属性对其进行封装，添加相应的报文头，通过网络连接模块进行数据传输，实现支持 10 种以上的北向协议。

为了实现边缘网关数据采集，采用与云服务器配合的模式进行数据采集协议的配置。首先设计数据采集协议的配置方法，在控制端生成数据采集协议的配置文件；设计配置下发机制，控制端根据所设计的机制将配置文件下发到网关，网关按照文件对采集行为进行配置，并通过软件架构中的采集端口采集工业数据，定时将采集到的数据反馈给边缘云管理平台，最终实现工业互联网异构设备的数据采集。

5.2.2 平台汇聚层关键技术

5.1.2 小节介绍了工业边缘云管理平台汇聚层的相关功能,包括资源标识解析、数据上链存证、边缘数据处理和消息规则转发,为了实现这些功能需要使用相关的前沿技术。本小节将介绍基于边缘智能的数据处理技术、基于数字对象架构的海量异构资源标识解析技术以及基于新型区块链架构和智能合约引擎的工业资源可信存证技术。

1. 基于边缘智能的数据处理技术

在工业互联网场景中,边缘计算主要解决网络孤岛、数据孤岛和业务孤岛问题,保障网络边缘侧工业数据处理和工业控制的实时性。随着边缘计算与人工智能的蓬勃发展,人工智能应用正在向边缘侧迁移,两者孕育并融合了边缘智能。在边缘计算和智能算法及应用的双重牵引下,边缘智能正逐渐走向成熟。边缘智能将深度学习、神经网络、强化学习等智能算法部署在边缘计算的框架中,利用分布式的边缘节点承担复杂系统的计算任务,为边缘侧应用提供强有力的支撑。

边缘智能相较于云端智能有显著的执行效率和成本优势,而且边缘智能可以进一步为行业应用赋能,驱动应用自动化、智能化的创新发展。然而,边缘智能发展还面临三个主要矛盾:智能算法的资源需求与边缘设备资源受限之间的矛盾、服务质量与隐私保护之间的矛盾、智能任务需求多样化与边缘设备能力单一之间的矛盾。针对上述矛盾与数据处理的需求,边缘智能在平台汇聚层的功能体现在智能数据协同与智能数据融合两个方面。

智能数据协同要求边缘节点主要负责现场设备/终端数据的采集,并根据规则或数据模型的输入要求对数据进行预处理,接着按照 AI 模型进行推理,将处理后的数据上传到云端;云端负责海量数据的存储、分析和挖掘,对模型进行集中的训练,并将训练后的模型下发到边缘节点。

智能数据融合要求根据工业互联网设备接入场景中的数据属性以及融合需求,提出多层次的信息融合模型。边缘端的数据融合体系可分为模型层、特征层、处理层、决策层四个层次,分别完成感知信息模型构建、感知数据特征提取与模型匹配、感知数据转换处理与实时存储、感知信息规则判定与分析决策等功能。数据融合体系中各层次信息流与数据流有机结合,根据感知信息源的特点与用途,智能地确定信息流动层次与处理方式,做到速度、数据量和应用的均衡,从而实现从感知的制造装备状态信息中获得装备的运行状态及动态行为的能力。边缘侧智能数据融合方法如图 5-13 所示,最终将融合后的数据提供给工业边缘云管理平台,为上层应用提供可靠的数据服务保障。

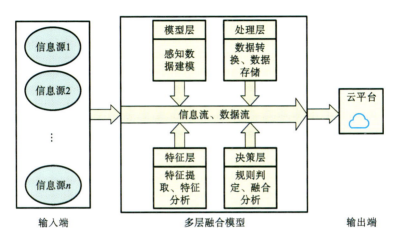

图 5-13　边缘侧智能数据融合方法

2. 基于数字对象架构的海量异构资源标识解析技术

下面介绍采用数字对象体系技术解决工业场景下异构设备资源标识的问题。数字对象体系是现有 Internet 体系结构的一个逻辑扩展,它支持不同系统之间的数据互操作,其整体架构如图 5-14 所示。

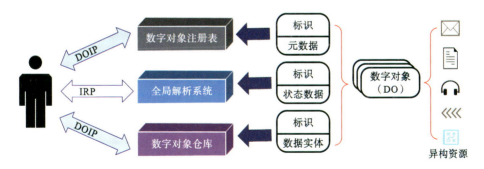

图 5-14　数字对象整体架构示意图

数字对象体系中的基本元素是数字对象(digital object,DO),数字对象是对任意信息系统数据资源的统一抽象。总体而言,数字对象分为四个部分:标识、元数据、状态数据以及数据实体。其中,标识永久且唯一指向一个数字对象,是数字对象永久不变的属性;元数据是数字对象的描述信息(例如来源、分类、格式和属性等),用于数字对象的检索和发现;状态数据包含数字对象的当前位置、访问入口、访问方式和时空状态等信息,用于数字对象的定位和访问;数据实体则是数字对象所包含的实际内容,可以是序列化的数据或者人、机、物资源 API。以一台工业生产中的机床为例来说明,相关设备的编号(床架编号、CPU 编号等)就是其标识;机床的各项能力,包括机床的工作模式、CPU 计算频率、规模大小以及分类信息等,为机床的元数据;机床的地理位置、方位模式与协议以及工作状态(空闲或运行)等为机床的状态数据;对机床的具体的数据描述就是机床的数据实体。标识和状态数据的分离使得数字对象的标识不再与数字对象的访问入口紧耦合,使得无论是否在互联网环境中,数字对象都可以被共享、访问,进而实现普适环境下的信息系统互操作[21]。

除了基本元素数字对象外,工业资源数字对象主要包括三个构件(即数字对象注册表、全局解析系统、数字对象仓库)和两个协议[即标识符解析协议(identifier resolution protocol,IRP)和 DOIP]。其中,数字对象注册表存储并管理数字对象元数据,并提供标识的搜索服务;全局解析系统存储、管理数字对象的状态数据并提供标识解析服务,其现有应用实现为 Handle System;数字对象仓库可以安全、可靠地存储数字对象,并提供数字对象的访问接口;IRP 为标识和解析数字对象的标准协议;DOIP 为搜索和访问数字对象的标准协议,定义访问和管理数字对象的标准操作,并使能信息系统之间的互操作。

工业互联网场景下资源的抽象和标识技术解决了工业相关资源本身的异构性问题,而工业相关资源的异构性以及资源访问方式的不同,导致上层应用无法统一有效地使用资源。因此,在抽象、标识工业相关资源的基础上,还应对资源的使用进行统一的抽象和标准化,构建工业互联网资源的互操作框架。

互操作在不同的环境下有不同的含义。在工业互联网场景下,互操作是指工业相关应用访问其他工业资源的能力。从技术角度上分析,互操作框架分为三个部分:标识、接口定义以及通信协议。其中,标识解决互操作目标的发现和定位问题;接口定义规范互操作行为的语义;通信协议规范互操作双方之间的通信语法。动态、分散的工业相关资源,既不同于传统的软件资源,也不同于集中式工业互联网环境下的云端资源。因此,无论是传统中间件的互操作体系,如公共对象请求代理体系结构(common object request broker architecture,CORBA)、DCOM 等,还是互联网环境下的互操作框架,如简单对象访问协议(simple object access protocol,SOAP)、REST 等,都无法满足工业互联网中资源互操作的需求。

数字对象体系架构中的互操作协议 DOIP 可以作为工业相关资源的互操作框架的基础协议。DOIP 规定了数字对象的操作语义，以及互操作消息的传输语法。DOIP 的操作语义在不同系统中的具体实现可以不同，但对外暴露的接口都需要满足 DOIP 的统一标准。因此，数字对象应用系统可以以统一的形式访问不同系统提供的数字对象，而操作的具体细节对应用系统完全透明。现有的 DOIP 仅规范了数字操作的基本语义，而互操作的可靠性、安全性、隐私性完全依赖于底层安全传输协议的支持，例如安全传输层（transport layer security，TLS）协议。然而由于工业相关资源的泛在性，TLS 协议作为互联网中的安全传输协议不能适应泛在的工业互联网环境，因此不能单纯依赖 TLS 协议作为互操作消息的传输协议。

此外，不同的工业相关资源所处的网络环境差异较大，互操作消息的传递也需要结合具体的场景选择不同的传输协议，因此 DOIP 不能依赖于特定的传输协议，而消息的完整性、安全性等又是互操作协议中所必需的，但已有的 DOIP 协议本身并没有包含这些内容。因此，需对协议标准进行扩展，完善其对互操作消息完整性、安全性、隐私性的支持，使工业相关资源都可以基于 DOIP 定义的语义、语法进行互操作。同时需要结合具体的工业资源使用场景，在充分考虑工业资源运行环境特征的基础上实现 DOIP。

3. 基于新型区块链架构和智能合约引擎的工业资源可信存证技术

3.2 节介绍了面向工业场景的区块链架构设计，包括基于有向无环图的可信分布式账本结构、随机见证共识机制以及新型的智能合约引擎。下面介绍基于新型区块链架构和智能合约引擎的工业资源可信存证技术，该技术可以为工业资源汇聚时关键数据、标识和设备操作日志的可信上链、溯源和审计提供重要的技术支撑。

新型区块链架构和共识机制如图 5-15 所示，具体的设计原理详见 3.2 节内容。相比于传统区块链，该新型区块链架构具有高吞吐量和低存储空间的巨大优势，适用于海量工业设备、数据、接口资源、操作记录等上链的场景。同时为了满足链下工业资源的高效上链存证和后期审计的需求，该技术在区块链组网的基础上，以智能合约的方式在区块链上实现工业资源可信交互。为了满足大数据时代高并发、高吞吐量的数据需求，该智能合约引擎采用随机多节点的智能合约执行模式来提高执行效率（节点数 n 可由用户根据需求进行配置），采用随机多节点校验的方式对链上资源交易过程进行验证。这种方法既能提高整个智能合约系统的吞吐率和执行效率，又能以随机的方式通过每次变换不同的

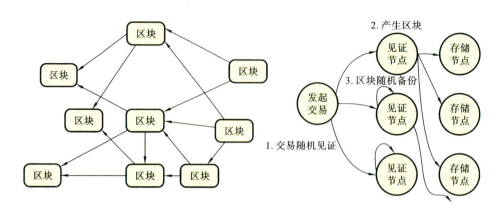

图 5-15　新型区块链架构和共识机制

节点进行验证,让攻击者无法通过攻破固定的节点来控制整个系统,保证链上资源交互的可信性,同时加入预言机系统保证链下资源的可信上链。

工业资源可信存证技术方案示意图如图 5-16 所示。预言机合约将部署在

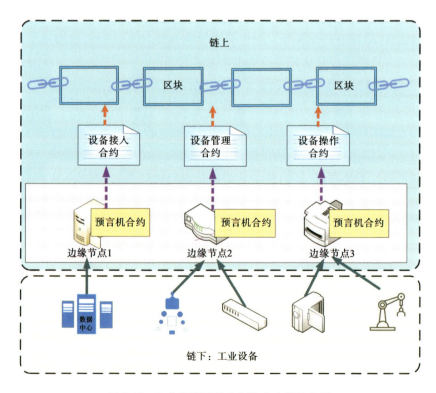

图 5-16　工业资源可信存证技术方案示意图

接入层每个边缘网关节点上,每个预言机成为其关联设备的信息代理,负责收集其关联设备的关键数据和重要操作日志并传递给设备管理合约,然后通过共识机制上链。首先,设备管理合约将告知预言机合约所需上链的资源类型与格式;然后,边缘网关节点按照预言机合约逻辑采集相关资源,并在转换成设备管理合约可用的数据格式后上传给设备管理合约;最后,预言机合约与设备管理合约之间传递的数据,以及设备管理合约的数据处理结果将按照前面所述的随机见证共识机制完成上链。

5.2.3　平台资源管理层和企业应用层关键技术

5.1.3 和 5.1.4 小节分别介绍了工业边缘云管理平台资源管理层和企业应用层的相关功能,由于这两层的功能相关性较强,故下面将结合工业边缘云管理平台的这两个层次,介绍云原生技术、资源智能调度技术、5G 与 MEC 融合技术架构和工业大数据存储与管理技术。

1. 云原生技术

1)云原生背景介绍

云原生(cloud native)由英文单词 cloud+native 组合得来,cloud 表示应用程序位于云中,而不是传统的数据中心;native 表示应用程序最初就以云的环境为出发点进行设计,原生为云而设计,在云上以最佳姿势运行,充分利用和发挥云平台的弹性与分布式优势。

Pivotal 公司的 Matt Stine 于 2013 年首次提出云原生的概念;2015 年,刚推广云原生时,Matt Stine 在《迁移到云原生应用架构》一书中定义了符合云原生架构的几个特征——12 因素、微服务、自敏捷架构、基于 API 协作、抗脆弱性;到了 2017 年,Matt Stine 在接受 InfoQ 采访时又将云原生架构归纳为模块化、可观察、可部署、可测试、可替换、可处理 6 个特质;而 Pivotal 公司官网概括了云原生的 4 个要点——DevOps + CI/CD+微服务+容器,如图 5-17 所示。

总而言之,符合云原生架构的应用程序应该是采用开源堆栈(Kubernetes+Docker)进行容器化,基于微服务架构提高灵活性和可维护性,借助敏捷方法、DevOps 支持持续迭代和运维自动化,利用云平台设施实现弹性伸缩、动态调度和资源利用率优化[22]。

2)微服务

(1)微服务介绍。

微服务是一种分布式的系统架构,它将业务划分为独立的服务单元,弥补

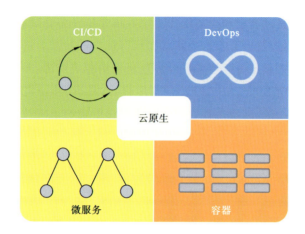

图 5-17 云原生的 4 个要点

单体系统的不足，以满足越来越复杂的业务需求。一个大型复杂软件应用由一个或多个微服务组成。系统中的各个微服务可独立部署，每个微服务仅关注完成一件任务并且能够很好地完成该任务，因而各个微服务之间需要松耦合。在所有情况下，每个任务都代表着一个小的业务能力。

尽管微服务这种架构风格没有精确的定义，但其具有一些如围绕业务组织服务、自动化部署、端点智能、对语言及数据的"去集中化"控制等共同特性。

整体式应用是将所有功能放到一个进程中，通过复制整个应用到多台服务器实现扩展。伴随着越来越频繁的云化及应用功能升级，整体式应用在快速响应需求上显得越来越力不从心。

而微服务架构将不同的服务分布于不同的服务器，将功能的每个元素放置到分离的多个服务进程中，并以按需复制服务的方式实现扩展。这种可独立部署与升级的微服务将大大提高系统变更的敏捷性。

（2）微服务的优缺点。

如今复杂的应用基本上都使用了微服务，其优点如下。

① 将复杂的业务拆分成多个小的业务，每个业务拆分成一个服务，将复杂的问题简单化，利于分工，降低新人的学习成本。

② 微服务系统是业务与业务之间完全解耦的分布式系统，可伴随业务的增加而再拆分，具有极强的横向扩展能力。面对高并发的场景，微服务系统可以将服务集群化部署，提高系统负载能力。

③ 服务间采用 HTTP 通信，服务与服务之间完全独立。每个服务可以根

据业务场景选取合适的编程语言和数据库。

④ 微服务中每个服务都是独立部署的，每个服务的修改和部署对其他服务没有影响。

微服务也并不是完美的，其缺点如下。

① 运维开销及成本增加：整体式应用可能只需部署至一小片应用服务区集群，而微服务架构可能需要构建、测试、部署、运行等数十个独立的服务，并可能需要支持多种语言和环境。这导致一个整体式系统如果由 20 个微服务组成，那么它可能需要 40～60 个进程。

② 隐式接口及接口匹配问题：把系统分为多个协作组件后会产生新的接口需求，将导致即使是简单的交叉变化也可能需要改变许多组件，并需协调一致发布。在实际环境中，发布一个新品可能被迫要同时发布大量服务，由于集成点的大量增加，微服务架构会有更高的发布风险。

③ 代码重复：某些底层功能需要被多个服务所用，为了避免将同步耦合引入系统中，有时需要向不同服务添加一些代码，这就导致代码重复。

④ 分布式系统的复杂性：作为一种分布式系统，微服务引入了复杂性和其他若干问题，例如网络时延、消息序列化、异步机制、版本化、差异化的工作负载等。

3）Docker 容器引擎

（1）Docker 介绍。

Docker 是 Docker 公司开源的一个基于 Linux 轻量级内核虚拟化技术的 Container 容器引擎，其基于 Go 语言并遵从 Apache 2.0 协议。Docker 提供简单易用的容器使用接口，该接口将应用程序与支撑程序运行的依赖环境打包在一个文件里面，运行这个文件，就会生成一个虚拟容器。程序在这个虚拟容器里运行，就好像在真实的物理机上运行一样。

Docker 包括三个基本概念，具体如下。

① 镜像(image)：相当于一个 root 文件系统。

② 容器(container)：镜像是静态的定义，容器是镜像运行时的实体，容器可以被创建、启动、停止、删除、暂停等。

③ 仓库(repository)：仓库可看成一个代码控制中心，用来保存镜像。

Docker 采用客户端-服务器(C/S)架构，使用远程 API 来管理和创建 Docker 容器，其架构如图 5-18 所示。Docker 的接口相当简单，用户可以方便地创建和使用容器，把自己的应用放入容器。容器还可以进行版本管理、复制、分享、

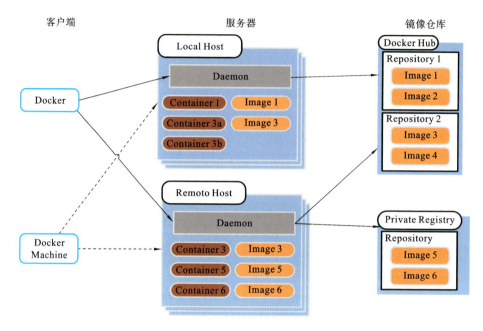

图 5-18　Docker 架构

修改,就像管理普通代码一样。

（2）Docker 的优点。

Docker 是开发人员和系统管理员使用容器技术开发、部署和运行应用程序的平台。使用 Linux 容器来部署应用程序称为集装箱化。集装箱化的优点如下。

① 灵活:即使是复杂的应用程序也可封装。

② 轻量级:容器利用并共享主机内核。

③ 便携式:可以在本地构建,部署到云上并可在任何地方运行。

④ 可扩展性:可以增加和自动分发容器副本。

⑤ 可堆叠:可以垂直堆叠服务和即时堆叠服务。

传统的虚拟化技术是虚拟出一套硬件后,再运行与之匹配的完整操作系统,最后在该系统上运行所需应用进程。而容器内的应用进程直接运行于宿主的内核中,容器既没有自己的内核,也不需要虚拟硬件,因此容器要比传统虚拟机更为轻便。Docker 中的每个容器之间都是互相隔离的,每个容器都有自己的文件系统,容器之间的进程不会相互影响,所以能够很好地区分计算资源。

（3）Docker 的用途。

Docker 的主要用途目前有三大类:

① 提供一次性的环境，本地测试、持续集成的时候提供单元测试和镜像构建的环境；

② 提供弹性的云服务，因为 Docker 中的容器可以随开随关，很适合动态扩容和缩容；

③ 组建微服务架构，通过多个容器，一台机器可以运行多个服务，因此在本机就可以模拟出微服务架构。

2. 资源智能调度技术

对于一台计算机来说，操作系统管理的系统资源是有限的。资源调度可以解释为，当有多个进程（或多个进程发出的请求）要使用这些资源时必须按照规定的规则选择进程（或请求）来占用资源。根据使用者占用系统资源的情况，资源调度可以分为三个等级：① 高级调度，又称作业调度。在支持批处理系统中，新提交的作业排入批处理队列中。高级调度从批处理队列中选取合适的作业，产生相应进程运行作业控制语句解释程序，作业一旦被高级调度选中，相应的进程及进程组才会产生，其他系统资源才可能被占用。② 中级调度。在实存交换（即实时存储与交换）方式存储管理系统中，中级调度选取在辅存的进程占用物理主存，为占用处理机做好准备。在虚存方式存储管理系统中，如果进程被中级调度选中，进程才有资格占用主存。对于被交换到辅存的进程，系统将进程占用的所有主存页帧释放，且在未被中级调度选中之前进程不会再占用主存。因此，中级调度可以控制进程对主存的使用。③ 低级调度，即进程调度。低级调度决定处理机处理哪个处在就绪状态的进程，执行低级调度往往是因为原处理机的进程由于各种原因要放弃处理机或有更高优先级的进程变成就绪状态。

资源调度可以按照调度方式的不同，分为静态资源调度和动态资源调度。根据预先知道的任务和资源信息直接将任务分配到相应计算节点上执行的方式是静态调度；而动态调度需要综合考虑节点关键参数的实时变化情况，如使用率、内存大小、磁盘空间，然后对任务的调度进行调整。资源调度根据处理任务方式的差异，可以分为在线资源调度和批处理资源调度。在线资源调度是当系统接收到用户请求后，立刻为该任务分配资源，开始进行处理；批处理资源调度则是当系统接收到某个用户的请求后，需要等待触发事件发生后才能对这时间段内的任务统一分配资源进行处理，而并非立即处理，其触发事件通常为调度算法执行的时间间隔或系统节点和用户任务的反馈信息。

工业边缘云管理平台以云原生技术为基础，构建了一套边云协同服务架构体系,如图5-19所示。边缘云管理平台可以对边缘网关节点的计算、网络、通信与存储等资源状态以及边缘智能微服务应用(如接入处理任务、数据融合分析任务以及离线/在线数据分析任务等)进行实时监控,同时结合智能算法模型进行资源分配与调度决策,优化资源接入与管理的效率。

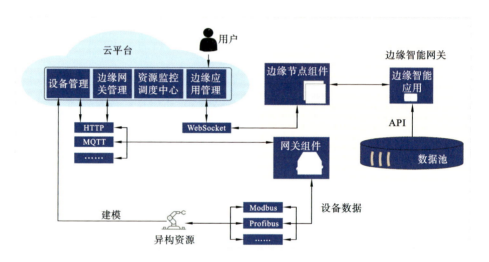

图5-19 边云协同服务架构示意图

该架构旨在提高数据处理和资源的动态调度效率,实现系统的有效负载均衡。其中,监控与智能调度模块将承担边云协同的核心工作,针对资源监控调度中心模块,基于跨域异构资源监控技术,利用边云联合状态监控机制收集网络中通信与计算资源的状态信息,支撑云端智能调度决策;针对智能调度决策模块,基于任务个性化需求的动态部署机制和面向保障服务质量的任务运行时重调度技术,对任务(微服务)的部署和运行进行合理的资源分配与智能化调度,提高海量数据处理任务的运行效率。

1) 异构资源监控技术

异构环境下各类资源呈现出异质、异态和异构的特点,因此边云资源智能分配和调度需要通过监控模块收集系统资源状态、应用状态和容器状态,为资源智能分配提供决策依据,同时及时发现边云协同系统的性能瓶颈与漏洞以维护系统的稳定性与健壮性。

如图5-20所示,资源监控模块主要包含两个重要组成部分,即边缘端管理中心资源监控模块和云端管理中心资源监控模块。边缘端管理中心资源监控模块除了监控该节点的CPU、内存、网络、磁盘、I/O等异构物理资源外,还需监控每个边缘节点的微服务运行状态和容器执行状态信息。边缘端管理中心定期将收到的监控数据进行汇总和筛选后汇报至云端管理中心资源监控模块。云端管理中心以收到的监控数据为基础对外提供获取实时资源状态的接口,资源状态接口主要包括异构物理资源抽象接口、微服务运行状态抽象接口和容器执行状态抽象接口,后续的任务调度和资源部署通过预先调用此接口来进行更合理的资源分配。

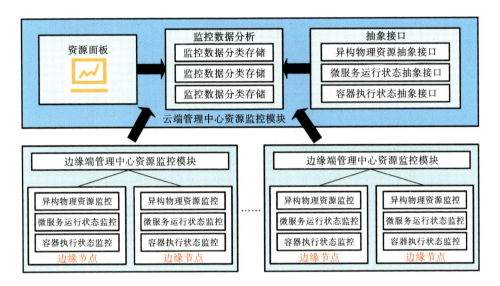

图 5-20　异构资源监控技术框架示意图

2）任务动态部署与运行时重调度机制

大量异构资源的接入使得边云协同系统待执行的任务需求呈现个性化、多元化,无法按照统一的标准来满足任务需求,因此,需要一种基于任务个性化需求的动态部署机制,为任务(微服务)的运行提供资源保障。

如图 5-21 所示,该机制主要从两个方面来满足任务需求与进行资源部署。① 个性化计算资源需求。不同任务对计算资源具有不同的需求,首先对不同的计算资源需求形成统一的约束规范,然后根据此需求约束规范形成资源部署候选队列。② 个性化性能需求。针对不同任务的性能需求形成统一标准的性能需求约束规范,以便进行最优的资源匹配。在满足个性化任务硬件资源需求的前提下,基于个性化任务性能需求采用合理的筛选策略得到最优满足项,后续的任务部署基于此最优满足项进行。

任务部署运行后,为保证服务质量,考虑采用面向逻辑组件的任务运行时

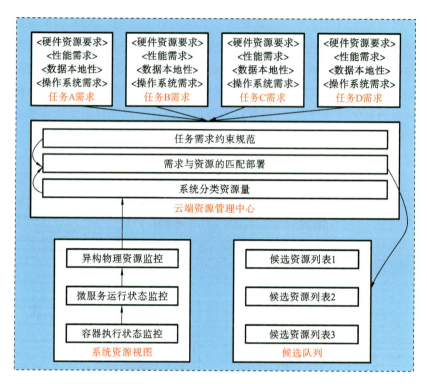

图 5-21 基于任务个性化需求的动态部署机制示意图

重调度机制。该机制的目标是使尽可能多的任务与节点资源匹配,从而满足截止时间内完成任务的系统要求。运行在不同逻辑组件中的任务容器(微服务)通过记录所在节点的任务执行状态,判断任务是否执行失败或失效,或根据当前任务在容器中的执行时间判断是否出现响应超时,以触发系统重调度流程。重调度时,会根据所在逻辑组件和容器执行类型对资源进行有选择的调度,降低二次执行失效的概率。如图 5-22 所示,面向逻辑组件的任务运行时重调度机制,可以有效缩短调度过程中任务的无效等待时间,保障边云协同系统的服务质量。

3. 5G 与 MEC 融合技术架构

本章所提的工业边缘云管理平台包含 5G 网络管理功能,相较于传统的边缘云平台,其实现更加复杂,所以需要使用 5G 与 MEC 融合技术,下面重点介绍 5G 与 MEC 融合技术架构,如图 5-23 所示。

5G 与 MEC 融合技术方案,在本地化卸流的同时提供了计算资源与运行环境的就近部署,一方面降低网络通信时延,另一方面实现企业应用的快速搭建、

第 5 章
企业级工业边缘云管理平台

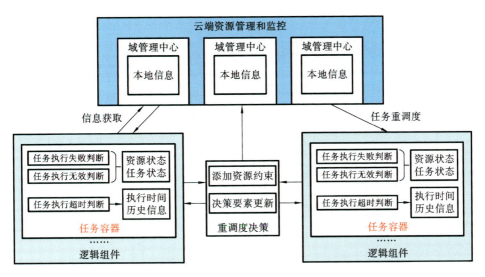

图 5-22 面向逻辑组件的任务运行时重调度机制示意图

部署与上线。5G 与 MEC 融合技术架构增强了网络连接的控制与管理能力,融合了算力下沉、动态路由、TCP 加速、RNIS(无线网络信息服务)等 CT 增值应用能力,以及实时编解码、AI 推理等 IT 增值应用能力。该方案有以下三种应用部署模式[23]。

1)分流共享+平台共享型模式

该模式下,分流网元 UPF/GW-U 及边缘云管理平台均要求部署在核心层机房。分流网元共享,为不同客户配置不同的分流策略;边缘云管理平台采用多租户模式,为不同工业企业用户分配逻辑隔离的基础资源和业务资源。不同的分流策略所带来的服务质量也不尽相同,网元及平台部署层级越高,机房整体条件越好,硬件资源相对越丰富,维护力量也越完备,因此可以为用户提供更好的业务保障。由于采用资源共享模式,资费相对低,对用户也更有吸引力。

2)分流专享+平台专享型模式

该模式下,分流网元 UPF/GW-U 及边缘云管理平台均部署在用户侧接入机房或现场级企业用户机房,分流网元、边缘云管理平台均由某个用户专享。平台及网元一般部署在边缘机房或者用户侧,对维护水平要求较高,需要更高的业务保障和更快响应的本地分流业务,分流网元将流量分流至边缘云管理平台,在本地为用户提供服务。

3)分流共享+平台专享型模式

该模式下,分流网元 UPF/GW-U 部署在核心/汇聚层机房,UPF/GW-U

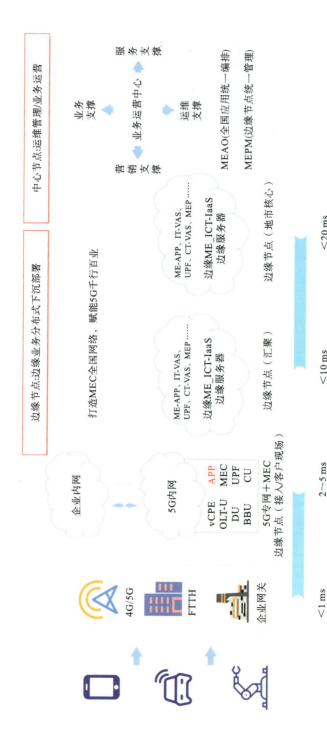

图 5-23 5G 与 MEC 融合技术架构

与边缘云管理平台之间采用承载网或者专线对接,MEC平台部署在用户侧接入机房或现场级企业用户机房。不同用户之间共享UPF/GW-U分流网元,但是应用可以按需部署在用户本地。该模式的主要优点是可以共享分流网元,降低用户的业务分流成本,同时将业务应用部署在用户侧。

4. 工业大数据存储与管理技术

工业大数据存储与管理技术主要针对工业大数据多样性、多模态、高通量和强关联等特性,实现高吞吐量存储、数据压缩、数据索引、数据缓存和查询优化等关键技术。这里主要介绍工业大数据存储技术、多源异构数据管理技术、多模态数据的集成技术、高通量数据的写入技术和强关联数据的融合技术[24]。

1) 工业大数据存储技术

工业大数据系统具有接入的数据量规模大、类型多的特点,通常要求支持TB到PB级多种类型数据的存储,数据的多样化存储方式是为了适应各种分析场景需求。在实时监控数据展示场景,可采用内存数据库进行存储,满足数据的高交互性和快速响应实时查询的需求;在产线异常分析与预测场景,可选择HDFS、Cassandra等分布式存储系统分析历史数据,选择InfluxDB等时序数据库分析时间顺序强相关场景的数据;在商业智能场景,可选择传统的关系型数据库保存结构化数据,在考虑性能和及时性时,可分类存储在NoSQL数据库。

2) 多源异构数据管理技术

在解决多源异构数据的数据源、数据结构和数据类型不一致的复杂问题上,大规模多源异构数据管理技术的重要程度随之涌现。高效的存储管理优化、异构的存储引擎、面向元数据定义和高效查询优化的数据融合等需求是提高多源异构数据管理技术的重要保障,也是挖掘和释放多源异构数据价值的可靠途径。多源异构数据管理技术不仅需要具备数据边缘接入与缓存、高性能读写、高效率存储、查询与分析一体化的时序数据管理功能,还要求同时满足工业时序数据在查询高效性和接入高吞吐量方面的需求,即具备缓存、分布式计算与存储框架的协同组合,提供基于SQL标准的数据查询接口,满足功能性和易用性需求。

3) 多模态数据的集成技术

在各种工业场景中存在着大量多源异构的工业数据,需要高效可靠的存储管理方法来将这些结构化业务数据、时序化设备监测数据、非结构化工程数据等进行异构的存储引擎、透明访问处理,最后汇集成为数据源。面对非结构化工程数据灵活组织、批量分析、建模,结构化数据跨库连接分析等需求,多模态数据集成技术在基于多模态数据集成模型的条件下,根据物料、设备及其关联关系,按照分析、管理的业务语义,实现多模态数据查询接口的一体化管理、协同优化和多维分析。

4）高通量数据的写入技术

在感知相关技术的广泛应用、传感器产生的海量时序化数据持续增长的时代背景下,高效的数据编码压缩方法、低成本的分布式扩展能力、多条件复杂查询及分析性查询能力等数据写入技术都面临挑战。为了破解难题,工业大数据平台在兼顾查询优化的数据组织和索引结构的情况下,在数据写入过程中进行一定的数据结构预计算,实现读写协同优化的高通量数据写入。

5）强关联数据的融合技术

实现数据物理信息、产业链和跨界三个层次的融合是强关联数据的融合技术的主要目标。其在实现机制上包括逻辑层、概念层和操作执行层。逻辑层完成统一数据建模,通过定义物理与数字对象模型的一一对应关系,建立数据模型与对象模型之间的映射关系;概念层实现语义融合,基于语义提取与语义关联,最终形成知识图谱,为相应的查询接口背书;操作执行层主要负责异构数据管理引擎的查询协同优化,并提供 SQL、OpenAPI 形式的统一查询接口。

5.3 工业边缘云管理平台软件技术架构与实现

前面分别介绍了工业边缘云管理平台的功能架构和关键技术,下面将针对工业边缘云管理平台的软件架构与实现进行具体的介绍。

5.3.1 工业边缘云管理平台的软件技术架构

如图 5-24 所示,工业边缘云管理平台的软件技术架构分为接入层、汇聚层、资源管理层和企业应用层。其中,接入层包括 IoT 软网关、协议适配连接器 Connector、消息队列;汇聚层包含数据抽取、转换和加载（extract transform load,ETL）组件,区块链账本与智能合约组件,标识解析服务组件,规则引擎;资源管理层分为 IaaS 和 PaaS 上下两层,下层（IaaS 层）包含容器运行时组件 Docker、Prometheus 监控组件、5G 网元管理组件、容器编排组件 Docker Compose,上层（PaaS 层）则包含大数据仓库、API 网关、数据可视化组件 Grafana、区块链 BaaS 组件、模型调用库、设备管理组件;企业应用层包含微服务治理组件、应用运行管理组件、公有云通信接口组件。

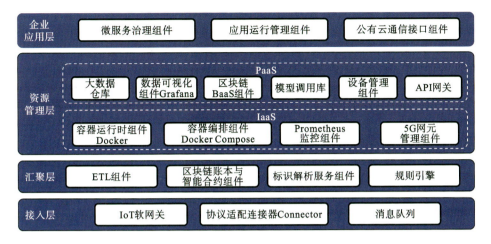

图 5-24　工业边缘云管理平台的软件技术架构

5.3.2　工业边缘云管理平台的软件实现

1. 平台接入层的软件实现

如图 5-25 所示，接入层主要包含协议适配连接器 Connector、IoT 软网关和消息队列。基于各类工业协议的工业数据经过硬件工业网关解析后再结合相应的协议适配连接器 Connector（如 OPC-UA、Modbus、SNMP、REST 等）传入 IoT 软网关，软网关进行数据的协议解析，将数据以统一的协议（如 MQTT、HTTP）传输至消息队列组件，消息队列将缓存大量数据流，并将数据以异步的方式提供给汇聚层相应组件。

1）IoT 软网关

IoT 软网关通过标准协议将各种不同协议管理的工业设备数据流，直接无缝地流式传输到上层平台，可以使用 TB-Gateway 等支持多协议的开源软网关，结合多种协议适配连接器方便各类工业协议设备的快速接入，并且利用 TLS 协议实现云端平台与软网关之间的加密安全通信，还可实现对连接器和相关工业设备的控制和管理。

2）消息队列

工业边缘云管理平台接入层支持多种消息队列实现，例如 Kafka、RabbitMQ、Azure 服务总线和 Google 发布/订阅。通过牺牲部分性能（如时延）以支持持久可靠的消息传递和自动负载平衡是消息队列的核心思想。边缘云管理

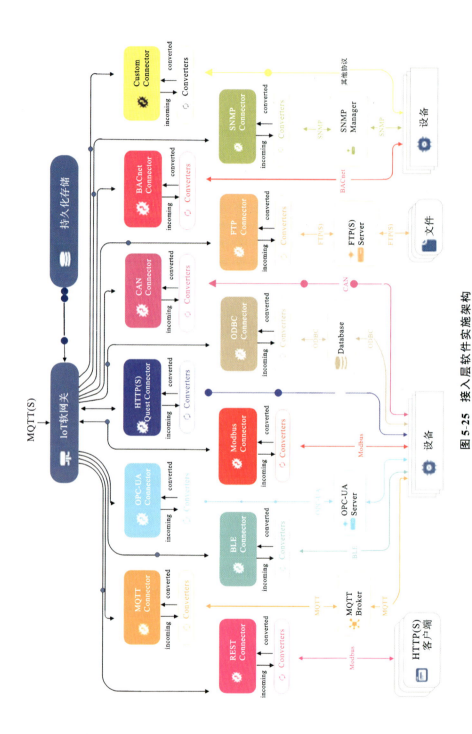

图 5-25 接入层软件实施架构

平台若想实现负载均衡,使用持久和可伸缩的消息队列是最佳选择。本平台的消息队列使用 topic +"."+ partition 模式,消息生产者根据实体 ID 的哈希值确定使用哪个分区,因此同一实体的所有消息总是被推送到同一分区。上层消息消费者使用 ZooKeeper 进行协调,并使用一致性哈希算法确定每个消费者应订阅的分区列表。

2. 平台汇聚层的软件实现

汇聚层主要包含 ETL 组件、区块链账本与智能合约组件、标识解析服务组件和规则引擎。数据从接入层汇聚上来后将通过 ETL 组件进行格式转换,并通过标识解析服务组件进行关键信息的标识,然后将其存储至私有链中,其余相关数据通过规则引擎进行持久化处理并转存至上层相应的数据库中。

1）ETL 组件

(1) Node Exporter。

针对 IT 资源,Node Exporter 为数据格式转换 ETL 组件。利用 Node Exporter,可以监控如主机 CPU、磁盘内存等服务器资源的关键运行状态,资源管理层的 IT 时序数据监控组件 Prometheus 周期性地从 Node Exporter 暴露的 HTTP 服务地址拉取监控样本数据。

(2) Telegraf。

针对 OT 资源,Telegraf 为数据格式转换 ETL 组件。Telegraf 是一个用 Go 编写的代理程序,天然支持高并发场景,具备 Node Exporter 的相关功能,可实时采集系统和服务的统计数据。同时 Telegraf 具有内存占用小等优点,通过插件系统,开发人员可轻松添加支持其他服务的扩展。在架构中,其主要用来处理采用 HTTP 协议传输的工业数据,并转发给资源管理层的 OT 时序数据库 TDengine 做持久化处理。

2）区块链账本与智能合约组件

区块链账本使用不可篡改的分布式图式账本节点组件 Ledger,依据本书第 3 章介绍的拜占庭容错机制,可以部署至少 4 个分布式账本节点来实现数据防篡改。在工业大数据可信场景下,高吞吐率、高可扩展性、存储开销可控的分布式账本系统离不开自主创新的共识机制及图式账本结构。分布式账本对上层暴露读写接口,可以在智能合约或程序代码中调用相关接口实现数据的高性能可信存证。

智能合约引擎支撑数据的可信使用,实现数据使用的全程管控,包含合约节点 Contract 和路由节点 Router。其中,合约节点运行代码逻辑,并通过内存缓存实现模块的快速响应,与其他合约节点组成可信计算网络;路由节点存储各个合约节点的路由信息。一般单个路由节点可支持最多 1000 个合约节点,可视情况部署多个路由节点,并在路由节点之间配置组网信息,以实现更大规模的节点组网。在工业数据可信场景下,可信计算通过智能合约引擎、可插拔定序策略、智能化多节点内存管理系统等功能模块来实现随机多节点相互校验,再通过调用可信存储层的接口将合约执行的过程信息存证到可信存储层。

3) 标识解析服务组件

标识解析服务组件采用基于数字对象架构的标识解析体系,主要包括根标识解析节点和域标识解析节点两大部分。其中,根标识解析节点部署在单台一级节点服务器上,提供根标识解析服务;域标识解析节点部署在二级、三级、四级等节点服务器上,同级节点可以多台部署,提供域标识解析服务,与根标识解析节点组成树形系统架构,可以横向扩展。同时,标识解析服务组件也可以对接其他工业标识解析系统,促进工业大数据资源的流通共享。

4) 规则引擎

在处理复杂事件方面,规则引擎具有灵活配置和高度定制化的特点。可以使用规则引擎的 Filter、Enrichment 和 Transform 节点通过设备和相关资产发出输入消息,也可以使用规则引擎的 Action、External 节点触发各种操作与通信。规则引擎主要有以下 3 个组成部分。

(1) 消息。

消息用于事件接收。它可以被序列化并有着规定的数据结构,同时可以表示系统中的各种消息数据,如来自设备、设备生命周期事件、设备状态事件、REST API 事件、RPC 请求等传入的数据。

(2) 规则节点。

规则节点是规则引擎的基本组件,用于对接收的数据进行过滤、转换或者执行,每次处理单个输入消息并生成一个或多个输出消息。规则节点可以是 Filter、Enrichment、Transform 节点以输入消息或者是 Action 与 External 节点以对外部系统进行通信。规则节点之间存在关联性,每个节点都有对应的关系类型,是标识关系的逻辑标签。当规则节点生成输出消息时,它总是将消息路由到下一个指定的节点并通过关系类型进行关联。

(3) 规则链。

规则链是规则节点及其关系的逻辑组,其作用是接收上一节点的出站消息,将其发送至下一个节点。租户管理员可以定义一个根规则链,还可以定义多个其他规则链。根规则链处理所有输入的消息,并将其转发到其他规则链继续执行处理操作。规则链有三种消息处理结果:当消息被规则引擎中所有节点处理成功时,该消息将被标注为成功;当消息被规则引擎中任一节点处理失败时,此消息将被标记为失败;当处理消息的时间超过配置的阈值时,此消息将被标记为超时。

3. 平台资源管理层的软件实现

资源管理层以 IaaS 虚拟化资源为基础,在 PaaS 层开发部署各类服务组件,为企业提供各类平台服务,并支撑上层应用的开发。下面将介绍各层核心组件的软件实现方式。

1) IaaS 层

IaaS 层将使用 Docker 组件,将边缘云服务器的计算、存储和网络等资源虚拟化,通过 Docker 封装成容器单元,每个容器可以自由分配虚拟化资源,部署各类操作系统和服务组件。

同时以 Docker 为基础,IaaS 层部署 Docker Compose 组件,将容器的使用调度服务接口统一封装,并通过可视化界面或命令行的形式进行资源的监控和调度。

2) PaaS 层

(1) 设备管理组件。

设备管理组件提供针对海量设备进行设备连接、数据采集与转发和远程控制的服务,可实现海量设备与平台之间的双向通信,同时支持上层应用调用 API 远程控制设备,并提供与平台上其他服务无缝对接的规则引擎,可应用于各种工业互联网场景,其实现架构如图 5-26 所示。设备可通过多种协议或网关接入管理子平台,从而采集设备数据,将数据保存至相应数据库中,并可通过数据可视化组件便捷、直观地展示数据。

(2) 大数据存储和数据可视化组件。

大数据存储和数据可视化组件实现工业大数据的采集、存储、监测、告警和可视化,采用分布式、高扩展性的软件架构,如图 5-27 所示。

① Prometheus。

Prometheus 是一个开源的容器和微服务监测与预警工具集。其是为了提供丰富度量指标且又不影响目标系统性能而设计的、高度可定制的云原生监控系统。其具备完整的生态,包括与监控密切关联的报警系统,也非常方便与第

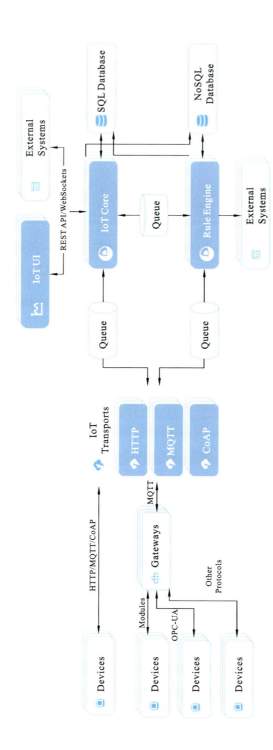

图 5-26 设备管理组件实现架构

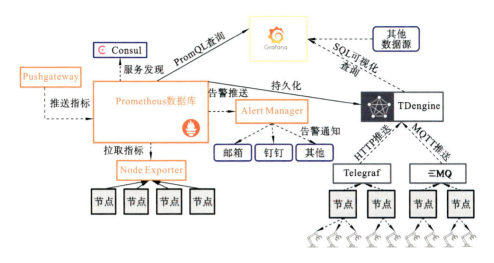

图 5-27　大数据存储和数据可视化组件实现架构

三方的监控系统集成，组成监控报警平台。

② TDengine。

TDengine 是一个开源的专为物联网、车联网、工业互联网等大数据平台设计和优化的时序数据库。相较于 MySQL 等传统数据库，在工业数据存储和查询方面，TDengine 可达到 10 倍以上的性能。此外，它还提供缓存、数据订阅、流式计算等功能，最大限度减少研发和运维的工作量。为充分利用数据的时序性和其他数据特点，TDengine 要求对每个数据采集点单独建表以存储这个采集点所采集的时序数据，这能大幅减少随机读取操作，成数量级地提升读取和查询速度，保证单个数据采集点的插入和查询的性能是最优的。

③ Alert Manager。

Prometheus 将数据采集和告警分成两个模块。告警规则是在 Prometheus Server 端定义的，告警规则被触发后，信息将被发送给独立告警管理组件 Alert Manager，经过告警分组处理后，最终通过接收器如钉钉、邮箱等通知用户。

④ Grafana。

Grafana 是一款比较流行的开源时间序列分析与可视化工具，采用 Go 语言编写而成，先天支持跨平台应用，其灵活的 UI 设计使其具有功能更全面的可视化界面。Grafana 主要用于大规模指标的分析平台数据可视化展现，且契合 Prometheus 和 TDengine 数据库，目前已经支持绝大部分常用的时序数据库。

(3) 区块链 BaaS 组件。

区块链 BaaS 组件为企业用户提供工业区块链和智能合约引擎的统一操作入口,可以实现对工业边缘云管理平台区块链组件的运行监测,实现链上工业资源的可视化交互管理。区块链 BaaS 组件具备区块链浏览器、节点接入管理、智能合约管理、区块链监测监管功能,下面简要介绍各子模块的主要功能。

① 区块链浏览器。

区块链浏览器将区块链数据和信任数据进行归类展示,提供对链上资源可查验和可追溯的功能,协助轻量级节点进行数据验证和更新。

② 节点接入管理。

节点接入管理为企业用户提供节点接入的交互界面,协助企业便携可信地加入区块链网络。

③ 智能合约管理。

智能合约管理提供智能合约集成开发环境入口、智能合约代码示例模板以及智能合约的运行状态监控功能。

④ 区块链监测监管。

区块链监测监管对区块链的运行数据进行监测,保证区块链稳定、安全和可靠运行,同时支持区块链的监管功能,保证区块链运行管理制度化、透明化和规范化。

4. 平台企业应用层的软件实现

1) 公有云通信接口组件

公有云通信接口组件负责实现工业边缘云管理平台与公共服务平台的信息通信和数据交互,该组件基于 Docker 和 Kubernetes 虚拟化资源环境,在 KubeEdge 的基础上进行二次开发。KubeEdge 是一个基于 Kubernetes 构建的,为网络、应用程序部署以及云与边缘之间的元数据同步提供核心基础架构支持的开源系统,可将本机容器化的业务流程和设备管理扩展到边缘侧的主机上。KubeEdge 支持 MQTT 协议,并允许开发人员编写自定义逻辑以及在边缘侧启用资源受限的设备通信。公有云通信接口组件可以分为云端和边缘端两个部分,其整体软件架构如图 5-28 所示。

(1) Cloudcore。

Cloudcore 包含 CloudHub、EdgeController 和 DeviceController 三个组件,其中 CloudHub 是云中的通信接口模块;EdgeController 负责管理边缘节点;

第 5 章
企业级工业边缘云管理平台

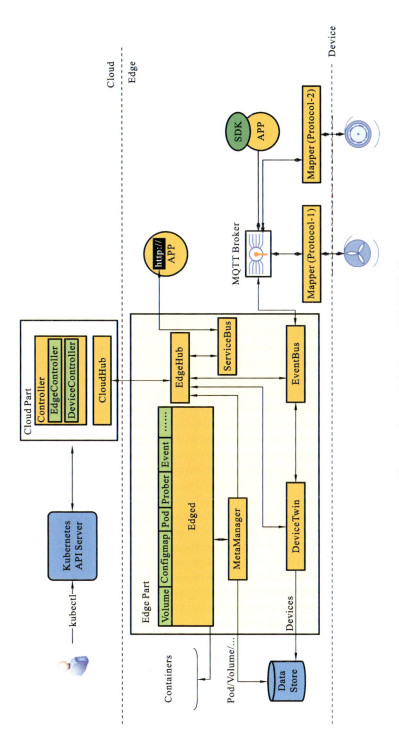

图 5-28 公有云通信接口组件的软件架构

DeviceController 负责设备管理。

（2）Edgecore。

Edgecore 为工业边缘云管理平台组件，包含 Edged、EdgeHub、EventBus、DeviceTwin、MetaManager、ServiceBus 组件，其中 Edged 是边缘管理容器化的应用程序；EdgeHub 为边缘侧的通信模块；EventBus 负责使用 MQTT 处理内部边缘通信；DeviceTwin 用于处理设备元数据的软件镜像；MetaManager 负责管理边缘节点上的元数据；ServiceBus 用于接收云上服务请求，且与边缘应用进行 HTTP 交互。

2）应用运行管理与微服务治理组件

应用运行管理与微服务治理组件是基于 Docker 虚拟化资源环境，集成了各类 Docker 接口，可以对 Docker 容器进行统一编排的工具。

（1）Docker Compose 功能。

Docker Compose 项目是 Docker 公司的开源项目，用于实现对 Docker 容器集群的快速编排。Docker Compose 将所管理的容器分为三层，分别是工程（project）、服务（service）以及容器（container）。一个工程可包含多个服务，每个服务定义了容器运行的镜像、参数、依赖。一个服务可包括多个容器实例。Docker Compose 的工程配置文件默认为 docker-compose.yml，用户通过配置该文件可以设置容器镜像、开放端口、启动命令等参数，定义一组相关联的应用容器为一个项目。Docker Compose 项目采用 Python 编写，调用 Docker 服务提供的 API 对容器进行管理。因此，只要所操作的平台支持 Docker API，就可以在其上利用 Docker Compose 来进行编排管理。

Docker Compose 能够在 Docker 节点上，以单引擎模式（single-engine mode）进行多容器应用的部署和管理。目前多数应用通过多个更小的微服务协同来组成一个完整可用的应用。Docker Compose 通过一个声明式的配置文件来描述整个应用，取代了传统的用脚本和各种冗长的 Docker 命令将应用组件组织起来的方式，从而实现使用一条命令便可完成应用部署。应用部署成功后，还可以通过一系列简单的命令实现对其完整声明周期的管理。

（2）YAML 配置文件功能。

Docker Compose 使用 YAML 文件来定义多服务的应用。YAML 是 JSON 的一个子集，其包含 4 个一级 key：Version、Services、Networks、Volumes。

① Version 是必须指定的，而且总是位于文件的第一行。它定义了 Compose 文件格式（主要是 API）的版本号，而不定义 Docker Compose 或 Docker 引

擎的版本号。

② Services 用于定义不同的应用服务。

③ Networks 用于指引 Docker 创建新的网络。默认情况下,Docker Compose 会创建 Bridge 网络。这是一种单主机网络,只能够实现同一主机上容器的连接。

④ Volumes 用于指引 Docker 来创建新的卷。

5.4 未来挑战与展望

5.4.1 未来工业网络的发展趋势

根据已有的工业互联网基础,下面将从 OT-CT 融合技术、5G 与 TSN 融合技术、新型网络架构介绍未来工业网络的发展趋势。

1. OT-CT 融合技术

工业互联网对可靠性、安全性要求更高,技术更复杂、更专业。目前,中国制造业前沿工厂的数字化水平相对先进,已经建立高质量的产业网络。CT(通信技术)以 5G 为核心,创新数据流通方式,提升与 IT(信息技术)和 OT(运营技术)深度融合的速度,形成 OT、IT、CT 融合的技术架构,重构未来工业生产基础,推动工业智能化进程。基于 5G 大带宽、低时延和上行超宽带的特点,以及基于自主移动机器人的智能工业物流发展,工业企业将完全突破生产周期的数据链,实现从"先进生产工具"到"智能生产力"的转变。

2. 5G 与 TSN 融合技术

新一代开放式工业网络 CC-Link IE TSN 是目前国际产业界正在积极推动的全新工业通信技术。其扩展基于 IEEE 802.1 标准的以太网,能够完美实现工业网络中的互联互通和实时通信,并支持无线传输[25]。随着 5G 时代的到来,5G 低时延特性使移动网络在工业中得到应用,因此,工业无线网络未来不再受限于无线局域网的发展,而是以移动网络为基础,实现工业网络、互联网、物联网的融合以及基于移动网络的各种远程控制。在未来,5G 和 TSN 技术将融合应用。一方面,两种技术融合为用户提供端到端的最优解决方案,满足工业点到点控制所需的无缝连接和强稳定性要求。另一方面,基于无线技术的探索和研究热点,TSN 将在无线技术的发展中跟进,随着移动网络对超低时延特性的进一步支持,TSN 技术将随着智能工业网络的发展而逐步完善。TSN 技术将随着时间的推移不断发展,迎来新一代工业开放式网络时代。

3. 新型网络架构

目前,工业互联网的发展推动着工业的发展和变革,工业的变革需要新的网络技术。研究指出,支持工业 4.0 的一种典型 CPS 架构可以用分层的 5C 模型来表示[26],即连接层(connection level)、数据信息转化层(data-to-information conversion level)、网络层(cyber level)、认知层(cognition level)和配置层(configuration level)。根据 5C 模型,工业互联网需要支持灵活的设备和传感器组网、实时可靠的信息传输、高效的大数据存储分析,对未来网络技术在资源配置的灵活性,以及传输的时效性、可靠性和安全性方面提出了更高的要求。

考虑用户可以被视为未来网络的重要组成部分之一,研究人员提出了 UCN(user-centric network)的概念。在 UCN 架构下,用户既是网络内容的使用者和提供者,也是网络传输的一部分,可以基于某种激励机制,共享网络服务与资源[27]。基于工业互联网对未来网络技术的需求和技术融合的特点,未来网络发展呈现出两大主要趋势:软件定义网络、存储与计算(software defined networking,caching and computing,SD-NCC)和知识定义网络(knowledge-defined networking,KDN)的新型网络架构[28]。SD-NCC 架构结合了 SDN 的可编程控制思想和信息中心网络思想,将网络、存储和计算资源抽象为统一的资源池,根据上层应用的不同需求进行有效的网络、存储和计算资源调度,屏蔽了底层设备和接入网络等的差异[29]。KDN 是一种将人工智能技术融入网络的新型网络架构,它以 SDN 为基础,在集中式网络分析平台中利用实时分组信息、配置信息和网络状态监测数据进行智能决策,并通过控制器下发指令,实现网络的智能管控[30]。

5.4.2 工业边缘云管理平台的发展方向

随着云计算技术的日益成熟,云边缘计算已经成为推动数字经济产业发展的重要支撑和关键驱动力,基于云计算理念开发建设的工业边缘云管理平台将统一集中管理物理机和虚拟化平台,实现资源调度和管理的自动化。

1. 架构设计

整合分散的多云平台,构建一体化的云管理平台,为云租户提供资源申请、分配、权限管理、内容监控等一系列服务,对边缘云管理平台架构设计提出了新的要求。

云门户将是云管理平台的统一入口,实现云资源的管理、用户权限控制和统计等相关功能,其总体结构图如图 5-29 所示。云资源运维及管理人员、云租户均需要通过统一门户确认相应权限,访问对应角色的特定界面,并执行对应角色的功能。例如,运营人员可执行全局情况的查看、角色权限内的流程审核、资源开放、报表管理、资源监控等功能;云租户可以执行显示资源、查询进度、统计报告、评估服务等功能。

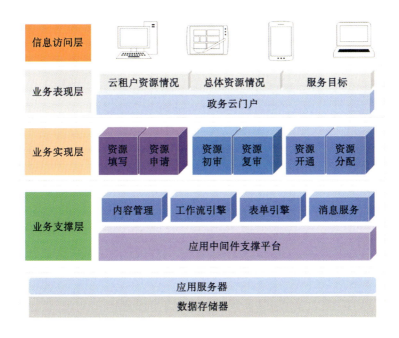

图 5-29 云门户总体结构图

2. 云原生能力深度融合

伴随着物联网技术的发展,智能终端设备和数据传输设备不断增加,以云计算为核心的传统大数据处理技术无法满足海量数据处理的需求。海量数据造成的网络通信拥塞、数据传输时延长、模型训练不及时、用户隐私不安全等问题,需要边缘云管理平台与云原生技术的深度融合来解决,从而实现高实时性、隐私保护、快速部署、强扩展性等。

针对传统网络架构对网络管控的局限,以及对网络资源和计算资源协同调度的制约,云原生计算提供了一种新的解决方案。云原生能力架构设计图如图 5-30 所示,工业边缘云管理平台与全栈式云原生的边缘计算架构将实现边缘网络资源和计算资源的协同管理。

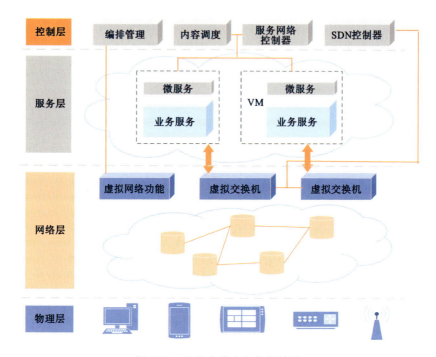

图 5-30　云原生能力架构设计图

5.4.3　边缘云应用的未来技术挑战与展望

近年来,随着数字孪生、万物互联、智慧城市、数字生活等的应用,越来越多的边缘端有越来越丰富的物联网设备,并且不断产生海量数据。然而,边缘区域的所有数据都无须发送到云计算中心,最大限度地降低服务时延和带宽消耗,有效减轻云服务的负载,显著减小网络带宽压力。边缘计算的技术优势还包括实时数据的处理和分析,计算节点更接近数据源,因此可以实时在本地处理数据,降低了处理时延,提高了服务质量,节省了成本。

1. 技术挑战

凭借边缘计算的独特技术优势以及 5G 网络、物联网等技术的不断发展,边缘计算的应用场景具有广阔的发展空间,但其应用技术尚不完善。在边缘计算架构中,计算、存储等资源下沉到边缘节点,与传统云计算架构不同,用户不用完全依赖于数据中心,其关键技术发生重大变化,面临的技术挑战不容忽视。

1）安全与隐私

边缘计算凭借其位置感知能力，在智慧城市场景下可以提供实时的、低成本的服务，但也带来了额外的安全风险。其计算能力弱，使边缘服务器更容易遭到网络攻击，与通用计算机相比，边缘设备的防御机制更脆弱，安全隐患更大；此外，大多数边缘设备是仅具备数据传输和处理功能的简单硬件，不具备状态展示功能，受到攻击时无意识。边缘设备种类繁多，协议不一致，很难设计出统一的边缘计算防护机制。

2）服务发现

移动设备上运行的应用通常不具备感知边缘节点提供服务的类型的能力，边缘计算则缺乏服务发现模块，无法及时参与其基础设施的维护，难以提供可用服务的内容和位置信息。与通用计算机不同，边缘设备需要开发额外的应用程序，以通过指定计算能力和存储空间来发现和启动特定功能的服务。

3）资源异构

边缘环境复杂，边缘硬件的计算、网络、存储资源基于服务场景深度定制；OT 领域硬件厂商多元化，多代技术并存；OT 与 IT 割裂的历史遗留问题长期存在，设备难以相互识别；边缘云计算平台必须与异构边缘设备兼容，以实现统一的管理和使用。目前解决边缘云资源异构的方法主要有两大类：加强边缘基础设施的标准化建设，统一产品规范；基于软硬件解耦技术，屏蔽底层硬件差异，实现碎片化的产业融合。

2. 未来展望

边缘计算作为一种新型的计算模型，将节点部署在网络边缘，实现数据的实时处理，具有可靠性高、资源消耗少等优势。在万物互联的趋势下，边缘计算不仅能够弥补传统云计算存在的缺陷，还可以与 5G 网络技术相互促进。与传统的公有云、私有云等中央云相比，边缘云能够为用户提供更高的带宽吞吐量、更低时延和更强的与周边系统连接的能力。边缘云的开放性和创新性，将支撑更多企业用户不断转型升级。边缘云的开发建设是未来一段时间内赋能行业应用的有效手段，发展前景广阔，应用场景丰富。

本章参考文献

[1] 工业互联网产业联盟. 工业互联网网络连接白皮书（版本 1.0）[R/OL]. [2022-09-06]. http://www.aii-alliance.org/upload/202003/0302_111828_

161.pdf.

[2] 亓晋,王微,陈孟玺,等. 工业互联网的概念、体系架构及关键技术[J]. 物联网学报,2022,6(2):38-49.

[3] 姚丹,谢雪松,杨建军,等. 基于MQTT协议的物联网通信系统的研究与实现[J]. 信息通信,2016(3):33-35.

[4] 工业互联网产业联盟. 工业互联网标识应用白皮书(2021)[R/OL].[2022-09-06]. http://www.aii-alliance.org/uploads/1/20220109/c994bbd77c6227ed1b08d5affaf78a22.pdf.

[5] 工业互联网产业联盟. 工业互联网标识解析标准化白皮书(2020年)[R/OL].[2022-09-06]. http://www.aii-alliance.org/upload/202102/0222_094332_553.pdf.

[6] 中国移动5G联合创新中心. 区块链+边缘计算技术白皮书(2020年)[R/OL].[2022-09-06]. https://res-www.zte.com.cn/mediares/zte/Files/PDF/white_book/202006161718.pdf?la=zh-CN.

[7] 张勇,郭骏,刘金波,等. 调控云平台IaaS层技术架构设计和关键技术[J]. 电力系统自动化,2021,45(2):114-121.

[8] TANG Z, ZENG P, WANG H, et al. Analysis and design of real-time and reliable industrial wireless control communication network and protocol[C]//Proceedings of the 29th Chinese Control Conference (CCC 2010). New York: IEEE, 2010:4232-4238.

[9] 于海斌,梁炜,曾鹏. 工业无线网络技术体系与WIA标准[J]. 世界仪表与自动化,2008,12(11):17-20,22,23.

[10] 张焱. 现场总线现状及应用[J]. 沈阳教育学院学报,2003,5(2):103-105.

[11] 陆驰宇. 工业以太网接口及其实现研究[J]. 机电信息,2020(17):21-23,25.

[12] 工业互联网产业联盟. 工业PON2.0白皮书[R/OL].[2022-09-06]. http://www.aii-alliance.org/upload/202009/0907_101809_849.pdf.

[13] 工业互联网产业联盟. 工业互联网网络优秀解决方案(2018)[R/OL].[2022-09-06]. http://www.aii-alliance.org/upload/202003/0302_111748_997.pdf.

[14] 中国信息通信研究院华东分院. 5G+智能制造白皮书(2019)[R/OL].

[2022-09-06]. http://www. sheitc. sh. gov. cn/cmsres/ac/acfa29fc11794bdcbabf88907901c3bf/fc05c6c254ad7ac897e2541816d45e94. pdf.

[15] BROOKS P. Ethernet/IP-industrial protocol[C]//Proceedings of the 8th International Conference on Emerging Technologies and Factory Automation. New York：IEEE，2001:505-514.

[16] WANG L，SHAO Y，WANG M Z，et al. Research of improving the dynamic scheduling algorithm in the CAN bus control networks[J]. 系统工程与电子技术(英文版)，2008，19(6):1250-1257.

[17] 彭杰，应启戛. PROFINET 工业以太网技术分析[J]. 南昌大学学报(工科版)，2010，32(2):188-191.

[18] 金青，戴胜华，欧阳劲松. 基于 Modbus/TCP 的工业以太网通信[J]. 仪器仪表标准化与计量，2006(1):22-24.

[19] 赵宴辉，聂亚杰，王永丽，等. OPC UA 技术综述[J]. 舰船防化，2010(2):33-37.

[20] KUMAR P，DEZFOULI B. Implementation and analysis of QUIC for MQTT[J]. Computer Networks，2019，150:28-45.

[21] 孟令彬，邹勇，薛楠，等. 工业互联网标识管理与解析平台技术方案探讨[C]//中国通信学会. 2017 全国无线及移动通信学术大会论文集，2017：323-326.

[22] BALALAIE A，HEYDARNOORI A，JAMSHIDI P. Microservices architecture enables DevOps:migration to a cloud-native architecture[J]. IEEE Software，2016，33(3):42-52.

[23] 尹东明. MEC 构建面向 5G 网络构架的边缘云[J]. 电信网技术，2016(11):43-46.

[24] LUO S，LIU H W，QI E S，et al. Big data analytics-enabled cyber-physical system：model and applications[J]. Industrial Management & Data Systems，2019，119(5):1072-1088.

[25] 贺增. 新一代开放式工业网络 CC-Link IE TSN 给工业互联网带来的技术性变革　第四讲:5G 与 CC-Link IE TSN 融合的工业网络未来[J]. 仪器仪表标准化与计量，2020(6):9-15.

[26] LEE J，BAGHERI B，KAO H A. A cyber-physical systems architecture for industry 4.0—based manufacturing systems[J]. Manufacturing Let-

ters,2015,3:18-23.
- [27] 黄韬,霍如,刘江,等. 未来网络发展趋势与展望[J]. 中国科学(信息科学),2019,49(8):941-948.
- [28] 吴文君,姚海鹏,黄韬,等. 未来网络与工业互联网发展综述[J]. 北京工业大学学报,2017,43(2):163-172.
- [29] HUO R,YU F R,HUANG T,et al. Software defined networking,caching,and computing for green wireless networks[J]. IEEE Communications Magazine,2016,54(11):185-193.
- [30] MESTRES A,RODRIGUEZ-NATAL A,CARNER J,et al. Knowledge-defined networking[EB/OL]. (2016-06-23)[2022-09-06]. https://arxiv.org/abs/1606.06222.

第 6 章
产业级工业互联网公共服务平台

第 5 章重点介绍了企业级工业边缘云管理平台的功能架构以及关键技术。该平台部署在各企业的私有云服务器上，负责企业内部异构资源的感知、接入、汇聚、存储和分析，保证业务在网络边缘侧的稳定性和实时性。本章将重点介绍面向产业集群的工业互联网公共服务平台，该平台部署在公有云服务器上，为各类企业提供工业大数据、工业应用、工业资源交易等服务，满足企业多元化的业务需求，实现企业之间资源的流通和共享，促进产业链的高效协同。

6.1　工业互联网公共服务平台功能架构

面向工业互联网产业内各类典型行业，产业级工业互联网公共服务平台为各类企业提供工业大数据、工业应用、工业资源交易等公共服务，促进整个产业链高效协同。如图 6-1 所示，产业级工业互联网公共服务平台的功能架构包括

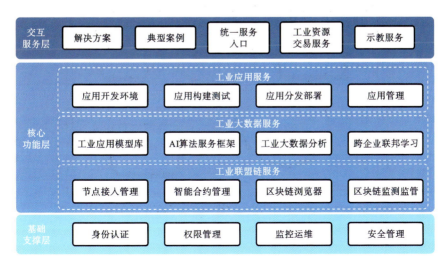

图 6-1　产业级工业互联网公共服务平台的功能架构

基础支撑层、核心功能层和交互服务层这三个层次。

基础支撑层包括身份认证、权限管理、监控运维和安全管理四个功能。核心功能层提供工业联盟链、工业大数据和工业应用三个方面的相关服务。其中，工业联盟链服务包括节点接入管理、智能合约管理、区块链浏览器和区块链监测监管功能；工业大数据服务包括工业应用模型库、AI 算法服务框架、工业大数据分析和跨企业联邦学习功能；工业应用服务包括应用开发环境、应用构建测试、应用分发部署和应用管理功能。交互服务层包括典型行业解决方案与应用案例、工业资源交易服务、示教服务和工业边缘云管理平台统一服务入口。

6.1.1 工业互联网公共服务平台基础支撑层

1. 身份认证

身份认证是判断一个用户是否为合法用户的处理过程。最常用的简单的身份认证方式是通过核对用户输入的用户名和口令与系统中存储的是否一致来判断用户身份是否合法。复杂一些的身份认证方式采用一些较复杂的加密算法与协议，需要用户出示更多的信息（如私钥）来证明自己的身份。

工业互联网公共服务平台由于部署在公有云端，且包含多个功能子平台，故采用统一身份认证方式来进行多个子平台的用户身份认证。如图 6-2 所示，统一身份认证服务系统的一个基本应用模式是统一认证模式，它是以统一身份

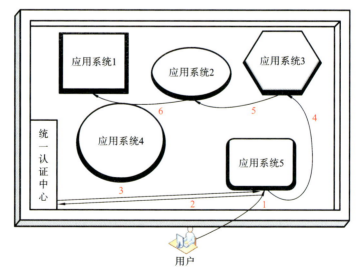

图 6-2　统一身份认证示意图

认证服务为核心的服务使用模式,流程如下:

(1) 用户使用在工业互联网公共服务平台上注册的用户名和密码登录统一身份认证服务系统;

(2) 认证服务系统创建一个会话后,将与该会话关联的访问认证令牌返回给用户;

(3) 用户使用这个访问认证令牌访问工业互联网公共服务平台的应用系统;

(4) 工业互联网公共服务平台将访问认证令牌传入统一身份认证服务系统;

(5) 统一身份认证服务系统确认认证令牌的有效性;

(6) 工业互联网公共服务平台接收访问,并返回访问结果,如果需要提高访问效率,工业互联网公共服务平台可选择返回其自身的认证令牌,使得用户之后可以使用这个私有令牌持续访问。

2. 权限管理

身份认证一般与权限管理是相互联系的,权限管理是指一旦用户的身份通过认证以后,确定该用户可以访问哪些资源以及可以进行何种方式的访问操作等问题。在一个数字化的工作体系中,应该有一个统一的身份认证系统供各应用系统或者子平台使用,但权限管理可以由各应用系统自己管理。所谓权限管理,一般是指根据系统设置的安全规则或者安全策略,用户可以访问而且只能访问自己被授权的资源。权限管理几乎出现在任何有用户和密码的系统或平台里面。

工业互联网公共服务平台的权限管理功能使用基于角色的访问控制(role based access control,RBAC)方式[1],将企业高级用户、系统管理员、企业普通用户、区块链管理员、区块链普通用户、企业商家用户等角色与权限功能对应,如图 6-3 所示。

RBAC 模型是 20 世纪 90 年代研究出来的一种新模型,美国乔治梅森大学信息安全技术实验室提出的 RBAC96 模型最具有代表性,并得到了公认。RBAC 模型认为权限授权的过程可以抽象地概括为 Who 是否可以对 What 进行 How 的访问操作,并判断这个逻辑表达式是否为 True 的求解过程,即将权限问题转换为 Who、What、How 的问题,Who、What、How 构成了访问权限三元组。RBAC 模型的 3 个基础组成部分分别是用户、角色和权限。RBAC 模型通过定义角色的权限,并通过对用户授予某个角色来控制用户的权限,实现了

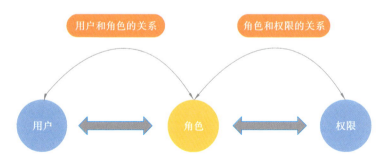

图 6-3　RBAC 模型示意图

用户和权限的逻辑分离,极大地方便了权限的管理。

(1) user(用户):每个用户都有唯一的 UID(user identification,用户身份证明),并被授予不同的角色。

(2) role(角色):不同角色具有不同的权限。

(3) permission(权限):访问权限。

(4) 用户-角色映射:反映用户和角色之间的映射关系。

(5) 角色-权限映射:反映角色和权限之间的映射关系。

3. 监控运维

工业互联网公共服务平台基础支撑层的监控运维功能为云服务 IaaS 基础设施、PaaS 功能组件和 SaaS 应用提供网络、计算、存储等资源的可视化监控与告警管理服务[2]。监控运维系统就是一套具有应用、服务或系统故障发现、故障预警、故障定位、运行状态展示等多种功能的系统。监控运维系统是整个产品生命周期中最重要的一环,事前及时预警发现故障,事后提供翔实的数据用于追查定位问题。

业界有很多开源的监控系统可供选择,有效的系统和应用监控体系成为了解业务资源的使用状况、及时发现可能导致系统故障的隐患、保障系统运营的关键。同时借助集中监控运维解决方案,用户能够正确、及时地了解系统的运行状态,发现影响整体系统运行的瓶颈,帮助系统人员进行必要的系统优化和配置变更,甚至为系统的升级和扩容提供依据。利用集中监控运维系统及时发现系统中的故障,帮助维护人员快速地分析出应用故障原因,减少故障处理时间。

4. 安全管理

工业互联网安全是工业互联网健康发展的前提。工业互联网平台是面向制造业数字化、网络化、智能化需求而构建的,它基于海量数据采集、汇聚、分析和服务体系,支持制造资源实现泛在连接、弹性供给、高效配置,其安全是工业互联网安全的关键,同时平台面临更具挑战性的安全风险,加快提升平台的安全保障能力迫在眉睫。一旦工业互联网平台遭到入侵或攻击,将可能造成工业生产停滞,波及范围不仅仅是单个企业,还可延伸至整个产业生态,对国民经济造成重创,影响社会稳定,甚至对国家安全构成威胁。

工业互联网公共服务平台上承应用生态,下连边缘云管理平台,是设计、制造、销售、物流、服务等全生产链各环节实现协同制造的纽带,是海量工业数据采集、汇聚、分析和服务的载体,是连接设备、软件、产品、工厂、人等工业全要素的枢纽,是连接工业企业用户、设备供应商、服务商、开发者、上下游协作企业的枢纽,因此其安全是工业互联网安全的关键要素[3]。工业互联网公共服务平台的安全管理功能模块将从数据、网络和应用三个方面采取安全防护措施,保护各企业工业资源在平台流通过程中的隐私和安全,结合监控运维模块做好完善的安全监测感知,实现对整个平台运行规律、异常情况、安全目标、安全态势等的感知与识别。

6.1.2 工业互联网公共服务平台核心功能层

1. 工业联盟链服务

面向整个工业互联网产业,其公共服务平台以工业联盟链 BaaS 为基础设施,能够为各行业工业企业提供工业物流管理、供应链金融、工业资源交易等服务。联盟链是指某个群体或组织内部使用的区块链,它对加入的组织和单位有一定的限制和要求,该特点非常适用于产业级多机构资源交互场景。

从技术角度看,联盟链主要具有共享账本、智能合约、共识算法以及权限隐私四个技术特征。其中,共享账本、共识算法和智能合约的技术特点详见本书第 3 章的介绍;权限隐私的技术特点为所有加入联盟链的人、机、物、机构都需要经过认证和授权,通过设置不同的权限,采用隐私保护算法等有效措施,确保共享账本对利益相关方的选择可见,确保只有拥有一定权限的人才可以读写账本、执行交易和查看交易历史,同时保证交易的真实可信、可验证、可溯源、不可抵赖和不可伪造。工业联盟链服务的整体架构如图 6-4 所示。

工业互联网公共服务平台提供工业联盟链 BaaS 功能模块,实现区块链的可视化交互管理,主要包括节点接入管理、智能合约管理、区块链浏览器和区块链监测监管功能[4]。其中,节点接入管理为企业用户提供节点接入的交互界

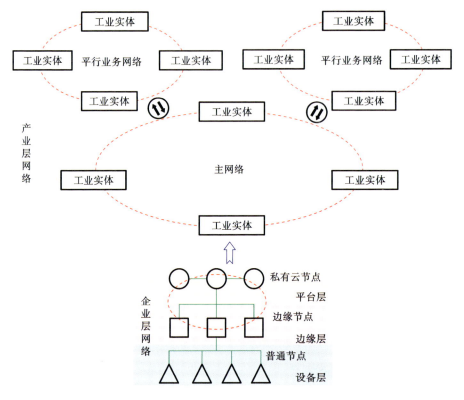

图 6-4 工业联盟链服务架构示意图

面,协助企业方便、可信地加入区块链网络;智能合约管理提供智能合约集成开发环境入口、智能合约代码示例模板以及智能合约的运行状态监控;区块链浏览器将区块链数据和信任数据进行归类展示,提供对链上资源可查验和可追溯的功能,协助轻量级节点进行数据验证和更新;区块链监测监管对区块链的运行数据进行监测,保证区块链稳定、安全和可靠运行,同时支持区块链的监管功能,保证区块链运行管理制度化、透明化和规范化。

2. 工业大数据服务

不同于工业边缘云管理平台,工业互联网公共服务平台的工业大数据服务主要面向大数据分析和应用支撑,包括工业应用模型库、AI 算法服务框架、工业大数据分析和跨企业联邦学习。

1) 工业应用模型库

区别于传统的工业产品实物模型,工业应用模型是工业 APP 或应用开发的核心,为工业应用的构建提供关键运行原理。工业应用模型库包括工业机理、研发仿真、数据算法和业务流程这四类应用模型,每类应用模型都分别对应不同行业的应用场景：工业机理模型为工业生产运营过程中积淀的理论公式；研发仿真模型为企业研发人员在工业产品或设备研发设计过程中所需的产品规格数值模拟仿真和产品样例 3D 仿真模型；数据算法模型主要为针对采集的工业数据进行分析的模型,包含 AI 训练模型和算法模型；业务流程模型为企业运营过程中各部门内或部门间业务往来的规章流程模型,业务流程建模可以帮助企业管理者设计良好的业务流程图,方便企业人员开展各项业务工作。

工业应用模型库开放上述四类应用模型的下载使用接口,并针对工业机理和数据算法模型封装调用接口,企业用户可以直接线上调用模型,或者在开发构建工业应用的过程中使用相关模型。同时,工业应用模型库可供多家企业上传、下载和共享模型。

2）AI 算法服务框架

AI 算法服务框架提供集成的开源 AI 框架,包括 TensorFlow、PyTorch 和 MindSpore,可以为企业技术人员提供构建各类 AI 模型的数学操作封装服务。企业技术人员可以利用 AI 算法服务框架搭建适用于自身场景的 AI 模型,并通过采集的历史工业数据进行训练,训练后将模型封装为可调用和推理的文件格式,供工业应用模型进行调用和在线推理。

3）工业大数据分析

工业大数据是指在工业领域中,围绕典型智能制造模式,从客户需求到销售、订单、计划、研发、设计、工艺、制造、采购、供应、库存、发货和交付、售后服务、运维、报废或回收再制造等整个产品全生命周期各个环节中所产生的各类数据及相关技术和应用的总称。其主要可分为生产经营相关业务数据、设备物联数据、外部数据三大类。

工业互联网公共服务平台核心功能层的工业大数据分析功能为企业技术人员提供可靠的数据分析环境。它针对生产经营数据和设备物联数据采用统计算法和 AI 算法进行分析,基于 AI 算法服务框架构建数据分析模型,提供工业大数据的离线/在线分析功能；同时提供数据流实时计算服务,可根据数据分析结果及时为企业提供决策建议。

4）跨企业联邦学习

考虑到企业自身可能由于采集的工业数据特征不足、数量不足或质量不高,无法有效训练出满足需求的工业 AI 应用模型,因此工业互联网公共服务平台核心功能层提供跨企业联邦学习服务,使多家企业能在平台上可信地共同进行 AI 模型训练,并且可以保护自身数据的隐私和安全。跨企业联邦学习作为分布式的机器学习范式,能有效帮助多个机构在满足用户隐私保护、数据安全和政府法规的要求下,进行数据使用和机器学习建模,有效解决数据孤岛问题,让参与方在不共享数据的基础上联合建模,实现智能协作。

工业互联网公共服务平台提供统一的联邦学习框架服务,包括横向联邦学习、纵向联邦学习和联邦迁移学习等模式。企业用户可以通过统一的联邦学习服务界面进行可视化操作,上传编辑好的算法配置文件,后台会自动执行脚本进行多家企业模型的联合训练与优化,并且可以在线进行模型的实时推理。

3. 工业应用服务

工业互联网公共服务平台的工业应用服务主要面向工业 APP 全生命周期管理,为工业企业开发人员提供一整套研发工具和配套设施,让开发者在云端即可完成应用程序的需求、编码、测试和运维的全生命周期管理,同时结合工业场景实际应用环境为开发者提供工业应用模型调用接口和基础功能组件代码块,为开发者快速构建工业 APP 提供便捷的服务环境。工业应用服务的主要功能包括应用开发环境、应用构建测试、应用分发部署和应用管理[5]。

1) 应用开发环境

传统的应用开发环境一般指的是本地集成开发环境(integrated development environment,IDE),提供开发环境的应用程序。工业互联网公共服务平台的应用开发环境为云端 IDE,企业开发人员可以在公有云端编辑、开发工业应用代码。云端 IDE 集成代码仓库、各类常用编程语言和工业应用模型调用接口,开发者可以直接从代码仓库中拉取项目代码至云端 IDE 中进行开发调试。同时,所提供的开发环境采用容器技术,开发者可以使用一个隔离的、只专注于该项目本身的运行环境进行快速开发部署,而不需要安装依赖环境和环境变量等烦琐的配置。

2) 应用构建测试

开发者在 IDE 中开发调试完代码后,需要进行项目的编译、构建与测试。目前互联网软件的开发和发布已经形成了一套标准流程,开发工作流程可分为以下几个阶段:编码、构建、集成、测试、交付和部署。针对工业应用构建测试的需求,考虑工业 APP 的轻量化,工业互联网公共服务平台为企业开发者提供一套云原生的应用构建测试环境和流水线工具,开发者可以直接在云端通过构建自动化流水线进行工业 APP 的快速构建和测试。该功能模块主要包括以下三种功能。

（1）持续集成（continuous integration，CI），指的是频繁地将代码集成到主干。将软件个人研发的部分向软件整体部分交付，频繁进行集成以便更快地发现其中的错误。它的核心措施是，在代码集成到主干之前，必须通过自动化测试，只要有一个测试用例失败，就不能集成。

（2）持续交付（continuous delivery），指的是频繁地将软件的新版本，交付给质量团队或者用户，以供评审。如果评审通过，代码就进入生产阶段。

（3）持续部署（continuous deployment，CD）是持续交付的下一步，指的是代码通过评审以后自动部署到生产环境。此处的应用部署主要针对公有云端的 SaaS 工业应用，而企业边缘云部署的工业应用则需要先经过云端的分发，将应用分发至边缘服务器后才能部署运行。

总的来说，工业互联网公共服务平台的应用构建测试功能为开发者提供了一个优秀的 DevOps 环境，对于企业整个开发团队来说，它能快速地提升开发效率。频繁部署、快速交付以及开发测试流程自动化都将成为未来软件工程的重要组成部分。

3）应用分发部署

工业 APP 应用在开发、调试、构建和测试成功后，需要进行分发与部署。传统的应用分发方式为用户在云端应用仓库将应用部署文件包下载至本地进行安装部署，由于应用文件大，需要使用 CDN 服务进行应用的分发。

工业互联网公共服务平台的应用分发部署功能充分考虑工业 APP 应用的轻量化特点，并结合云原生和云边协同技术，建立工业边缘云管理平台和公共服务平台的连接通道，为由应用构建成的镜像文件提供分发服务；同时利用容器编排功能为企业用户提供工业应用的容器化部署服务。工业互联网公共服务平台将应用开发、调试、构建、测试、分发和部署流程有效打通，为企业用户提供高效的工业应用生产环境。

4）应用管理

工业互联网公共服务平台的应用管理功能提供包括公有云端和已接入的边缘云应用全生命周期管理服务，包括工业应用的开发、构建、测试、分发、部署、上线、升级、卸载等功能。企业用户可以通过应用管理功能，可视化管理本企业的云端和边缘端工业 APP，可快速查看工业 APP 工作负载、任务、容器组、服务、应用路由的使用情况；可查看并创建密钥、配置、服务账户以及网络策略，通过配置网络策略，允许在同一个集群内实现网络的隔离，也就是可以在某些 Pod 实例之间架起防火墙；可以查看并创建存储卷、存储卷快照和存储类型。

6.1.3 工业互联网公共服务平台交互服务层

工业互联网公共服务平台的交互服务层主要包括典型行业解决方案与应用案例、边缘端统一服务入口、示教服务和工业资源交易服务，其中典型行业解决方案与应用案例将展示平台在各类企业生产经营场景下的应用案例，为其他企业提供解决方案模板。下面将详细阐述交互服务层其他三个功能模块的具体功能。

1. 边缘端统一服务入口

工业互联网公共服务平台交互服务层面向各类企业用户展示工业边缘云管理平台的服务功能和具体边缘端产品，包括设备接入与管理、工业区块链与智能合约引擎和工业资源可视化监控。工业互联网公共服务平台可以给企业用户提供统一的试用地址和试用账号，企业用户可以直接在云端登录相应边缘子平台，浏览、查看和操作相关页面，熟悉各服务子平台的使用方法。同时，工业互联网公共服务平台提供企业边缘端服务子平台的部署文件包和部署使用手册，帮助企业快速部署子平台至工业边缘云管理平台。

2. 工业资源交易服务

工业互联网公共服务平台以先进的联盟区块链为基础支撑设施，面向多家企业的工业资源交易场景，构建可信的资源交易流通环境，为各行业工业企业提供高效、安全的工业资源交易服务，具体包括以下几种功能。

1）工业资源交易对象

可在工业互联网公共服务平台交易的工业资源对象主要有需求、产品、数据、模型、应用和服务。其中，需求面向平台普通注册用户，只要通过平台认证的企业用户都可以在平台上发布需求，包括服务类、采购类等需求，并可以对需求进行报价和操作；对于其他五类工业资源交易对象，企业需要注册认证为商家用户，才能发布并管理这五类交易对象。

2）工业资源交易信息可信存证

所有关键的交易和订单数据都会可信地存储于底层高性能区块链中，利用区块链防篡改和可溯源的特性，保证交易信息的安全。该数据存证功能不会直接向企业用户呈现，用户在进行交易的过程中相关数据就会高效地上链存证，不会对用户操作产生任何影响。

3）交易纠纷后期可信审计

由于关键的交易和订单数据都存证在区块链中，当企业间的资源交易发生纠纷时，交易服务方无权私自修改后台数据，并且企业用户可以通过审计功能查询相关的交易数据，进行相关数据的审计溯源，为第三方法律机构提供可信凭证。

3. 示教服务

工业互联网公共服务平台交互服务层将基于可信平台建设与应用过程中积累的实际经验，为各类工业企业用户提供完整的示教服务，包括整个可信工业智能平台的建设、工业互联网相关前沿技术、平台在企业中的应用案例与解决方案等[6]。工业互联网公共服务平台的示教服务将通过网络化的示教平台提供课程培训，结合 VR/AR 等辅助技术，实现类似虚拟工厂的操作培训，增强学生（即被培训员工）与工业环境之间的交互体验。利用具有采集功能的终端，如 AR 眼镜、手机等设备以定制化的程序将数据传回至示教平台，平台结合定制化的智能分析系统对数据进行分析处理，可实现信息下发、培训及考试情景再现等功能，最终为厂内员工的复杂装配培训提供有效记录，并为人员培训及考核过程中的问题提供数字化纠查能力。

基于网络的示教服务，可有效降低设备实际操作带来的成本与损耗。采用三维立体建模方式，从各个方位展示智能车间操作流程和操作工序，在对应环境中针对工程机械生产、机器人加工、多 AGV 协同等操作要求模拟相应的操作，可让企业员工身临其境地感受现场的作业流程、安全防护要点等。

6.2 工业互联网公共服务平台关键技术

6.2.1 以模型为核心的工业应用构建技术

基于公共服务平台提供的各项功能组件，企业用户可以快速构建以模型为核心的工业 APP 应用。现以设备智能运维业务应用的构建方案为例，介绍工业应用构建的通用技术。

设备智能运维业务应用主要包括设备质量检测和预测性维护，需要以人工智能模型为核心进行开发构建，利用训练好的设备故障模型对实时数据流进行分析，从而给出设备维护建议并通知企业运维人员。因此，企业在应用构建过程中，存在模型精度优化、模型实时推理、模型在线更新等需求。

针对上述需求，提出了一种设备智能运维业务应用的构建方案，可以基于智能运维平台高效地构建部署此类应用，如图6-5所示。首先采集各类设备的原始数据，对其进行数据预处理和格式转换，处理后的数据根据编排好的规则进行数据转发，发送给时序数据库存储为历史数据，同时一部分数据会发送至消息中间件进行缓存。时序数据库会将大量历史数据汇聚给大数据分析引擎进行离线的故障诊断/预测模型训练，并将训练好的基准模型保存至工业应用模型库中。消息中间件的实时数据流会传输至大数据分析引擎进行模型的在线训练和优化，同时也会将一段时间内缓存的数据输入实时计算组件Flink进行模型推理，其中用于推理的模型是由工业应用模型库在聚合、评估和优化多家企业模型后提供的当前最优模型。告警管理组件对模型推理结果进行分析和判断，将维修建议和故障预警消息转发至企业的维修工单系统，由该系统向运维人员派发工单来进行设备检查维护，最终将故障处理信息反馈至设备故障知识专家库，并将故障数据更新至时序数据库。该类应用可以按照上述方案，灵活调用各组件相关接口，最终构建成容器镜像部署在工业边缘云管理平台。

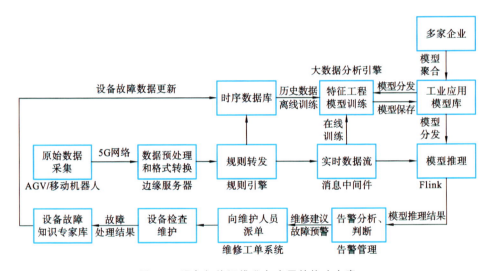

图6-5 设备智能运维业务应用的构建方案

1. 工业模型在线推理和调用

工业互联网公共服务平台的工业应用模型库具有模型在线推理和调用的功能，企业用户可以直接登录工业互联网公共服务平台进行模型的在线推理和调用。工业应用模型库将封装好的模型部署到服务器，在后端代码中配置每个模型文件对应的路径，使用终端命令进行模型参数的输入，配置好各个模型所需的环境即可实现所有模型的在线调用。模型的种类包括但不限于业务流程模型、研发仿真模型、工业机理模型和数据算法模型。而 AI 数据算法模型的在线调用需要实现在线图片和数据集的上传，将上传的文件路径作为参数传递给 AI 模型文件，即可实现 AI 数据算法模型的在线推理。

2. Anaconda

每个模型所需要的环境各自不同，而配置环境是一个难以避免的问题。Anaconda 是 Python 具有的数量庞大且功能相对完善的标准库和第三方库，通过对库的引用，能够实现对不同领域业务的开发。然而，正是由于库的数量庞大，管理这些库以及对库进行及时的维护成为既重要又复杂的事情。Anaconda 是可以便捷获取包且能够对包进行管理，同时可以对环境进行统一管理的发行版本。Anaconda 包含了 Conda、Python 在内的超过 180 个科学包及其依赖项。Anaconda 具有开源、安装过程简单、高性能使用 Python 和 R 语言、免费的社区支持等特点；拥有 Conda 包、环境管理器和 1000 个以上开源库。

3. Apache Flink

Apache Flink 是一个用于分布式流、批处理的大数据计算框架，主要致力于处理分布式系统上具有低时延和高容错能力的大量数据，其主要特点是可以对数据进行实时处理。与传统的方案相比，Apache Flink 将流、批处理统一起来，充分支持流处理，以流处理看待时输入数据流是无界的，而批处理作为一种特殊的流处理，只是将输入数据流定义为有界的。Apache Flink 具有高可靠性、高容错性、可扩展性、高吞吐量和低时延等特性，它提供了毫秒级的时延处理能力和异步快照机制以持续地恢复数据流应用程序的状态，其 JobManager 支持主备模式等关键功能以确保无单点故障。

Flink 集群是一个分布式的主从架构[7]，Master 和 Worker 为两个重要进程。在执行计算任务时，用户首先将程序提交给 JobClient，由 JobClient 将程序发送到 JobManager 进行资源调度和作业执行，JobManager 分配完资源后将任务提交到对应的 TaskManager，然后 TaskManager 启动线程执行计算任务，并向 JobManager 报告执行状态，最后由 JobManager 将计算结果汇总给 JobClient。其具体任务执行流程如图 6-6 所示。

4. 工业应用构建

随着两化融合的推进、工业互联网概念的出现，以及行业对工业技术、知识复用的关注，企业越来越重视将沉淀的经验和知识从线下迁移到线上，让工业

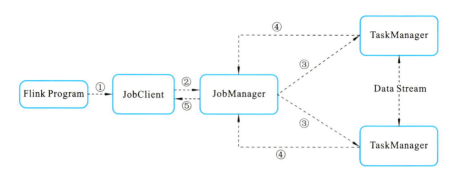

图 6-6　Flink 任务执行流程图

技术/知识得到更好的保护与传承,实现更快和更大规模的应用。在此背景下,借鉴消费领域 APP 体量小巧、易操作和易重用的特征,工业领域提出了工业 APP 的概念。

  工业 APP 属于新形态的工业软件,它与工业软件是从属关系。工业 APP 的最大特点在于依托平台,工业 APP 的开发、部署和应用基本都是基于平台开展的。每个工业 APP 解决特定的业务场景问题,虽然是专门开发的,但其依赖的计算与存储资源、数据库和工业 PaaS 组件均由平台提供,避免了基础模块的重复建设,这便是"新形态"的体现。工业 APP 属于应用层范畴,工业互联网平台的性能以及价值最终通过工业 APP 的应用得到体现。从 IT 视角看,工业 APP 也可以称作业务系统或应用系统,IT 业务系统分为前端和后端,前端为交互界面,例如 B/S 架构(浏览器和服务器架构)中基于浏览器的客户端界面,后端即服务器。工业 APP 同样包含前端和后端,开发人员可以充分利用平台提供的服务和中间件,无须从底层框架开始搭建,就能快速上线应用。在有些平台上开发工业 APP 时,开发人员甚至都意识不到前端和后端,通过平台提供的低代码化工具,使用拖曳方式调用模型和函数、配置参数、创建界面,然后在平台上一键部署(背后是完整的 DevOps 功能),工业 APP 就开发完成并上线了。

  结合云端代码开发、容器和微服务等技术,企业用户在构建工业 APP 时可利用容器技术创建私有化隔离的 IDE,并且可以随时随地地编辑和删除工业 APP。该方案在后台调用 Flask 接口,用户输入接口所需要的账号以及密码等,接口返回属于用户的环境名称以及使用地址供用户使用。同时将应用的增删查改与后台 MySQL 数据库绑定,使前端的操作同时影响 IDE 和后台数据库,二者保持高度的同步。

5. Flask

Flask 是一个轻量级的可定制框架,使用 Python 语言编写,较其他同类型框架更为灵活、轻便、安全且容易上手。它可以很好地结合模型-视图-控制器模式进行开发,在保持核心功能简单的同时实现功能的丰富与扩展,其强大的插件库可以让用户实现个性化的网站定制,开发出功能强大的网站。开发人员分工合作,小型团队在短时间内就可以完成功能丰富的中小型网站或 Web 服务的构建。工业应用构建技术利用 Flask 框架搭建后台服务接口,由于 Flask 还有很强的定制性,故用户可以根据自己的需求来添加相应的功能。

6.2.2 基于云原生的云边协同软件技术架构

边缘计算与云计算之间不是替代关系,而是互补协同关系。边缘计算与云计算需要通过紧密协同才能更好地满足各种场景需求,从而增大边缘计算和云计算的应用价值。边缘计算靠近执行单元,同时也是云端所需高价值数据的采集和初步处理单元,可以更好地支撑云端应用;云计算通过大数据分析优化输出的业务规则或模型,并下发到边缘侧,边缘计算则基于新的业务规则或模型运行。

云边协同技术兼容了广泛且多样化的边缘硬件,适配中心云所拥有的云服务和云生态能力后可赋能边缘业务,实现端、边、云之间的紧密结合与相互协作,加速边缘原生的数字化转型解决方案的构建,并提供有效的资源配置和用户体验。下面从云原生技术 Kubernetes、云边协同能力技术特点和云边端资源动态编排技术三大方面介绍基于云原生的云边协同技术架构。

1. Kubernetes 技术

1) Kubernetes 介绍

Kubernetes(K8s)是 Google 开源的容器集群管理系统。在 Docker 技术的基础上,它为容器化的应用提供部署运行、资源调度、服务发现和动态伸缩等一系列完整功能,提高了大规模容器集群管理的便捷性[8]。Kubernetes 是一个完备的分布式系统支撑平台[9],内含智能负载均衡器,具有完备的集群管理能力、多层次的安全防护和准入机制、多租户应用支撑能力、透明的服务注册和发现机制、强大的故障发现和自我修复能力、服务滚动升级和在线扩容能力、可扩展的资源自动调度机制以及多粒度的资源配额管理能力[10]。同时,Kubernetes 提供完整的管理工具,涵盖了包括开发、部署测试、运维监控在内的各个环节。

Kubernetes 集群由 Master 节点和 Node(Worker)节点组成,其架构如图 6-7 所示。

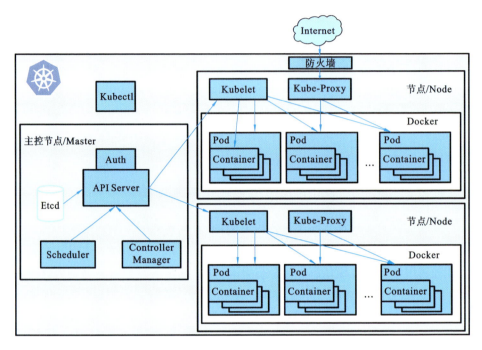

图 6-7　Kubernetes 架构图

Master 节点指的是集群控制节点,它管理和控制整个集群,负责具体的执行过程,基本上 Kubernetes 的所有控制命令都发给它。Master 节点上主要运行着如下组件。

(1) Kubernetes Controller Manager(kube-controller-manager):Kubernetes 中所有资源对象的自动化控制中心,维护管理集群的状态,比如故障检测、自动扩展、滚动更新等。

(2) Kubernetes Scheduler(kube-scheduler):按照预定的调度策略将 Pod 调度到相应的机器上。

(3) Etcd:保存整个集群的状态。

除了 Master 以外的节点都称为 Node 或者 Worker 节点,可以在 Master 中使用命令 kubectl get nodes 查看集群中的 Node 节点。每个 Node 节点都会被 Master 节点分配一些工作负载(Docker 容器),当某个 Node 节点宕机时,该节点上的工作负载就会被 Master 节点自动转移到其他节点上。Node 节点上主要运行着如下组件。

(1) Kubelet:负责 Pod 对应的容器创建、启停等任务,同时与 Master 节点密切协作,实现集群管理基本功能。

(2) Kube-Proxy:实现 Service 的通信与负载均衡。

(3) Docker(Docker Engine):Docker 引擎,负责本机的容器创建和管理。

2) Kubernetes 的优点

Kubernetes 属于分布式系统,因此特别适合微服务这样的架构。将数个容器组合成一个服务,其内部拥有良好的服务发现(service discovery)机制,让每个服务彼此可以通信。Kubernetes 使用的语言是 Go 语言,其优点如下:

(1) 易学,轻量级,简单,容易理解;

(2) 便携,支持公有云、私有云、混合云,以及多种云平台;

(3) 可扩展,模块化,可插拔,支持 Pod Hook,可任意组合;

(4) 自修复,自动重调度,自动重启,自动复制。

2. 云边协同能力技术特点

1) 应用协同

应用协同是指用户通过边缘计算平台在云上的管理面将开发的应用利用网络远程部署到所希望的边缘节点上,为终端设备提供服务,并且可以在云上进行边缘应用生命周期管理。边缘计算应用协同系统整合边缘节点资源,通过边缘管理模块与云上控制模块的合作,共同完成应用协同。

边缘计算边云应用协同系统架构如图 6-8 所示,整个系统分为云上和边缘两个部分,云上部分包含云上控制面和云端镜像仓库,云上控制面主要用

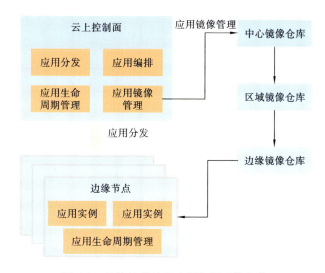

图 6-8 边缘计算边云应用协同系统架构

于接收用户提交的应用部署请求信息并对边缘应用进行生命周期管理,云端镜像仓库主要用于对用户提交的应用镜像进行分级转发缓存;边缘部分主要包括边缘节点和边缘镜像仓库,边缘节点为边缘应用提供运行环境和资源,边缘镜像仓库为边缘应用提供具体的镜像加载服务。工业互联网公共服务平台的应用开发功能基于该架构形成了"平台＋应用"的模式,能够让用户利用在云端的应用开发平台将开发好的应用通过网络远程部署到企业希望的边缘节点上。

2) 服务协同

服务协同是指在边缘计算平台提供用户需要的关键组件能力,以及快速灵活的服务对接机制,以提高用户边缘应用的构建速度[11],在边缘侧帮助用户服务快速接入边缘计算平台。服务协同主要包括两个方面:一方面是中心云的云服务和云生态伙伴所提供的服务能力;另一方面是通过云原生架构,提供一套标准的服务接入框架。

如图 6-9 所示,服务协同框架利用应用协同框架,将服务下发到对应的云端或者边缘节点上,边缘节点按照云端策略实现对应服务,通过边缘与云端的协同实现面向客户的按需的边缘服务;而云端则负责其本身需要的服务能力和控制边缘节点的分布策略。工业互联网公共服务平台的大数据可信服务建立了

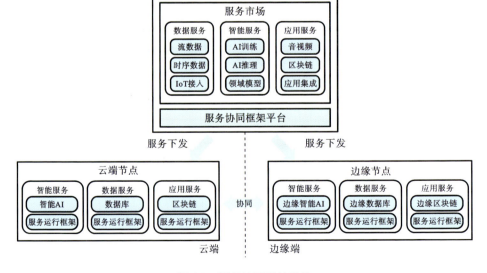

图 6-9　服务协同系统架构

以数据+模型双驱动的数据共享方案。各企业采集接入设备本身数据以及检测装备数据,通过平台提供用户需要的关键组件以及灵活的服务对接机制,进一步挖掘数据价值。另外,可将样本数据传输至云端进行联邦学习,在原始数据不出本地的情况下实现企业间数据的可信流通。

3) 资源协同

如图 6-10 所示,资源协同具体来说包括以下三个方面。

(1) 硬件抽象:对于边缘硬件的计算、存储、网络等资源,以插件框架的形式将其模型抽象,使得不同的硬件厂家可以为自己的产品提供插件化的定义和描述,向应用开发者和运维人员提供一种统一的资源能力描述、部署、运维管理方式。

(2) 全局调度:需要实现广域化、多节点部署的边缘业务,实现基于策略的全局资源调度,使得应用实例可以灵活地按照自定义的策略实现多节点部署和动态切换。

(3) 全域加速:实现从中心云到边缘、从边缘到边缘的互联互通和高效的消息路由,还可以进一步构建全局 Overlay 网络实现各节点的优化寻址和动态加速,为基于服务质量和确定性时延的策略调度打下坚实基础。

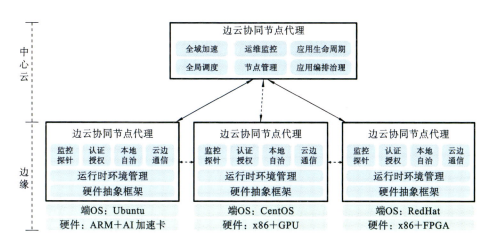

图 6-10 资源协同系统架构

各平台间基于插件框架,支持多种类型的设备资源接入。各企业可以按照自定义策略实现应用实例的多节点部署和动态切换,同时,实现从中心云到边缘、从边缘到边缘的高效互联互通。

3. 云边端资源动态编排技术

工业互联网公共服务平台的云边端资源动态编排技术以 Kubernetes 为基础，通过工业应用端到端服务质量、调用过程中的拓扑结构、关键路径的监控与分析，以及关键组件排序、性能敏感度分析、组件动态冗余配置等方式实现工业应用在云端的高效管理和面向边缘端的高效分发部署。在去中心化的跨域异构资源管理和调度框架基础上，通过分析应用特点和功能，该技术提供面向应用级的异构服务组件的抽象、配置和分发功能。针对云边端的资源管理和调度架构，该技术定义一整套接口规范，以便应用可以按照需求实现自己的服务拓扑结构。根据系统监控的实时数据分析，接口提供了计算组件、网络组件和数据组件等典型服务组件的资源抽象和实例化功能，以及表征组件之间服务或数据依赖的配置功能。不同类型的工业应用可以方便地利用该接口构建自己的功能组件、定义组件间服务依赖以及关键组件排序、分析性能敏感度等，如图 6-11 所示。通过工业应用模型构建接口，云端可以方便获取正在运行的应用的网络拓扑结构，并根据来自各分布式中心节点上传的节点资源状态和容器运行状态数据部署应用。

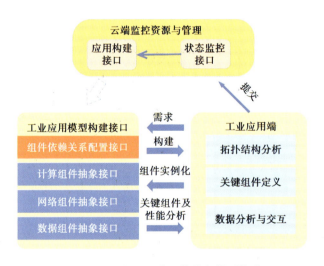

图 6-11　面向工业应用的执行模型构建

工业应用构建并完成部署后，不同工业应用由于作业类型、请求动态性等特征不同，其调用拓扑结构和组件间依赖也不同。针对这一问题，提出针对不同应用的执行期数据分析方法，并根据执行期数据分析结果有效地进行资源和任务的动态调度和混合编排，支撑面向工业场景融合应用的服务质量保障。执行期数据分析方法主要分为数据收集、执行流分析、组件分析和性能瓶颈分析四个模块，如图 6-12 所示。

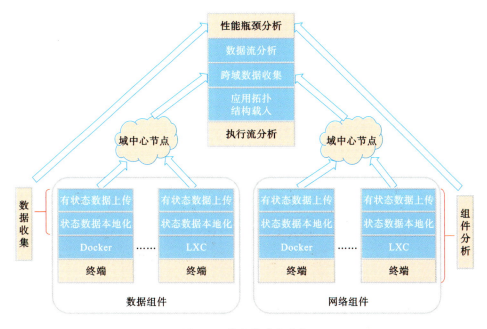

图 6-12　执行期数据分析

数据收集模块根据终端节点的计算存储性能，结合容器的持久存储技术，对资源状态、应用状态以及容器状态进行本地化、持久化存储，并对数据进行提取、压缩、标注后，形成有状态数据且上传至中心节点；执行流分析模块通过载入应用构建时的拓扑结构，并结合各终端上传至分布式域中心节点的数据进行数据流分析；组件分析模块以数据流分析结果为基础，分析各组件所在域的资源状态和任务执行状态，确定组件性能是否符合预期；性能瓶颈分析模块根据各组件运行状态分析和数据流分析结果，结合历史状态，确定关键组件和关键路径，推测可能出现瓶颈任务或中断风险，为应用的服务质量保障提供决策条件。

6.3　工业互联网公共服务平台软件技术架构与实现

6.1 节和 6.2 节分别介绍了工业互联网公共服务平台的功能架构和关键技术，现将针对工业互联网公共服务平台的软件技术架构和实现方案做具体的介绍。

6.3.1 工业互联网公共服务平台的软件技术架构

如图6-13所示,平台的软件技术架构分为基础支撑层、核心功能层和交互服务层。其中,基础支撑层包括统一身份管理User Management、安全管理Safe Guard、容器云集群(包含Kubernetes、KubeEdge和KubeSphere组件);核心功能层分为三个子功能平台,分别是工业联盟链BaaS平台、工业大数据可信服务平台、工业应用开发者平台,三个子功能平台均包含各自的功能模块或组件;交互服务层主要为工业互联网公共服务平台,包含平台使用说明文档、企业边缘端统一服务入口、工业资源交易平台和示教平台。

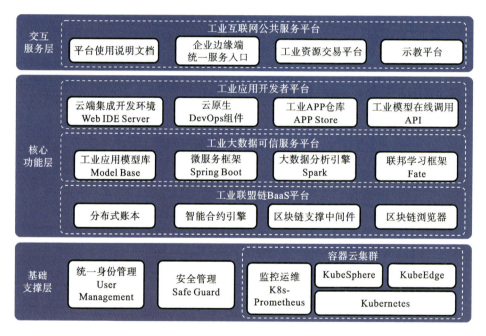

图6-13 工业互联网公共服务平台的软件技术架构

6.3.2 工业互联网公共服务平台的软件实现

1. 基础支撑层的软件实现

1) 统一身份管理

统一身份管理User Management模块为用户提供工业互联网公共服务平台的统一身份认证管理和统一登录入口,包括用户注册与登录、密码找回、账号中心、用户列表管理、邮箱和手机验证等功能。该模块使用 RBAC 权限管理技术，将用户角色和权限模型设计为租户、管理员和访客，其中租户（系统内的普通用户）可以创建项目、上传 APP 等，租户之间不能相互访问数据；管理员（系统管理员）可以对系统的应用数据进行管理和维护操作；直接访问统一门户页面时，默认是访客权限，只能浏览各平台的基本功能，不能进行创建、编辑和删除等操作。系统内置一个默认用户 Admin（即超级管理员），该用户可以管理其他用户，对平台已注册的所有用户进行统一管理，如停用、启用用户，设置用户权限。新注册的用户，默认是"租户"权限。"管理员"权限只能由超级管理员在用户列表管理功能中为租户提权获得。

2）安全管理

安全管理 Safe Guard 模块为工业互联网公共服务平台提供安全防护保障，包括网络、计算和存储资源的访问权限控制，以及对平台系统的入侵检测和黑白名单管理[12]。对于工业互联网公共服务平台而言，工业大数据的安全和隐私保护很重要，故本模块集成了 Apache Ranger 大数据安全管理框架。该框架是 Hadoop 生态的综合安全管理组件，负责对工业大数据访问的授权和审计，通过制定策略实现对诸如 HDFS、YARN（yet another resource negotiator）、Hive、Kafka、HBase、Storm 等组件的细粒度权限控制。通过 Ranger 控制台，平台管理员可以基于配置策略来控制用户访问权限，比如可以控制用户读取 HDFS 文件的权限，甚至可以控制用户对 Hive 某列的访问权限。

3）容器云集群

工业互联网公共服务平台的基础支撑层服务关键模块为容器云集群管理模块，容器云集群基于 Docker 和 Kubernetes 虚拟化资源环境，集成了各类 Kubernetes 接口，具备用户可视化交互界面的容器云管理组件。该组件支持多云与多集群管理，提供全栈的 IT 自动化运维能力，简化企业的 DevOps 工作流。它的架构可以非常方便地使第三方应用与云原生生态组件实现即插即用的集成。

作为全栈的多租户容器管理组件，容器云集群提供运维友好的向导式操作界面，也为用户提供构建企业级 Kubernetes 环境所需的多项功能，例如多云与多集群管理、Kubernetes 资源管理、DevOps、应用生命周期管理、微服务治理（服务网格）、日志查询与收集、服务与网络、多租户管理、监控告警、事件与审计查询、存储管理、访问权限控制、GPU 支持、网络策略、镜像仓库管理以及安全管理等。

如图 6-14 所示，该组件将前端与后端分开，实现了面向云原生的设计，后端的各个功能组件可通过 REST API 对接外部系统。

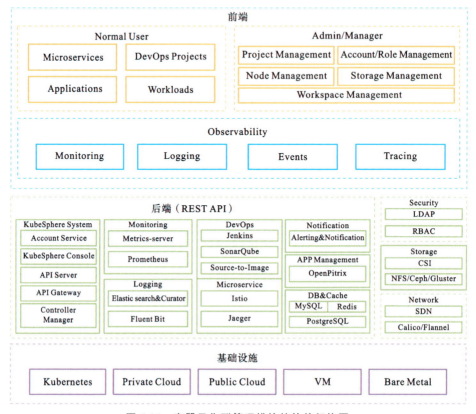

图 6-14　容器云集群管理模块的软件架构图

容器云管理组件为用户提供高性能、可伸缩的容器应用管理服务，可以满足大多数业务需求，其主要功能如下。

（1）多集群统一管理。

用户可以使用直接连接或间接连接导入 Kubernetes 集群。只需简单配置，即可在数分钟内在容器云管理组件的互动式 Web 控制台上完成整个流程。集群导入后，用户可以通过统一的中央控制平面监控集群状态、运维集群资源。

（2）强大的可观测功能。

提供全维度的资源监控数据，同时配备了高效的通知系统，支持多种通知渠道，包括电子邮件、Slack 与企业微信等。基于该组件的多租户管理体系，允许不同租户在控制台上查询对应的监控日志与审计事件，支持关键词过滤、模糊匹配和精确匹配。

(3) 自动化 DevOps 流程。

DevOps 系统内置了 Jenkins 作为引擎，支持多种第三方插件。DevOps 的整个工作流程可以在该平台上无缝对接，包括开发测试、构建部署、监控日志和通知等。

(4) 微服务治理。

微服务治理功能基于 Istio，提供多个灰度策略。所有的功能均开箱即用，支持无侵入(hack)的微服务治理，提供一致的用户体验。

2．核心功能层的软件实现

工业互联网公共服务平台的软件技术架构核心功能层包含工业联盟链 BaaS 平台、工业大数据可信服务平台和工业应用开发者平台，下面将对三个子功能平台的软件实现方案进行具体介绍。

1) 工业联盟链 BaaS 平台

联盟链介于公有链和私有链之间，具备部分去中心化的特性。联盟链是由若干机构联合发起，由盟友共同来维护的，它只针对某个特定群体的成员和有限的第三方开放。联盟链的参与者是被提前筛选出来的，或者直接指定的，联盟链内部指定多个预选的节点，作为记账人，每个区块的生成由指定的节点共同决定，其他节点可以参与交易，但不参与记账过程[13]。

联盟链上数据的读取权限可能像写入权限一样仅限于系统的参与者，也可能是公开的，第三方可以通过联盟链开放的 API 进行限定查询。API 就是应用程序编程接口，API 可以确保安全性，让管理者继续拥有控制权，也可以让联盟链管理者开放资源访问权限。为了获得更好的性能，联盟链针对共识或验证节点配置设立了准入机制，以提升链上交易性能，避免因参与的节点参差不齐而产生问题。

从商业应用层面来看，联盟链因节点比较少、处理速度很快、交易成本低，故更容易与实体企业建立连接关系。目前联盟链在区块链商业化领域应用得比较广泛，应用群体主要是银行、保险、证券、商业协会、企业集团。联盟链对于进一步提高企业产业链条中的工程审计、结算、清算以及网络价值交换的效率很有帮助。

工业互联网公共服务平台的工业联盟链 BaaS 平台基于边缘云管理平台的私有区块链架构(分布式账本、智能合约引擎、区块链浏览器等)，结合上述联盟链的基本原理架构进行设计开发，其整体架构如图 6-15 所示。

工业联盟链 BaaS 平台可以作为工业互联网公共服务平台的工业区块链基

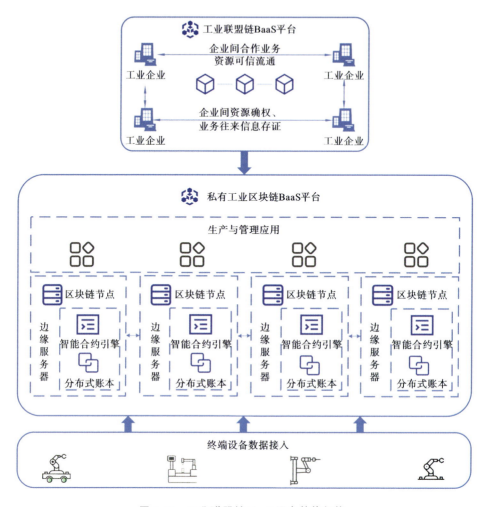

图 6-15 工业联盟链 BaaS 平台整体架构

础设施,为上层的工业大数据、工业应用、工业资源交易等服务提供可信支撑服务。工业联盟链选取 4 家以上的工业企业机构(采取拜占庭容错机制)作为区块链账本节点,共同维护链上数据。通过工业联盟链 BaaS 平台,企业之间可以进行合作业务资源的可信流通、工业资源确权和业务往来信息存证。并且面对工业企业间多种不同的业务类型,工业联盟链 BaaS 平台提供多群组架构服务,支持区块链节点启动多个群组,群组间交易处理、数据存储、区块共识相互隔离,在保障区块链系统隐私性的同时,降低了联盟链的运维复杂度。

2) 工业大数据可信服务平台

工业大数据可信服务平台的功能有资源总览、数据可信存证、工业应用模型库和工业大数据分析，其中资源总览功能可以看到服务器主机、CPU 和 GPU 使用情况等服务器资源监控信息；数据可信存证功能可以实现重要数据上链存证，并且可以根据返回的哈希值进行数据溯源；工业应用模型库中存储了多种类型的工业模型，如工业机理、数据算法、业务流程以及研发仿真等，进入模型详情界面可以下载并且实现模型的在线推理以及调用；工业大数据分析功能可以为用户提供文件安全隔离的 JupyterLab 数据分析与训练测试环境。工业大数据可信服务平台软件技术架构如图 6-16 所示，平台使用的技术框架包括 Spring Boot、Spring Security、Bootstrap、Thymeleaf、MyBatis、MongoDB 等。

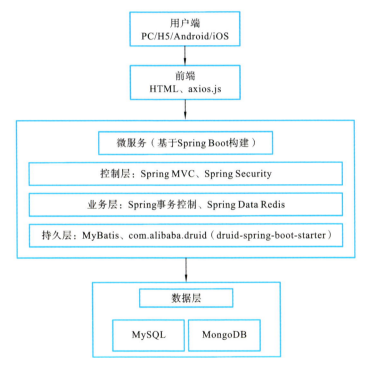

图 6-16　工业大数据可信服务平台软件技术架构

工业大数据可信服务平台的工业大数据分析系统架构如图 6-17 所示，工业大数据分析系统架构按照分层设计的思想，划分为不同的模块层，每一模块层只与上层或下层的模块层进行交互，避免跨层交互。这种设计使各功能模块内部是高内聚的，而模块与模块之间是低耦合的。这种架构有利于实现系统的高可靠性、高扩展性以及易维护性[14]。例如，当需要对 Hadoop 集群进行扩展时，只需要添加一个新的 Hadoop 节点即可，其他模块不需要做任何的变动，并且对

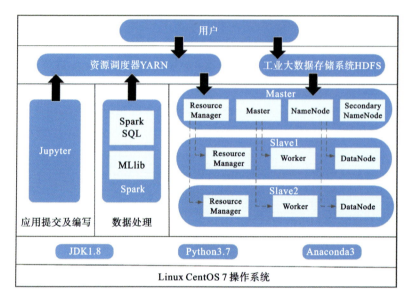

图 6-17　工业大数据分析系统架构

用户也是完全透明的。

工业大数据分析系统按照职能划分为四个模块层,从下到上依次为环境层、设施层、调度层和网关层。

(1) 环境层。

环境层为基础设施层提供运行环境,由操作系统和运行时环境两个部分组成。操作系统推荐安装 Linux 系统。运行时环境要求如表 6-1 所示。

表 6-1　工业大数据分析系统基础环境

名　　称	版　　本	说　　明
JDK	1.8 或以上版本	Hadoop 的运行需要 Java 运行时环境
Python	2.x 或以上版本	其他组件运行时需要 Python 运行时环境
Anaconda3	5.x 或以上版本	提供包管理与环境管理功能
gcc/g++	3.x 或以上版本	运行任务时,需要 gcc 编译器

(2) 设施层。

设施层由 Hadoop 集群、Spark 计算引擎和 Jupyter 交互式笔记本组成,为平台层提供基础设施服务,比如命名服务、分布式文件系统、分布式计算引擎、

IDE 代码开发等。Hadoop 集群提供 HDFS、MapReduce、JobTracker 和 Task-Tracker 等服务。为了避免 Hadoop 集群发生单点故障，推荐采用双主节点模式。Spark 计算引擎提供 Job 内部的 DAG（有向无环图）支持以及实时计算等服务，基于内存的分布式数据处理，计算处理数据速度快。Jupyter 组件提供多租户使用、交互式展现等服务，支持多种编译语言。

（3）调度层。

调度层由任务调度控制台、HDFS 组成，为网关层提供基础服务调用接口。

任务调度控制台是 YARN 任务的调度中心，指定各种任务执行的顺序和优先级。用户通过任务调度控制台提交作业任务，并通过网关层的 Hadoop 客户端返回其任务执行结果。其具体执行步骤如下：

① 任务调度控制台接收到用户提交的作业后，为其匹配调度算法；

② 提交 YARN 作业任务；

③ 轮询任务作业是否完成；

④ 如果作业已完成，发送消息并调用回调函数；

⑤ 继续执行下一个作业任务。

HDFS 是基于 Hadoop 的分布式文件系统，为用户提供数据文件的读取和存储服务，支持 TB 和 PB 级别的数据，通过心跳机制检测故障，并且将数据自动保存为多个副本，自动恢复丢失副本。

（4）网关层。

网关层为终端客户提供个性化的调用接口以及用户的身份认证，是用户的大数据平台操作入口。终端用户通过网关层提供的接口才可以与大数据平台进行交互，目前提供了以下 2 个调用接口：

① Jupyter 客户端，是用户提交作业的入口，用户可在 Jupyter 上提交任务以及查看任务的输出结果；

② Hadoop 客户端，是用户查看任务处理结果的入口，用户可在其 UI 查看返回的处理结果。

3）工业应用开发者平台

工业应用开发者平台集成多种功能软件模块，包括应用开发服务器资源概览、平台使用帮助、在线应用开发、工业模型调用 API 和工业 APP 仓库，如图 6-18 所示。其中，应用开发服务器资源概览模块集成数据可视化组件 Grafana，他可以查看集群资源的情况，包括集群 CPU、集群内存、集群容器组总量和集群本地存储总量等监控信息；平台使用帮助界面可以帮助用户更好地使用工业应用开发者平台,给用户提供详细的使用帮助流程;在线应用开发功能可以满足用户创建项目以及在线 IDE 的需求,可以随时对项目进行管理和编辑,并且集成容器云平台的 DevOps 功能;工业模型调用 API 模块给用户提供多种调用工业模型对应的接口以及所需的输入参数,使用接口便可实现模型库中模型的调用[15];工业 APP 仓库模块可以实现应用统一管理,支持用户查看应用详情并进行在线试用。该平台软件技术架构与工业大数据可信服务平台的类似,如图 6-16 所示。

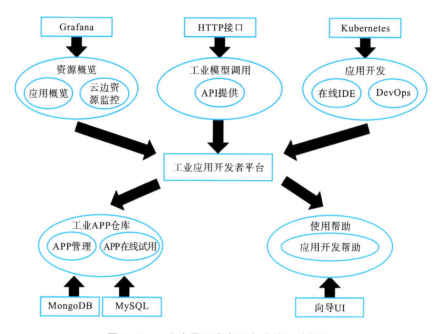

图 6-18 工业应用开发者平台功能组件架构

（1）Spring Boot。

工业应用开发者平台基于 Spring Boot 框架,Spring Boot 是由 Pivotal 团队提供的全新框架,致力于在蓬勃发展的快速应用开发领域成为领导者,其设计目的是简化新 Spring 应用的初始搭建以及开发过程。该框架使用了特定的方式进行配置,从而使开发人员不再需要定义样板化的配置。

（2）Spring Security。

工业应用开发者平台权限认证模块使用 Spring Security,它是一个能够为基于 Spring 的企业应用系统提供声明式安全访问控制解决方案的安全框架。

它为应用系统提供声明式的安全访问控制功能,避免了为企业系统安全控制编写大量重复代码。

(3) Bootstrap。

工业应用开发者平台前端页面风格使用 Bootstrap,它是基于 HTML、CSS、JavaScript 开发的简洁、直观的前端开发框架。它提供一个带有网格系统、链接样式、背景的基本结构,通过调用自带的组件 bootstrap-table,实现数据的新增改查以及分页功能。

(4) Thymeleaf。

Thymeleaf 是适用于 Web 和独立环境的现代服务器端 Java 模板引擎。它使得 HTML 模板可以在浏览器中正确显示,并且可以作为静态原型工作。由于 Thymeleaf 拥有用于 Spring Framework 的模块,故运用它可以很方便地做出界面。

(5) MySQL。

MySQL 是一个关系型数据库管理系统,由瑞典 MySQL AB 公司开发,属于 Oracle 旗下产品。MySQL 是最流行的关系型数据库管理系统之一,在 Web 应用方面,MySQL 是最好的关系型数据库管理系统(relational database management system,RDBMS)应用软件之一。关系型数据库将数据保存在不同的表中,而不是将所有数据放在一个大仓库内,这就加快了数据读写的速度并提高了灵活性。

MySQL 所使用的 SQL 语言是用于访问数据库的最常用的标准化语言。MySQL 软件采用双授权政策,分为社区版和商业版,由于其体积小、速度快、总体拥有成本低,尤其是其开放源码这一特点,一般中小型和大型网站的开发者都选择 MySQL 作为网站数据库。

(6) MongoDB。

MongoDB 是一个介于关系型数据库和非关系型数据库之间的产品,是非关系型数据库当中功能最丰富、最像关系型数据库的。它支持的数据结构非常松散,是类似 JSON 的 BSON 格式,因此可以存储比较复杂的数据类型。MongoDB 最大的特点是它支持的查询语言非常强大,其语法有点类似于面向对象的查询语言,几乎可以实现类似关系型数据库单表查询的绝大部分功能,而且它还支持对数据建立索引,在后台代码中配置调用路径即可实现在线调用。

在具体实现方面,工业应用开发者平台运行时环境要求如表 6-2 所示。

表 6-2　工业应用开发者平台基础环境

名　　称	版　　本	说　　明
JDK	1.8.0	项目的运行需要 Java 运行时环境
Spring Boot	2.5.5	项目框架的运行版本
Spring Security	2.3.3	项目权限认证框架的版本
MySQL	8.0.27	项目数据库版本
MyBatis	2.1.0	持久层框架的版本
MongoDB	4.2.17	存储文件的数据库的版本

3. 交互服务层的软件实现

工业互联网公共服务平台的交互服务层包含企业边缘端统一服务入口、平台使用说明文档、工业资源交易平台和示教平台,下面具体介绍工业资源交易平台和示教平台的软件实现方案。

1) 工业资源交易平台

(1) 平台简介。

工业资源交易平台融合了工业区块链、边缘计算、云计算和人工智能等技术,深度挖掘工业大数据核心价值,助力工业企业快速实现数字化转型。

基于区块链的工业资源交易平台作为工业互联网公共服务平台的一项功能子平台,部署于公有云端,以先进的联盟区块链为基础,面向多家企业的工业资源交易场景,构建可信的资源交易流通环境,为各工业企业提供高效、安全的工业资源交易服务。

(2) 平台架构。

工业资源交易平台的整体架构如图 6-19 所示,分为基础设施层、后台服务层和前台交互层三个层次:基础设施层部署了高性能的区块链,通过 4 家以上的企业机构节点组成防篡改的联盟链网络,为工业资源交易平台提供可信的支撑服务;后台服务层对接前台交互层和基础设施层,将前台交互层产生的关键交易和订单数据传给区块链进行存证,并搭建区块链节点身份认证、存证数据可信审计等接口服务;前台交互层为平台的用户使用界面,面向各工业企业,提供需求、产品、数据、模型、应用和服务这六类工业资源的交易服务。

(3) 核心能力。

工业资源交易平台界面概览如图 6-20 所示。

基于区块链的工业资源交易平台面向具有工业资源流通交易需求的各行

第 6 章
产业级工业互联网公共服务平台

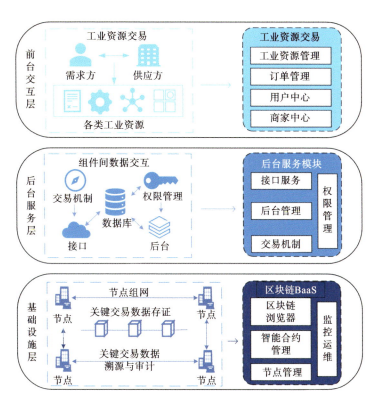

图 6-19　工业资源交易平台整体架构

图 6-20　工业资源交易平台界面概览

· 311 ·

业企业,提供以下服务:

① 工业资源交易服务;

② 工业资源交易信息可信存证;

③ 交易纠纷后期可信审计。

2)示教平台

(1)平台简介。

工业互联网公共服务平台的示教平台为企业用户提供工业互联网领域前沿技术、可信工业智能平台的使用方法和典型行业应用案例的讲解、培训与咨询服务,让企业用户快速学习平台相关技术,加速企业数字化转型和改造。

示教平台将可信工业智能平台部署实施中总结的问题、积累的经验、典型行业技术架构、实施模型和应用模板,通过网络提供课程培训,实现类似虚拟工厂的操作培训,增强学生(即被培训员工)与工业环境之间的交互体验[16]。

示教系统设计的目的是通过互联网直播技术以及 IM(即时通信)技术构建一套在线互动教学以及辅导平台,重点解决技术培训部门在线教学问题,改变培训水平不均衡状态,让技术人员能随时随地接受技术培训部门组织的课外辅导。系统要求在软件编码解码条件下直播时延小于 500 ms,在硬件编码解码条件下时延低于 100 ms,在硬件保证下系统单课堂无容量限制;要求支持多视频源切换功能;要求培训师(以下称老师)和被培训员工(以下称学生)之间能够进行音视频互动交流,并且分发给同一个课堂的所有学生;要求具有在直播的同时完成录播的功能和作业辅导功能;要求有自动排队功能;要求能够按照所培训科目等条件自动匹配辅导老师。

示教系统有三个应用场景,具体如下。

① **双师课堂场景**:可以实现多企业、多地域同时上课,解决之前优秀老师只能在一个企业上课的问题。

② **课外辅导场景**:解决地区性的辅导班混乱问题,由技术培训部门组织老师开设网络课堂,满足学生对知识的缺漏补习以及假期辅导的需求。

③ **教研管理场景**:解决技术培训部门过往因远程教研而对课堂教学管理薄弱的问题。

(2)平台架构。

如图 6-21 所示,示教平台架构包含成员服务器(P-server)、组服务器(G-server)、成员媒体网关(P-MGW)、组媒体网关(G-MGW)、课堂管理和录播服务器(Recorder)。

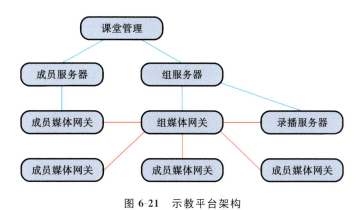

图 6-21　示教平台架构

① 课堂管理。

完成以授课群组（班级组）为单位的课堂维护，负责为会话控制提供数据支撑，主要包括授课群组建立、注册、开通、授权功能。

② 会话控制。

会话控制实现视频课堂会话的建立及维护，主要由会话参与端 P-Server 和会话仲裁端 G-Server 组成，其中 P-Server 在信令面接收来自终端发起的请求并向 G-Server 发起多播呼叫，或接收来自 G-Server 的呼叫并向服务终端发起呼叫指示；配合 G-Server 进行会话仲裁；在业务面控制 P-MGW 完成媒体向终端的多点分发。而 G-Server 在信令面接收来自 P-Server 发起的呼叫，向其他参与服务器发起呼叫；仲裁会话过程中参与服务器发起的媒体上传请求；在业务面控制 G-MGW 完成媒体合成并向参与的 P-MGW 分发。

③ 媒体管理。

媒体管理主要由 G-MGW、P-MGW 和 Recorder 组成，提供媒体分发、媒体合成、媒体录制等功能。其中，G-MGW 负责根据 G-Server 的指示进行音视频合成、混合及分发；P-MGW 负责根据 P-Server 的指示将来自 G-MGW 的音视频媒体向终端分发及对来自终端的媒体向 G-MGW 转发；Recorder 负责音视频媒体的录制及回放。

6.4　未来挑战与展望

6.4.1　基于跨链机制和标识解析体系的工业联盟链多链体系架构

随着区块链技术的发展，区块链技术已广泛应用于工业场景。基于当下的跨链技术,联盟链多链架构引入了区块链里节点角色的分工、状态通道、信任传递等新的方法,同时引入概念模型和跨链机制来重构区块链的价值交换网络,给区块链技术带来了新的生命力,这一趋势在工业联盟链中体现得尤其明显[17]。

标识解析体系作为工业互联网体系的重要组成部分,也是互联网的核心设施。工业的创新发展需要基于标识解析的区块链基础设施,推动标识解析与区块链、大数据等技术融合创新,从而促进标识解析技术在工业场景下的应用。

基于联盟链的安全性、一致性和可用性,推进智能合约在产业链协同方面的应用,区块链结合物联网连通真实的物理世界和虚拟的网络空间,并通过真实世界和虚拟世界的虚实互动与并行调谐,实现社会管理和决策的最优化。例如,智能合约将大部分高质量的离线数据存储在各个云平台上。开发者使用区块链访问云端,利用其开发的智能合约将数据上传至云端处理,并在可信硬件中访问重要的链下数据,如身份认证、敏感文件和内部数据等。

6.4.2　面向产业集群协同智能的工业资源可信流通平台

目前数据开放与流通是各国数字经济发展的核心要点,数字经济给各产业领域带来的效率增长和产出增加已经成为推动经济发展的主引擎。近年来,支持数字经济发展的相关政策密集出台,其核心集中在数据流通和开放上。联盟链与隐私计算技术的深度融合已经成为大趋势。在没有隐私计算技术的情况下,区块链无法解决隐私保护问题,难以为更多的数据源和企业提供服务。而如果没有区块链技术,隐私计算则无法解决数据确权与利益分配问题,难以达成多方数据协作。区块链与隐私计算的结合将形成大规模的数据流通网络,积极推动数据资产化发展,还会使得全社会重新确定数据责权以及利益分配机制[18]。

在现阶段的 5G 工业互联网行业,设备多元化、业务差异化的趋势越来越明显。对于行业内的多元异构数据,如果不能实现可信管控与流通,将使得安全事故频频发生,进而在很大程度上阻碍数据要素统一大市场的构建,且企业内部生产环境以及协同生产环境的安全性和高效性也会受到持续威胁。总之,实现安全、可信的数据流通至关重要。现阶段的 5G 工业互联网行业可以依靠区块链、标识解析等基础设施,利用联邦学习和差分隐私等技术搭建可信数据流通平台,实现工业数据的可信流通与共享,在保护数据隐私的前提下提高工业模型性能。

工业大数据是工业企业的重要资产,是企业实现转型升级的核心要素。工业大数据是指制造企业在生产、运输、销售过程中所产生的各种数据，包括企业生产链的各个环节以及工业传感器、自动控制系统、物联网等。现阶段工业互联网所需要的大数据服务具有以下几个特点：工业生产要求一定的实时性，如预测性维护应用，以实现风险成本的降低；对海量工业数据进行合理有效的分级分类，以实现数据的高效管理；需要多厂商联合分析数据，挖掘数据潜在价值，提高工业模型准确率。

6.4.3 工业软件低代码快速开发服务

随着工业数字化转型的推进，许多传统的应用开发方式已经不能适应现代企业的发展需求，低代码开发平台的出现推动了数字化转型的进程。与传统软件开发不同，低代码开发可以帮助业务人员直接参与产品开发过程，打破传统的产品开发模式，资源少或没有技术开发人员的企业也可以进行实际应用。低代码开发平台不仅降低了企业投入成本，提升了开发效率，还由于具有拓展性与链接性，突破了数字化转型中的技术瓶颈，解决了企业业务流程中的需求匹配问题，业务人员既可以是系统研发的开发者，也可以是参与者，能够实现应用研发的高度匹配。

工业软件的性能是开发阶段非常重要的指标，是能够留住、承载更多用户的关键之一。而随着云原生时代的到来，大量企业从 On Cloud（业务迁移上云）走向 In Cloud（业务云原生），作为开发者后企业更关心市场的需求，且积极、迅速响应，快速将想法变为产品和服务。云原生是一种构建或运行应用程序的方式，它借助云计算本身特有的弹性及分布式的优势，快速构建工业软件并将其推向市场以查看市场反馈。工业软件的云端开发技术是一个方向，也是一种文化，引领着企业更加深入地认识和使用云计算，让应用适应云计算、原生构建和不断迭代的管理方式。

在工业领域，由于行业自身的特殊性，工业产业链体系高度复杂，需要更加合理与高效的产业协同和资源配置模式来维护产业链、供应链的安全与稳定。这一态势推动了面向企业间产业协同的智能应用的创新发展，例如通过建立一套开放的数智化工业产品供应链服务网络，为企业提供"智能大脑"，高效整合第三方资源[19]。在仓配履约环节，智能供应链决策体系能够将多平台、多品类、多订单的集单寻源和集单配送化零为整，实现"万单合一"；而在寻源决策环节，智能供应链决策体系则能够实现企业间协同，打通仓储资源，实现统一调度和资源配置最优化，提高供应链效率。但是企业间协同仍存在基础不牢、水平不高的问题，未来也需要更多企业持续参与到"制造业补链强链"行动中来，充分发挥技术、资源和经验优势,提升企业间协同的现代化水平。

本章参考文献

[1] 陈霞. 基于 RBAC 的权限管理系统应用研究[D]. 苏州:苏州大学,2016.
[2] 李华勋. 物联网平台的运维监控系统的设计与实现[D]. 北京:北京邮电大学,2021.
[3] 王亚东,陈中倩. 光伏制造业 5G+工业互联网安全解决方案[J]. 江苏通信,2022,38(2):112-115.
[4] 姜冉. 基于联盟区块链的车联网数据共享关键技术研究[D]. 杭州:浙江科技学院,2021.
[5] 王妍妍. 上班族通勤换乘交互服务系统设计研究[D]. 大连:大连理工大学,2018.
[6] 钱江. 基于数字孪生的工业机器人虚拟示教技术研究与教学实训系统开发[D]. 杭州:浙江大学,2022.
[7] 马腾. 基于 Flink 的分布式电商推荐系统研究[D]. 北京:北京邮电大学,2021.
[8] 朱琳. 面向 IIoT 的 Kubernetes 技术研究[D]. 南京:南京邮电大学,2021.
[9] 王骏翔,郭磊. 基于 Kubernetes 和 Docker 技术的企业级容器云平台解决方案[J]. 上海船舶运输科学研究所学报,2018,41(3):51-57.
[10] 盛乐标,周庆林,游伟倩,等. Kubernetes 高可用集群的部署实践[J]. 电脑知识与技术,2018,14(26):40-43.
[11] 陈玉平,刘波,林伟伟,等. 云边协同综述[J]. 计算机科学,2021,48(3):259-268.
[12] 宁黄江,郭翔宇,安健,等. 工业互联网公共服务平台信任架构建设探究[J]. 工业技术创新,2022,9(2):97-103.
[13] 李旭. 基于联盟链技术的数据交易平台设计[J]. 电子技术与软件工程,2022(5):238-243.
[14] 李晓根. 基于 Hadoop 的工业大数据监测分析平台技术实现[D]. 北京:北方工业大学,2019.
[15] 张庄. 工业大数据分析建模平台研究与实现[D]. 西安:西安电子科技大学,2020.
[16] 夏姝. 工业机器人可视化示教系统设计与实现[D]. 广州:华南理工大

学,2020.

[17] 邓苤川,龙远朋,周圣. 区块链技术在工业互联网领域的应用综述[C]//中国通信学会. 2020 中国信息通信大会论文集(CICC 2020). 北京:中国工信出版集团,2020:162-165.

[18] 严强. 区块链+隐私计算:科技驱动数据安全体系建设[J]. 金融电子化,2021(7):43-45.

[19] 丁芷晴,张雪宁,陈华玲. 人工智能之下我国工业制造的应用与趋势[J]. 网络安全技术与应用,2021(3):135-137.

第7章 典型行业解决方案与应用案例

7.1 智慧仓储

7.1.1 行业背景

1. 仓储物流行业发展情况

仓储物流是利用自建或租赁库房和场地,对货物进行储存保管、装卸搬运与配送,是流通行业的重要子行业之一。从供应链的角度来看,物流过程由一系列的供给和需求组成。当供给和需求不匹配,出现生产的产品不能及时被消费时,需要建立储存产品的仓库来满足以后的需求。所以,仓储物流行业的本质是为了解决生产和需求在时间上不一致所导致的问题。

仓储物流业的发展已列入我国中长期发展规划,物流市场正形成快速扩展的格局。随着近几年的发展,物流企业效率明显提升。传统仓储业加速向现代化转型,并且细分成了多个专业,如电子商务物流、商贸物流、制造业物流等。这些专业化物流范畴的出现增强了仓储物流社会化服务能力,逐步建立起仓储物流服务体系。

随着我国工业和经济的发展,仓储物流业的现代化要求也在持续提高。2023年国内仓储自动化市场将突破1000亿元,约占全球市场的30%,年复合增长率为21%,高于全球增速。然而,当前仓储物流行业在运作管理、库存管理、安全管理、质量管理等方面还存在一些问题。

2. 传统仓储物流行业问题

1) 效率低下问题

效率低下问题主要表现在货物无法及时提取、订单不能及时备货、货物不能准时发送出去等方面。造成效率低下的主要原因包括人员对货物、布局、流程不熟悉,前期在资源配置方面考虑不足,对异常问题的处理没有经验参考而影响整个订单的完成，货物的布局设计可能存在缺陷，人员之间的配合缺乏默契，等等。

2）生产安全问题

仓库属于劳动密集型场所，有大量的人员和设备参与运作。在人员安全方面，可能出现诸如叉车碰伤、货物砸伤、高空坠物砸伤人等安全事故；在设施设备安全方面，可能出现诸如叉车从装卸平台掉落、充电间电瓶着火、货架被撞倒等安全事故；在仓库消防安全方面，可能出现仓库着火等重大事故。一旦发生重大的安全责任事故，将造成不可挽回的财产损失。

3）管理质量问题

物流仓储存在管理质量风险，如货物未经检查即发出，或者发货时没有对车况进行严格检查等。仓储物流管理主要围绕运作、效率、库存、质量、安全等方面进行管控，任何一个环节管理不当，都会给运营带来风险。因此，企业需开展精细化的运营管理，以最小化管理问题带来的损失。

3. AGV 在仓储物流行业中的作用

工厂内的仓储物流水平一定程度上影响着整个生产过程的效率。高效的物流可大幅减少等料、缺料、物料出错等所导致的生产计划执行延误，是提升生产效率的关键环节之一。传统使用人工搬运物料的方式，一方面，容易出错且时间不受控；另一方面，无法很好地跟踪物料流转过程，一旦出现差错，很难查询当前状态和定位出现问题的环节。自动导引车（AGV）是现代物流行业的常用运输工具[1]，可替代人工搬运物料，实现仓储无人化。

如图 7-1 所示，AGV 装备有电磁或光学等自动导航装置，能够沿规定的导航路径行驶，具有安全保护以及各种移载功能[2]，同时以可充电蓄电池为动力源。AGV 一般不需要驾驶员现场操控，而是通过工控机来控制其行进路径和执行搬运操作。无人值守的 AGV 可利用粘贴在地面上的电磁轨道或者无线定位装置以及车载摄像头等来引导其行进。

AGV 最明显的特点是无人驾驶，设备装有自动导向系统，可以保障其在无人引航的情况下沿预定的路线自动行驶，将货物或物料自动从起始点运送到目的地。AGV 具备自动化和智能化特征，可根据仓储货位要求、生产工艺流程等灵活切换路线。AGV 一般配有装卸功能，能与其他物流设备自动衔接，实现货物和物料装卸与搬运全过程自动化。此外，AGV 还具有清洁生产的特点，依靠自带的蓄电池提供动力，运行过程中无噪声、无污染，可应用于许多要求工作环境清洁的场所。

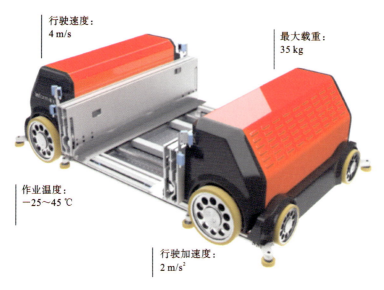

图 7-1　AGV 装备

AGV 是物流领域首选的简单有效的自动化物料运输方式,将其应用于智能物流仓储是物流自动化系统中最具柔性的一个环节。AGV 在控制系统的指挥下实现高效、准确和灵活的自动搬运作业。多台 AGV 可组成柔性的物流搬运系统,大大提高了生产的柔性和企业的竞争力。并且 AGV 在使用的过程当中操作非常简单,使用人员无须培训即可轻松上手。制造业配备 AGV 的流水线,能进行物料和产品的搬运、装配及装配牵引、精物料运输和替代往复不断的中间人力物流等,有效地减少人工成本。

随着社会经济的快速发展,AGV 设备能够提供高效率、低成本、高质量与绿色化的服务,逐渐在市场上占有一席之地,为仓储物流行业带来翻天覆地的变化。未来,现代化仓储物流体系必成企业标配,多种 AGV 优质科技产品也将成为不可或缺的仓储物流智能设备。基于 AGV 集群的智慧仓储物流系统整合业务内多项资源,能够加快制造业企业向智能制造转型升级的步伐,推动"中国制造 2025"的发展进程。

7.1.2　痛点

然而,目前 AGV 在智慧仓储物流应用场景中存在如下痛点。

1. 基于传统 Wi-Fi 的通信网络不稳定

传统 AGV 设备大多使用 Wi-Fi 通信方式与上层调度控制系统进行交互。

Wi-Fi通信存在抗干扰能力差、时延高且抖动大、网络连接不稳定等问题。尤其在AGV移动场景下，存在热点切换卡顿等现象，严重时可导致AGV掉线。在多个AGV协同工作时，Wi-Fi通信的不稳定特性会扰乱生产秩序，严重影响物流运输效率。因此，Wi-Fi通信技术难以满足工业现场对网络传输质量的要求。

2. 单台AGV定位导航与建图功能成本高

目前，同时定位与地图构建（simultaneous localization and mapping，SLAM）技术比较成熟，能较好地实现AGV的导航定位。虽然这种方法对传感器要求低，但需要相对高性能的计算机进行算法处理，因而无法真正有效地降低单台AGV的成本。若通过Wi-Fi将图像信息传输至服务器进行处理，则图像压缩后的清晰度会受到显著影响，进而影响定位效果。

3. 多台AGV联合调度计算量大

AGV调度模块是智慧仓储物流系统的重要组成部分，是整个仓储系统的核心大脑。其主要功能是任务请求接收、任务优化排序、运动状态控制与监控、路径规划等。调度系统的性能直接影响物流系统的稳定性、准确性以及高效性。但是传统的AGV调度模块大多集成在仓库控制系统（warehouse control system，WCS）和仓库管理系统（warehouse management system，WMS）中，受限于服务器计算资源和传统Wi-Fi网络时延，难以满足大型仓储环境下多台AGV联合调度的算力需求[2]，无法有效支撑多台AGV的联合调度、路径优化与实时避障。

7.1.3 解决方案

针对上述痛点，基于所开发的"5G＋边缘计算"工业互联网服务平台，提供面向智慧仓储场景的5G云化AGV整体解决方案。该方案在南京音飞储存设备（集团）股份有限公司（以下简称"南京音飞"）的生产现场得到了部署和应用。

1. 面向智慧仓储场景的5G云化AGV整体架构

面向智慧仓储场景的5G云化AGV系统架构将AGV定位、导航、图像识别及环境感知等需要复杂计算能力的模块上移到边缘云管理平台，同时将运动控制、紧急避障等对实时性要求高的模块保留在AGV本体以满足安全性等要求。边缘云管理平台相当于AGV的统一调度中心，可以支持多台AGV组成柔性生产搬运系统，其运行路线可以及时根据需求调整。5G云化AGV系统整体架构如图7-2所示。

5G云化AGV系统包含终端层、网络层、平台层和应用层四个层次。其中，

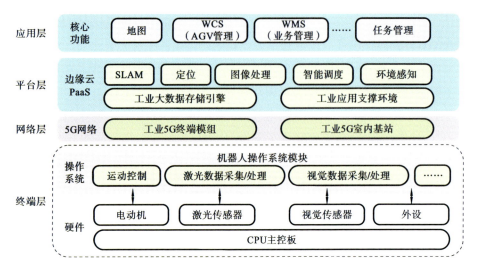

图 7-2 基于企业边缘云的 5G 云化 AGV 系统整体架构

终端层主要为 AGV 设备主体,包括硬件和操作系统两个模块;网络层给各类 AGV 设备部署安装工业 5G 终端模组并搭建 5G 基站,提供高可靠性、低时延的数据传输网络环境;平台层在企业边缘云服务器集群部署工业互联网服务平台,部署 AGV 定位、导航、调度等核心算法和所需的计算模块;应用层集成 WCS、WMS 等系统核心业务功能,实现多厂区大范围的 AGV 集群联合调度管理,提升整体生产、运输效率。

2. AGV 定位与导航功能云化

平台将 AGV 作为无线传感器与执行器进行控制,以实现 AGV 云化定位与导航。该方式对网络通信链路的可靠性和带宽有较高的要求。通过将 AGV 的顶层控制器功能转移至边缘云管理平台,AGV 终端只需要负责速度与转向控制。同时在安全避障方面,AGV 可以装备低成本的二维或伪三维激光避障传感器,用于代替昂贵的三维点云激光传感器。由于 AGV 的运动学模型相对准确,采用视觉定位算法可以达到较高的识别精度。

边缘云管理平台通过与历史图像信息进行匹配,迅速、准确地定位所有 AGV 的全局位置,并根据 AGV 的状态进行实时路径规划和调度,使得整个系统能有效降低时延、优化流量、增强物理安全性等。同时,由于终端侧的大量计算被迁移到边缘侧,系统能够实现计算及存储资源的弹性利用,降低移动业务端到端的时延。

3. 5G 网络的设计与搭建

结合南京音飞生产厂区实际环境以及对基于 AGV 的物流需求,考虑在生产现场引入 5G 网络。现有 5G 网络大多为公网或混合网络的部署模式,无法保证重点生产作业区域的覆盖率和满足企业数据的安全隔离要求。因此,本方案采用 5G 基站的室内建设方案,从工业 5G 终端到 5G 核心网均在企业生产环境内部署搭建,满足企业对网络可靠性、隔离性和安全性的要求,如图 7-3 所示。

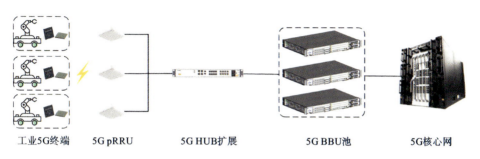

图 7-3 基于云基站的 5G 网络设计方案

5G 网络的部署实施采用中国科学院计算技术研究所研发的工业级 5G 芯片与云基站架构。现场各类 AGV 设备安装自主研发的工业级 5G 模组。该模组根据高性能的 5G 新空口通信协议需求、生产作业场景的低功耗要求以及设备安装尺寸需求进行封装设计。终端模组的基带通信算法采用极化码和低密度奇偶校验码的信道编译码技术,可实现时延的精细控制。

针对企业生产环境的 5G 信号覆盖率、时延需求以及 AGV 移动特性,采用了云基站架构的接入网建设方案。该架构包括 5G 微小型射频拉远单元(pico remote radio unit,pRRU)、5G 数据汇聚单元 HUB、5G 基带处理单元(BBU)池、5G 核心网。其中,5G pRRU 主要负责射频信号处理与 5G 信号覆盖,5G HUB 主要负责通用公共无线接口数据处理,5G BBU 池负责集中调配基带资源并进行数字信号处理。

上述 5G 网络建设方案,可以为 AGV 设备构建大带宽、广覆盖、高可靠性和低时延的网络通信环境,支持对设备的大规模实时调度控制,尤其适合 AGV 频繁跨小区切换与多 AGV 协同生产的场景。

4. AGV 云端智能调度

由于 AGV 设备计算能力有限,可利用 5G 网络来实现 AGV 终端与边缘云管理平台的连接,并借助边缘云的计算资源为 AGV 终端提供算力。云端智能调度是平台集成的核心功能模块。如图7-4所示,其主要功能包括运力分析、地图编辑、联合调度、实时监控和移动管理等。云端智能调度模块利用平台在云端收集的生产过程中产生的各种指标数据以及外部订单数量、原料成本、库存仓位等数据,通过智能调度算法进行灵活柔性的生产任务调度,进而使得企业拥有强大的管理协同能力。

图 7-4　AGV 云端智能调度模块主要功能

以南京音飞的柔性生产场景为例,云端智能调度模块可以实时了解人力排班,原料、废品、半成品、成品的库存,能源消耗,AGV 设备使用等各种情况,以便于管理人员灵活调整原料进货、人员排班、设备维护等计划来适应订单生产需求。同时,云端智能调度模块可以根据当前的资源状况及工艺数据,自动安排生产任务并下发给 AGV 设备,从而辅助管理人员实现高效的任务调度,实时响应生产计划的变更。基于上述功能,该模块可以自动辅助管理人员和生产人员完成灵活的生产规划及库存调整,实现协同生产。

边缘云管理平台作为智能调度模块的载体,提供高性能的算力与大数据分析处理能力。AGV 终端则可以完成实时的操作和处理等基本任务。同时,整个系统具有持续学习和协同学习的能力,利用云端智能调度模块中的深度强化学习算法,将感知模块的输出与知识图谱结合,并通过对环境的学习,逐步提取和积累与服务场景相关的个性化知识,从而不断优化、更新智能调度算法中的深度强化学习网络,提高整体调度与生产的效率。

第 7 章 典型行业解决方案与应用案例

7.1.4 应用成效

本方案在南京音飞的生产厂区进行了部署、测试与应用。基于"5G＋边缘计算"工业互联网服务平台实现的云化 AGV 系统,有效解决了企业所面临的问题,取得了显著的成效。南京音飞生产区域内的智慧仓储业务资源统计分析如图 7-5 所示。

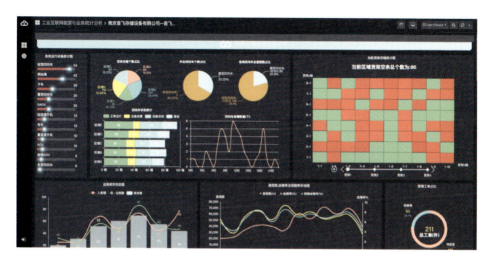

图 7-5　云化 AGV 系统业务资源统计分析

1. 5G 网络时延低

在无线网络方面,选取厂区内多个不同位置,使用测试软件对厂区内原有的 Wi-Fi 网络以及新部署的 5G 专网进行时延测试。测试发现 Wi-Fi 的上下行时延在 4～111 ms 内频繁抖动,并且终端设备的快速移动会导致时延增大。而部署基于云基站的 5G 专网之后,上下行时延稳定在 5～23 ms,时延抖动情况相较于 Wi-Fi 网络明显减轻,平均时延更低,并且在终端设备快速移动的情况下时延也未产生明显抖动。由此可见,5G 网络的部署解决了原有 Wi-Fi 通信方式时延高和不稳定的问题。

2. 多 AGV 高效协同

基于"5G＋边缘计算"工业互联网服务平台的企业边缘云汇集来自 AGV 终端的视觉、语音和环境信息,并进行分析处理,从而控制多 AGV 高效协同。在厂区内部署 5G 网络后,终端到基站的时延达到毫秒级,使得平台能及时卸载 AGV 任务。整个架构基于端云协同提升了多 AGV 联合执行任务时的效率。

另外,基于 5G 的云平台提供了计算卸载能力,因此降低了 AGV 对自身硬件的要求,使得 AGV 更轻、更小、更便宜。同时,AGV 的持续升级也不再依赖本地硬件设备。"5G+边缘计算"工业互联网服务平台,突破 AGV 终端的计算能力限制,并通过不断训练,持续提高 AGV 智能调度算法的模型精度。

3. 行业灵活复制

面向智慧仓储的 5G 云化 AGV 系统还可应用于码头、机场等密集搬运场景,充分发挥其强大的并行化、自动化、智能化等特性。在一些特殊环境场景,如医药、食品、化工,甚至危险场所和特种行业,AGV 除了完成基本的搬运工作外,还自带多种传感器,可以进行检查、探测、自动识别等工作。随着 5G 云化 AGV 系统在更多行业应用,它将大幅提升行业生产效率和管理水平,节省人力成本。

7.2 智慧能源

7.2.1 行业背景

1. 双碳理念与目标

随着能源的持续消耗,2019 年全球大气二氧化碳浓度达到数百万年来最高水平,且增幅远远高于过去 10 年的平均水平。因此,采取更有力度的行动来应对气候变化已经刻不容缓。2020 年 9 月 22 日,国家主席习近平在第 75 届联合国大会上发表重要讲话,提出我国"二氧化碳排放力争于 2030 年前达到峰值,努力争取 2060 年前实现碳中和"[3]。碳达峰是指我国承诺到 2030 年前二氧化碳的排放量不再增长,达到峰值之后逐步降低。碳中和是指通过植树造林、节能减排等方式,抵消企业、团体或个人产生的二氧化碳排放量,实现"零排放"。

为在 2030 年前实现"碳达峰"、2060 年前实现"碳中和",我国密集出台相关政策,引导各行各业节能减排,加速推进碳吸收项目。党的十九大报告提出了"推进能源生产和消费革命,构建清洁低碳、安全高效的能源体系",这为我国能源清洁低碳转型发展提出了新的方向。2020 年 10 月 29 日,党的十九届五中全会通过的《中共中央关于制定国民经济和社会发展第十四个五年规划和二〇三五年远景目标的建议》提出,发展绿色建筑,开展绿色生活创建活动,降低碳排放强度,支持有条件的地方率先达到碳排放峰值,制定 2030 年前碳排放达峰行动方案。2021 年 2 月 2 日,国务院印发《关于加快建立健全绿色低碳循环发展经济体系的指导意见》,指出要加快基础设施绿色升级,完善市场导向的绿色技术创新体系,到 2025 年绿色低碳循环发展的生产体系、流通体系、消费体系初步形成。同年 3 月 5 日,李克强总理代表国务院在十三届全国人大四次会议上作《政府工作报告》,指出要扎实做好碳达峰、碳中和各项工作,制定 2030 年前碳排放达峰行动方案,推动绿色发展,使森林覆盖率达到 24.1%,落实 2030 年应对气候变化国家自主贡献目标,单位国内生产总值能耗和二氧化碳排放分别降低 13.5%、18%。

在国际上,欧美等发达国家也纷纷制定碳中和目标和近中远期行动方案,并将其作为可持续发展和经济绿色低碳转型的重要推动力。欧盟于 2019 年 12 月通过了《欧洲绿色新政》,明确 2050 年实现温室气体中和的目标。2020 年 1 月,欧盟公布可持续欧洲投资计划,提出融资 1 万亿欧元实现气候中立。2020 年 5 月,欧盟提出设立 7500 亿欧元的基金重振欧洲经济,其中 25% 的基金专门用于气候行动。2020 年 7 月,欧盟的复苏计划总额达到 1.82 万亿欧元,其中 30% 的投资直接用于气候变化相关项目,全部投资都要与 2050 年碳中和目标相一致。这意味着,未来大概有超过 6000 亿欧元直接用于气候变化相关项目。美国众议院气候危机特别委员会也于 2020 年 6 月公布《解决气候危机:国会为建立清洁能源经济和一个健康、有弹性、公正的美国而制定的行动计划》,以帮助美国在 2050 年前实现净零碳排放。此外,国际上目前已经有 100 多家大型企业宣布在 2050 年之前实现净零碳排放,如英国石油、壳牌、力拓集团、安赛乐米塔尔、宝马、丰田、帝斯曼集团、沃尔玛、亚马逊、罗伊斯·罗尔斯等,很多与零碳相关的技术已经在发达国家的企业中开始研发和应用,或者已经被列入研发计划。

2. 光伏风电发展

电力行业是国民经济发展的基础产业和战略支撑产业,电力产品的生产、传输、供应以及服务的及时性、可靠性具有极强的经济意义。因此,电力企业的管理也被赋予了高度的可靠性和保密性,具备技术密集型和装备密集型特点。目前,我国电力行业两化融合发展水平处于第一梯队,超过三分之一的企业达到集成提升以上阶段,也是目前工业互联网平台应用普及率最高的行业之一[4]。

在碳中和理念下,光伏以及风电行业发展已呈现加速势头。在过去数年里,光伏、风电等可再生能源装机量增长迅速,其中风电装机量增长超过 10 倍,而太阳能光伏装机量,更是从 2009 年的 2 万千瓦增长到 2019 年的逾 2 亿千瓦,增长了近 1 万倍[5]。经过十多年的努力,我国电力行业的低碳发展已经取得了很大进步,单位供电碳排放(即每产 1 千瓦·时电能所排放的二氧化碳克数)从 2005 年的 900 g 左右下降到目前的 600 g 左右,下降约 33%。2021 年 2 月 1 日,《碳排放权交易管理办法(试行)》正式在全国范围内试行,7 月 16 日碳交易市场开启,全国碳市场也同步上线,光伏发电价值进一步提升。未来控排行业范围将进一步扩大,碳排放配额也将进一步收紧。因此,光伏发电受到了越来越多的重视。

3. 智慧能源发展

随着我国政府大力推进融合创新新型基础设施建设,人工智能、大数据、工业互联网等领域技术发展将使能源生产、传输与消费方式产生极大变化,呈现出"互联网+能源"的新形式[6]。智慧能源的发展主要集中在多样化的智慧能源使用与能源互联网等领域,涵盖电力生产、输送以及使用的整个流程,对电力能源进行智能化改造。

响应国家能源革命战略,是推进智慧能源发展和能源供应结构转型的需要。我国强调能源安全发展的"四个革命"战略思想,即推动能源消费革命,抑制不合理能源消费;推动能源供给革命,建立多元供应体系;推动能源技术革命,带动产业升级;推动能源体制革命,打通能源发展快车道。相关部门应积极应用"大云物移智"技术,在工业园区开展能源大数据中心建设,打造能源行业融合的新生态,推进能源革命,助力构建清洁低碳、安全高效的能源体系。

4. 5G 基站能耗困境

随着 5G 时代的来临,将会有越来越多的 5G 基站投入建设与使用。截至 2020 年底,我国已建成的 5G 基站超过 71.8 万个,到 2022 年底全国新增 5G 宏基站将超过 220 万个。运营商的 5G 基站主设备空载功耗为 2.2~2.3 kW,满载功耗为 3.7~3.9 kW,这相当于 4G 基站的 3~4 倍。据统计,目前运营商的基站电费支出占网络运营部分的 30% 以上[7],到 2022 年底基站的电费支出将高达约 1500 亿元/年,而 5G 全网覆盖时电费支出将达到 5000 亿元/年。因此,随着 5G 基站数量的不断增长,基站设备的节能减排是运营商必须重视的问题。

7.2.2 痛点

光伏发电已经成为智慧绿色能源重要的应用落地领域,同时 5G 基站设备的能源消耗也是目前 5G 发展建设过程中不容忽视的问题。因此,建设面向 5G 基站的光伏发电系统可有效地缓解 5G 能耗需求,实现绿色能源补充,但同时也存在一些亟待解决的痛点。

1. 光伏发电管理困难

我国光伏发电占比逐年提升,但仍然存在发展问题。在发电设备管理方面,一旦发生发电设备故障就会导致巨大损失,因此光伏发电设施需要提高设备维护水平。由于光伏发电方式特殊,其设备所处地理位置偏僻,分布分散,导致管理和维护难度大、成本高。在并网调度方面,目前各类电力来源需要协调调度,对发电功率预测提出了新的挑战。光伏电站电压调节能力有限,易引发次同步谐波等问题,影响系统的安全稳定运行。并且电站出力的不确定性,导致电网潮流复杂多变,增加了电网运行控制的难度。

2. 基站节能智能化程度低

目前,针对 5G 基站能源消耗过大问题,设备制造商华为、中兴分别提供了相应的节能方案。华为提出了 5G Power 基站电源方案,支持 5G 基站同时采用市电、电池和太阳能等多个电源进行供电。其核心技术是利用基于人工智能的调度算法整合多个电源,根据基站电力需求和不同电源工作状态动态调整供电参数,从而有效降低峰值负载条件下基站对市电的压力。其优势在于可降低基站建设与升级过程中对市电改造的要求,降低基站的建设成本。中兴提出了 PowerPilot 软件技术节能方案[8]。该方案使用大数据智能分析技术实现基站负荷的预测和场景识别,通过载波关停、基站休眠、用户迁移等方法有效降低 5G 基站的能源消耗。

上述两个方案为 5G 站点的供电模式提供了新思路,为推进 5G 电源产业进程做出重要贡献。然而,现有方案尚未构建适用于 5G 基站数据采集、分析、决策的云边协同架构;大数据分析尚未综合考虑基站周边环境以及业务流量带来的能耗影响;尚未设计出基于动态随机优化的智能决策架构,未能对 5G 基站的供电储能进行实时决策,从而在保证用户服务质量的同时降低基站能耗。

7.2.3 解决方案

针对 5G 基站的能源消耗问题,结合前文所述的工业区块链、工业数据采集、工业大数据分析等技术,依托"5G+边缘计算"工业互联网服务平台,构建基于分布式光伏电站的 5G 基站智慧节能系统,以降低 5G 基站的非清洁能源消耗。

1. 光伏 5G 基站智慧能源系统整体架构

本系统采用软硬件相结合的整体架构。在硬件设施上,将为 5G 基站部署分布式光伏电站和储能设备,提供清洁能源。在软件方面,基于人工智能和大数据分析技术,深度整合"光伏发电并网-基站供电-储能"等功能,为通信运营商提供系统的智能节能决策建议。光伏 5G 基站智慧能源系统整体架构如图 7-6 所示。

图 7-6 光伏 5G 基站智慧能源系统整体架构

系统整体架构分为四个层次,即设备层、边缘层、平台层、应用层,其中设备层包含 5G 基站设备(包括机房基站服务器 BBU、铁塔信号发射设备 AAU 和机房制冷设备等)、分布式光伏电站设备(包括光伏组件阵列模块、逆变器模块、环境监测模块等)和能耗相关数据采集设备(包括霍尔传感器、GPRS 采集器、智能电表和电能计算模块等);边缘层部署在 5G 基站机房内,配置边缘计算服务器和边缘智能网关,用来收集相应区域采集的各类数据,在边缘侧执行数据分析前的清洗和预处理等任务,同时可接收平台层下发的决策指令,对终端设备执行控制任务;平台层建设面向光伏 5G 基站能源的云网边端资源管理平台,汇聚存储各类终端资源数据,并为上层应用提供可靠、安全、可信的开发运行环境;应用层构建可视化运维监控工具,保障分布式光伏电站的可靠运行,也可对接运营商 5G 基站的监控平台,同时通过智能技术构建能耗模型,并基于多智能体强化学习进行智能的节能决策。

2. 5G 基站分布式光伏电站并网系统

在设备层,搭建 5G 基站分布式光伏电站并网系统,将太阳能光伏发电系统与常规电网相连,共同承担 5G 基站设备的供电任务。同时,系统加入储能设备,当供电充足时,光伏发电系统所发的电一部分可以并入电网获得额外经济效益,一部分传输至储能设备;当供电不足时,储能系统能提高后备供电保障能力。5G基站分布式光伏电站并网系统的技术方案如图7-7所示。

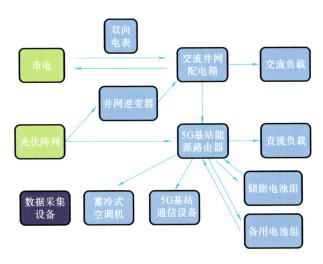

图7-7　5G基站分布式光伏电站并网系统技术方案

整个系统采用光伏发电优先供电,储能作为支持性电源的供电方式,同时将市电作为补充供电。系统由光伏发电设备、储能设备、并网设备、数据采集设备、机房空调设备和5G基站能源路由器等组成。其中,半柔性光伏板使用单晶硅光电池片等材料制成,具有发电效率高(与普通硬板式单晶硅光伏板的相同)、安装灵活度高(可发生30°以内的弯曲和形变)、价格适中(整体安装费用与硬板式光伏板的相近)、整体风阻小等优点;蓄冷式空调机可以改变普通变频/定频空调的用电悖论,由环境温度和工作时段共同调节工作时间,从能耗上真正实现节能降费,且除冷链行业外有希望在通信行业实现大规模使用。

3. 面向光伏5G基站能源的云网边端资源管理平台

针对分布式光伏电站和5G基站各类设备产生的数据,基于"5G＋边缘计算"工业互联网服务平台及其相关技术,搭建面向光伏5G基站的能源资源管理平台。该平台将整个光伏5G基站智慧能源系统的云网边端资源统一纳入管理,为基站能耗模型分析与基站节能决策提供可靠的数据中台服务和应用服务开发运行环境,保障整个系统的高效可靠运行;同时为运营商、设备商、供电公司和政府监管部门等多方提供资源数据共享接口,进一步促进5G基站与分布式光伏电站的联合发展。

如图 7-8 所示，面向光伏 5G 基站能源的云网边端资源管理平台的技术架构分为资源接入层、资源汇聚层和应用支撑层三个层次。资源接入层包括标识解析和资源互操作技术，针对异构的光伏设备和基站设备资源，提供统一的标识注册接入机制；资源汇聚层包括新型区块链和大数据引擎技术，其中区块链将关键能源数据和资源标识进行上链存证，而大数据引擎包括时序数据库、消息队列和规则引擎等模块；应用支撑层包括智能合约引擎、云边协同、大数据分析技术。

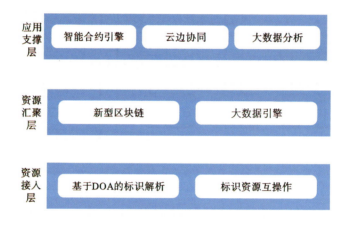

图 7-8　面向光伏 5G 基站能源的云网边端资源管理平台技术架构

1）资源接入层

针对分布式光伏设备和基站设备的异构性，以及发电、储能和能耗等数据的多样性，平台资源接入需要统一的对象标识机制。这里采纳第 5 章介绍的数字对象和标识解析技术，将上述各类光伏设备、基站设备以及能耗数据等抽象成统一的数字对象标识。同时，引入 Handle 机制作为全局解析系统进行标识资源解析，并提供数字对象互操作框架以便各类应用服务统一有效地定位、访问和使用标识资源。基于此，平台能够高效接入各类异构资源，并统一且方便地给运营商、设备商、供电公司和政府监管部门等多方客户侧主体提供资源数据共享接口，使平台能源资源数据在多主体中实现互联互通。

2）资源汇聚层

针对上述海量资源标识信息，采用第 3 章提出的工业区块链系统进行数字对象标识信息的可信上链管理，以满足资源管理平台的高性能信息写入需求。该新型区块链技术可实现标识信息和其他关键数据的可溯源、防篡改以及可信存储与管理。同时，采用第 3 章提出的可信智能合约引擎，实现链上各类资源数据的可信操作与可信计算，并通过预言机合约连通链下资源数据环境，为上层应用服务提供可信的数据操作支撑环境。

3）应用支撑层

针对基于大数据分析的能耗预测模型构建和基站节能决策等上层应用和服务，平台需要为离线任务和实时处理任务构建一套高效、可靠的云边协同机制，智能调度边缘节点和云端节点，在保证用户服务质量前提下实现最优决策。利用面向服务质量保障的云边协同机制，首先，对云网边端资源状态和应用状态进行监控和记录，从不同维度对系统异构物理资源与系统应用进行实时跟踪；其次，通过实时动态监控边缘节点通信和计算负载，做出大数据预测模型训练任务部署切换决策，实现运行时重调度以缩短服务尾部响应时延，提高云边资源的利用率；最后，针对大数据分析和基站节能控制决策任务执行时的服务质量及节点的负载压力，实时调度应用服务和均衡负载，实现任务运行时的低干扰动态演化和服务质量保障。

4. 5G 基站能耗预测模型和节能决策模型

基于云网边端资源管理平台，可构建 5G 基站能耗预测模型和节能决策模型，提供系统级的 5G 基站节能减排方案。算法模型将实现以下功能：① 光伏电站和 5G 基站数据的预处理和特征选择；② 5G 基站的负载和能耗的实时预测；③ 光伏电站输出模式的动态调整和优化；④ 5G 基站节能方案的动态优化。其中，光伏电站输出模式的动态参数与相关设备实时联动，从而实现平台对硬件设备的实时控制。5G 基站节能方案是通过与移动通信基站控制系统的深度融合来实现对基站的实时控制，或以兼容方式为已有的基站节能系统提供控制参数。通过能耗大数据建模与预测，智能节能决策模型可以对光伏、储能和市电 3 种 5G 基站供电模式及配比提出反馈建议，并与基站的软件联动，打通多源供电与基站运维之间的壁垒，为通信运营商提供从源头到终端的系统级 5G 节能减排方案。

在能耗预测方面，通过大数据挖掘，从移动通信网络负载大数据中筛选出主要特征，并结合循环神经网络、时序神经网络等方法，建立移动通信基站负载时间-空间分布的预测方法，旨在预测移动通信网络中每个基站的实时负载，提高 5G 移动通信基站用电量预测的精度；进而通过分析 5G 基站能耗与负载大数据，建立 5G 单基站能耗功率与负载类型、负载量的关系模型，从而基于 5G 移动通信基站负载的预测结果推算出基站的用电量。

在智能节能决策方面，基于对移动通信基站用电量的预测、储能设备运行态势的评估以及光伏电站发电量的预测，使用深度强化学习等方法智能调节分布式光伏电站在基站供电、储能充能以及并网发电三种能量输出模式中的功率分配，从而优化基站通信性能、节能减排效果、光伏电站收益等多方指标。

1）光伏电站发电量预测

光伏电站发电量预测可视作时序预测问题，可以通过训练 LSTM 神经网络模型来解决。利用能量采集时刻、时段、室内外温度与室内外湿度等数据，结合太阳辐射能量、蓄电池种类、电池组件倾斜角度等参数以及发电量，将数据预处理为样本与标签，再输入规模合适且已预定超参数的 LSTM 网络进行训练，训练完成后即可投入使用，预测发电量。光伏电站发电量预测流程如图 7-9 所示。

2）5G 基站能耗预测

同步安装在基站机房内的数据收集器将按时间记录各时刻基站相关的变量数据。这些变量数据包括当前时刻与当前时刻处于一天中的时段、机房室内外的温度与湿度、基站连接的用户数与工作生产的流量、基站与周围基站覆盖范围的重叠面积等。从数据采集器的采集成本来考虑，基站连接的用户数以及工作产生的流量既可以单点采样，也可以在每分钟内均匀多点采样后再取均值。考虑到模型的泛化性，需同时关注基站与周围基站覆盖范围的重叠面积以及每分钟基站的总能耗数据。

将收集到的每组相关数据预处理后排列在一个向量中作为样本，同时将该组数据所处时间段内的能耗预处理结果作为标签。将足够多数量的样本与标签输入规模适当且已经预设超参数的网络进行训练。每次训练后网络通过反向传播更新参数，以使之后的每次预测都更加准确。完成模型训练后，将当前时刻的环境数据按照相同规则处理后输入网络，再经过解映射就可以得到当前时刻基站能耗的预测值。整个能耗预测流程如图 7-10 所示。

3）智能节能决策

传统的节能策略采用阈值选择，各节能策略间相对独立，无法达到智能匹配，造成节能效果不佳。基于多智能体深度强化学习的 5G 基站用电策略动态寻优机制，利用光伏电站发电量和 5G 基站负载预测结果、储能设备运行态势评估结果，并结合设备能耗与基站流量等相关数据，有效实现节能收益的最大化。

具体地，根据不同站点场景、不同时间段的基站业务流量等数据，建立一套 5G 无线小区的业务量评价及测量报告（measurement report，MR）覆盖评估体系。然后将该评估结果作为输入，结合实时监测的光伏电站发电数据、储能设

第 7 章
典型行业解决方案与应用案例

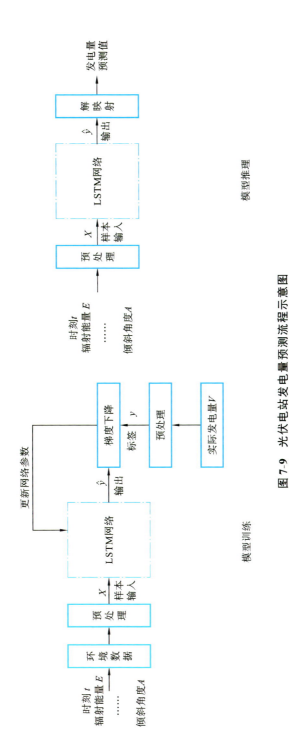

图 7-9 光伏电站发电量预测流程示意图

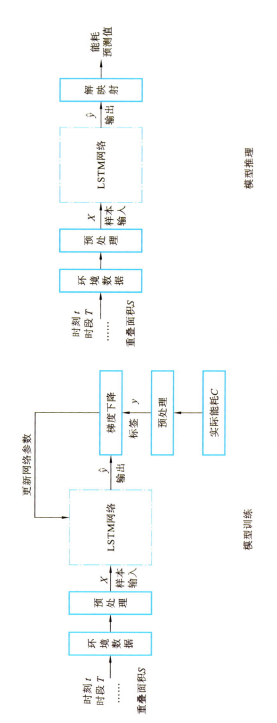

图 7-10 能耗预测流程示意图

备充放电和基站设备用电数据，设计分布式多智能体深度强化学习算法，智能调节光伏电站在并网发电、储能设备充放电和基站供电三者之间的功率分配。所设计的多智能体深度强化学习算法通过全局集中式训练和分布式执行，促进每个 5G 基站动态削峰填谷，得到最优的节能策略，实现一站一策、一时一策等多种灵活的省电模式。节能策略实施后，监测基站负荷、用户感知数据以及能耗数据，进行节能效果评估，并对节能决策模型进行进一步的优化。

7.2.4 应用成效

1. 分布式光伏电站供电优势

分布式光伏电站是目前最直接、最便利的清洁能源利用形式，不仅可以为企业提供清洁的光伏电力，还能够通过并网为企业带来新增的经济效益。利用基站机房现有的面积装设光伏发电设备将是最便捷的方式。分布式光伏电站可以与数据采集器同步安装，在不显著增加施工成本的情况下完成光伏 5G 基站智慧能源系统的搭建。同时，光伏电站可以规模化建设、标准化设计，大大降低了工程成本。光伏电站所产生的光伏电能可就近消纳，避免了传输过程中的损耗。分布式光伏电站采集的数据如图 7-11 所示。

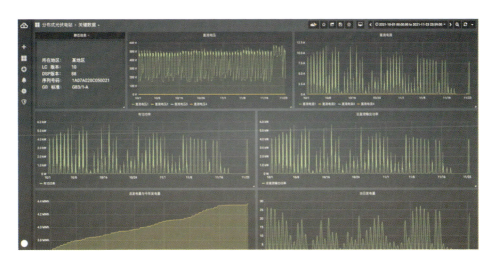

图 7-11 分布式光伏电站采集的数据

2. 基站节能成效

在建设光伏电站的同时，将采集的 5G 基站内的通信设施与空调设备的能耗数据进行拟合、预测和溯源，有助于通信运营商在储能、三方售电、隔墙/跨域售电等领域降低风险,在通信领域开辟节能的增长方向。利用大数据智能建模与预测手段,优化光伏、储能和市电对 5G 基站的供电模式和配比,打通多源供电与基站运维之间的壁垒,为通信运营商提供从源头到终端的系统级 5G 节能减排方案。同时,构建适用于 5G 基站数据采集、分析、决策的云边协同架构,设计基于深度强化学习的决策机制,对 5G 基站进行动态实时决策,从而在保证用户服务质量的同时降低基站能耗。基站能耗统计分析数据如图 7-12 所示。

图 7-12　基站能耗统计分析数据

从经济效益来看,通信运营商在全国拥有约 300 万个 4G 宏基站,2020 年消耗电费约 530 亿元。由于 5G 具备高带宽、高流量、高发射功率的特性,其能耗要比同等规模的 4G 基站高 3 倍左右。到 2022 年底,全国累计建成 5G 基站 231.2 万个,所有通信基站的电费年消耗高达 1500 亿元,而产生的节电电费将远远超过 300 亿元。从技术角度来看,通信领域的能源数字化管理也将成为未来能源解决方案的核心。因此,基于分布式光伏的 5G 节能方案将带来巨大的经济效益和社会效益。

7.3　设备智能运维

7.3.1　行业背景

1. 设备运维管理

随着先进制造技术、信息技术与人工智能技术的高速发展,工业移动设备的种类增多,结构日趋复杂,设备智能运维已然成为智能制造的重要环节。智能运维也称作预测性维护,作为降低设备使用成本的主要手段,它是一种集故障检测、隔离、健康预测与评估及维护与决策于一体的综合技术。在设备智能运维管理系统中,企业希望运用机器学习和人工智能技术,借助相应的大数据管理系统,构建各类运维模型,再依据模型的推理结果给出运维工作的相关建议。

智能运维技术基于对算法的校验和更新来构建不同类型、级别和粒度的机理模型,帮助企业快速定位设备故障,减小故障发生率。在云计算架构下,部署远程设备智能运维系统,可实现网络指标预测、辅助决策优化等功能,最大限度节省人力物力,为企业增效。

2. 智能化运维

传统运维方法在监控工业设备运行数据时,往往采用简单阈值、同环比算法等静态异常检测机制,没有充分考虑由时间变更、特殊节假日等高低峰原因引起的阈值变动,从而导致漏警和误警。智能运维依托大数据分析和机器学习技术,所训练的智能检测模型覆盖大多数曲线类型,能较好地适应业务生命周期中的变化[9]。例如,根因分析技术基于故障树等算法,查找导致出现业务异常的指标,进而根据故障树挖掘,并结合知识图谱实现故障的精准根因分析与定位。类似地,指标预测技术则基于多种回归和统计方法,实现对不同级别粒度的业务数据的预测,包括业务指标预测、容量预测等。

7.3.2 痛点

现代设备智能运维系统的技术落脚点始终围绕着人工智能与大数据分析。而如何将先进的人工智能技术有机地融入工业生产环境中是极具挑战性的,现阶段主要存在以下几个痛点。

1. 数据标签稀缺

企业通常基于有监督的深度学习方法来训练各种运维机理模型,因此需要大量的人工标记数据。如果没有足够数量的带标签数据,将很难训练出高精度工业模型。然而,现场设备产生的数据量巨大,导致对数据的标注极其耗时。同时,对数据的标注并非易事,需要领域内的专家或者具有丰富经验的技术人员进行标注,才能产生具有较高准确度和可信度的样本。即使投入时间和精力进行数据标注,由于专家的评判差异或者标注失误等人为因素,也无法确保标签都是百分之百正确的。因此,将有监督的机器学习模型应用于缺少标签的时序数据是非常具有挑战性的。

2. 数据隐私泄露

为了解决模型训练时带标签数据样本少的问题,训练过程中通常激励多家企业参与,提供相同类型设备的带标签数据。而如果使用集中式训练方法,需要将各个企业的数据汇聚到云服务器上。这种将原始数据直接聚合的方式存在企业隐私泄露隐患:一方面,无法确保该服务器是可信或安全的;另一方面,每家企业均面临数据出厂问题,如果在数据上传过程中遭到窃听,将造成隐私泄露。

基于边缘计算的分布式机器学习架构,如联邦学习,通过本地化模型训练和集中式模型聚合的方式实现数据不出厂的多企业模型融合,在一定程度上保障了企业数据的隐私安全。然而,在模型的传输过程中,窃听者仍然可以通过窃取的模型反演出企业的数据特征,从而获取部分企业数据。因此,如何通过模型加噪或者加密来防止信息泄露是目前工业数据安全的一个重要研究方向。

3. 算力资源分布不均

虽然分布式机器学习架构可通过边缘计算的方式有效迁移云服务器负载,但是各企业的设备体量和型号都不尽相同,计算能力和存储能力也千差万别,导致所提供的模型质量参差不齐。同时,企业在本地模型训练过程中往往采用多种模态数据,如用于能量消耗检测的一维信号数据,用于故障识别和预测的二维图像数据,或者用于告警指令统计分析的文本数据。这些数据的体量随着企业内部设备的增加而呈指数增长。对于算力有限的企业,很难在规定的时间内完成本地训练,从而影响全局模型的同步聚合。因此,如何在企业算力不平衡的情况下进行本地设备运维模型训练与聚合是工业分布式智能研究领域的一个难题。

4. 企业间数据异构

各个企业内采集的设备数据具有异构特性,例如设备本身型号不同、相同型号设备所处的工作环境不同。如果针对每种设备或工况都训练特定的模型,会消耗大量的人力物力,造成资源浪费。而如果只训练一个全局模型,又很难使得该模型在各个企业的工作环境下都具有很好的泛化性。在预测性维护场景下,多个企业联合训练模型时,如何处理异构数据,得到精度高、泛化能力强和公平性好的模型是一个亟待解决的问题。

7.3.3 解决方案

本小节基于"5G+边缘计算"工业互联网服务平台及其相关技术,提供云边协同的设备智能运维平台解决方案,旨在帮助企业快速建立设备运维大数据的治理环境,并为运维业务应用软件的快速开发提供支撑。云边协同的设备智能运维平台的技术架构如图 7-13 所示。

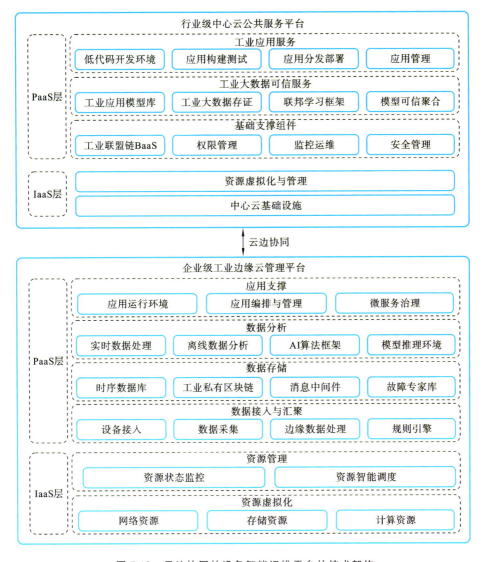

图 7-13　云边协同的设备智能运维平台的技术架构

整个设备智能运维平台分为企业级工业边缘云管理平台和行业级中心云公共服务平台。

企业级工业边缘云管理平台部署在各企业的私有云服务器上。其 IaaS 层主要基于云原生技术将边缘云基础设施的计算、存储和网络资源虚拟化，并通过资源状态监控和调度功能进行资源的管理和分配。其 PaaS 层提供针对设备运维数据与运维业务应用的相关服务，包括数据接入与汇聚、数据存储、数据分析与应用支撑。其中，数据接入与汇聚服务采集设备的静态信息、运行状态数据和当前故障数据，通过边缘数据处理模块进行数据预处理，并利用规则引擎转发数据至上层组件；数据存储服务可存储大量时序数据，利用工业私有区块链进行设备运维日志的可信存证与溯源审计，不断在故障专家库中存储并更新设备故障诊断与维护知识；数据分析服务提供数据在线/离线分析环境，以及设备故障模型的训练和推理环境；应用支撑服务则提供应用的运行与管理功能。

行业级中心云公共服务平台部署在公有云服务器上，以工业联盟链为基础，为同类型企业构建可信的模型资源共享环境，利用联盟链进行模型的确权，利用联邦学习框架帮助多家企业在数据不出厂的前提下完成设备故障模型的高效聚合，并提供工业应用模型库以便各参与企业进行模型共享。该平台的工业应用服务则提供运维业务应用的开发、测试、构建、分发和部署功能，方便企业相关应用快速上线。

针对 7.3.2 小节所述的几个痛点，本小节基于设备智能运维平台，提出几种针对设备故障数据的智能训练与分析方法。

1. 对比自监督学习

在企业提供少量有标签数据的情况下，采用对比自监督学习对数据进行模型训练，并引入迁移学习来提升模型在不同数据分布下的泛化能力。

如图 7-14 所示，模型分为训练和测试两个阶段。在训练阶段，对企业设备 A 数据进行数据增强以生成两个不同但相关的视图，然后利用自回归模型学习时间维度的对比损失来探索数据的时间特征，具体步骤如下：第一步，使用一个增强视图的前 t 个时间段的数据预测另一个增强视图未来 $t+k$ 时间段内的数据。用这种方法对两个增强视图分别进行交叉预测，对预测结果通过计算预测值与真实值之间的差值进行评估。第二步，开展样本增强视图的上下文对比。给定一批拥有 N 个时间段的输入样本的两个增强视图，每个样本同一时间段内有两个对应的上下文增强视图，因此有 $2N$ 个上下文增强视图。对于一个时间段的增强视图来说，把该时间段对应的另一个增强视图定义为这个增强视图的正样本对，并将剩余所有时间段不对应的增强视图定义为负样本对。因此，一个时间段有 2 个正样本对和 $2N-2$ 个负样本对。计算上下文对比损失来最大化正样本对之间的相似性和最小化负样本对之间的相似性。第三步,在正、负样本对选择之前进行样本的聚类来分配伪标签,并计算出不同伪标签的类内原型,根据"伪标签内为正,伪标签外为负"的原则进行实例间对比。第四步,计算时间对比损失、上下文对比损失、实例间对比损失的加权,作为对比自监督学习的损失函数来训练模型。

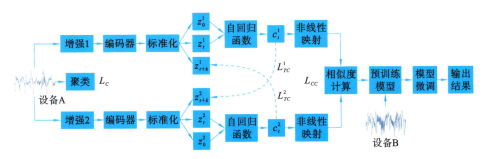

图 7-14　基于对比自监督学习的故障诊断模型

在测试阶段,首先获取用企业设备 A 数据训练出的预训练模型,使用迁移学习并利用设备 B 数据进行模型微调以生成更符合设备 B 数据分布和特定任务的个性化模型,将其部署在生产线上,完成实时数据分析和异常预警等任务。

下面是整个方案的实现过程。

(1) 数据采集:在一家企业内部采集部署在不同生产线上的传感器数据,获取非独立同分布的多元异构数据。

(2) 数据处理:选取设备 A 数据为训练集,进行去噪、缺失值填补、剔除离群点等预处理,并进行数据增强。

(3) 数据建模:采用上述对比自监督学习对设备 A 数据进行数据建模,完成训练后获取预训练模型。

(4) 模型微调:获取预训练模型后,将其发送给其他设备,使用设备 B 数据进行微调以获取个性化模型。

(5) 模型部署:将个性化模型部署在生产线上,完成实时数据分析和异常预警等任务。

综上所述,基于对比自监督学习的故障诊断模型,利用无标签数据或者少量有标签数据进行模型训练,并基于迁移学习方法对预训练模型进行微调,能有效提升模型的泛化能力。该方案使得一套预训练模型可以用于多种任务,从而节省了时间、人力和物力,同时解决了工业企业打标签难、标签少、无标签的问题。

2. 生成对抗数据增强

数据合成是通过少量可用的样本生成更多的样本,即根据原始数据的分布生成与真实数据相似的数据,达到样本增强的目的。针对工业设备故障数据不足的问题,使用生成对抗网络(generative adversarial network,GAN)模型来进行数据增强。平台提出了一种基于改进的时间序列生成对抗网络(time-series generative adversarial network,TimeGAN)模型的小样本数据故障诊断方法,具体故障诊断步骤如下。

(1) 数据采集:将原始数据分为正常数据和故障数据。

(2) 数据处理:对正常数据、故障数据进行预处理,得到深度学习训练所需的正常数据样本和故障数据样本。

(3) 对抗训练:使用故障数据样本对 TimeGAN 进行对抗训练。

(4) 数据生成:利用训练好的 TimeGAN 模型扩充数据,得到合成的故障数据样本。

(5) 数据合并:将合成的故障数据样本、故障数据样本和正常数据样本合并,得到新的数据集。

(6) 特征提取:按照指定比例先将数据集划分为训练集和测试集,之后再对训练集和测试集中的每个数据样本进行归一化处理,最后对训练集和测试集中的每个数据样本进行特征提取。

(7) 故障预测:采用宽卷积深度神经网络算法确定待分类测试样本的故障类别。

TimeGAN 网络包括三个部分,即编码/解码网络、生成器和判别器。其中,编码/解码网络负责提取和还原数据的潜在特征,便于放入生成器中学习。生成器主要用来学习真实数据的分布,从而让自身生成的数据更加真实,以"骗"过判别器。判别器则需要对接收的数据进行真假判别。在整个过程中,生成器让生成的数据更加真实,而判别器则尽量识别出数据的真假。这个过程相当于两人博弈,生成器和判别器在不断地进行对抗,最终两个网络达到了一个动态均衡,即生成器生成的数据接近于真实数据,而判别器识别不出数据真假,从而达到构建更多新样本的目的。

为了使 TimeGAN 更加符合工业实际应用,对其训练过程进行了改进,如

图 7-15 所示。第一,增加了辅助生成故障分类器。对生成的样本进行故障检测,通过检测的样本才能进入样本选择流程,从而提高生成样本的准确度。第二,增加了相关度计算。对于通过辅助生成故障分类器的样本,计算其与已经加入样本池中样本的皮尔逊相关系数,取相关系数较小的样本加入样本池,以提高生成样本的多样性。经过以上两点改进,工业移动设备的远程智能运维中故障样本缺乏的问题在一定程度上得到解决。

图 7-15 改进后的设备故障诊断数据训练流程

3. 联邦知识蒸馏

考虑到直接影响决策时效性的时延问题以及存储和算力的昂贵开支问题,采取对训练好的模型进行压缩的方法来减小模型体量。知识蒸馏利用教师模型(teacher model)强大的表征学习能力帮助学生模型(student model)进行训练。在预训练阶段,获得一个相对完备的智能运维教师模型,然后对训练好的网络做"减法",转而训练这个结构预设的新模型。当新模型的测试结果达到预期要求时,整个知识蒸馏过程完成。这种方式实现了模型从大到小的转换,大大缩短了每一轮训练的时长并降低决策时延。

如图 7-16 所示,在方案设计上,基于分布式系统解决单一企业数据不足的问题。打通各企业的数据传输壁垒后,极大地提高了优质样本的数量,进而提高了模型的检测和预测精度。针对隐私保护问题,采用可信联邦学习架构,使数据不出厂,并辅以一定的轻量级加密算法,以确保恶意第三方在窃取模型后依然无法识别原始模型参数。该方案先用一部分公开数据集的软标签作为教师模型的输出,每家参与训练的企业都默认在本地存有一部分关于设备运行参数的公开软标签。与传统联邦学习不同的是,在联邦知识蒸馏架构下云服务器和企业间交互的并不是模型参数,而是软标签,即每家企业本地模型的预测输出分数,服务器端只对这个分数聚合。

整个方案的数据训练过程如下:

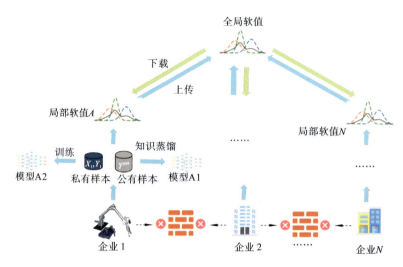

图 7-16 基于联邦知识蒸馏的设备智能运维模型训练过程

(1) 在每个训练轮次开始时,在公开数据集上下载聚合的软标签;
(2) 每家企业基于本地初始化的学生模型,使用公开数据集进行预测,并上传预测分数给服务器;
(3) 服务器把各家企业上传的预测分数取均值,并广播到各个企业;
(4) 企业通过执行模型蒸馏以拟合平均分数,进而更新其本地学生模型;
(5) 服务器为下一轮次通信聚合软标签。

综上所述,该方法首先通过知识蒸馏实现模型压缩,在尽可能不影响模型精度的情况下最小化模型,再通过设备智能运维平台的可信联邦学习架构实现安全的数据分析与软标签聚合。

4. 联邦元学习

针对数据异构问题,将联邦元学习运用到模型训练中以提升模型在不同工况下的泛化能力。

联邦元学习的思想即"学会学习"[10]。在机器学习中,参数调整与模型选择的工作量是极大的,需要针对每一个任务从头开始训练并测试效果。因此,如果模型能自我调参,在遇到相似任务时能够触类旁通、举一反三,可实现模型在小样本训练下快速收敛。基于这一构想,联邦元学习架构应运而生,它能训练出不同任务下的通用模型,使得其在新任务下自动学习初始化参数、学习速率、网络架构等超参数,并基于小样本训练快速收敛。

在传统的联邦学习中,较高的数据异构性会导致通过最小化平均损失得到的全局模型在应用于单个用户的本地数据时性能较差。为了应对数据的统计异质性,在联邦环境中引入元学习算法,其目的是通过训练获取一个初始模型,使得每个企业在获取该模型后只需要在本地数据上进行少数几轮训练就可以得到一个较好的本地模型。联邦元学习可以缩小模型在不同客户端表现的差异,提高模型公平性。其通信架构示意图如图 7-17 所示。

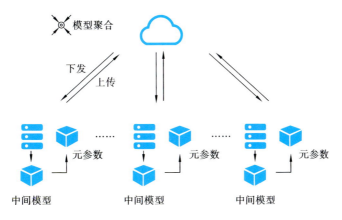

图 7-17 联邦元学习通信架构示意图

联邦元学习架构的整体通信过程如下:
(1)服务器初始化模型;
(2)服务器向客户端发送全局初始化模型;
(3)企业客户端用本地支持集对全局初始化模型进行训练,得到中间模型;
(4)用本地查询集在中间模型上计算优化损失,得到该优化损失相对于全局初始化模型的梯度;
(5)利用该梯度对全局初始化模型进行更新,得到元参数并上传至服务器进行聚合;
(6)服务器向客户端发送全局初始化模型并重复上述流程。

在工业设备数据分布差异较大的各家企业之间建立以联邦元学习为基础的预测性维护联合架构,能够在保障企业隐私安全的基础上,解决数据异构问题,并训练出准确度高、泛化性能好的初始化模型。基于此初始化模型,根据企业的个性化数据,只需进行少量样本学习即可得到高性能的本地模型。

7.3.4 应用成效

上述介绍的设备智能运维平台以及各类模型训练方案在南京熊猫电子股份有限公司、南京音飞和天津新松机器人有限公司三家企业得到了部署和应用。利用可信联邦学习框架对三家企业相似设备故障模型进行联合训练与分析,同时利用5G网络进行工业移动机器人设备的数据采集和模型实时推理。整体的实施架构如图7-18所示,最终在以下几个方面取得了一定成效。

1. 数据流通环境安全

各企业参与方使用系统中心云公共服务平台的联邦学习框架,在企业内部基于本地数据训练模型,并在数据不出厂的前提下进行模型安全聚合。经过三家企业的联合模型训练,最终将联合优化后的模型部署到各企业进行本地实时推理。该架构既能在单个企业数据样本不足的情况下联合提升模型精度,又能防止各企业的隐私泄露。

2. 模型精度进一步优化

针对数据标签难获取、数据异构问题,在企业内使用基于对比自监督学习的故障诊断模型,利用工厂大量无标签的数据训练模型并可以获得与有监督学习一样甚至性能更优的模型。同时基于迁移学习对模型进行微调,在不同设备间进行特征共享,保证了模型精度并减少了数据标注量。基于生成对抗数据增强方案,通过学习真实数据的分布来增大稀缺类别标签的占比,减少收集故障样本数据带来的成本压力,并在数据类别不平衡的情况下仍能得到较好的模型精度。基于联邦元学习方案,将元学习的思想引入联邦通信架构,共同训练一个好的初始化模型,进一步解决数据异构环境下模型聚合效果差、泛化能力差的问题。

3. 生产效率大幅提升

在设备智能运维场景中,对于工厂而言,移动设备的状态参数是连续变化的,对这些设备的运行状态进行实时检测和上报至关重要。联邦知识蒸馏方案极大地优化了边缘端的算力、存储资源分配调度空间,在保证模型精度的同时减少了因边缘端算力受限导致的高时延情况。根据故障预测模型的推理结果,系统能及时发现设备运行异常情况,并向工单系统给出相应的预测性维护建议,有效减少了由设备非计划故障停机造成的产线效率降低情况,从而实现了工业企业生产的降本增效目标。

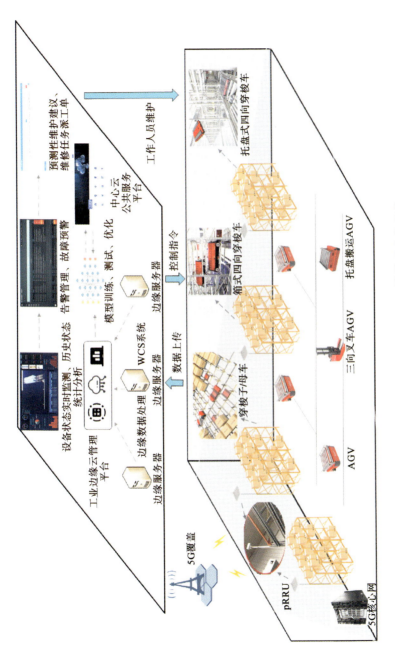

图 7-18 工业移动机器人智能运维管理实施架构

本章参考文献

[1] 蒲定波,刘颖,臧天明. 浅谈5G技术助力智慧仓储发展[J]. 信息通信技术,2022,16(1):13-18.

[2] 高平. 基于AGV的智能仓储管理系统的设计与实现[J]. 电子元器件与信息技术,2021,5(7):189-190,194.

[3] 黄晶. 中国2060年实现碳中和目标亟需强化科技支撑[J]. 可持续发展经济导刊,2020,19(10):15-16.

[4] 徐婧. 数字化如何助力电力行业转型[J]. 能源,2022(5):48-51.

[5] 郭伟,唐人虎. 2060碳中和目标下的电力行业[J]. 能源,2020,142(11):19-26.

[6] 胡井冈. 综合智慧能源管理系统架构分析与研究[J]. 资源节约与环保,2019(9):136.

[7] 吕婷,张猛,曹亘,等. 5G基站节能技术研究[J]. 邮电设计技术,2020(5):46-50.

[8] 中兴通讯股份有限公司. PowerPilot:4G/5G网络节能降耗技术白皮书[R/OL]. (2020-11-18)[2022-09-06]. https://res-www.zte.com.cn/mediares/zte/Files/PDF/white_book/202011171753.pdf.

[9] 罗婷,陈忱. 基于物联网技术的一体化智能运维管理系统探索[J]. 物联网技术,2022,12(10):59-60,63.

[10] LIU N, WU Z Y, LI G D, et al. MAIC: metalearning-based adaptive in-field calibration for IoT air quality monitoring system[J]. IEEE Internet of Things Journal, 2022, 9(17): 15928-15941.